PowerPoint 2010

LE GUIDE COMPLET

Micro Application

1ère Édition - Mai 2010

Auteur

Marina MATHIAS

ISBN : 978-2-300-029233

ISSN : 1950-0289

MICRO APPLICATION
20-22, rue des Petits-Hôtels
75010 PARIS
Tél. : 01 53 34 20 20
Fax : 01 53 34 20 00
http://www.microapp.com

Support technique :
Également disponible sur
www.microapp.com

Retrouvez des informations sur cet ouvrage !

Rendez-vous sur le site Internet de Micro Application **www.microapp.com**. Dans le module de recherche, sur la page d'accueil du site, entrez la référence à 4 chiffres indiquée sur le présent livre.
Vous accédez directement à sa fiche produit.

Avant-propos

Destinée aussi bien aux débutants qu'aux utilisateurs initiés, la collection *Guide Complet* repose sur une méthode essentiellement pratique. Les explications, données dans un langage clair et précis, s'appuient sur de courts exemples. En fin de chaque chapitre, découvrez, en fonction du sujet, des exercices, une check-list ou une série de FAQ pour répondre à vos questions.

Vous trouverez dans cette collection les principaux thèmes de l'univers informatique : matériel, bureautique, programmation, nouvelles technologies...

Conventions typographiques

Afin de faciliter la compréhension des techniques décrites, nous avons adopté les conventions typographiques suivantes :

- **gras** : menu, commande, boîte de dialogue, bouton, onglet.
- *italique* : zone de texte, liste déroulante, case à cocher, bouton radio.
- `Police bâton` : Instruction, listing, adresse internet, texte à saisir.
- ✂ : indique un retour à la ligne volontaire dû aux contraintes de la mise en page.

REMARQUE

Il s'agit d'informations supplémentaires relatives au sujet traité.

ATTENTION

Met l'accent sur un point important, souvent d'ordre technique qu'il ne faut négliger à aucun prix.

ASTUCE

Propose conseils et trucs pratiques.

DEFINITION

Donne en quelques lignes la définition d'un terme technique ou d'une abréviation.

DÉCOUVRIR POWERPOINT 2010

1.1. Qu'est-ce que PowerPoint ?

Composant de la suite Office 2010, Microsoft PowerPoint est un logiciel de PréAO (présentation assistée par ordinateur). Il est bien plus qu'un simple logiciel de création de diaporama. Cette solution multimédia complète permet de présenter des diapositives en intégrant des images, du son et de la vidéo.

Cette nouvelle version apporte plus de souplesse et de simplicité en termes d'utilisation, permettant tout aussi facilement la présentation d'un projet professionnel, d'un cours de mathématiques, ou la projection de ses photos de vacances... Tout cela peut être réalisé avec PowerPoint, et bien plus encore ! En effet, rien ne vous empêche d'utiliser PowerPoint pour la confection d'une plaquette commerciale, d'un diplôme ou d'une invitation !

1.2. Lancer PowerPoint

Un raccourci de PowerPoint figure généralement dans la barre de lancement rapide située en bas de la fenêtre Windows. Cliquez dessus pour lancer l'application. Vous pouvez également ouvrir l'application depuis le menu **Démarrer** de Windows.

1.3. Découvrir l'interface

La fenêtre PowerPoint

La fenêtre principale de PowerPoint est composée de plusieurs éléments que nous allons détailler dans ce chapitre et tout au long de ce livre.

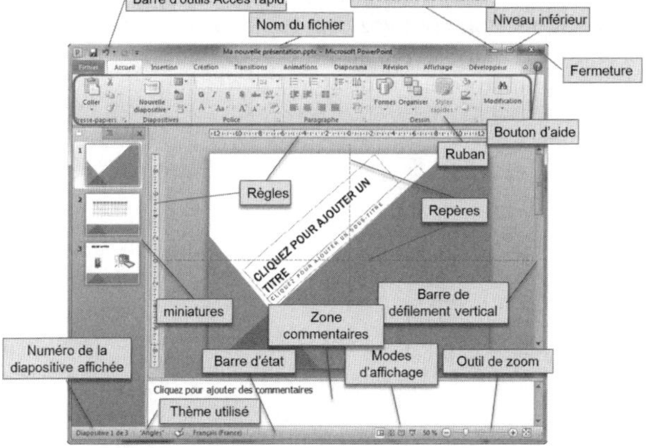

Figure 1.1 : La fenêtre PowerPoint 2010

Le Ruban

Le Ruban est le cœur de l'interface de PowerPoint. Il est divisé en huit onglets principaux et fixes. Chaque onglet regroupe les principales fonctionnalités de PowerPoint. Il existe également des onglets contextuels qui s'affichent selon l'objet qui est sélectionné.

Notez que, par défaut, seuls sept onglets sont visibles.

Nous parlerons du huitième onglet, intitulé **Développeur**, dans le chapitre *PowerPoint et le VBA*. Cet onglet vous concerne uniquement si vous souhaitez vous lancer dans la programmation et écrire vos propres macros.

Les onglets sont eux-mêmes divisés en groupes contenant des boutons de commande et des galeries que vous déroulez en cliquant sur la flèche.

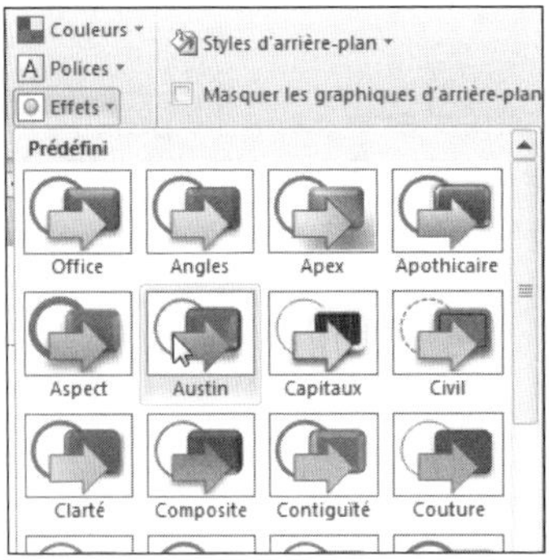

Figure 1.2 : Affichage d'une galerie

Réduction de la taille d'affichage d'une galerie

Lorsque vous déroulez une galerie, celle-ci peut vous empêcher de voir l'aperçu dans votre présentation. Vous pouvez réduire la taille d'affichage de la plupart des galeries : pour cela, déplacez le pointeur dans la zone inférieure de la galerie, et lorsqu'il se transforme en double flèche, cliquez et faites glisser vers le haut.

Figure 1.3 : Réduire la longueur d'une galerie à l'affichage

ASTUCE

Afficher le document en mode Plein écran

Si votre écran est petit, vous apprécierez de pouvoir masquer le Ruban rapidement : un clic sur le bouton de réduction du Ruban, placé en haut à droite de la fenêtre, suffit à le faire disparaître et réapparaître. Vous pouvez également utiliser la combinaison de touches Ctrl+F1.

Notez que, lorsque le Ruban est réduit, vous avez accès à n'importe quel onglet en cliquant simplement dessus. Une fois la commande atteinte, l'onglet se réduira automatiquement.

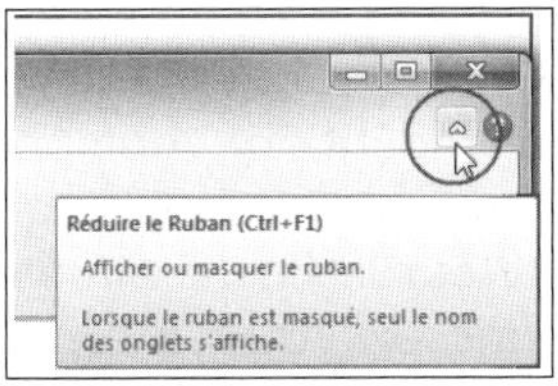

Figure 1.4 : Bouton de réduction du Ruban

Certains groupes sont équipés de lanceurs de boîte de dialogue permettant d'approfondir les fonctionnalités. Les lanceurs de boîte de dialogue se situent en bas à droite du groupe.

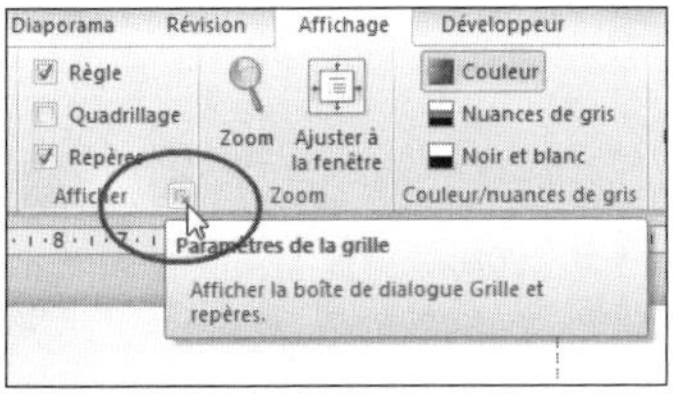

Figure 1.5 : Cliquer sur un lanceur de boîte de dialogue

REMARQUE

Affichage du Ruban

La taille du Ruban est optimisée pour une résolution d'écran de 1 024 x 786 pixels. Le Ruban peut être réduit dans sa largeur en fonction de la taille et de la résolution de l'écran. Dans ce cas, les groupes d'onglets seront plus étroits, et certaines commandes (les moins utilisées) seront affichées sous forme d'icônes ou dans des listes déroulantes. Il faudra que vous en teniez compte dans les explications de ce manuel.

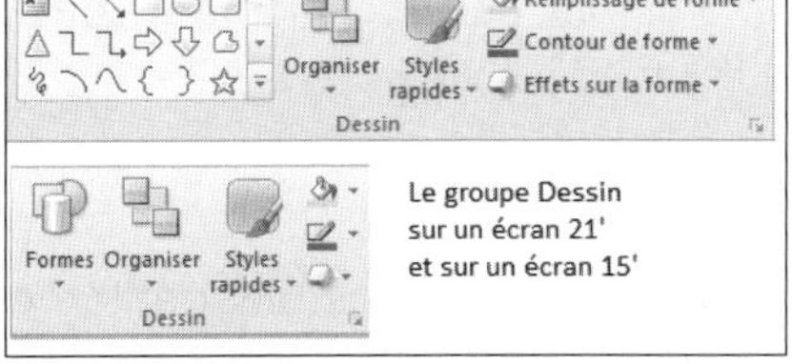

Figure 1.6 : Différents affichages

RENVOI

Le Ruban est paramétrable. Vous pouvez ajouter de nouveaux onglets et groupes contenant les commandes fréquemment utilisées. Voyez à ce sujet la section *Modifier les principales options de PowerPoint et personnaliser l'environnement*.

La barre d'outils Accès rapide

C'est la seule barre d'outils fixe de PowerPoint. Vous pouvez la paramétrer de façon à y ajouter toutes les fonctions auxquelles vous souhaitez accéder rapidement. Par défaut, elle ne contient que les boutons d'enregistrement, d'annulation et de répétition. Vous pouvez d'ores et déjà y ajouter des commandes usuelles, telles que **Nouveau**, **Ouvrir** ou **Impression rapide**. Cliquez sur la flèche située à l'extrémité de la barre, puis sur la commande de votre choix : le bouton correspondant sera immédiatement ajouté sur la barre.

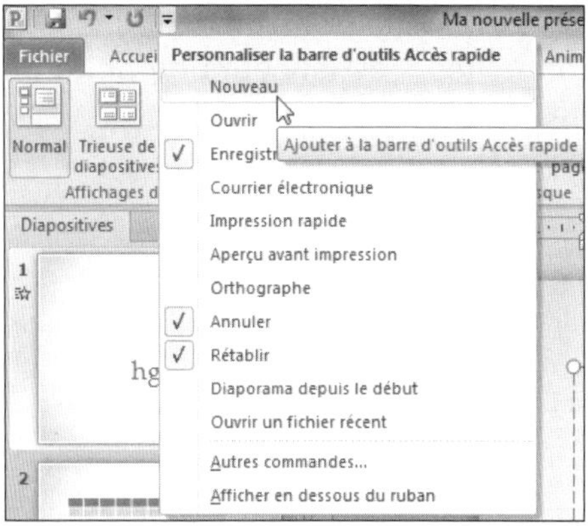

Figure 1.7 : Personnaliser rapidement la barre d'outils Accès rapide

Par ailleurs, vous pouvez la positionner au-dessous ou au-dessus du Ruban : cliquez sur la flèche déroulante située à l'extrémité de la barre, ou bien cliquez avec le bouton droit sur la barre, puis cliquez sur l'option de votre choix.

RENVOI

Dans la section *Modifier les principales options de PowerPoint et personnaliser l'environnement*, plus bas dans ce chapitre, vous apprendrez à personnaliser cette barre d'outils.

Les flèches et les barres de défilement

Communément appelées "ascenseurs", ces barres de défilement vous permettent de parcourir une présentation. Des flèches de défilement sont situées aux deux extrémités des barres.

RENVOI

Reportez-vous également au chapitre *Les outils d'édition*, à la section *Se déplacer dans une présentation*.

La barre d'état

La barre d'état se trouve en bas de la fenêtre PowerPoint ; elle est aussi paramétrable. Elle affiche des indications sur votre configuration et/ou sur la présentation en cours, par exemple le numéro de la diapositive, le nom du thème utilisé. Pour configurer cette barre, cliquez dessus avec le bouton droit de la souris et activez dans le menu contextuel les options souhaitées.

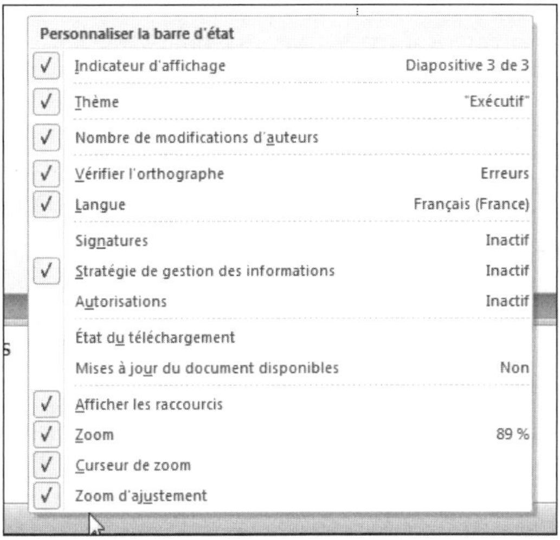

Figure 1.8 : Configuration de la barre d'état

Les volets

La fenêtre principale de PowerPoint est composée par défaut de quatre volets, que nous étudierons en détail. Ces volets sont paramétrables : vous pouvez les redimensionner, en faisant glisser la barre de redimensionnement.

Selon les fonctionnalités utilisées, PowerPoint pourra afficher d'autres volets, qui seront situés par défaut à des emplacements déterminés, à droite de la fenêtre Word. Vous pouvez si nécessaire déplacer un volet en faisant glisser la barre de titre. Le volet sera alors flottant. Un double-clic sur sa barre de titre l'ancrera automatiquement.

Les menus et la barre d'outils contextuels

REMARQUE

Menus contextuels

Les menus contextuels sont une invention astucieuse en informatique, puisqu'ils vous permettent d'accéder aux commandes souhaitées en fonction du contexte.

Les menus contextuels diffèrent selon le contexte. Vous les affichez en cliquant avec le bouton droit de la souris. Ils proposent uniquement les fonctions possibles d'après l'endroit où vous avez cliqué. Par exemple, un clic avec le bouton droit sur un dessin sélectionné vous permettra, au choix, de le copier ou de le couper, de le formater, de le positionner, de l'enregistrer en tant qu'image, etc.

Il s'agit souvent du moyen le plus simple d'accéder à une fonction lorsqu'on ne sait pas où la trouver. Prenez donc l'habitude de cliquer avec le bouton droit de la souris, vous ne pourrez plus vous en passer !

À l'instar des menus contextuels, la minibarre d'outils contextuels n'attend pas d'être sollicitée pour apparaître. Il suffit de sélectionner un texte pour qu'elle s'affiche, toujours à portée de clic, et vous propose les fonctions de mise en forme.

RENVOI

Si cette minibarre vous paraît encombrante, vous verrez dans la section *Modifier les principales options de PowerPoint et personnaliser l'environnement* comment la désactiver.

Le mode Office Backstage

Nous étudierons les fonctionnalités de chaque onglet au fur et à mesure de ce manuel, mais d'ores et déjà, examinons de plus près l'onglet **Fichier**, qui est le premier onglet du Ruban.

Lorsque vous cliquez sur l'onglet **Fichier**, vous passez en mode Backstage.

C'est dans le mode Backstage que vous gérez vos fichiers et leurs données, ainsi que les options de configuration de PowerPoint.

Le mode Backstage (qui signifie mot à mot "derrière la scène") permet, comme son nom l'indique, d'agir en arrière-plan. Vous pourrez ainsi déterminer et afficher les informations afférentes au fichier en cours et à l'application. Vous remarquerez que ce mode est affiché en plein écran.

Le mode Backstage permet notamment :

- L'ouverture et la sauvegarde des documents.
- L'affichage des propriétés du fichier : taille, nombre de diapositives, date de création, nom de l'auteur, etc., ainsi que de diverses informations telles les autorisations, les versions en cours...
- L'impression, ainsi que la gestion des options d'impression.
- Le partage de documents de manières différentes (envoi par mail, enregistrement en ligne dans SkyDrive...).
- L'accès à l'aide.
- La gestion des compléments.
- La personnalisation de votre logiciel.

Pour sortir du mode Backstage, cliquez à nouveau sur l'onglet **Fichier** ou bien sur n'importe quel autre onglet.

Les touches d'accès rapide

Pour accéder aux différents onglets et sélectionner une commande, vous pouvez bien entendu utiliser la souris et cliquer. Cependant, si vous êtes un adepte du clavier, les touches d'accès rapide sont faites pour vous.

Pour accéder à un onglet, appuyez sur les touches Alt ou F10 : toutes les lettres pour accéder aux différents onglets s'affichent. Appuyez sur la lettre correspondant à l'onglet recherché pour l'afficher. Des lettres et/ou des chiffres relatifs aux différentes commandes apparaissent ensuite. Appuyez sur la ou les touches correspondantes. Vous pouvez également utiliser la touche ⭾ et/ou les flèches du clavier pour vous déplacer de commande en commande.

Notez que les commandes situées sur la barre d'outils *Accès rapide* sont également accessibles avec ces raccourcis clavier.

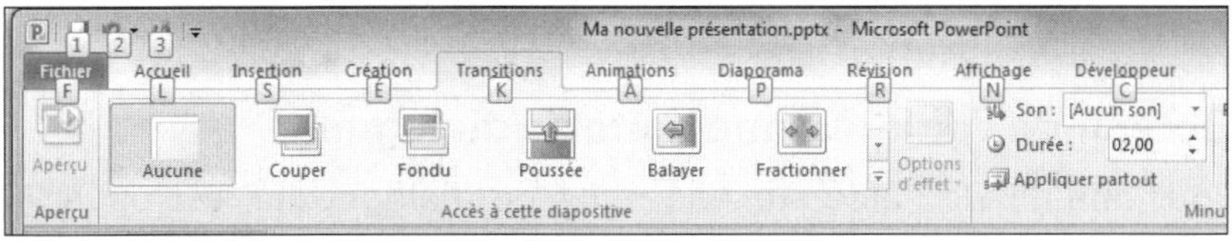

Figure 1.9 : Afficher les touches d'accès rapide

1.4. Recourir aux aides et aux info-bulles

PowerPoint ne vous abandonnera jamais ! Tout est prévu pour vous guider au fur et à mesure de votre travail.

Utiliser l'aide

Afficher la page d'accueil de l'aide

Pour afficher la page d'accueil de l'aide, appuyez sur la touche [F1] ou cliquez sur le bouton figurant un point d'interrogation, situé en haut à droite de la fenêtre PowerPoint.

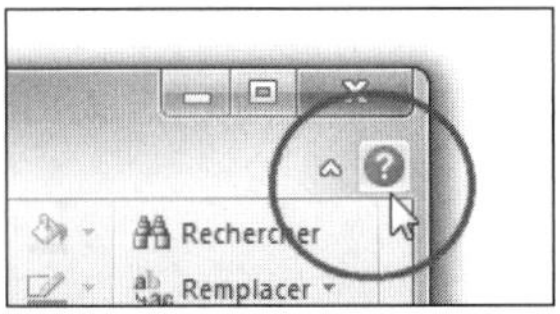

Figure 1.10 : Cliquer sur le point d'interrogation pour obtenir de l'aide

Obtenir de l'aide sur une commande

Pointez le curseur sur un bouton de commande ou un lanceur de boîte de dialogue : une info-bulle s'affiche et explique le rôle de l'élément. Si le message "Appuyez sur F1 pour obtenir de l'aide" s'affiche, appuyez sur cette touche pour obtenir davantage d'informations sur l'utilisation de cette commande.

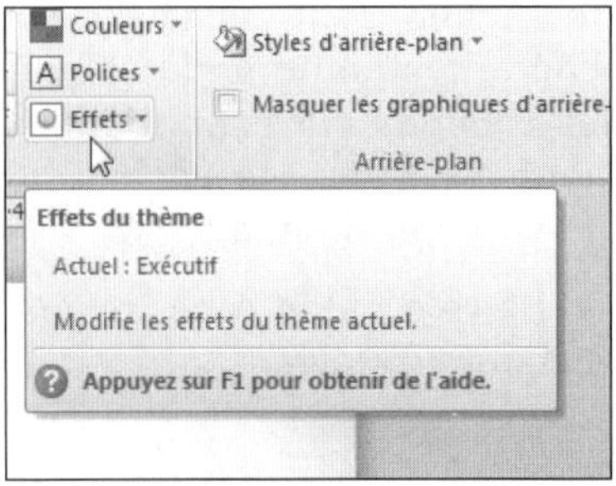

Figure 1.11 : Afficher une info-bulle

Obtenir de l'aide sur une boîte de dialogue

Pour obtenir de l'aide sur une boîte de dialogue qui est ouverte, cliquez sur le point d'interrogation situé à droite de sa barre de titre ou appuyez sur la touche [F1] : une rubrique d'aide sur la boîte de dialogue s'affiche.

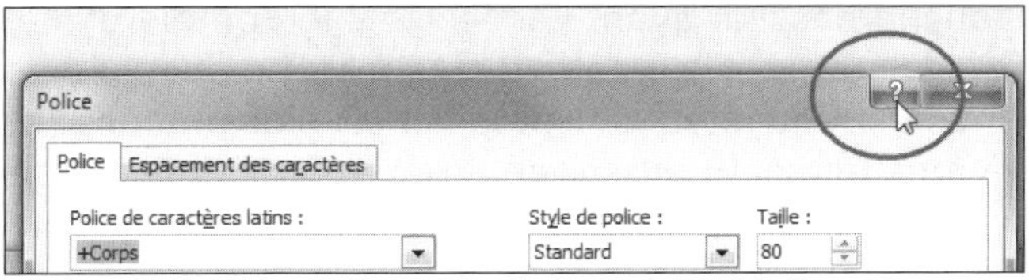

Figure 1.12 : Activer l'aide sur une boîte de dialogue

Imprimer l'aide

Vous pouvez imprimer l'aide affichée en cliquant sur le bouton **Imprimer** de la fenêtre d'aide.

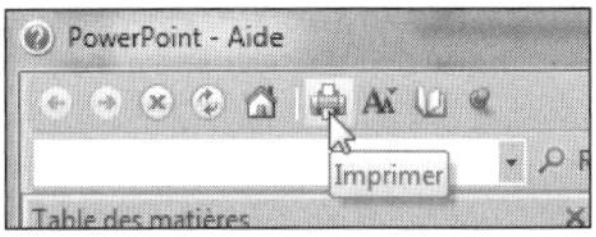

Figure 1.13 : Imprimer une rubrique d'aide

Personnaliser l'aide

Choisir entre l'aide en ligne ou l'aide locale

Vous pouvez utiliser l'aide installée sur votre ordinateur ou celle du site Microsoft Office Online. Si vous êtes connecté à Internet, l'affichage de la fenêtre d'aide se fait en ligne par défaut. Cette aide mise à jour régulièrement est plus complète, mais elle peut être également plus lente à s'afficher si vous ne disposez pas d'une connexion haut débit. Pour passer d'une aide à l'autre, cliquez sur le menu **État de la connexion**, situé en bas à droite de la fenêtre d'aide, et choisissez l'option souhaitée.

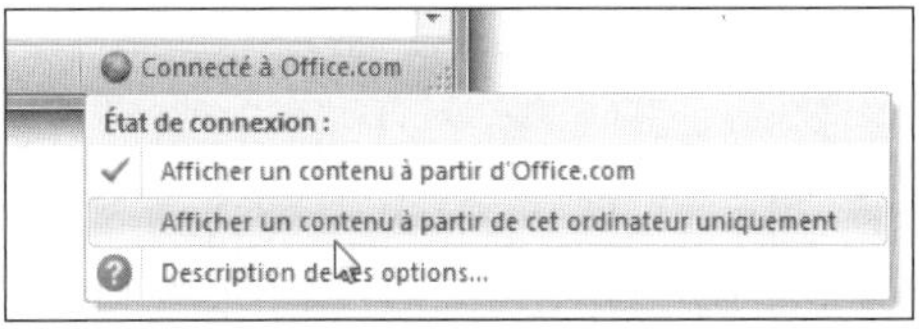

Figure 1.14 : Choisir l'aide en ligne ou hors connexion

Modifier l'apparence de la fenêtre d'aide

La fenêtre d'aide de PowerPoint est configurée pour rester au premier plan. Cela vous permet de travailler dans votre présentation tout en conservant l'aide affichée. Vous pouvez néanmoins la redimensionner et la déplacer. Vos modifications seront enregistrées pour les futures utilisations.

Si vous ne souhaitez pas garder la fenêtre au premier plan, cliquez sur le bouton **Maintenir sur le dessus** afin d'en modifier l'état. Ce bouton est une touche bascule ayant l'aspect d'une épingle bleue. Lorsque l'épingle est enfoncée, la fenêtre d'aide reste positionnée au premier plan, et inversement lorsque l'épingle n'est plus enfoncée et prend la couleur verte, elle peut passer en arrière-plan. Vous remarquerez également que l'info-bulle est modifiée selon l'état du bouton.

Vous pouvez par ailleurs changer la taille d'affichage de la police en cliquant sur le bouton correspondant.

REMARQUE

Taille de la police

La modification de la taille de la police dans l'aide sera également répercutée dans votre navigateur Internet.

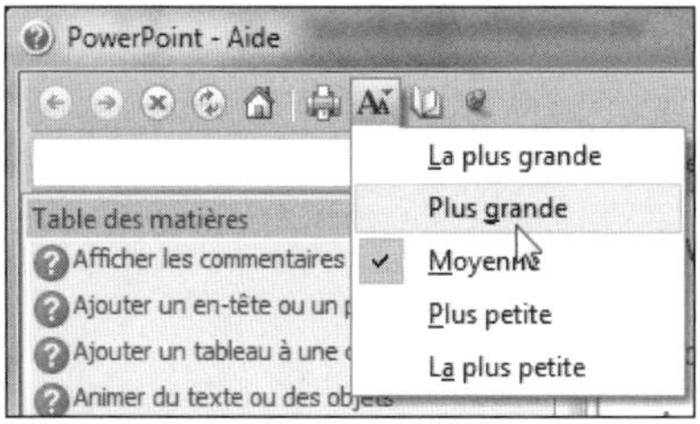

Figure 1.15 : Modifier la taille d'affichage de la police dans l'aide

Si le volet **Table des matières** n'est pas affiché, cliquez sur le bouton en forme de livre **Afficher la table des matières** ; le volet s'ouvre à gauche de la fenêtre d'aide. Vous pouvez ainsi cliquer sur les items de la table des matières pour afficher l'aide correspondante. Cliquez sur le même bouton pour refermer le livre et masquer la table des matières.

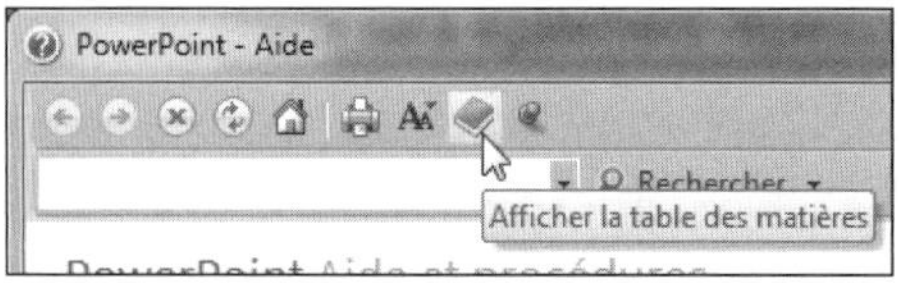

Figure 1.16 : Afficher la table des matières

1.5. Modifier les principales options de PowerPoint et personnaliser l'environnement

Maintenant que vous avez effectué vos premiers pas dans ce nouvel environnement, vous pouvez modifier certaines options :

1 Passez en mode Backstage en cliquant sur l'onglet **Fichier**.

2 Dans le volet gauche, cliquez sur **Options**.

3 Dans la boîte de dialogue qui s'ouvre, vérifiez que la commande **Général** est bien sélectionnée dans la colonne située à gauche.

4 Dans la colonne située à droite, vous avez accès à deux rubriques :

- *Options d'interface utilisateur* : c'est ici que vous pouvez désactiver l'affichage de la minibarre d'outils contextuels et des infobulles. Si vous n'aimez pas le bleu, sélectionnez l'option *Noir* ou *Gris clair* dans la liste déroulante *Jeu de couleurs* de cette rubrique. Si votre ordinateur n'est pas suffisamment puissant, désactivez l'option *Activer l'aperçu instantané* qui permet d'avoir un aperçu uniquement en pointant la souris sur les diverses commandes.
- *Personnaliser votre copie de Microsoft Office* : entrez votre nom d'utilisateur, qui deviendra le nom d'auteur de toutes les présentations que vous allez créer.

Toutes les autres options de personnalisation se règlent via les liens situés dans la colonne gauche de la fenêtre **Options** de PowerPoint. Voyons ci-dessous plus en détail comment personnaliser le Ruban et la barre d'outils *Accès rapide*.

Personnaliser le Ruban

Le Ruban est conçu pour que l'utilisateur ait à portée de clic les commandes les plus courantes. Néanmoins, il se peut que vous ayez besoin d'accéder plus rapidement à des commandes moins communes, ou que vous souhaitiez rassembler dans un nouvel onglet les commandes que vous utilisez fréquemment.

Pour toutes ces raisons, vous serez satisfait de pouvoir personnaliser le Ruban.

1 Passez en mode Backstage.

2 Dans le volet gauche, cliquez sur **Options**.

3 Dans la boîte de dialogue qui s'ouvre, cliquez sur la commande **Personnaliser le ruban**, dans la colonne située à gauche.

ASTUCE

Accès rapide à la personnalisation

Vous y accéderez plus rapidement en cliquant du bouton droit n'importe où sur le Ruban ou sur la barre d'outils *Accès rapide* et en choisissant la commande **Personnaliser le ruban**.

Examinons à présent la boîte de dialogue de personnalisation.

En haut à gauche, une liste déroulante permet d'afficher plusieurs types de commandes (commandes courantes, commandes non présentes sur le Ruban, macros, onglet **Fichier**, etc.). Le choix dans cette liste déroulante va déterminer le contenu de la colonne de gauche. Pour visualiser toutes les commandes sans exception, choisissez l'option *Toutes les commandes*.

En haut à droite, une liste déroulante permet d'afficher soit les onglets principaux, soit les onglets d'outils que nous étudierons au fur et à mesure de ce manuel. Le choix dans cette liste déroulante va déterminer le contenu de la colonne de droite.

Dans la colonne de droite, tous les onglets sont précédés par le signe + permettant de les développer et de lister ainsi les groupes qui leur appartiennent. Ces derniers sont également précédés par le signe + et peuvent aussi être développés afin d'en afficher les commandes.

Choisir les onglets et les groupes à afficher

Dans la colonne de droite, chaque nom d'onglet est précédé par une case d'option. Vous pouvez décocher cette case pour que l'onglet correspondant soit masqué.

Notez que par défaut l'onglet **Développeur** est masqué. Si vous avez besoin d'utiliser le VBA ainsi que les outils de création de formulaire, il vous faudra afficher cet onglet.

Créer un nouvel onglet

1 Sélectionnez l'onglet qui précédera le nouvel onglet.

2 Cliquez sur le bouton **Nouvel onglet** : un nouvel onglet est créé, qui contient par défaut un groupe.

Ajouter/supprimer des commandes

Dans la colonne de droite, sélectionnez le groupe devant être modifié, puis :

- Pour ajouter une commande, sélectionnez la commande de votre choix dans la colonne de gauche et cliquez sur le bouton **Ajouter**.
- Pour supprimer une commande, sélectionnez la commande de votre choix dans le groupe de la colonne de droite et cliquez sur le bouton **Supprimer**.

REMARQUE

Ajout de groupes et de commandes

Vous pouvez ajouter de nouveaux groupes aux onglets existants. Par contre, vous ne pourrez pas ajouter de commandes aux groupes existants par défaut. Seuls les groupes personnalisés pourront recevoir ces commandes.

Supprimer des groupes et des onglets

Pour supprimer un groupe ou un onglet (avec tous ses groupes), sélectionnez l'élément et cliquez sur le bouton **Supprimer** situé entre les deux colonnes.

REMARQUE

Suppression de groupes et d'onglets

Tous les groupes peuvent être supprimés. Par contre, seuls les onglets personnalisés peuvent l'être.

Renommer les groupes et les onglets

- Pour renommer un onglet, sélectionnez-le, puis cliquez sur le bouton et saisissez le nom qui vous convient.
- Pour renommer un groupe, sélectionnez le groupe puis cliquez sur le bouton **Renommer**. Vous devrez non seulement saisir un nom mais également choisir une icône. Cette icône permettra de reconnaître le groupe si votre écran est étroit et/ou comporte de nombreux groupes.

REMARQUE

Renommer un onglet ou un groupe

Tous les onglets et tous les groupes peuvent être renommés à votre guise. Il n'est cependant pas conseillé de renommer les onglets et groupes par défaut, car il serait ensuite bien difficile de vous faire aider. À réserver donc aux utilisateurs chevronnés !

Déplacer les onglets et les groupes

Pour déplacer un onglet, un groupe ou une commande, sélectionnez l'élément puis cliquez sur l'une des flèches **Monter** ou **Descendre**, situées à droite de la colonne. Vous pouvez également utiliser le menu contextuel.

Personnaliser la barre d'outils Accès rapide

Voyons à présent plus en détail comment personnaliser cette barre d'outils.

1 Passez en mode Backstage.

2 Dans le volet gauche, cliquez sur **Options**.

3 Dans la boîte de dialogue qui s'ouvre, cliquez sur la commande **Barre d'outils Accès rapide**, dans la colonne située à gauche.

ASTUCE

Accès rapide à la personnalisation

Vous y accéderez plus rapidement en cliquant du bouton droit n'importe où sur le Ruban ou sur la barre d'outils *Accès rapide* et en choisissant la commande **Personnaliser la barre d'outils Accès rapide**.

Vous retrouvez ici la même interface que pour la personnalisation du Ruban.

En haut à gauche, une liste déroulante permet d'afficher plusieurs types de commandes (commandes courantes, commandes non présentes sur le Ruban, macros, onglet **Fichier**, etc.). Le choix dans cette liste déroulante détermine le contenu de la colonne de gauche. Pour visualiser toutes les commandes sans exception, choisissez l'option *Toutes les commandes*.

La colonne de droite, quant à elle, contient les commandes existantes sur la barre d'outils *Accès rapide*.

Pour ajouter une commande sur la barre d'outils *Accès rapide*, sélectionnez la commande dans la liste de gauche puis cliquez sur le bouton **Ajouter**, situé entre les deux listes. Inversement, pour supprimer une commande de la barre d'outils *Accès rapide*, sélectionnez la commande dans la liste de droite, puis cliquez sur le bouton **Supprimer**.

Vous noterez par ailleurs la liste déroulante située au-dessus de la liste de droite et qui permet de choisir si vous souhaitez personnaliser la barre d'outils pour la présentation en cours ou bien par défaut (pour tous les documents). Il peut être en effet intéressant de pouvoir accéder rapidement à certaines commandes utilisées couramment dans une présentation particulière et moins utiles le reste du temps.

Exporter/importer des personnalisations

Vous pouvez très simplement exporter et importer des personnalisations. L'export et l'import des personnalisations sont des fonctions très simples, très pratiques pour transférer ses personnalisations d'un poste à l'autre, ou bien pour les partager avec un autre utilisateur, ou simplement pour les conserver.

Toujours en mode Backstage, sélectionnez indifféremment la fenêtre de personnalisation du Ruban ou de la barre d'outils *Accès rapide*.

Tout en bas à droite, la liste déroulante *Importer/Exporter* vous propose d'exporter vos personnalisations ou d'importer un fichier de personnalisation.

Lorsque vous choisissez la commande **Exporter toutes les personnalisations**, une boîte de dialogue d'enregistrement apparaît. Choisissez un emplacement et saisissez un nom, puis cliquez sur le bouton **Enregistrer**. Le fichier aura une extension *exportedUI*.

Lorsque vous choisissez la commande **Importer un fichier de personnalisation**, une boîte de dialogue **Ouvrir** s'affiche. Choisissez un fichier *exportedUI* précédemment enregistré et cliquez sur le bouton **Ouvrir**.

REMARQUE

Personnalisations

L'export des personnalisations regroupe aussi bien les personnalisations du Ruban que les personnalisations de la barre d'outils *Accès rapide*.

ATTENTION

Pas de fusion de personnalisation

L'import d'un fichier de personnalisation écrase toutes les personnalisations en cours. Il n'est pas prévu de fusionner plusieurs personnalisations.

Réinitialiser la configuration

Dans la boîte de dialogue de personnalisation du Ruban ou de la barre d'outils *Accès rapide*, un bouton permet de revenir à la configuration d'origine. Pour cela, choisissez la commande **Réinitialisez toutes les personnalisations**, qui annulera aussi bien les personnalisations du Ruban que celles de la barre d'outils *Accès rapide*.

Selon la boîte de dialogue qui est ouverte, le bouton propose également de réinitialiser uniquement l'onglet sélectionné ou uniquement la barre d'outils *Accès rapide*.

1.6. Appréhender les différents modes d'affichage

PowerPoint vous offre quatre principaux modes d'affichage, en fonction de votre utilisation et de vos besoins.

Vous sélectionnez ces modes d'affichage à l'aide des boutons situés en bas à droite de la barre d'état. Vous y accédez également par l'onglet **Affichage**, groupe *Affichages des présentations*.

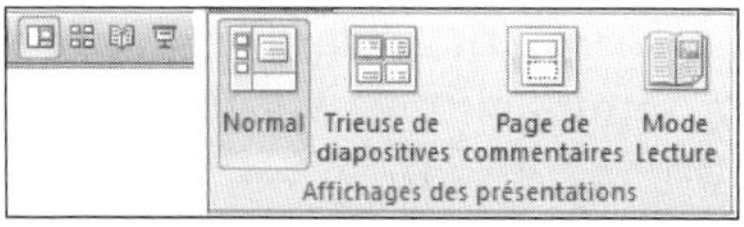

Figure 1.17 : Deux méthodes pour sélectionner le mode d'affichage

Le mode Normal

Le mode Normal est le mode d'affichage par défaut. Ce mode est composé de trois volets redimensionnables à volonté.

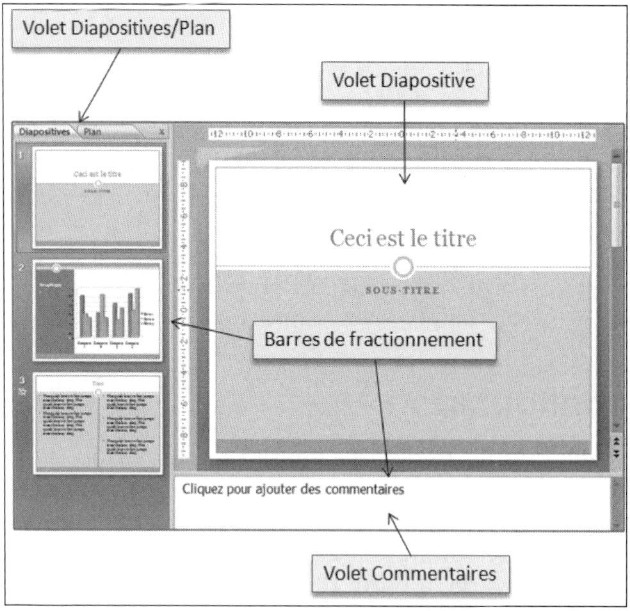

Figure 1.18 : Mode Normal

Comment redimensionner les volets ?

- À la souris : il suffit de déplacer le pointeur sur les barres de fractionnement et de faire glisser ces barres dans la direction souhaitée.

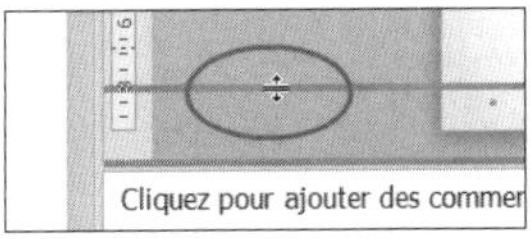

Figure 1.19 : Redimensionner les volets à la souris

- Au clavier : appuyez sur Alt+N (pour accéder à l'onglet **Affichage**), puis sur la touche F (pour activer la fonction de redimensionnement), ce qui revient à cliquer sur le bouton **Déplacer le fractionnement**. Le pointeur se déplace au croisement des trois volets et prend l'aspect d'une flèche à quatre pointes. Utilisez les touches fléchées du clavier pour glisser les barres de fractionnement dans la direction souhaitée. Terminez en appuyant sur la touche ↵.

Le volet Diapositives

La diapositive est la principale zone de travail dans PowerPoint. C'est là où, pêle-mêle, vous allez saisir le texte, insérer les images, les sons, les films, mettre en page et animer les différents objets. Ce sont les diapositives qui sont projetées lors d'un diaporama.

Vous pouvez modifier le zoom d'affichage de la diapositive de deux façons :

- En utilisant le curseur de zoom : celui-ci est accessible en bas à droite de la barre d'état. Vous pouvez soit glisser le curseur, soit cliquer sur les boutons **Moins** et **Plus** pour arriver à vos fins.

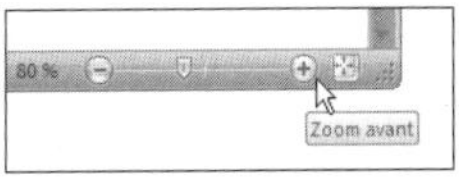

Figure 1.20 : Utiliser le curseur de zoom

- En utilisant le bouton **Zoom** : il est accessible dans le groupe *Zoom*, sous l'onglet **Affichage** qui ouvre une boîte de dialogue dans laquelle vous pouvez sélectionner le facteur de zoom.

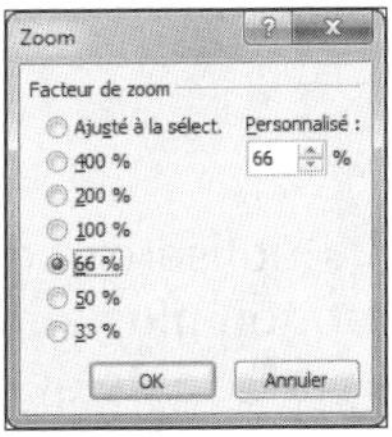

Figure 1.21 : Utiliser le bouton Zoom

Par ailleurs, le bouton **Ajuster la diapositive à la fenêtre active**, disponible soit en bas à gauche à côté du curseur de zoom, soit dans le groupe *Zoom* sous l'onglet **Affichage**, permet d'afficher la diapositive au maximum de la fenêtre. Ce bouton est particulièrement utile pour revenir à un affichage de la diapositive entière, après avoir zoomé pour voir certains détails de l'image par exemple.

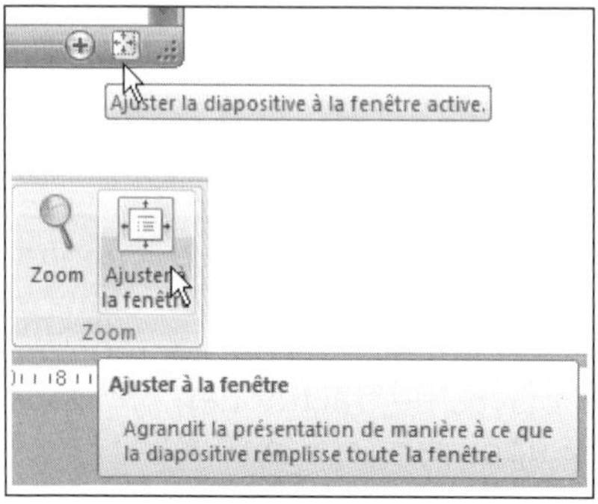

Figure 1.22 : Ajuster la diapositive à la fenêtre

Le volet Diapositives/Plan

Ce volet est disposé à gauche de votre écran. Il est composé de deux onglets : l'onglet **Diapositives** et l'onglet **Plan**.

- L'onglet **Diapositives** affiche les miniatures des diapositives, facilitant ainsi la navigation dans la présentation. Cet onglet permet de réorganiser la présentation : vous pouvez en effet déplacer, ajouter et/ou supprimer, copier, couper ou coller les diapositives.

Figure 1.23 : Le volet Diapositives en mode Normal

- L'onglet **Plan** affiche le texte des diapositives. Vous utiliserez ce mode lorsque vous aurez besoin de vous concentrer non plus sur la mise en page de la présentation mais sur les idées et le texte qui apparaîtra sous forme de plan.

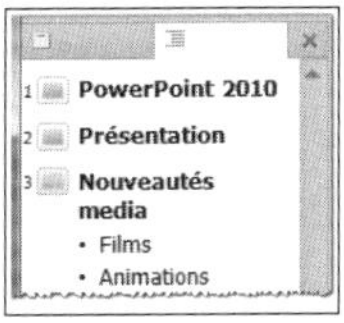

Figure 1.24 : Le volet Plan en mode Normal

ASTUCE

Passer rapidement de l'onglet Plan à l'onglet Diapositives, et inversement

Le raccourci clavier Ctrl+Maj+Tab permet de passer rapidement d'un onglet à l'autre, sans devoir utiliser la souris.

Vous pouvez masquer le volet en faisant glisser la barre de fractionnement pour le réduire au minimum ou en cliquant sur la croix de fermeture située en haut à droite du volet. Pour faire réapparaître le volet, faites à nouveau glisser la barre de fractionnement vers la droite. Cette barre reste affichée à l'extrême gauche de la fenêtre de PowerPoint.

Le volet Commentaires

C'est dans ce volet, situé sous le volet **Diapositives**, que vous saisirez les commentaires destinés soit au présentateur, soit à l'auditoire. Vous pouvez en effet par la suite distribuer une version papier de votre présentation en y incluant ces commentaires. Il vous est également possible de visionner votre diaporama sur un deuxième écran destiné au présentateur et sur lequel figureront ces commentaires.

Le mode Trieuse de diapositives

Ce mode affiche vos diapositives dans l'ordre sous forme de miniatures, et permet de visualiser l'ensemble de la présentation. Il permet également de réorganiser la présentation comme avec l'onglet **Diapositives** en mode Normal.

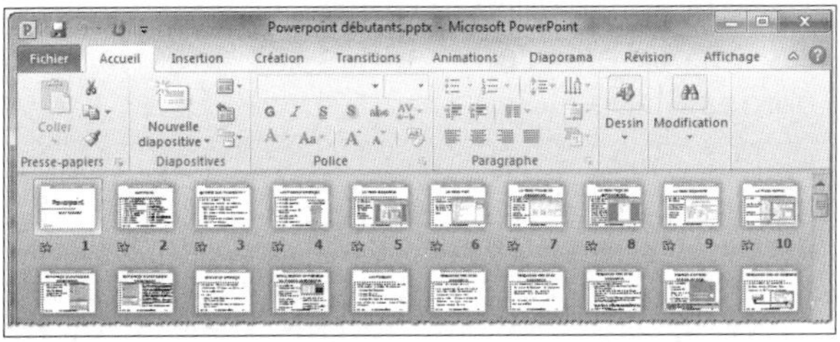

Figure 1.25 : Le mode Trieuse de diapositives

Le mode Page de commentaires

Ce mode permet d'afficher les commentaires en pleine page plutôt que d'utiliser le volet situé sous le volet **Diapositives** du mode Normal.

Dans la partie supérieure de l'écran se trouve la diapositive, qu'il n'est pas possible de modifier dans ce mode, et dans la partie inférieure se trouve l'espace réservé aux commentaires.

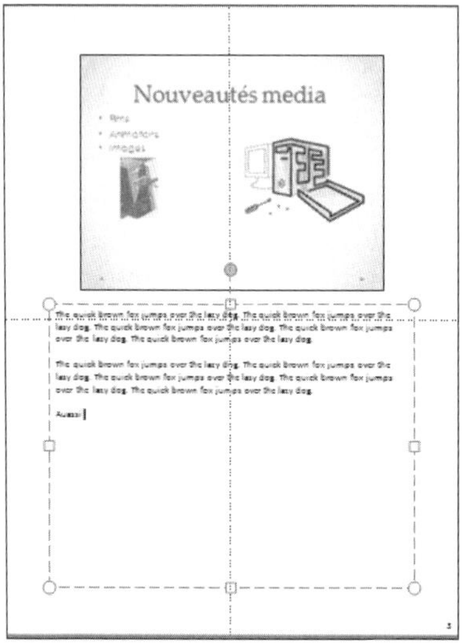

Figure 1.26 : Le mode Page de commentaires

Notez que le mode Page de commentaires ne peut être affiché que par l'onglet **Affichage** et non par les boutons situés en bas à droite de la barre d'état.

Le mode Lecture

Le mode Lecture est une nouveauté de cette version 2010. C'est un mode intermédiaire entre le mode Normal et le mode Diaporama. Il permet d'afficher le diaporama tout en conservant l'affichage de la barre de titre et de la barre d'état de PowerPoint, ainsi que la barre des tâches Windows, et l'accès aux commandes d'impression, de copie et de modification des diapositives.

Le mode Diaporama

Ce mode permet de visionner successivement les diapos avec, éventuellement, toutes les animations ainsi que le son. C'est le mode final.

Choisir un mode d'affichage par défaut

Le mode d'affichage utilisé par défaut est le mode Normal. Vous pouvez modifier ce choix de façon que PowerPoint s'ouvre toujours dans le mode d'affichage déterminé par vos soins.

1 Passez en mode Backstage et cliquez sur **Options**.

2 Cliquez sur la commande **Options avancées**.

3 Dans la partie droite de la fenêtre, sous la rubrique *Afficher*, sélectionnez l'affichage de votre choix dans la liste *Ouvrir tous les documents dans cette vue*, sachant que :

- La vue enregistrée dans le fichier représente l'affichage de la présentation en cours, y compris, pour le mode Normal, la taille de chaque volet.
- Plusieurs variations du mode Normal sont accessibles.
- Le mode Plan uniquement n'affiche rien d'autre que le plan, comme son nom l'indique.
- Le mode Remarques est en fait le mode Page de commentaires.

1.7. Afficher et modifier les propriétés de la présentation

Chaque présentation possède un certain nombre de propriétés, dont le nom de l'auteur par défaut. Vous êtes libre d'ajouter des propriétés que vous pourrez réutiliser dans votre document.

Pour ce faire, passez en mode Backstage, puis cliquez sur **Informations**.

La partie droite de la fenêtre affiche les propriétés générales de la présentation en cours, comme la taille, le nombre de pages, les différentes dates associées, etc. En cliquant sur la flèche déroulante *Propriétés*, vous pouvez choisir d'afficher toutes les propriétés ou seulement les propriétés les plus pertinentes.

Un certain nombre de ces propriétés sont modifiables, et ce directement via cette fenêtre. Il est bien évident que vous ne modifierez pas, par exemple, la taille du document, mais rien ne vous empêche de changer le titre ou d'indiquer une catégorie. Pour ce faire, cliquez sur l'information et saisissez votre texte.

Figure 1.27 : Modifier une propriété en mode Backstage

Deux autres commandes sont accessibles via la flèche déroulante du bouton **Propriétés** : **Afficher le panneau de document**, et **Propriétés avancées**.

- La première commande affiche le panneau Propriétés du document en haut du document ; vous pouvez le compléter comme vous auriez pu le faire en mode Backstage.

  Une fois ce panneau complété, fermez-le en cliquant sur sa croix de fermeture située en haut à droite.

- La seconde commande ouvre une boîte de dialogue donnant accès à d'autres propriétés.

Propriétés avancées

En haut du panneau Propriétés du document figure une liste déroulante *Propriétés du document*, proposant l'option *Propriétés avancées*. Cette option ouvre la même boîte de dialogue.

Cette boîte de dialogue **Propriétés** est composée de cinq onglets : **Général, Résumé, Statistiques, Contenu** et **Personnalisation**. Seules les propriétés situées dans l'onglet **Résumé** et surtout dans l'onglet **Personnalisation** sont modifiables.

Un certain nombre de ces propriétés pourront vous servir de critères de tri dans une recherche de fichiers sous Windows.

Dans les anciennes versions de PowerPoint, une option d'enregistrement permettait d'afficher automatiquement la boîte de dialogue **Propriétés** à l'enregistrement du fichier. Cette option existe toujours, mais elle se trouve sous l'onglet **Développeur**. Dans le groupe *Modifier*, cliquez sur le bouton **Panneau de document**, et dans la boîte de dialogue **Panneau Informations sur le document**, cochez l'option *Toujours afficher le panneau Informations sur le document à l'ouverture d'un document et lors de son enregistrement initial.*

L'onglet **Développeur** n'étant pas affiché par défaut, regardez dans la section *Personnaliser le Ruban* comment afficher cet onglet.

1.8. PowerPoint et les objets

Dans PowerPoint, tout est objet !

Une présentation PowerPoint est un conteneur d'objets. La simplicité de PowerPoint réside dans le fait que chaque objet est indépendant et qu'il peut être placé et déplacé à volonté sur une diapositive.

À ce propos, consultez le chapitre *Créer une présentation*.

Dans le chapitre *PowerPoint et le texte*, nous nous sommes attachés uniquement au texte. Mais, comme vous le verrez, le texte lui-même est toujours inséré soit dans un espace réservé, soit dans une zone de texte, et il s'agit bien d'objets. Nous faisons ici la différence entre les objets simples, que sont les objets inertes et sans lien, et les objets OLE et objets multimédias.

Graphique, OLE et multimédia

Les objets graphiques sont des objets simples, le plus souvent internes à PowerPoint.

DEFINITION

Les objets OLE et les objets multimédias proviennent d'autres applications et sont liés ou incorporés. Les objets multimédias sont spécifiques au son et à la vidéo.

REMARQUE

Aperçu immédiat de la mise en forme

Vous constaterez, tout au long de votre apprentissage de PowerPoint, qu'il suffit de glisser le pointeur de la souris sur les diverses commandes de mise en forme pour obtenir un aperçu immédiat de la présentation.

CRÉER UNE PRÉSENTATION

Lorsque vous lancez PowerPoint, une présentation vierge s'ouvre par défaut.

Dans ce chapitre, vous apprendrez à appliquer un thème à votre présentation pour la rendre plus attractive et une mise en forme particulière à chaque diapositive en fonction de son contenu.

Vous étudierez également les différentes méthodes pour organiser la présentation.

REMARQUE

Modes de travail

Comme nous l'avons expliqué dans le premier chapitre, PowerPoint vous offre plusieurs modes de travail. Le plus courant est sans aucun doute le mode Normal. Toutes nos explications porteront donc en priorité sur ce mode. Nous ne négligerons pas pour autant les autres modes de travail qui seront explicitement mentionnés.

RENVOI

Vous verrez au chapitre *Créer des thèmes et des modèles* qu'il est possible de paramétrer la présentation par défaut.

2.1. Mise en page de la présentation

Lorsqu'on parle de la mise en page d'une présentation, cela concerne uniquement ses dimensions et son orientation.

Pour modifier ces deux propriétés, activez l'onglet **Création**, puis cliquez sur le bouton **Mise en page**, situé dans le groupe du même nom.

Ce bouton ouvre une boîte de dialogue dans laquelle vous pouvez choisir :

- Les dimensions utiles : par défaut, le choix porte sur le format 4/3 (4:3) qui correspond au format d'un écran classique. Vous pouvez opter pour un format 16/9 (16:9) ou 16/10 (16:10) offert par les écrans récents. Si vous choisissez un format 16/9 et que vous projetez votre diaporama sur un écran 4/3, vous obtiendrez une bande noire située de part et d'autre de vos diapositives comme lorsque vous regardez un film sur un écran de télévision 4/3 (voir Figure 2.1).

  D'autres formats sont proposés, ce sont plutôt des formats papier. Un format A4, par exemple, laissera une bande noire de part et d'autre des diapositives projetées sur un écran d'ordinateur 4/3, mais remplira mieux un papier de format français. Notez qu'il sera toujours possible de se rapprocher du format papier en mettant la présentation à l'échelle de la feuille.

Figure 2.1 : Diapositive 16/9 projetée sur un écran 4/3

RENVOI

Reportez-vous au chapitre *Partager et imprimer* pour de plus amples informations.

Vous remarquerez le format particulier intitulé *Bannière*, qui n'est pas spécifique à la PréAO, mais qui est prévu pour créer une bannière pour un site web.

ATTENTION

Modification des dimensions

Il est important de choisir dès le départ les bonnes dimensions, particulièrement en cas d'ajout d'images. En effet, si vous modifiez les dimensions, les images seront déformées.

- L'orientation : le choix par défaut est l'orientation *Paysage*. Il s'agit de l'orientation qui correspond à la majeure partie des écrans. Vous pouvez toutefois choisir un format *Portrait*. Sachez qu'une seule orientation est possible pour une même présentation. Si vous souhaitez toutefois présenter une ou plusieurs diapositives avec une orientation *Portrait*, vous devrez créer des présentations indépendantes qu'il faudra lier.

RENVOI

Pour plus de renseignements sur ce sujet, rendez-vous au chapitre *Préparer, configurer et projeter un diaporama*, à la section *Afficher un diaporama composé de plusieurs présentations*.

Pour modifier l'orientation d'une présentation, vous pouvez utiliser simplement le bouton **Orientation des diapositives**, du groupe *Mise en page*, sous l'onglet **Création**.

2.2. Choisir un thème ou un modèle existant

Vous venez de lancer PowerPoint pour créer une nouvelle présentation. Par défaut, cette présentation est vierge de toute personnalisation. Avant de vous préoccuper du contenu de votre présentation, vous allez vous intéresser à son aspect.

Rassurez-vous, rien n'est définitif ! Vous pourrez par la suite modifier cet aspect autant que vous le souhaitez... à condition de ne pas abuser de mises en forme manuelles. Il est néanmoins préférable de travailler dès le départ dans un esthétisme qui correspond au type de votre présentation.

ATTENTION

Important : le choix d'un thème ou d'un modèle

Vous verrez qu'il est possible de modifier manuellement l'aspect de votre présentation au fur et à mesure de votre saisie et de l'ajout des différents objets. Mais cette façon de procéder est vivement déconseillée ! Si vous faites des modifications manuelles de mise en forme, et si par la suite vous souhaitez appliquer un autre thème ou un autre modèle, toutes vos modifications manuelles resteront telles quelles. Vous perdrez ainsi l'homogénéité de votre présentation, et le travail pour récupérer une présentation cohérente sera fastidieux.

Si vous souhaitez concevoir votre propre mise en forme, avec vos propres couleurs et votre propre charte graphique, vous devrez auparavant créer vous-même votre modèle. Dans ce cas, rendez-vous au chapitre *Créer des thèmes et des modèles*.

Choisir un thème

Qu'est-ce qu'un thème ?

Un thème est un ensemble de mises en forme qui gère les couleurs, les polices et les aspects des objets graphiques.

Les thèmes sont communs aux différentes applications Office et sont conçus pour fournir des documents homogènes quelle que soit l'application qui a servi à les créer.

Pour Microsoft PowerPoint, un thème est beaucoup plus que cela. En effet, un thème peut comprendre par exemple un certain nombre d'objets graphiques qui seront automatiquement reportés dans chaque diapositive, ainsi qu'une personnalisation du masque de la diapositive.

Une fois le thème ou le modèle choisi, vous pouvez appliquer un autre jeu de couleurs, un autre jeu de polices et/ou un autre jeu d'effets graphiques. Vous pourrez également appliquer un autre style d'arrière-plan. Votre présentation restera homogène.

RENVOI

Vous pouvez créer vos propres jeux de couleurs, de polices et d'effets graphiques, vos propres thèmes et vos propres modèles. Tout cela est expliqué au chapitre *Créer des thèmes et des modèles*.

Appliquer un thème

1 Pour utiliser les thèmes, allez sous l'onglet **Création**, dans le groupe *Thèmes*. Pointez simplement sur un thème ; vous obtenez automatiquement un aperçu du thème, appliqué à la diapositive active. Vous pouvez faire défiler les lignes de la galerie en cliquant sur les flèches haut et bas situées à droite de la galerie, ou sur la flèche déroulante située en bas à droite et qui permet de visualiser la totalité.

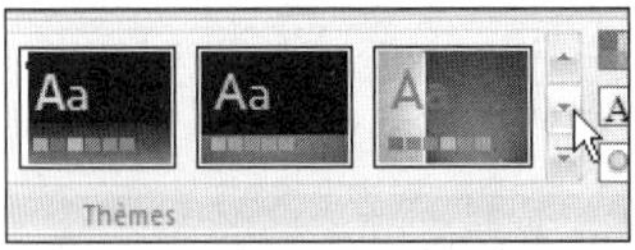

Figure 2.2 : Cliquer sur les flèches pour faire défiler la galerie des thèmes

2 Lorsque votre choix est fait, cliquez sur le thème. Celui-ci est automatiquement appliqué à toutes les diapositives de la présentation.

Vous pourrez visualiser le nom du thème utilisé dans la barre d'état, en bas à gauche.

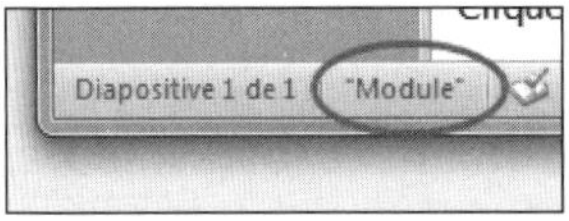

Figure 2.3 : Le nom du thème utilisé est affiché dans la barre d'état

Pour n'appliquer le thème qu'à certaines diapositives, sélectionnez ces dernières, puis cliquez avec le bouton droit sur le thème et enfin sélectionnez la commande **Appliquer aux diapositives sélectionnées**.

Notez que, lorsque vous créez une nouvelle présentation, vous pouvez immédiatement choisir un thème. Pour cela, passez en mode Backstage, cliquez sur **Nouveau** puis sur le bouton **Thèmes**. Il vous suffit alors de choisir un thème parmi ceux qui s'affichent et de cliquer sur le bouton **Créer**.

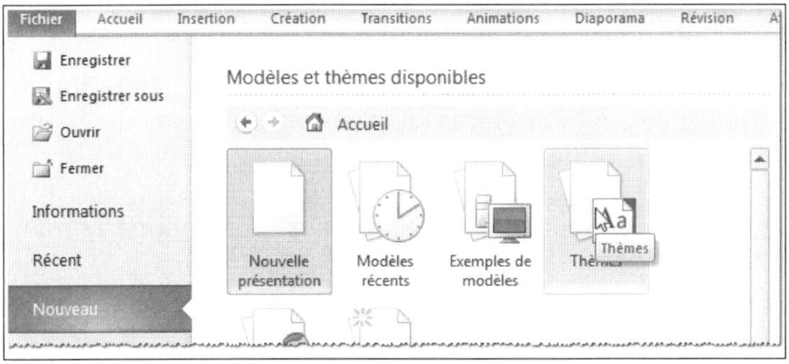

Figure 2.4 : Cliquer sur le bouton Thèmes, pour choisir un thème lors de la création d'une nouvelle présentation

Modifier les éléments de thème

Comme vous l'avez vu, un thème est composé d'un ensemble de couleurs, de polices et d'effets graphiques. Ces éléments peuvent être modifiés individuellement.

Sous l'onglet **Création**, dans le groupe *Thèmes*, trois boutons sont à votre disposition : **Couleurs**, **Polices** et **Effets**. Chacun d'eux ouvre une galerie dans laquelle vous pouvez faire votre choix.

1 Cliquez sur l'un des boutons, puis pointez sur un élément de la galerie pour obtenir immédiatement l'effet sur votre diapositive.

2 Lorsque vous avez choisi, cliquez sur l'élément pour l'appliquer à toute votre présentation.

RENVOI

Pour plus d'informations sur les personnalisations en matière de couleurs, de polices et d'effets graphiques, rendez-vous au chapitre *Créer des thèmes et des modèles*.

Utiliser un modèle

Qu'est-ce qu'un modèle ?

La notion de modèle dans PowerPoint n'est pas très éloignée de la notion de thème : un modèle est un fichier à partir duquel est conçue une nouvelle présentation. Il contient toutes les personnalisations apportées à un thème et aux masques de disposition. Contrairement à un thème, le masque peut contenir une ou plusieurs diapositives qui peuvent être éventuellement préremplies.

Un modèle peut également contenir des macros.

Par ailleurs, le modèle PowerPoint ne pourra pas être appliqué à une autre application d'Office, contrairement à un thème.

Un modèle ne peut être appliqué qu'à une nouvelle présentation. Si votre présentation est déjà créée, vous pouvez appliquer un thème existant ou faire des modifications dans le masque.

RENVOI

Reportez-vous au chapitre *Créer des thèmes et des modèles* pour plus de détails.

Utiliser un modèle existant

1 Pour créer une nouvelle présentation à partir d'un modèle, passez en mode Backstage, puis cliquez sur la commande **Nouveau**.

REMARQUE

Créer une nouvelle présentation

Le raccourci Ctrl+N permet de créer une nouvelle présentation à partir du thème par défaut.

2 Cliquez sur la commande **Mes modèles** pour accéder à vos propres modèles ou bien sur **Exemples de modèles** pour accéder aux modèles fournis avec Office. Sélectionnez ensuite votre modèle et cliquez sur OK.

REMARQUE

Modèles et thèmes

Les deux dossiers *Exemples de modèles* et *Thèmes*, affichés dans la fenêtre **Modèles et thèmes disponibles**, sont les modèles et thèmes fournis avec PowerPoint. Ils se trouvent dans le dossier de l'application, dans *Program Files*.

Les modèles stockés sur votre ordinateur sont ceux que vous y placez, c'est-à-dire ceux que vous avez créés et également ceux que vous avez téléchargés depuis Office.com.

1 Dans la boîte de dialogue **Nouvelle présentation**, cliquez sur l'une des catégories de modèles listés sous la rubrique *Modèles Office.com*.

2 Sélectionnez ensuite le modèle qui vous convient et cliquez sur le bouton **Télécharger**. Vous pouvez également double-cliquer sur le modèle en question.

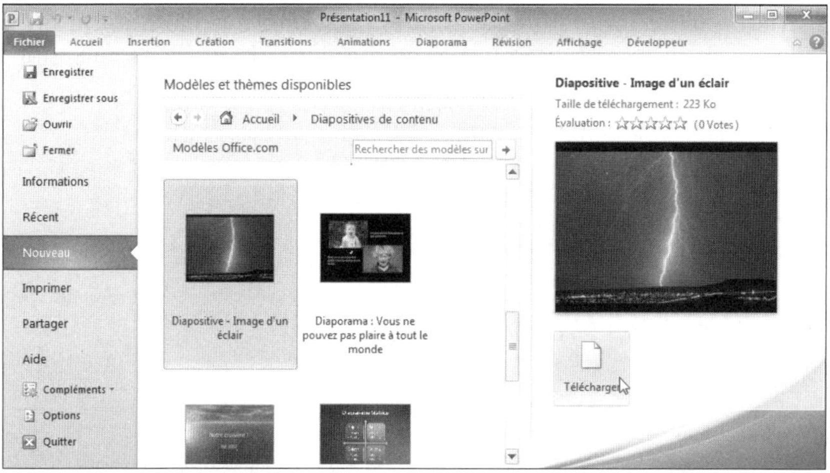

Figure 2.5 : Télécharger un modèle depuis Office.com

REMARQUE

Téléchargement de modèles sur Office Online

Le téléchargement de modèles sur le site de Microsoft Office.com est réservé aux utilisateurs possédant une version authentique d'Office. Une vérification est faite au moment du téléchargement.

Comme pour le thème, vous pouvez visualiser le nom du modèle utilisé dans la barre d'état, en bas à gauche.

RENVOI

La gestion des modèles est abordée au chapitre *Créer des thèmes et des modèles*.

Choisir un style d'arrière-plan

Que vous ayez appliqué un thème à votre présentation ou choisi d'utiliser un modèle, vous pouvez modifier le style de l'arrière-plan. Les styles d'arrière-plan sont des variantes des jeux de couleurs actifs.

Les thèmes intégrés comportent chacun douze styles de remplissage d'arrière-plan, divisés en trois types : uni, dégradé et texture.

Vous accédez à la galerie des styles d'arrière-plan par l'onglet **Création** et le bouton **Styles d'arrière-plan** du groupe *Arrière-plan*. En pointant sur l'un des styles, vous voyez un aperçu du résultat sur la diapositive affichée. Cliquez sur le style pour changer le style d'arrière-plan de toute la présentation. Cliquez avec le bouton droit de la souris sur un style pour l'appliquer aux diapositives sélectionnées, puis cliquez sur la commande correspondante.

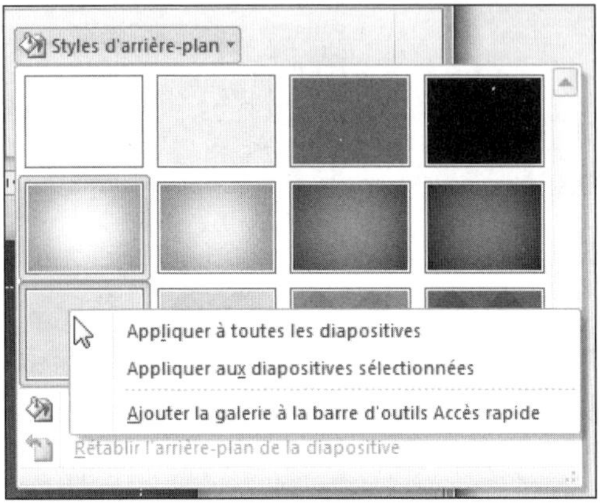

Figure 2.6 : Appliquer un style d'arrière-plan aux diapositives sélectionnées

Ne perdez pas de vue qu'un style d'arrière-plan ne fait que modifier la couleur de l'arrière-plan, alors que le thème, comme vous l'avez vu plus haut, peut contenir, hormis les jeux de couleurs, de polices et d'effets graphiques, toutes sortes d'images, de dessins, d'effets spéciaux, etc.

RENVOI

Voyez à ce sujet le chapitre Créer des thèmes et des modèles.

Il est néanmoins possible d'appliquer ponctuellement une mise en forme personnalisée à un arrière-plan sans pour autant modifier le thème :

1 Cliquez sur le bouton **Styles d'arrière-plan** puis sur la commande **Mise en forme de l'arrière-plan.**

  La boîte de dialogue **Mise en forme de l'arrière-plan** affiche la rubrique *Remplissage*. Vous pouvez choisir entre plusieurs types de remplissage. Selon votre choix, les autres rubriques pourront devenir actives.

RENVOI

Les options de remplissage de l'arrière-plan sont les mêmes que les options de remplissage d'une forme. Nous vous invitons donc à vous rendre au chapitre *PowerPoint et les objets simples* pour savoir comment compléter cette boîte de dialogue.

2 Cliquez sur le bouton **Fermer** pour affecter cet arrière-plan personnalisé à la diapositive en cours, et sur le bouton **Appliquer partout** pour l'affecter à toute la présentation.

ATTENTION

Réinitialiser l'arrière-plan

Le bouton **Réinitialiser l'arrière-plan** de la boîte de dialogue **Mise en forme de l'arrière-plan** ou la commande **Rétablir l'arrière-plan de la diapositive** du groupe *Arrière-plan* ne fonctionnent que si vous n'avez pas choisi d'appliquer le nouvel arrière-plan à la présentation entière. Dans ce dernier cas, le thème lui-même est modifié.

2.3. Choisir une disposition

Lorsque vous créez une nouvelle présentation, vous obtenez à l'écran une diapositive contenant uniquement deux espaces réservés, l'un destiné au titre et l'autre au sous-titre. Il s'agit de la diapositive de titre qui est, par défaut, la première diapositive. Cette mise en page s'appelle une "disposition".

Une diapositive est en quelque sorte un conteneur d'objets. Une disposition est la mise en page des objets dans la diapositive. La disposition permet d'organiser les objets (texte, images, tableaux, graphiques, etc.). Une disposition peut contenir un ou plusieurs espaces réservés, prêts à recevoir ces différents objets. Elle peut contenir également des zones pour le titre et le sous-titre et, vous le verrez plus loin, des zones réservées aux en-têtes et aux pieds de page.

1 Pour modifier la disposition d'une diapositive, affichez l'onglet **Accueil**, puis, dans le groupe *Diapositives*, cliquez sur le bouton **Disposition** afin d'afficher la galerie des dispositions disponibles.

2 Cliquez sur la disposition de votre choix (voir Figure 2.7).

Vous pouvez constater que, parmi les dispositions standards proposées, certaines contiennent des espaces de contenu. Un espace réservé de contenu est un espace dans lequel vous pouvez insérer n'importe quel type de contenu (texte, image, tableau, objet multimédia, etc.). Contrairement à ces espaces très ouverts, vous pouvez obtenir des espaces réservés à des objets spécifiques. La disposition

Image avec légende par exemple offre trois espaces réservés : deux pour insérer du texte (légende et titre) et le troisième pour placer une image. Vous ne pouvez pas ajouter d'autres objets que ceux qui sont prévus dans ces espaces.

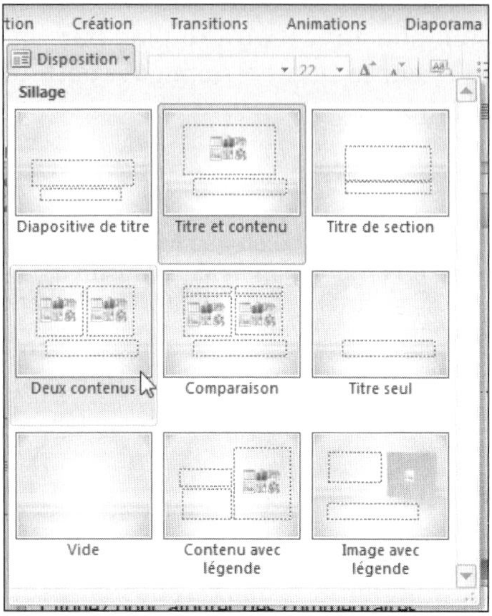

Figure 2.7 : Modifier la disposition d'une diapositive

RENVOI

Dans le chapitre *Créer des thèmes et des modèles*, vous apprendrez à créer vos propres dispositions qui pourront contenir, si vous le préférez, des espaces réservés à d'autres objets spécifiques.

Vous verrez par ailleurs que la diapositive de titre est un peu particulière et qu'elle peut être traitée d'une manière légèrement différente des autres dispositions.

REMARQUE

Suppression des modifications appliquées aux dispositions

Bien que ce ne soit pas conseillé, vous pouvez apporter toutes sortes de modifications manuelles aux espaces réservés d'une diapositive, comme vous le verrez dans les prochains chapitres. Toute modification manuelle apportée aux espaces réservés d'une diapositive (position, taille, mise en forme des contenus et des conteneurs) peut être supprimée : pour cela, cliquez sur le bouton **Rétablir**, situé sous l'onglet **Accueil**, dans le groupe *Diapositives*.

2.4. Insérer une nouvelle diapositive

Pour créer une nouvelle diapositive, allez sous l'onglet **Accueil**, dans le groupe *Diapositives*, puis cliquez sur le bouton **Nouvelle diapositive** : une nouvelle diapositive est générée avec une disposition identique à la diapositive précédente.

Si vous cliquez sur la flèche située en bas à droite du bouton **Nouvelle diapositive**, vous pouvez opter pour une disposition différente.

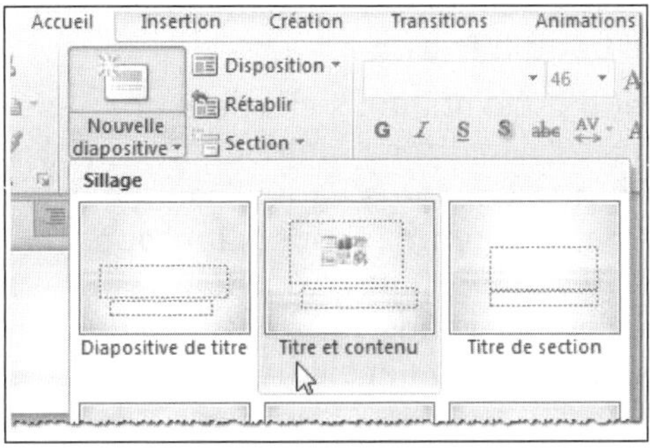

Figure 2.8 : Insertion d'une diapositive

Dupliquer des diapositives

Si vous avez besoin de créer une diapositive identique à une autre qui existe déjà dans votre présentation, le plus simple est de la copier.

1 S'il s'agit d'une seule diapositive, placez le pointeur simplement dans la diapositive à dupliquer. S'il y en a plusieurs, sélectionnez-les sous l'onglet **Diapositives** à l'aide de la touche [Maj] pour une sélection contiguë ou la touche [Ctrl] pour des diapositives dispersées.

2 Sous l'onglet **Accueil**, dans le groupe *Diapositives*, cliquez sur la flèche du bouton **Nouvelle diapositive**, puis, tout en bas, sur la commande **Dupliquer les diapositives sélectionnées**.

S'il s'agit de plusieurs diapositives, adjacentes ou non, la duplication se fera après la dernière diapositive sélectionnée.

Réutiliser les diapositives d'une autre présentation

Dans votre présentation en cours, vous pouvez très facilement insérer des diapositives provenant de n'importe quelle autre présentation :

1 Placez le pointeur dans la diapositive qui précédera la diapositive à insérer. Vous pouvez cliquer également dans le volet **Plan /Diapositives**.

2 Sous l'onglet **Accueil**, dans le groupe *Diapositives*, cliquez sur la flèche du bouton **Nouvelle diapositive**, puis, tout en bas, sur la commande **Réutiliser les diapositives**.

3 Le volet **Réutiliser les diapositives** s'affiche à droite de votre écran. Cliquez sur le bouton **Parcourir** puis sur la commande **Rechercher le fichier**. Sélectionnez le fichier qui contient la ou les diapositives à récupérer, puis cliquez sur le bouton **Ouvrir**.

4 Toutes les diapositives de cette présentation s'affichent en miniature dans le volet. Pour mieux les visualiser, pointez simplement la souris sur une miniature afin que l'image s'agrandisse. Pour les ajouter dans votre présentation en cours, cliquez sur la diapositive à insérer. Vous pouvez placer des diapositives à plusieurs endroits de votre présentation : cliquez d'abord dans votre présentation sur la diapositive qui doit précéder l'insertion et cliquez ensuite sur la diapositive à intégrer.

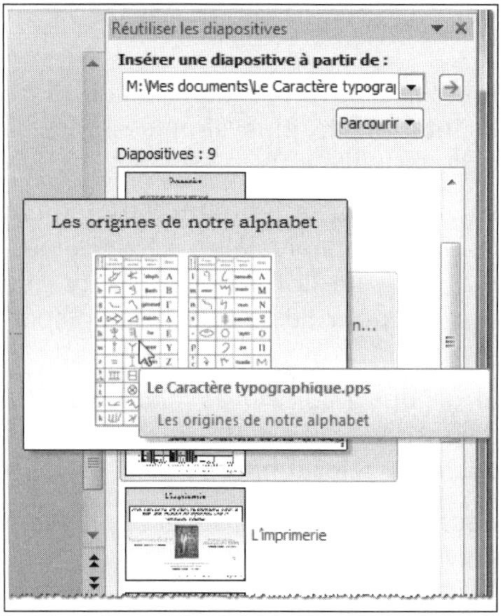

Figure 2.9 : Insertion d'une diapositive d'une autre présentation

5 Si vous souhaitez ajouter toutes les diapositives de la présentation, cliquez avec le bouton droit de la souris sur l'une des miniatures et choisissez la commande **Insérer toutes les diapositives**.

REMARQUE

Mise en forme des diapositives insérées

Par défaut, les diapositives insérées prennent la mise en forme de la présentation active, sauf si vous cochez l'option *Conserver la mise en forme source*, située en bas de la fenêtre **Réutiliser les diapositives**.

Par ailleurs, si vous souhaitez attribuer la mise en forme source à toute votre présentation active, cliquez avec le bouton droit de la souris sur l'une des miniatures et choisissez la commande **Appliquer le thème à toutes les diapositives**. Pour appliquer ce thème à quelques diapositives de votre présentation active, sélectionnez auparavant les diapositives, puis, dans la fenêtre **Réutiliser les diapositives**, cliquez avec le bouton droit de la souris sur l'une des miniatures dont vous souhaitez récupérer le thème et choisissez la commande **Appliquer le thème aux diapositives sélectionnées**.

Lorsque, à l'avenir, vous souhaiterez réutiliser les diapositives d'une autre présentation, les présentations que vous avez déjà utilisées s'afficheront automatiquement dans la liste *Insérer une diapositive à partir de*. Sélectionnez alors ce fichier dans la liste, puis cliquez sur le bouton fléché bleu situé en regard de la liste.

2.5. Utiliser les sections

Une présentation peut être divisée en plusieurs sections. S'il s'agit d'une présentation comportant un certain nombre de diapositives, c'est le moyen d'obtenir un document bien organisé. Chaque section consiste en fait en une partie de la présentation qui pourra être traitée individuellement.

RENVOI

Vous pourrez par ailleurs imprimer chaque section individuellement. Voyez à ce sujet le chapitre *Partager et imprimer*.

Créer et nommer une section

REMARQUE

Mode d'affichage et sections

Vous pouvez créer des sections depuis n'importe quel mode, hormis le mode Plan. Par ailleurs, les sections ne seront visibles que par le biais du volet **Miniatures** du mode Normal ou via le mode Trieuse de diapositives.

1 Sélectionnez la miniature qui sera la première de la section.

2 Sous l'onglet **Accueil**, groupe *Diapositives*, cliquez sur le bouton **Section**, puis sur la commande **Ajouter une section** : la section est ajoutée.

3 La section s'arrête là où débute une autre section. La première section créée s'arrête donc à la fin de la présentation.

4 Pour créer d'autres sections, recommencez cette procédure.

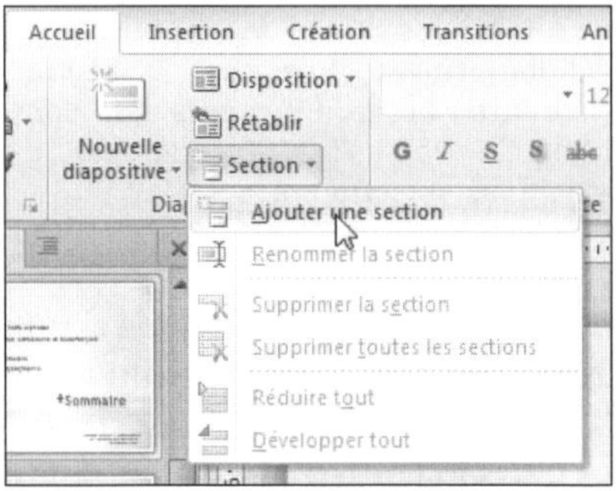

Figure 2.10 : Ajouter une section

REMARQUE

Section par défaut

Si la diapositive sélectionnée pour être la première de la section n'est pas la première de la présentation, les diapositives qui précèdent sont automatiquement mises dans une section par défaut.

Dans une présentation qui contient au moins une section, aucune diapositive ne pourra être hors section.

Dans le volet **Miniatures**, vous voyez que la section est matérialisée par une bande jaune située en début de section. C'est le titre de la section. Si vous cliquez dessus, la section entière est sélectionnée.

La section créée se nomme par défaut *Section sans titre*. Pour la renommer, cliquez sur le titre de la section, puis sous l'onglet **Accueil**, groupe *Diapositives*, cliquez sur le bouton **Section** puis sur la commande **Renommer**. Vous pouvez également utiliser le menu contextuel. Tapez le nom de la section et cliquez sur le bouton **Renommer**. Vous remarquerez que le titre de la section est suivi, entre parenthèses, du nombre de diapositives la composant.

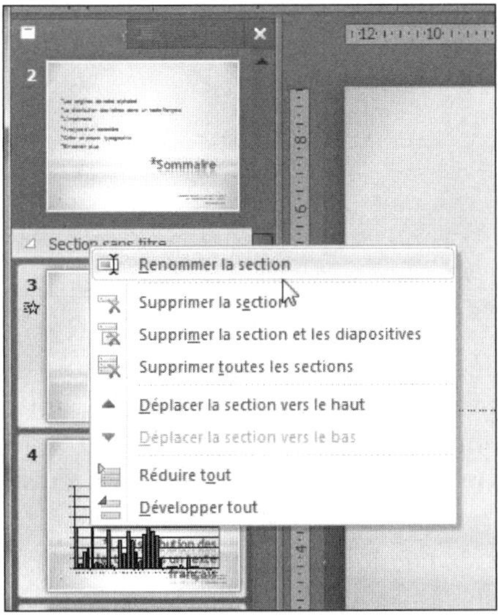

Figure 2.11 : Renommer la section

Supprimer une section

Pour supprimer une section, sélectionnez-la en cliquant sur son titre, puis, via le bouton **Section** ou via le menu contextuel, cliquez sur la commande **Supprimer la section**. Attention, il s'agit bien de détruire la section, c'est-à-dire l'enveloppe, les diapositives ne sont pas touchées !

REMARQUE

Suppression de la section par défaut

Une section par défaut ne pourra être supprimée que si elle est la seule section restante.

Pour supprimer toutes les sections d'un seul coup, cliquez sur la commande **Supprimer toutes les sections** via le bouton **Section** ou via le menu contextuel.

Organiser une présentation grâce aux sections

Lorsque votre présentation est organisée en sections, différentes actions sont simplifiées :

- Affichage : en double-cliquant sur le titre de la section, vous pouvez la réduire ou la développer. Via le bouton **Section** ou le menu contextuel, vous pouvez tout réduire ou tout développer.

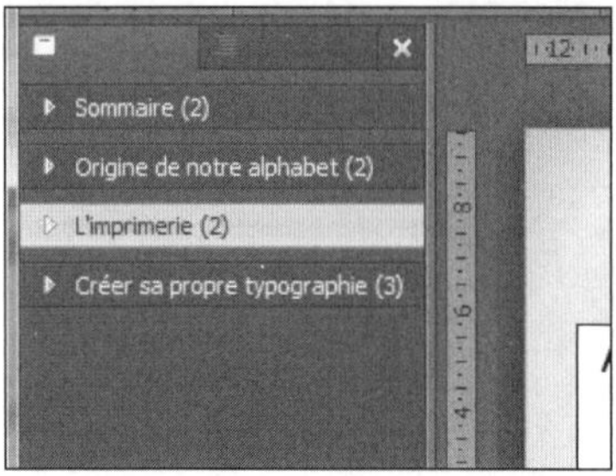

Figure 2.12 : Sections réduites

- Déplacement : une section entière peut être déplacée à la souris. Si toutes les sections sont réduites, c'est d'autant plus facile. Vous pouvez également utiliser le menu contextuel et choisir les commandes **Déplacer la section vers le haut** ou **Déplacer la section vers le bas**.
- Suppression des diapositives de la section : sélectionnez la section avec le bouton droit et choisissez la commande **Supprimer la section et les diapositives**. Un message d'avertissement vous demande de confirmer que vous souhaitez bien supprimer les diapositives.

RENVOI

Vous pouvez choisir les sections à imprimer. Voyez à ce sujet le chapitre *Partager et imprimer*.

2.6. Sauvegarder

Pensez à sauvegarder vos fichiers, n'attendez pas que le document soit terminé pour le faire !

Imaginez une coupure de courant ou un crash de votre ordinateur. Tout votre travail envolé ! Le mieux est d'enregistrer votre document dès que vous commencez à le saisir et de le faire ensuite à intervalles réguliers.

Pour cela, cliquez sur le bouton **Enregistrer** de la barre d'outils *Accès rapide*, ou encore utilisez le raccourci clavier Ctrl+S.

Au premier enregistrement, la boîte de dialogue **Enregistrer sous** s'affiche : donnez un nom à votre présentation, et choisissez éventuellement un dossier où la ranger.

REMARQUE

La boîte de dialogue Enregistrer sous

La boîte de dialogue **Enregistrer sous** peut se présenter sous des formes différentes en fonction de votre environnement. Sous Windows 7, par exemple, en bas de la boîte de dialogue, vous pouvez ajouter un ou plusieurs auteurs, un mot-clé, un titre et un objet. Toutes ces indications pourront être affichées ensuite dans l'Explorateur.

Une option supplémentaire permet d'enregistrer la miniature. Si cette option est cochée, vous pourrez, depuis les boîtes de dialogue **Ouvrir** et **Enregistrer sous**, afficher un aperçu du document.

Cliquez sur OK. Votre document est par défaut sauvegardé dans votre dossier *Mes documents*. Si vous choisissez un autre dossier, c'est ce dernier qui s'affichera à chaque nouvel enregistrement, à moins que vous ne modifiiez la destination, jusqu'à la fermeture de PowerPoint.

Si vous souhaitez modifier le document tout en gardant une version du premier jet, vous devez le sauvegarder en lui donnant un nouveau nom. Pour ce faire, cliquez sur l'onglet **Fichier**, puis sur la commande **Enregistrer sous**, ou bien appuyez sur F12. Donnez un nouveau nom à votre document.

RENVOI

Dans le chapitre *Partager et imprimer*, nous verrons qu'il est possible de faire des enregistrements sous d'autres formats.

Options d'enregistrement

Il existe des options d'enregistrement par défaut que vous pouvez modifier et personnaliser selon vos besoins.

Passez en mode Backstage et cliquez sur **Options**. Cliquez ensuite sur la commande **Enregistrement**.

Format par défaut

Le format par défaut est le format PowerPoint 2007/2010 avec l'extension *.pptx*. Il en existe quelques autres que vous pouvez choisir dans la liste déroulante *Enregistrer les fichiers au format suivant*.

RENVOI

Vous trouverez plus d'explications sur les différents formats dans le chapitre *Partager et imprimer*.

Dossier par défaut

Le dossier par défaut dans lequel vous enregistrerez vos documents est le dossier *Mes documents*. Si vous choisissez un autre dossier, c'est ce dernier qui s'affichera par défaut à chaque nouvel enregistrement jusqu'à la fermeture.

Vous pouvez modifier la destination par défaut. Pour cela, cliquez sur le bouton **Parcourir**, situé en face de la zone de saisie *Dossier par défaut*, sélectionnez le dossier de votre choix et cliquez sur OK.

Sauvegarde automatique

Les avertissements évoqués plus haut, concernant un oubli de sauvegarde, sont minorés si toutefois les options de sauvegarde automatique sont sélectionnées. Vérifiez donc que les options *Enregistrer les informations de récupération automatique* ainsi que *Conserver le dernier fichier récupéré automatiquement si je ferme sans enregistrer* ont bien été cochées. Elles le sont par défaut, il est prudent de ne pas les désactiver.

- La première option permet d'enregistrer automatiquement votre travail, à intervalles réguliers. Cet intervalle, qui est de 10 minutes par défaut, peut être modifié via la liste déroulante correspondante. Cela signifie que si un problème survient, vous pourrez récupérer la dernière version sauvegardée automatiquement. Bien entendu, si par exemple l'intervalle choisi est de 15 minutes, et qu'un crash survient au bout de 14 minutes, vous ne récupérerez rien si vous n'aviez pas sauvegardé vous-même !

  Ce fichier sera enregistré dans le dossier par défaut, indiqué dans la zone de saisie *Emplacement du fichier de récupération automatique*. Ce dossier peut être modifié. Pour cela, cliquez sur le bouton **Parcourir** situé en face de la zone, sélectionnez le dossier et cliquez sur OK.

ATTENTION

Sauvegarde automatique

La sauvegarde automatique de PowerPoint ne remplace en aucun cas vos propres sauvegardes. Il s'agit uniquement d'une mesure de sécurité. Soyez vigilant !

- La seconde option autorise PowerPoint à enregistrer un document même si vous avez décidé de le fermer sans l'enregistrer. Ce sont des choses qui arrivent : vous êtes pressé, vous quittez PowerPoint qui vous demande si vous voulez sauvegarder, et vous cliquez vite, trop vite, sur **Ne pas enregistrer**... Avec les anciennes versions de PowerPoint, il était trop tard, le document était définitivement perdu. Dorénavant, même si vous refusez d'enregistrer, le document sera quand même "temporairement disponible".

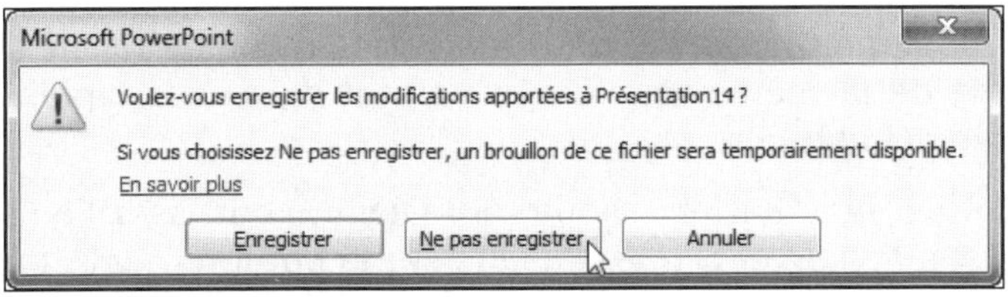

Figure 2.13 : Fermer un document sans sauvegarde

Le document sera temporairement enregistré dans le dossier *UnsavedFiles* (voir plus bas).

2.7. Ouvrir une présentation

L'ouverture d'une présentation se fait soit en double-cliquant dessus depuis l'endroit où elle se trouve, soit depuis le mode Backstage de PowerPoint.

En mode Backstage, cliquez sur **Récent** pour afficher les derniers documents, puis cliquez sur celui que vous souhaitez ouvrir.

ASTUCE

Sélectionner les documents à afficher

Par défaut, ce sont les plus récents qui resteront affichés, sauf si vous en décidez autrement. Pour cela, dans la liste des derniers documents affichés, en regard de chaque document, vous pouvez voir une icône en forme d'épingle. Si vous cliquez sur cette épingle, elle devient bleue et paraît enfoncée, ce qui indique que le document sera dans la liste des documents affichés et cela, même si d'autres sont plus récents que lui.

Figure 2.14 : Ajouter à la liste des documents récents

Tout en bas de la fenêtre **Récent**, vous pouvez cocher l'option *Accéder rapidement à ce nombre de documents récents* et choisir le nombre de documents, afin de les afficher directement dans la colonne gauche de la fenêtre **Backstage**. Il vous suffira alors de cliquer directement sur le fichier pour l'ouvrir, sans avoir à cliquer sur **Récent**.

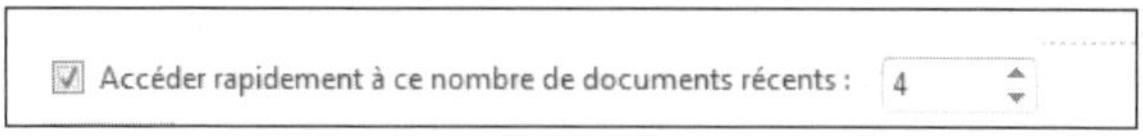

Figure 2.15 : Accéder aux documents récents directement depuis la fenêtre Backstage

Par ailleurs, à droite de la fenêtre **Récent**, vous avez accès cette fois non plus aux documents récents mais aux emplacements récents. Cela fonctionne de la même manière et permet d'accéder rapidement aux dossiers habituels.

Si le document est plus ancien, cliquez sur **Ouvrir**, choisissez l'emplacement puis le fichier, et cliquez ensuite sur le bouton **Ouvrir**, ou double-cliquez sur le fichier.

Modifier le nombre maximal de présentations affichées

Par défaut, les vingt dernières présentations sont affichées, mais ce nombre peut être modifié jusqu'à un maximum de 50 via les options :

1 Passez en mode Backstage et cliquez sur **Options**.

2 Cliquez sur la commande **Options avancées**.

3 Sous la rubrique *Afficher*, vous pouvez modifier le nombre de documents récents affichés. Cliquez sur OK.

ASTUCE

Vider la liste des présentations affichées

Si vous souhaitez vider la liste des documents récents, mettez 0, validez, puis remettez le nombre de votre choix. Par contre, si vous souhaitez conserver certains fichiers dans vos documents récents, il vous suffit d'épingler ces documents dans la fenêtre **Récent** (voir ci-dessus) et d'inscrire ce nombre comme nombre maximal de présentations affichées. Validez, puis entrez à nouveau le nombre de votre choix.

Ouvrir en lecture seule

Vous pouvez volontairement ouvrir une présentation en lecture seule afin d'éviter des erreurs de manipulation :

1 Passez en mode Backstage et cliquez sur la commande **Ouvrir** afin d'afficher la boîte de dialogue du même nom.

2 Sélectionnez la présentation à ouvrir, puis, en bas à droite de la boîte de dialogue, au lieu de cliquer directement sur le bouton

Ouvrir, cliquez sur la flèche de ce bouton et choisissez la commande **Ouvrir en lecture seule**.

Votre présentation s'ouvre et sa barre de titre affiche la mention "[Lecture seule]".

Ouvrir en copie

Si vous souhaitez créer une présentation à partir d'une présentation existante, le plus simple est d'ouvrir celle-ci en copie. Ainsi vous pourrez travailler avec les diapositives existantes sans risquer d'écraser votre présentation originale.

1 Passez en mode Backstage et cliquez sur la commande **Ouvrir** afin d'afficher la boîte de dialogue du même nom.

2 Sélectionnez la présentation à ouvrir, puis, en bas à droite de la boîte de dialogue, au lieu de cliquer directement sur le bouton **Ouvrir**, cliquez sur la flèche de ce bouton et choisissez la commande **Ouvrir une copie**.

Votre présentation s'ouvre, et la barre de titre affiche son nom, précédé de la mention "Copie".

Récupérer un document après un crash système ou une défaillance de PowerPoint

Après un crash ou tout autre problème, lorsque vous lancerez PowerPoint à nouveau, un volet s'ouvrira à gauche de l'écran, avec la liste des documents qui ont pu être récupérés.

Si la présentation a été récupérée, deux versions seront affichées dans le volet : l'original enregistré par vos soins et la version enregistrée automatiquement par PowerPoint. Pour chacun des documents, le volet donne l'heure d'enregistrement (voir Figure 2.16).

Cliquez sur les liens du volet de récupération pour ouvrir les fichiers. Vous pouvez également utiliser les listes déroulantes qui proposent d'afficher, d'enregistrer sous ou de supprimer. Le fichier a pu être corrompu lors du crash, et il est possible que PowerPoint l'ait réparé. Dans ce cas, la mention "Réparé" est affichée en rouge, et la liste déroulante vous permet de visualiser les réparations.

ASTUCE

Lorsque PowerPoint ne répond plus

Si vous êtes victime d'un plantage associé à un gel de PowerPoint, ne passez pas par le gestionnaire des tâches pour quitter l'application. Via le

ASTUCE

menu **Démarrer** de Windows, dans les programmes, dossier *Microsoft Office, Outils Microsoft Office,* cliquez sur **Récupération d'applications Microsoft Office**. Sélectionnez PowerPoint et choisissez l'option *Récupérer l'application.* En procédant ainsi, vous avez une chance de récupérer une version récente de votre travail. Cette fonctionnalité est valable pour toutes les applications Office.

Figure 2.16 : Volet de récupération

Récupérer un fichier non enregistré mais "temporairement disponible"

Affichez le mode Backstage, puis cliquez sur le bouton **Récent**. Tout en bas de la fenêtre, cliquez sur la commande **Récupérer des documents non enregistrés**. Cela permet d'ouvrir le dossier *Unsaved-Files* qui contient le ou les fichiers non enregistrés et néanmoins récupérés par PowerPoint. Vous remarquerez au passage que ces fichiers ont une extension *.ppt.*

REMARQUE

Documents non enregistrés

L'enregistrement d'un document non sauvegardé volontairement est soumis à la même fréquence que la sauvegarde automatique. Ne soyez donc pas étonné si vous ne récupérez pas un document dont la longueur de vie a été plus courte que la fréquence choisie !

Versions

Après un crash système, mais aussi à n'importe quel moment, vous pouvez vérifier si PowerPoint a conservé d'autres versions de votre document, et si c'est le cas, vous pouvez les afficher. Tout d'abord, en mode Backstage, vous pouvez cliquer sur **Récent** : un document qui a été enregistré au moins une fois et qui a été plus tard fermé sans sauvegarde a des chances de se trouver dans la liste des documents récents.

Une fois le document ouvert, toujours en mode Backstage, cliquez sur **Informations**. À droite de la fenêtre, sous la rubrique *Versions*, sont listées les versions éventuelles.

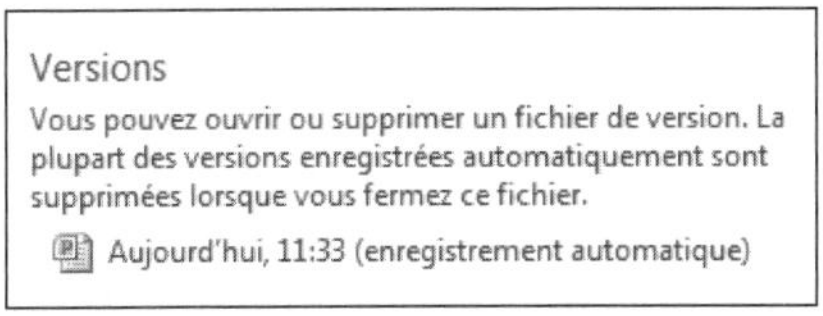

Figure 2.17 : Affichage d'une version sauvegardée par PowerPoint par enregistrement automatique

Si vous cliquez sur le bouton de la liste déroulante du bouton **Gérer les versions**, vous pourrez afficher tous les fichiers temporaires conservés par PowerPoint, ou bien les supprimer.

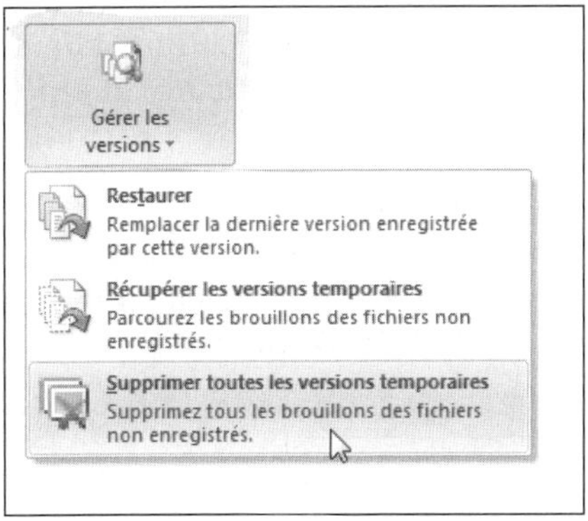

Figure 2.18 : Récupérer ou supprimer tous les fichiers temporaires

Si vous ouvrez un fichier dont la version n'est pas la dernière, une information claire est affichée en mode Backstage.

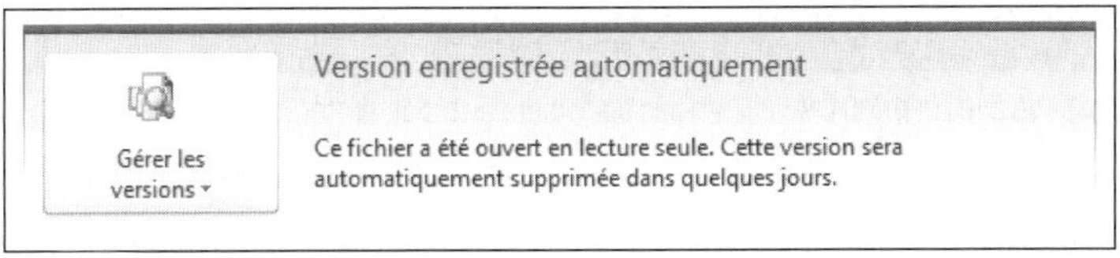

Figure 2.19 : Version enregistrée automatiquement

Par ailleurs, une bande jaune affichée en haut de la fenêtre vous le signale.

Figure 2.20 : Avertissement de PowerPoint lorsque la version n'est pas la dernière

Si vous cliquez sur **Restaurer**, cette version enregistrée automatiquement remplacera la dernière version enregistrée. Un message vous avertira.

Mode Protégé et paramètres de blocage des fichiers

Le mode Protégé permet d'ouvrir un fichier sans en autoriser les modifications.

PowerPoint 2010 peut ouvrir plusieurs types de fichiers, dont des fichiers PowerPoint de n'importe quelle version ou des fichiers Open Office. Par mesure de sécurité, un blocage peut être appliqué à l'ouverture de certains types de fichiers. Ce blocage activera le mode Protégé.

Passez en mode Backstage et cliquez sur **Options.** Cliquez ensuite sur la commande **Centre de gestion de la confidentialité**, cliquez sur le bouton **Paramètres du Centre de gestion de la confidentialité**, et enfin sur la commande **Paramètres de blocage des fichiers**.

Si la case d'option *Ouvrir* placée en regard du type de fichier est cochée, un message d'information s'affichera dans la zone barre de confidentialité située entre le Ruban et le document lui-même, à l'ouverture du fichier. Ce message sera différent en fonction de l'option cochée en bas de la fenêtre.

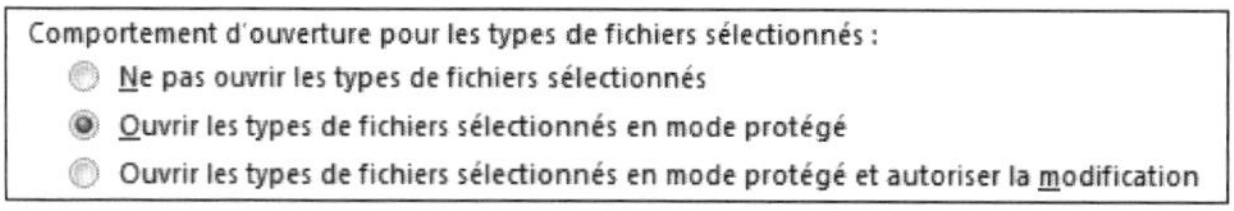

Figure 2.21 : Comportement d'ouverture pour les types de fichiers cochés

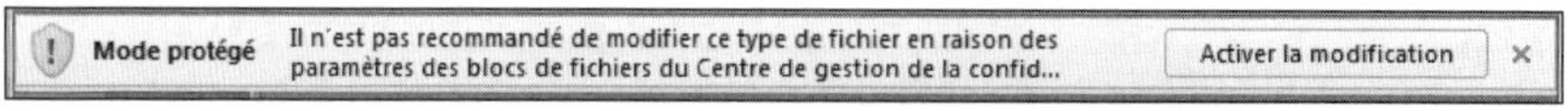

Figure 2.22 : Message avec l'option Ouvrir les types de fichiers en mode protégé et autoriser la modification

La case d'option *Enregistrer* quant à elle bloque l'enregistrement sous.

REMARQUE

Présentation approuvée

Si vous activez les modifications, la présentation est automatiquement approuvée. La barre de confidentialité ne s'affichera plus.

2.8. Fermer les documents et quitter PowerPoint

Voici les différentes méthodes pour fermer les présentations et quitter PowerPoint :

- Un clic sur la croix de fermeture en haut à droite de la fenêtre ferme uniquement la présentation en cours, si plusieurs sont ouvertes.
- Un clic sur la croix de fermeture en haut à droite de la fenêtre ferme l'application, si une seule présentation est ouverte.
- Pour fermer la seule présentation ouverte sans quitter PowerPoint, passez en mode Backstage, puis cliquez sur la commande **Fermer**. Nous vous conseillons d'ailleurs d'installer la commande **Fermer** sur la barre d'outils *Accès rapide*.
- Pour fermer tous les documents ouverts et quitter PowerPoint, passez en mode Backstage, puis cliquez sur la commande **Quitter**, située en bas à gauche de la fenêtre.

Bien entendu, si un ou plusieurs documents ont été modifiés sans avoir été sauvegardés, il vous sera proposé un enregistrement avant la fermeture.

2.9. Exercices pratiques

Télécharger un modèle de présentation sur Office.com et en modifier l'aspect

1 Passez en mode Backstage, puis cliquez sur la commande **Nouveau**.

2 Sous la rubrique *Modèle Office.com*, cliquez sur la rubrique *Présentations*, puis dans la liste des présentations, cliquez sur le bouton **Professionnel** et sélectionnez le modèle *Présentation d'un plan commercial*. Cliquez sur le bouton **Télécharger**, situé à droite de la fenêtre.

Le modèle se télécharge automatiquement, et une nouvelle présentation s'ouvre, construite sur ce modèle.

REMARQUE

Modèles téléchargés

Une fois qu'un modèle a été téléchargé, il se trouve dans le dossier *Templates* sur votre disque dur. Si vous souhaitez le réutiliser, lorsque vous aurez cliqué sur **Nouveau**, vous cliquerez sur **Mes modèles** pour accéder à vos modèles personnels. Il est en effet inutile de le télécharger à nouveau. Pour le supprimer, ouvrez le dossier *Templates*, et supprimez-le.

Ce modèle est en fait une présentation déjà créée, contenant douze diapositives. C'est un bon exemple pour appliquer les différents thèmes existants, modifier les jeux de couleurs et les arrière-plans.

Pour commencer, vous allez appliquer un thème différent à la présentation, celui-ci n'étant pas particulièrement élégant : sous l'onglet **Création**, passez tour à tour la souris sur les différents thèmes de la galerie *Thèmes*. Vous voyez immédiatement le rendu. A priori, cette présentation a été faite correctement, dans le respect des règles énoncées dans ce chapitre.

Sélectionnez à présent la dernière diapositive et continuez à passer la souris sur les différents thèmes. Vous vous rendez compte que, à quelques exceptions près, la mise en page de cette diapositive pose problème. Cette diapositive a été de toute évidence traitée manuellement.

Nous allons choisir un thème et nous occuper de cette dernière diapositive :

1 Appliquez le thème *Austin*.
2 Sélectionnez la diapositive qui pose problème.
3 Sous l'onglet **Accueil**, dans le groupe *Diapositives*, cliquez sur le bouton **Rétablir** : automatiquement le texte se remet d'aplomb.

Ce thème vous convient dans l'ensemble, hormis les couleurs ! D'ailleurs, les lettres vert clair sur un fond blanc ne sont guère lisibles. Qu'à cela ne tienne, vous allez choisir d'autres couleurs :

1 Sous l'onglet **Création**, dans le groupe *Thèmes*, cliquez sur le bouton **Couleurs** et passez la souris sur les différents jeux de couleurs.
2 Nous allons choisir par exemple le jeu de couleurs *Capitaux* : il suffit de cliquer dessus pour voir votre présentation se transformer dans sa totalité et prendre un aspect différent.

Pour tester le tout, vous pouvez également modifier le jeu de polices.

Modifier la mise en forme d'une présentation existante

Ouvrez la présentation nommée *Présentation de PowerPoint 2010*, que vous trouverez sur le site de Micro Application.

Cette présentation contient dix-sept diapositives et un certain nombre d'objets graphiques. C'est un exemple idéal pour appliquer les différents thèmes existants, modifier les jeux de couleurs et les arrière-plans qui sont d'ailleurs déjà modifiés, puisqu'ils ne sont pas tous identiques. Regardez en particulier les arrière-plans des diapositives de titre, par exemple les diapositives 1, 3, 6, 11, etc.

Vous allez appliquer une mise en forme identique à toute la présentation. Vous commencerez donc par rétablir l'arrière-plan par défaut.

Cliquez d'abord sur le bouton **Disposition**, situé sous l'onglet **Accueil**, dans le groupe *Diapositives*. Ce bouton vous informe sur la mise en page élaborée pour chaque disposition.

Vous voyez que par défaut l'arrière-plan est noir, sauf pour la disposition *Deux contenus* pour laquelle le fond est clair. Vous allez donc rétablir cette présentation en supprimant les modifications manuelles.

1 Cliquez sur la première diapositive, puis, sous l'onglet **Création**, dans le groupe *Arrière-plan*, cliquez sur le bouton **Styles d'arrière-plan**. Vous constatez que la commande **Rétablir l'arrière-plan de la diapositive** est grisée, ce qui signifie que cet arrière-plan n'a pas été modifié manuellement. Effectivement, il est bien noir.

2 Cliquez sur la diapositive n° 3, puis cliquez à nouveau sur le bouton **Styles d'arrière-plan.** Cette fois, la commande **Rétablir l'arrière-plan de la diapositive** est accessible. Cliquez dessus : l'arrière-plan reprend son aspect par défaut.

   Vous pouvez répéter cette dernière opération sur chaque diapositive modifiée, mais cela pourrait être un peu long. Il vous est possible également de sélectionner à l'aide de la touche Ctrl toutes les diapositives modifiées, mais vous risquez d'en oublier. Voici donc la solution :

3 Restez sur la diapositive n° 3, cliquez à nouveau sur le bouton **Styles d'arrière-plan**, et cette fois choisissez la commande **Mise en forme de l'arrière-plan**. Dans la boîte de dialogue **Mise en forme de**

l'arrière-plan, cliquez sur le bouton **Appliquer partout**. Si l'arrière-plan n'avait pas déjà été réinitialisé, vous auriez pu le réinitialiser depuis cette boîte de dialogue. Cliquez sur le bouton **Fermer**.

Vous constatez que toutes les diapositives, hormis celles qui sont conçues à partir de la disposition *Deux contenus*, ont retrouvé leur arrière-plan sombre.

Comme le noir vous plaît décidément beaucoup, vous décidez d'affecter à la présentation entière un arrière-plan noir :

4 Sous l'onglet **Création**, dans le groupe *Arrière-plan*, cliquez sur le bouton **Styles d'arrière-plan**, puis cliquez avec le bouton droit sur le *Style 7*, et choisissez la commande **Appliquer à toutes les diapositives.**

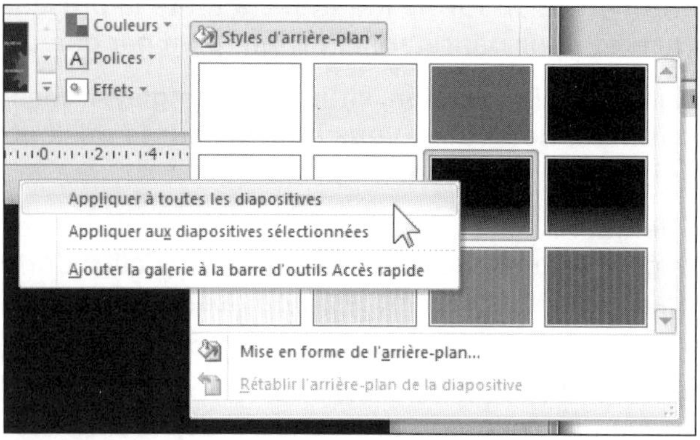

Figure 2.23 : Choisir l'arrière-plan Style 7 pour toute la présentation

Toute la présentation a maintenant le même arrière-plan. Vous constaterez au passage que la couleur de la police de caractères s'est automatiquement transformée, ce qui n'aurait pas été le cas si vous aviez choisi manuellement la couleur d'arrière-plan. Nous allons le vérifier immédiatement :

1 Affichez à nouveau la boîte de dialogue **Mise en forme de l'arrière-plan**, cochez l'option *Remplissage uni*, puis sélectionnez manuellement une couleur claire, le gris clair par exemple. Cliquez sur le bouton **Appliquer partout**. Vous constatez immédiatement dans l'affichage *Miniatures* sous l'onglet **Diapositives** que la couleur blanche sur du gris clair n'est pas très lisible ! Annulez ces dernières opérations en cliquant sur le bouton **Annuler**, situé dans la barre d'outils *Accès rapide*, et fermez la boîte de dialogue.

2 Cliquez sur le bouton **Styles d'arrière-plan** et choisissez un arrière-plan clair parmi ceux qui sont proposés. Vous constatez cette fois que la couleur de la police n'est pas restée blanche.

Maintenant que vous avez testé les arrière-plans, vous allez appliquer un autre thème :

1 Sous l'onglet **Création**, dans le groupe *Thèmes*, choisissez par exemple le thème *Opulent*. Toute la mise en forme de la présentation est modifiée. Le nom du thème est affiché dans la barre d'état.

   Vous n'appréciez pas vraiment les couleurs trop vives de ce thème ? Il suffit de les modifier.

2 Placez-vous sur la diapositive n° 10 ou 15 pour bien vous rendre compte du résultat. Sous l'onglet **Création**, dans le groupe *Couleurs*, passez le pointeur de la souris sur les différents jeux de couleurs, puis cliquez sur celui qui vous convient, le jeu *Origine* par exemple.

Testez encore d'autres thèmes ; vous verrez qu'à chaque fois la présentation reste homogène et que tous les éléments se mettent en forme très aisément. Vous pouvez également modifier le jeu de polices ainsi que les effets.

Une fois que vous avez définitivement adopté une mise en forme qui vous convient bien, enregistrez et fermez votre présentation.

Étant donné que cette présentation va vous resservir, vous allez "l'épingler" dans votre liste de fichiers récents :

1 Passez en mode Backstage et cliquez sur **Récent**.

2 Dans la liste des présentations récentes figure celle que vous venez d'enregistrer. Cliquez sur l'épingle située en regard de cette présentation, de façon à "l'enfoncer" et qu'elle devienne bleue : votre présentation restera dans la liste des fichiers récents.

Créer une nouvelle présentation à partir d'un modèle vierge et insérer des diapositives existantes

Vous allez maintenant créer votre propre présentation et utiliser des diapositives d'une présentation existante, celle que vous venez d'enregistrer par exemple.

1 Passez en mode Backstage, puis cliquez sur **Nouveau**.

2 Cliquez sur le bouton **Nouvelle présentation**, puis sur le bouton **Créer**.

3 Choisissez le thème *Civil*.

Vous allez maintenant insérer quelques diapositives d'une présentation existante :

1 Sous l'onglet **Accueil**, dans le groupe *Diapositives*, cliquez sur le bouton **Nouvelle diapositive**, puis sur la commande **Réutiliser les diapositives**.

2 Dans le volet **Réutiliser les diapositives**, cliquez sur le bouton **Parcourir** puis sur la commande **Rechercher le fichier**. Sélectionnez le fichier que vous venez d'enregistrer, *Présentation de PowerPoint 2010.pptx*, et cliquez sur le bouton **Ouvrir**.

3 Les diapositives de la présentation sont maintenant visibles dans le volet : cliquez tour à tour sur la deuxième, la cinquième, la neuvième, la dixième et la douzième ; elles s'ajoutent automatiquement à votre présentation active.

4 Fermez le volet **Réutiliser les diapositives**.

5 Vous constatez que les diapositives ont correctement adopté le style du thème actif.

6 Vous pouvez maintenant enregistrer votre présentation et éventuellement modifier les jeux de couleurs et/ou de polices.

Organiser une présentation en versions logiques

Ouvrez à nouveau la présentation que vous avez sauvegardée, *Présentation de PowerPoint 2010*, et que nous allons organiser en sections logiques.

1 Passez en mode Backstage, cliquez sur **Récent** puis sur la présentation en question afin de l'ouvrir.

2 Via le volet **Diapositives** situé à gauche, cliquez sur la troisième diapositive.

3 Sous l'onglet **Accueil**, dans le groupe *Diapositives*, cliquez sur le bouton **Section**, puis sur la commande **Ajouter une section**.

4 Cliquez à nouveau sur le bouton **Section**, puis cette fois sur la commande **Renommer la section**. Dans la boîte de dialogue du même nom, tapez le nom de la section : `Mode Backstage`, puis cliquez sur le bouton **Renommer**.

5 Cliquez sur la sixième diapositive et recommencez les actions 3 et 4. Vous nommerez la section du titre de partie : `Images, vidéo, audio`.

6 Recommencez les deux dernières parties, en sélectionnant la onzième puis la quinzième diapositive.

7 Votre présentation est maintenant organisée en quatre sections, plus la section par défaut qui ne contient que la première et la deuxième diapositive, et que vous allez renommer en `Sommaire`.

Pour vérifier cette organisation, cliquez sur le bouton **Section**, puis sur la commande **Réduire tout** : vous ne voyez plus, dans le volet **Diapositives**, que les titres des sections et le nombre de diapositives par section.

Vous avez envie de modifier l'ordre de votre présentation ? Vous voulez par exemple déplacer la section *Partager* et la mettre en dernier : cliquez alors avec le bouton droit sur le nom de la section et choisissez la commande **Déplacer vers le bas**. Toutes les diapositives qui étaient contenues dans cette section sont déplacées en fin de présentation.

Passez maintenant en mode Trieuse de diapositives ; vous voyez également l'organisation de vos diapositives en section. Si toutes les sections sont réduites, double-cliquez simplement sur l'une d'elles pour faire apparaître les diapositives qu'elle contient. Cette visualisation permet de donner un aspect synthétique à votre présentation.

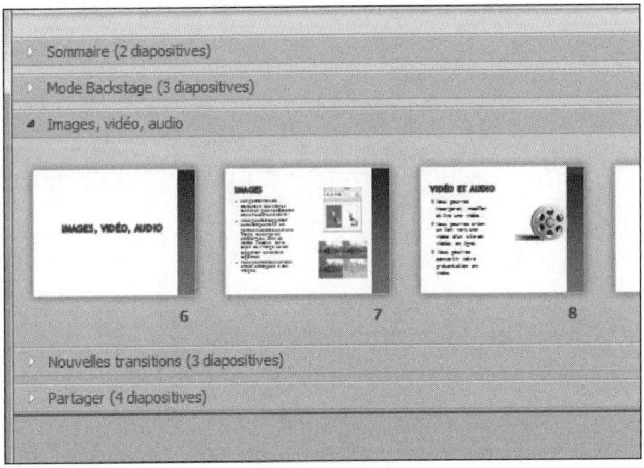

Figure 2.24 : Versions en mode Trieuse de diapositives

POWERPOINT ET LE TEXTE

Dans PowerPoint, vous pouvez taper du texte dans un espace réservé, dans une zone de texte et dans une forme.

Le texte principal de la présentation sera saisi dans des espaces réservés, les zones de texte (ainsi que les formes) étant plutôt destinées aux légendes ou à certaines informations courtes. Elles peuvent être ajoutées n'importe où dans une diapositive, contrairement à un espace réservé qui, même s'il reste modifiable, a son emplacement bien défini et régi par la disposition du masque.

Figure 3.1 : Le texte dans une diapositive PowerPoint

Par ailleurs, le texte contenu dans les espaces réservés est le seul à être visible en mode Plan et à pouvoir y être traité. C'est au texte des espaces réservés que nous nous attacherons dans ce chapitre.

RENVOI

Nous évoquerons les zones de texte et le texte contenu dans des formes dans le chapitre *PowerPoint et les objets simples*.

ASTUCE

Le droit à la paresse

Afin de tester le texte, que ce soit pour sa mise en forme ou pour sa mise en page, et sans pour autant avoir à saisir des paragraphes entiers, tapez juste le code `=rand(x,y)` suivi d'un retour paragraphe, où `x` représente le nombre de paragraphes souhaité et `y` le nombre de phrases souhaité par paragraphe. Vous obtiendrez la phrase "The quick brown fox jumps over the lazy dog", répétée autant de fois que cela est indiqué dans le code. Cela s'appelle du "faux texte".

3.1. Saisir le texte en mode Diapositive

Dans chaque espace réservé d'une diapositive, un texte est affiché par défaut, vous indiquant comment procéder. Dans la diapositive de titre, vous voyez deux messages : "Cliquez pour ajouter un titre" dans le premier espace et "Cliquez pour ajouter un sous-titre" dans le deuxième espace. Lorsque vous cliquez dans l'espace réservé, le message disparaît : vous pouvez saisir votre texte.

Dans un espace réservé au texte, ou un espace de contenu, vous devez cliquer n'importe où à l'intérieur de l'espace (en dehors des icônes d'objets) pour pouvoir saisir le texte. Dans un espace de contenu, le texte saisi sera par défaut une liste à puces.

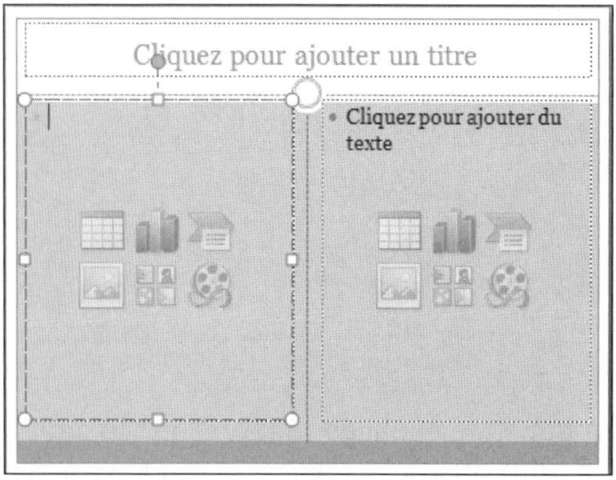

Figure 3.2 : Saisie de texte dans un espace de contenu

Saisir des listes à puces et des listes numérotées

Les listes à puces sont la base d'une présentation PowerPoint. Comme vous venez de le voir, un espace de contenu standard est formaté pour entrer une liste à puces. Les retraits sont prédéfinis pour neuf niveaux de puces.

Lorsque vous saisissez le texte, la puce est automatiquement insérée. Pour descendre d'un niveau, appuyez en début de ligne sur la touche [Tab]. Pour remonter au contraire d'un niveau, appuyez en début de ligne sur les touches [Maj]+[Tab]. Notez que si vous appuyez sur la touche [Tab] en cours de ligne, une tabulation sera normalement ajoutée.

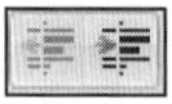

Vous pouvez également utiliser les boutons **Réduire le niveau de liste** et **Augmenter le niveau de liste**, situés dans le groupe *Paragraphe* de l'onglet **Accueil**, pour modifier les niveaux.

Les listes numérotées s'utilisent comme les listes à puces.

Pour transformer une liste à puces en liste numérotée, sélectionnez votre liste, puis, sous l'onglet **Accueil**, dans le groupe *Paragraphe*, cliquez sur le bouton **Numérotation**. Par défaut, les numéros sont en chiffres arabes. Si vous souhaitez utiliser un autre type de numérotation, cliquez sur la flèche du bouton **Numérotation** et choisissez votre format.

Vous découvrirez un peu plus loin dans ce chapitre comment modifier les retraits et l'emplacement des taquets de tabulation.

Insérer des symboles ou des caractères spéciaux

En fonction des polices de caractères qui sont installées sur votre ordinateur, vous pouvez utiliser toutes sortes de symboles.

1 Pour y accéder rapidement, posez le curseur à l'endroit où vous souhaitez insérer le symbole, puis, sous l'onglet **Insertion**, dans le groupe *Symboles*, cliquez sur le bouton **Symbole** qui ouvre la boîte de dialogue **Caractères spéciaux**.

2 Choisissez une police, par exemple *Wingdings*, dans la liste *Police*, puis cherchez le symbole qui vous convient.

3 Cliquez sur le bouton **Insérer** ou double-cliquez sur le symbole. Celui-ci s'insère dans votre document.

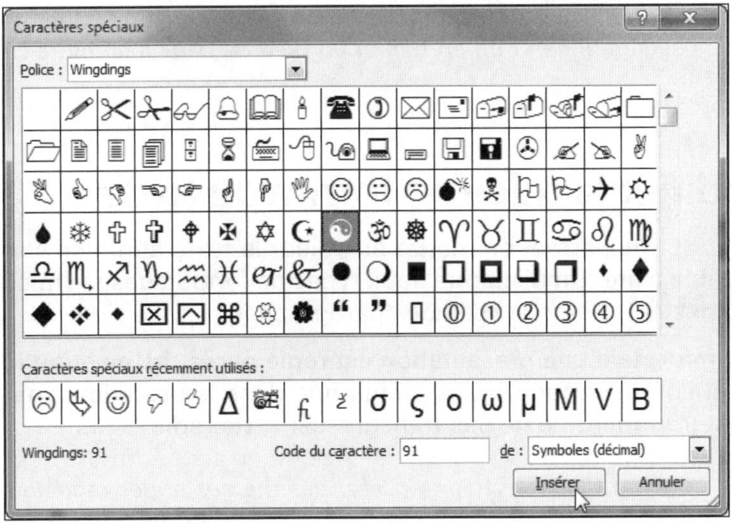

Figure 3.3 : Insérer un symbole

4 Fermez la boîte de dialogue des caractères spéciaux.

Insérer la date du jour

Si vous souhaitez insérer la date du jour, voire l'heure, au cours de votre saisie :

1 Cliquez sur le bouton **Date et heure** situé sous l'onglet **Insertion**, dans le groupe *Texte*.

2 Sélectionnez un format, éventuellement la langue, puis cochez l'option *Mise à jour automatique* si vous souhaitez que cette date se mette à jour à chaque ouverture de la présentation. Cliquez ensuite sur OK.

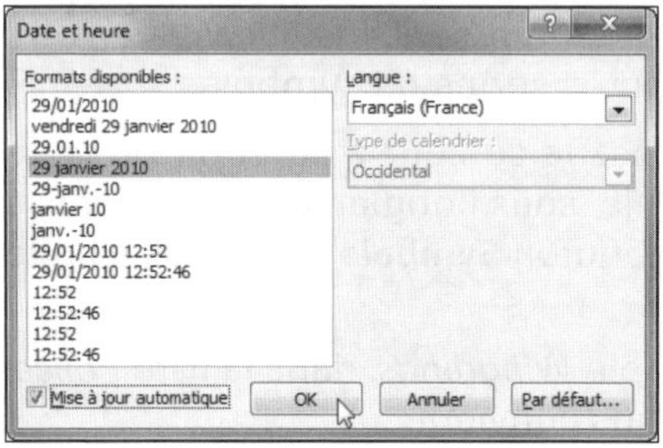

Figure 3.4 : Insérer la date

RENVOI

Vous verrez comment ajouter une date en en-tête ou en pied de page, c'est-à-dire une information qui revient sur chaque page, dans la section *Insérer un en-tête et un pied de page* à la fin de ce chapitre.

3.2. Modifier la mise en forme du texte

La mise en forme permet de mettre en valeur le texte afin qu'il soit plus agréable à lire. On distingue deux types de formatages : la mise en forme des caractères et celle des paragraphes.

La mise en forme d'une présentation est régie par le thème et/ou le modèle, et comme nous l'avons mentionné dans le précédent chapitre, il est important de ne pas transgresser cette règle.

RENVOI

Vous trouverez dans le chapitre *Créer des thèmes et des modèles* tous les détails pour prévoir toutes les mises en forme d'une présentation.

Il est cependant tout à fait possible de modifier ponctuellement des mises en forme en cours de saisie afin de mettre par exemple un texte en évidence.

Ce chapitre vous sera donc utile non seulement pour apprendre à modifier ponctuellement une mise en forme, mais également pour créer vos thèmes et modèles personnels.

REMARQUE

Aperçu immédiat de la mise en forme

Pour la majorité des modifications de mise en forme de caractères et de paragraphes, il suffit de glisser le pointeur de la souris sur les diverses commandes de mise en forme pour avoir une vue immédiate du rendu dans la présentation.

Utiliser la minibarre d'outils et les menus contextuels

Lorsque vous sélectionnez un texte, une minibarre d'outils contextuels apparaît en semi-transparence et propose des outils de mise en forme pour la sélection. Plus vous approchez le pointeur, plus la barre devient apparente. Vous pouvez alors utiliser les outils proposés.

Lorsque vous cliquez avec le bouton droit de la souris sur un texte, vous obtenez cette même minibarre, accompagnée d'un menu contextuel classique proposant d'autres fonctions.

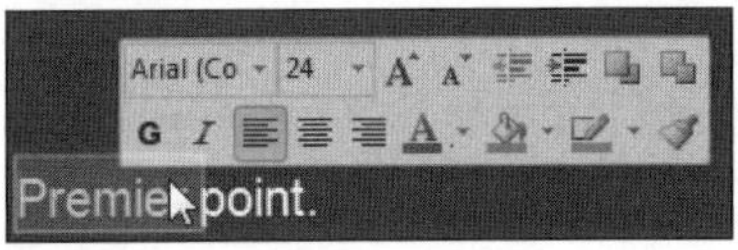

Figure 3.5 : La minibarre d'outils contextuels apparaît

REMARQUE

Les minibarres d'outils contextuels

Les options de format proposées dans les boîtes de dialogue contextuelles permettent d'appliquer un format au texte sélectionné ou, si aucun texte n'est sélectionné, d'appliquer un format au texte que vous allez saisir à l'emplacement du curseur.

Si cette minibarre vous paraît envahissante, vous pouvez la désactiver :

1 Passez en mode Backstage et cliquez sur **Options**.

2 Cliquez sur la commande **Général**, puis, dans la partie droite, décochez la première option *Afficher la mini-barre d'outils lors de la sélection*.

Contrairement à la barre d'outils *Accès rapide*, la minibarre d'outils n'est pas personnalisable.

Mettre en forme les caractères

Plusieurs solutions s'offrent à vous pour mettre un texte en forme :

- Soit vous saisissez d'abord votre texte, puis vous le sélectionnez (mot, groupe de mots, plusieurs mots disséminés dans le document) et lui attribuez une mise en forme.
- Soit, en cours de saisie, vous sélectionnez l'attribut de mise en forme, vous saisissez le texte, puis vous désactivez l'attribut.

La plupart des attributs de mise en forme de caractères sont accessibles dans le Ruban, sous l'onglet **Accueil**, dans le groupe *Police*. Ils le sont également depuis la minibarre d'outils contextuels (voir plus haut).

Modifier la police

Une police de caractères (ou fonte) est un ensemble de caractères donnant un aspect particulier à votre texte. La liste déroulante des polices vous en offre un assortiment assez bien fourni, que vous pouvez bien entendu compléter.

REMARQUE

Modification de la police

Il est déconseillé de modifier manuellement la police de caractères dans une présentation. En effet, le choix d'une police fait partie du thème actif, et vous risquez de perdre toute homogénéité dans votre présentation si vous décidez de changer de thème. Sauf en cas de modification très ponctuelle, l'utilisation d'un jeu de polices est la seule méthode préconisée.

RENVOI

Voyez à ce sujet le chapitre *Créer une présentation*, et également le chapitre *Créer des thèmes et des modèles*, dans lequel vous apprendrez à concevoir vos propres jeux de polices.

DEFINITION

TrueType et Bitmap

Une police TrueType peut s'adapter à toutes les tailles possibles, contrairement à une police Bitmap, dont la taille est fixe.

Attention, si vous envoyez votre présentation à quelqu'un qui ne possède pas votre police de caractères, PowerPoint modifiera les polices, et la mise en forme de la présentation risque alors d'être dégradée ! Si vous tenez absolument à utiliser cette police, vous pouvez l'incorporer dans la présentation :

1 Passez en mode Backstage et cliquez sur le bouton **Options**.
2 Cliquez sur la commande **Enregistrement**.
3 En bas à droite, sous la rubrique *Préserver la fidélité lors du partage de cette présentation*, vérifiez que le nom affiché est bien celui de la présentation à laquelle vous souhaitez apporter cette modification, puis cochez l'option *Incorporer les polices dans le fichier*.
4 Si le destinataire est appelé à modifier la présentation, cochez l'option *Incorporer tous les caractères*.
5 Cliquez sur OK.

Polices et copyrights

Les polices de caractères sont soumises à des copyrights. Les propriétés d'une police s'affichent de différentes manières selon votre OS. Vous trouverez à l'adresse **www.microsoft.com/typography/fonts/default.aspx** la liste de toutes les polices fournies avec chaque application Windows. En cliquant sur la police, vous aurez accès aux informations la concernant, dont celles relatives à la licence.

Pour modifier la police de caractères d'un mot, cliquez à l'intérieur de ce mot, puis déroulez la liste des polices, passez le curseur sur les différentes entrées proposées pour afficher le résultat, puis cliquez sur celle qui vous convient.

Notez au passage que les deux premières polices de la liste sont celles du jeu de polices actif, l'une est destinée aux titres (en-têtes), l'autre est destinée au corps du texte (corps).

Figure 3.6 : Les polices du thème sont classées en début de liste

Par ailleurs, dans la boîte de dialogue **Police** que vous ouvrez en cliquant sur le lanceur de boîte de dialogue situé en bas à droite du groupe *Police*, les indications *+Titre* ou *+Corps* dans la liste déroulante *Police* signifient que ce sont bien les polices du thème qui sont utilisées.

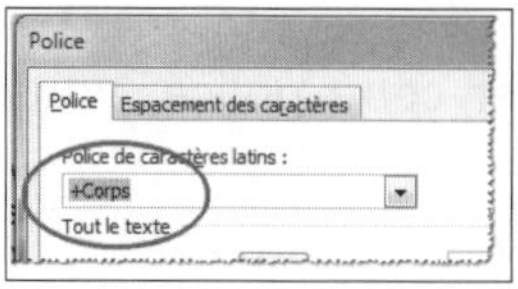

Figure 3.7 : +Corps est la police du thème utilisée pour le corps du texte

Modifier la taille de la police

1 Pour modifier le corps de la police, choisissez une taille dans la liste déroulante située à côté de la liste des polices.

2 Si la taille souhaitée n'y figure pas, cliquez dans la case *Taille de police*, saisissez le chiffre voulu, puis appuyez sur ↵.

La taille doit être comprise entre 1 et 1000 ! N'oubliez pas qu'une présentation est destinée à être lue sur un écran, aussi n'abusez pas des caractères trop petits.

DEFINITION

Corps

C'est un terme typographique pour désigner la taille : sa valeur se mesure en points (1 point = environ 0,35 mm). Cependant, d'une police à l'autre, pour un même corps, la taille diffère.

Deux autres boutons permettent également de modifier la taille.

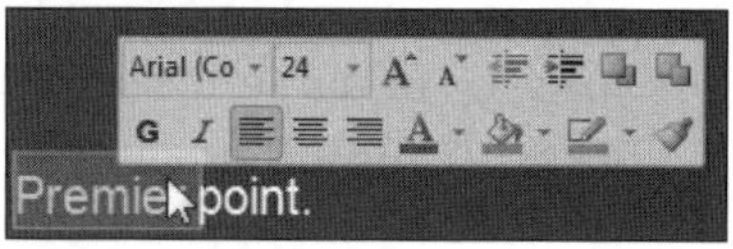

Figure 3.8 :

Il s'agit des boutons d'agrandissement et de réduction des polices. Ils sont incrémentés conformément aux tailles proposées dans la liste déroulante utilisée précédemment. Au-delà, le pas d'incrément augmente proportionnellement.

Ajouter des effets de style

Vous pouvez ajouter différents effets (*Gras*, *Italique*, *Souligné*, *Ombré*, *Barré*) à une police ou une combinaison de plusieurs effets. Ces effets sont obtenus d'un clic sur les boutons correspondants, situés dans le groupe *Police* sous l'onglet **Accueil**. Ce sont des boutons "bascule" : cliquez une seconde fois dessus, le format est annulé. Notez que seuls les boutons **Gras** et **Italique** figurent sur la minibarre d'outils.

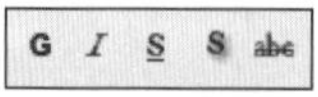

Figure 3.9 : Les boutons permettant de modifier la mise en forme des caractères

ASTUCE

Mettre en gras, en italique et souligner plus rapidement

Pour les adeptes du clavier, sachez que le gras est obtenu par le raccourci clavier Ctrl+G, l'italique par le raccourci Ctrl+I, et le souligné par le raccourci Ctrl+U.

D'autres styles de soulignement sont accessibles via la liste déroulante *Soulignement* de la boîte de dialogue **Police**, que vous ouvrez en cliquant sur le lanceur de boîte de dialogue situé en bas à droite du groupe *Police* ou par le raccourci clavier Ctrl+Maj+F. Notez que la couleur de soulignement peut également être modifiée.

Figure 3.10 : Choisir la couleur de soulignement

Vous pouvez également, dans la boîte de dialogue **Police**, choisir l'effet *Barré double*.

Modifier l'espacement entre les caractères

Toujours dans le groupe *Police*, le bouton **Espacement des caractères** offre des options d'espacement entre les caractères.

Cliquez sur ce bouton, puis choisissez une option parmi celles qui sont proposées dans la liste déroulante. Si ce choix n'est pas suffisant, sélectionnez la commande **Autres espacements**, qui affiche l'onglet **Espacement des caractères** de la boîte de dialogue **Police** :

- L'espacement, étendu ou condensé, permet de jouer avec précision sur l'espacement entre les caractères. Cette fonction peut être utile si vous souhaitez par exemple faire tenir un texte sur une seule ligne.

- Le crénage, plus utilisé en typographie pure, est l'ajustement entre deux caractères particuliers pour en améliorer l'esthétisme. Les lettres AV sont souvent prises en exemple pour illustrer cette fonction : plus le corps est grand, plus l'espacement entre les deux lettres est disgracieux. Dans PowerPoint, le crénage est automatique lorsque la case d'option *Crénage* est cochée : vous n'avez pas le choix de la réduction de l'espacement. Pour prendre un exemple, sélectionnez les deux caractères d'un mot, cochez la case d'option *Crénage* et choisissez à partir de quel corps vous souhaitez que ces deux caractères, dans ce mot en particulier, soient crénés. Attention, le crénage ne s'applique pas à toutes les polices !

Insérer des indices et des exposants

Les options *Exposant* et *Indice* sont accessibles uniquement dans la boîte de dialogue **Police** que vous pouvez afficher via le lanceur de la boîte de dialogue. Il suffit ensuite de cocher l'une des deux options *Exposant* ou *Indice*. Par défaut, PowerPoint crée un décalage de 30 % pour l'exposant et un décalage de 25 % pour l'indice. Si ces valeurs ne vous conviennent pas, vous pouvez les régler manuellement.

Notez que la taille de la police est automatiquement réduite.

Le raccourci clavier Ctrl+= applique l'attribut *Indice* alors que le raccourci clavier Ctrl+Maj+= applique l'attribut *Exposant*.

Pour revenir au texte normal, utilisez une deuxième fois le même raccourci.

Modifier la casse

Pour modifier la casse, vous pouvez utiliser la liste déroulante *Modifier la casse*, située dans le groupe *Police* sous l'onglet **Accueil**. Mais il existe une solution plus simple et plus rapide : le raccourci clavier Maj+F3.

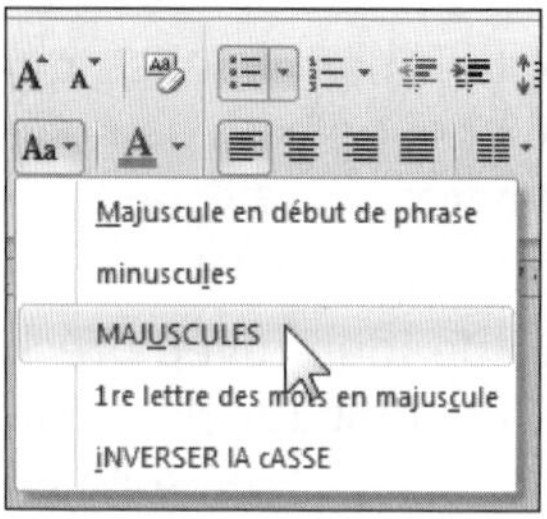

Figure 3.11 : Modifier la casse

DEFINITION

Casse

La casse d'une police correspond aux majuscules et aux minuscules, aussi appelées "capitales" et "bas de casse" en imprimerie. Les caractères en plomb étaient rangés dans la casse (boîte contenant de multiples petits casiers). Les minuscules étaient ainsi nommées "bas de casse" car elles étaient rangées dans la partie inférieure de la boîte, alors que les capitales étaient placées en haut.

1 Sélectionnez un paragraphe.
2 Appuyez sur les touches Maj+F3. Les mots s'inscrivent en majuscules.
3 Appuyez de nouveau sur les touches Maj+F3. Les mots s'inscrivent en minuscules.
4 Si vous appuyez encore une fois sur les mêmes touches, chaque phrase débutera par une majuscule.

La liste déroulante, quant à elle, vous offre deux autres possibilités : *1re lettre des mots en majuscule* et *Inverser la casse*.

Notez que les options *Majuscules en début de phrase* et *Inverser la casse* sont en principe inutiles si vous avez laissé cochées, dans les options de correction automatique, les options *Mettre une majuscule en début de phrase* et *Inverser la casse*.

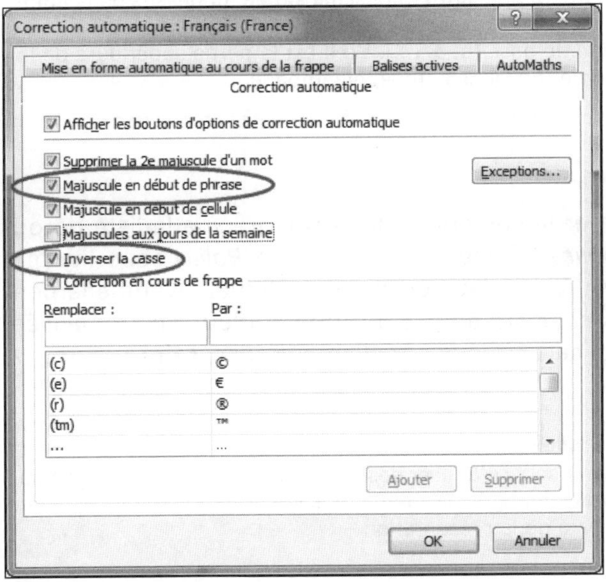

Figure 3.12 : Corriger l'utilisation accidentelle de la touche Verr Maj

RENVOI

Pour en savoir plus sur les corrections automatiques, rendez-vous au chapitre *Les outils d'édition*.

Par ailleurs, dans la boîte de dialogue **Police**, vous pouvez également accéder à trois options qui permettent de mettre le texte en petites majuscules ou tout en majuscules, ou encore de normaliser la hauteur des caractères. Cette dernière option permet d'aligner tous les caractères d'un texte à la même hauteur, que ce soit des minuscules ou des majuscules, des lettres à hampe ou à jambage. Cette option ne s'adapte qu'à des textes courts, comme un titre, sans accents. Le résultat dépend des lettres et de la police utilisées, et n'est pas toujours excellent !

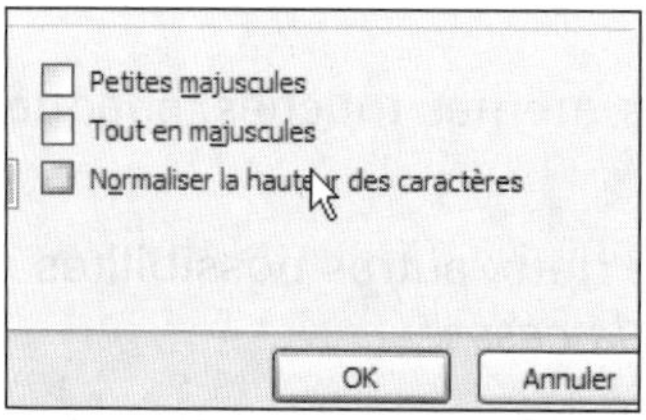

Figure 3.13 : Autres options de majuscules

DEFINITION

Œil, hampe et jambage

La hampe est la partie d'une lettre minuscule située au-dessus de la ligne de base (d, b, h...). Le jambage est la partie d'une lettre minuscule située au-dessous de la ligne de base (p, q, j...). L'œil est la partie supérieure de la lettre minuscule, son dessin, sans hampe, ni jambage.

Modifier la couleur

Vous pouvez modifier la couleur de la police grâce à la liste déroulante *Couleur de police*, située dans le groupe *Police* sous l'onglet **Accueil**. Choisissez une couleur de thème. Cliquez éventuellement sur l'option *Autres couleurs* pour créer une couleur personnalisée, mais uniquement si cela se révèle réellement nécessaire.

REMARQUE

Modification de la couleur

Il est fortement déconseillé d'utiliser des couleurs qui ne font pas partie du thème. En effet, si vous changez de thème, vos couleurs ne seront plus en adéquation avec le reste de la présentation.

RENVOI

Consultez à ce sujet le chapitre *Créer une présentation*, ainsi que le chapitre *Créer des thèmes et des modèles*, dans lequel vous apprendrez à créer vos propres jeux de couleurs.

Utiliser les styles WordArt

Les styles WordArt sont des styles de texte prédéfinis qui regroupent un remplissage, un contour et certains effets. Dans les versions précédentes de PowerPoint, les WordArt étaient des objets se comportant uniquement comme des images. Dorénavant, vous pouvez affecter un style WordArt à n'importe quel texte, qu'il soit dans un espace réservé, dans une zone de texte ou dans une forme.

Les styles WordArt sont regroupés dans une galerie sous l'onglet **Outils de dessin/Format**, dans le groupe *Styles WordArt*. Cliquez simplement sur le style qui vous convient dans la galerie. Si vous ne disposez pas d'un écran suffisamment large, vous verrez un bouton **Styles rapides**, sur lequel vous pourrez cliquer pour visualiser la galerie.

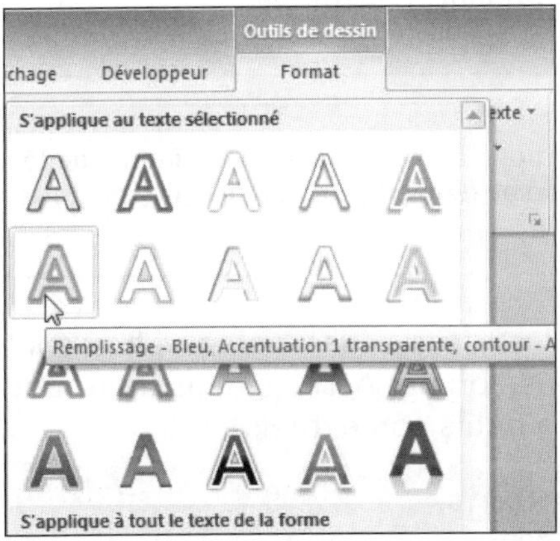

Figure 3.14 : Appliquer un style WordArt accessible via la galerie des styles rapides

Prenez soin au préalable de sélectionner l'élément à mettre en forme :

- Soit l'espace réservé pour appliquer le style à tout le texte : dans ce cas, sélectionnez ce dernier en cliquant sur sa bordure.
- Soit une partie du texte.

Vous remarquerez cependant que la galerie *Styles WordArt* est divisée en deux : une première partie pour les styles pouvant s'appliquer à du texte sélectionné, une seconde partie pour les styles ne s'appliquant qu'à la totalité du texte contenu dans l'espace réservé (ou dans la zone de texte).

Par ailleurs, il existe de nombreux paramètres permettant de personnaliser les styles WordArt.

Ces styles étant plus spécifiquement destinés à des zones de texte ou à des formes, vous verrez ces propriétés en détail au chapitre *PowerPoint et les objets simples*.

Mettre en forme les paragraphes

Un paragraphe se termine par un appui sur la touche ↵. Si vous souhaitez revenir à la marge tout en restant dans le même paragraphe, appuyez sur les touches Ctrl+↵ : vous obtenez un retour à la ligne.

Comme pour la mise en forme des caractères, il est déconseillé de modifier manuellement la mise en forme des paragraphes, sauf dans des cas très ponctuels. Cette mise en forme ponctuelle peut se faire en cours de saisie ou une fois la rédaction terminée.

Modifier un format de paragraphe

Pour modifier un format de paragraphe après la saisie, il est inutile de le sélectionner. Placez simplement le point d'insertion dans le paragraphe à formater.

La plupart des attributs de mise en forme des paragraphes sont accessibles soit sur le Ruban, sous l'onglet **Accueil**, dans le groupe *Paragraphe*, soit sur la minibarre d'outils contextuels.

Utiliser les différents alignements

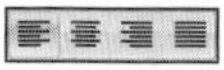

Figure 3.15 : Quatre types différents d'alignements

Quatre types d'alignements sont possibles. Ils sont obtenus d'un clic sur les boutons correspondants du groupe *Paragraphe*, sous l'onglet **Accueil**.

Vous avez le choix entre l'alignement à gauche, le centrage, l'alignement à droite et la justification.

Justification

La justification aligne le texte à droite comme à gauche. L'espace restant est réparti entre les mots sur toute la ligne.

Définir les interlignes et les espacements

Interligne et espacement

L'interligne est l'espace entre chaque ligne d'un paragraphe. L'espacement est l'espace entre chaque paragraphe.

Définir l'interligne

Vous pouvez le modifier à l'aide du bouton **Interligne** dans le groupe *Paragraphe*. Il se mesure par défaut en nombre de lignes.

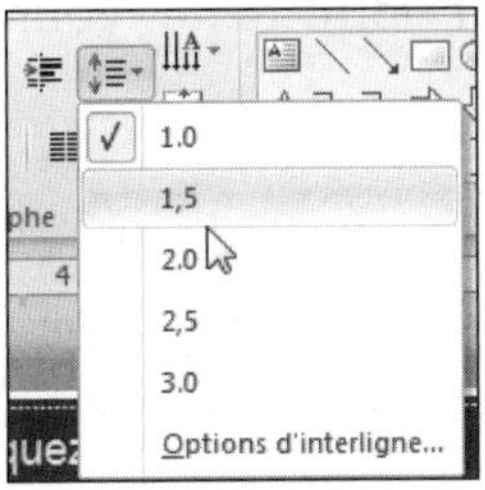

Figure 3.16 : Modifier l'interligne

1 Pour des mesures plus précises, cliquez sur *Options d'interligne*. Cette option ouvre la boîte de dialogue **Paragraphe**, également accessible via le lanceur de boîte de dialogue situé dans l'angle inférieur droit du groupe *Paragraphe*.

2 Dans la liste déroulante *Interligne*, sélectionnez l'option *Multiple*. Dans la liste déroulante *À*, entrez une mesure en nombre de lignes, sachant que vous pouvez utiliser n'importe quelle valeur décimale. Si vous souhaitez aérer légèrement votre texte, vous pouvez par exemple saisir la valeur `1,10` ou `1,20`.

Éviter l'option Exactement

L'option *Exactement* se mesure en points. Si vous choisissez cette option et insérez dans le paragraphe un mot ou un symbole avec un corps plus important, l'interligne étant figé, ce mot empiétera sur les lignes du dessus et/ou du dessous !

Définir l'espacement

Pour aérer un texte, vous pouvez ajouter avant ou après chaque paragraphe un espacement. Vous indiquerez une valeur d'espacement dans la boîte de dialogue **Paragraphe**, accessible via le lanceur de boîte de dialogue situé dans l'angle inférieur droit du groupe *Paragraphe*.

L'unité par défaut de l'espacement est le point. Mais si vous préférez les centimètres, ajoutez simplement l'unité *cm* dans la zone de saisie, par exemple `1,2 cm`. Pour aérer votre texte, vous pouvez par exemple choisir un espacement égal à la moitié du corps utilisé. Pour un texte en corps 24, vous aurez ainsi 12 points supplémentaires entre les paragraphes.

Au lieu d'ajouter des lignes blanches avec la touche ↵, il est préférable de placer un espacement avant et/ou après. C'est plus facile à gérer. En effet, si votre texte déborde sur la page suivante, vous pourrez y remédier en diminuant légèrement les espaces entre les paragraphes. À l'inverse, pour aérer légèrement votre texte, vous pouvez espacer un peu plus les paragraphes.

ASTUCE

Espacement

Évitez d'utiliser l'espacement avant et après. Les cumuls d'espacement sont difficiles à gérer.

Aligner le texte verticalement

À l'intérieur d'un espace réservé, le texte peut être aligné en haut (choix par défaut), au centre ou en bas. Pour modifier cette option, cliquez sur le bouton **Aligner le texte**, situé dans le groupe *Paragraphe* sous l'onglet **Accueil**.

RENVOI

D'autres options sont possibles, vous les étudierez en détail au chapitre *Créer des thèmes et des modèles*.

Modifier l'orientation du texte

Cliquez sur le bouton **Orientation du texte**, situé dans le groupe *Paragraphe* sous l'onglet **Accueil**, pour choisir parmi quatre types d'orientation : *Horizontal, Pivoté de 90°, Pivoté de 270°* et *Empilé*.

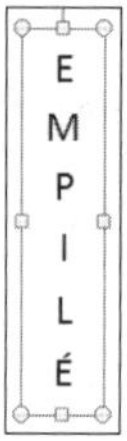

Figure 3.17 : Un texte "empilé"

Saisir en colonnes

Si vous souhaitez présenter un texte en colonnes, cliquez sur le bouton **Colonnes** dans le groupe *Paragraphe*, sous l'onglet **Accueil**, et choisissez deux ou trois colonnes. La commande **Autres colonnes** permet de choisir d'une part un nombre de colonnes supérieur à trois et d'autre part un espacement précis entre chaque colonne.

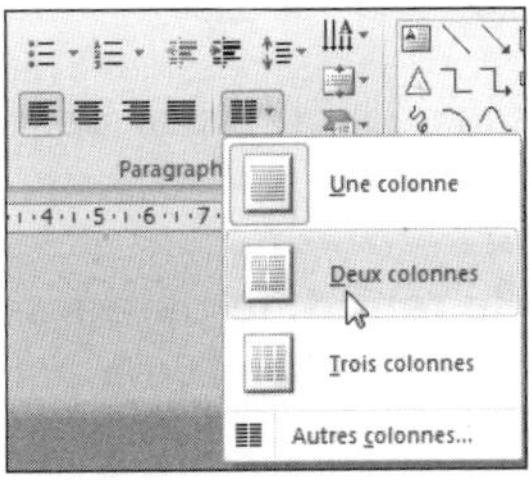

Figure 3.18 : Présenter un texte en colonnes

Définir les retraits

Un retrait consiste à décaler un paragraphe par rapport aux bords gauche ou droit de l'espace ou de la zone de texte. Un paragraphe peut également avoir un retrait de première ligne ou un retrait suspendu.

DEFINITION

Retraits suspendu et de première ligne

Le retrait de première ligne correspond à l'alinéa et évite d'avoir à placer une tabulation au début de chaque ligne. Ce retrait n'est pas utilisé couramment dans PowerPoint.

Le retrait suspendu est un retrait négatif de première ligne : la première ligne est alignée sur la marge de gauche, le reste du paragraphe est en retrait. Ce type de retrait est utilisé par défaut dans PowerPoint pour les listes à puces et à numéros. Le numéro ou la puce est aligné à gauche, le reste du paragraphe est en retrait.

Comme vous l'avez vu en début de chapitre, neuf niveaux de puces sont prédéfinis dans les espaces réservés, et donc neuf niveaux de retrait.

ATTENTION

Modification des formats de liste

Évitez de modifier manuellement les formats des listes, sauf de manière ponctuelle. Le format des listes doit être prévu dans les masques et les modèles.

Les retraits se visualisent sur la règle. La règle est visible lorsque vous cliquez à l'intérieur d'une zone réservée au texte. Si la règle ne s'affiche pas, cliquez sur le bouton **Règle** situé sous l'onglet **Affichage**, dans le groupe *Afficher/Masquer*.

Les retraits peuvent être appliqués facilement à l'aide des deux boutons du groupe *Paragraphe* : **Diminuer le retrait** et **Augmenter le retrait**, ou simplement, en début de ligne, avec la touche [Tab].

RENVOI

Vous l'avez vu au début de ce chapitre, dans la section Saisir des listes à puces et des listes numérotées.

Lorsque vous cliquez sur le bouton **Augmenter le retrait**, le paragraphe se déplace vers la droite. Si vous cliquez sur le bouton **Diminuer le retrait**, le paragraphe se déplace vers la gauche jusqu'à la limite de la marge.

Les retraits peuvent être positionnés directement sur la règle, ou encore via la boîte de dialogue **Paragraphe**.

À l'aide de la règle

Les retraits se définissent manuellement par le déplacement sur la règle des éléments suivants :

- Le carré permet de modifier le retrait à gauche. Lorsque vous le déplacez, tout le paragraphe se déplace, avec les retraits.
- Le triangle supérieur permet de modifier le retrait de première ligne.
- Le triangle inférieur permet de modifier le retrait suspendu.

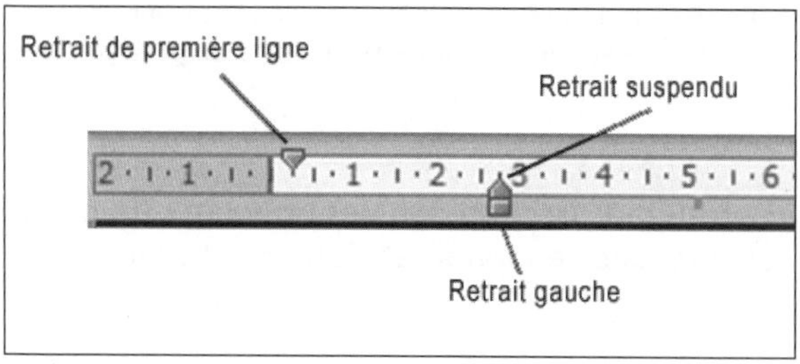

Figure 3.19 : Règle et retraits

À l'aide de la boîte de dialogue Paragraphe

Pour modifier les retraits d'une manière plus précise, vous pouvez utiliser la boîte de dialogue **Paragraphe**, obtenue d'un clic sur le lanceur de boîte de dialogue situé en bas à droite du groupe *Paragraphe*, sous l'onglet **Accueil**. Entrez des mesures précises, en centimètres.

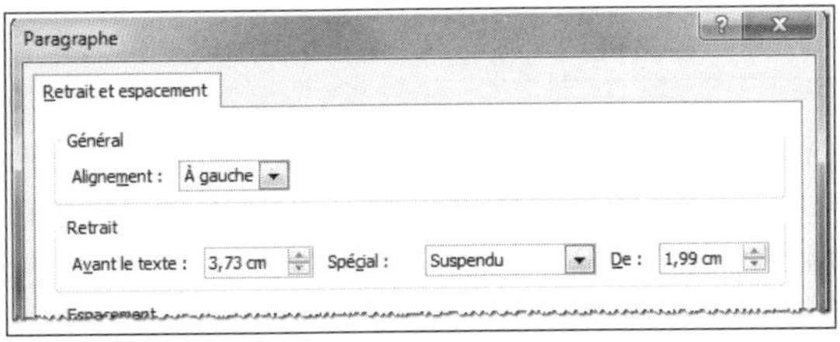

Figure 3.20 : Retrait à gauche et retrait suspendu

Insérer des tabulations

Poser et supprimer des taquets de tabulation

DEFINITION

Taquet de tabulation

Un taquet de tabulation est un repère qui permet d'aligner un texte à un endroit précis. Une fois le taquet de tabulation posé, la touche ⇥ vous permet de vous placer à l'endroit du taquet.

Les taquets de tabulation, comme les retraits, se visualisent sur la règle. La règle est visible lorsque vous cliquez à l'intérieur d'une zone réservée au texte. Si la règle ne s'affiche pas, cliquez sur le bouton **Règle**, situé sous l'onglet **Affichage**, dans le groupe *Afficher/Masquer*. Les taquets sont placés par défaut tous les 2,54 cm.

Pour modifier cette valeur par défaut :

1 Affichez la boîte de dialogue **Tabulations**, qui s'ouvre d'un clic sur le bouton **Tabulations** situé en bas à droite de la boîte de dialogue **Paragraphe**.

2 Saisissez une autre valeur par défaut dans la zone prévue à cet effet.

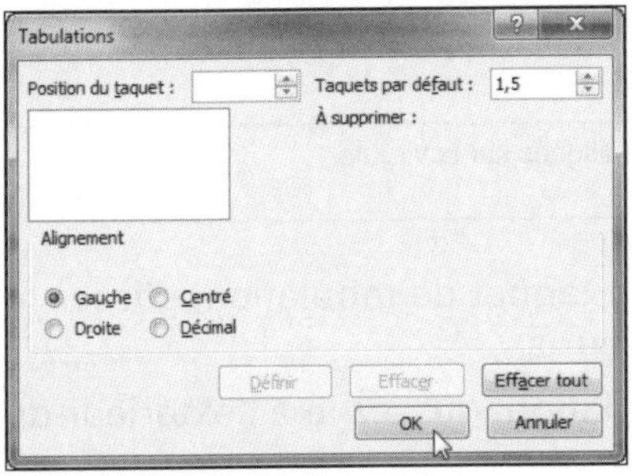

Figure 3.21 : Modifier les taquets de tabulation par défaut

Par défaut, les taquets de tabulation sont gris clair, et ne sont pas très visibles.

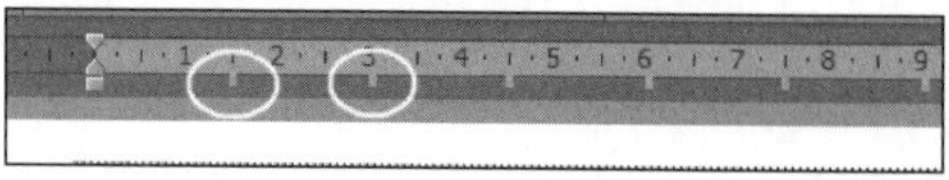

Figure 3.22 : Taquets de tabulation par défaut

Vous pouvez poser et supprimer les taquets de tabulation à l'aide de la règle ou via la boîte de dialogue **Tabulations**. Ceux que vous ajoutez sont noirs, contrairement aux taquets par défaut. Lorsque vous placez un taquet de tabulation, tous les taquets par défaut qui le précèdent sont automatiquement supprimés.

REMARQUE

Pose et retrait des taquets de tabulation

Il est plus simple d'ajouter ou de supprimer des taquets de tabulation sur la règle, quitte à les modifier dans la boîte de dialogue **Tabulations**.

Il existe plusieurs sortes de taquets de tabulation, comme le montre le tableau suivant.

- Pour choisir un taquet de tabulation, cliquez à l'intérieur du petit carré qui se trouve à l'extrême gauche de la règle autant de fois que nécessaire pour afficher l'élément, puis cliquez à l'emplacement souhaité sur la règle.

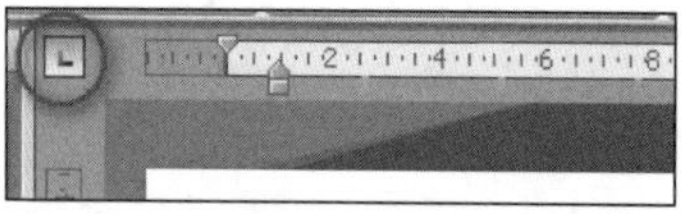

Figure 3.23 :

Tableau 3.1 : Les différents types de taquets de tabulation

Bouton	Effet
	Gauche : le texte est aligné à gauche.
	Centré : le texte est centré.
	Droite : le texte est aligné à droite.
	Décimal : les chiffres décimaux sont alignés sur la virgule.

- Pour modifier l'emplacement d'un taquet de tabulation, glissez le taquet sur la grille à l'aide de la souris.
- Pour supprimer un taquet de tabulation, glissez-le à l'extérieur de la règle.

La boîte de dialogue **Tabulations** permet également de placer les taquets de tabulation : entrez la mesure précise en centimètres. Elle permet en outre de les modifier et de les supprimer.

Utiliser les tabulations

Une fois les taquets de tabulation posés, appuyez sur la touche ↹ pour déplacer le curseur à l'endroit du taquet.

Pour aligner un texte, il faut utiliser les taquets de tabulation (ou les retraits) et en aucun cas la Barre d'espace !

Modifier le format des puces et des numéros

Le format des puces et des numéros est régi, comme le reste, par les masques et les modèles. Vous pouvez être amené ponctuellement à modifier ce format.

REMARQUE

Modifier le format des puces ou des numéros

Pour modifier le format des puces ou des numéros d'une liste, sélectionnez tout l'espace réservé au texte en cliquant sur son pourtour. Pour modifier le format d'un seul item de la liste, cliquez à l'intérieur de ce paragraphe.

RENVOI

Voyez à ce sujet les informations concernant la sélection au chapitre *Les outils d'édition*.

Sous l'onglet **Accueil**, dans le groupe *Paragraphe*, cliquez sur la flèche située à droite du bouton **Puces** ou sur la flèche située à droite du bouton **Numéros**, puis cliquez sur la commande **Puces et numéros**, située en bas de la galerie.

La boîte de dialogue **Puces et numéros** est composée de deux onglets, l'un pour les puces, l'autre pour les numéros.

Pour ce qui concerne les numéros, vous pouvez modifier le type de numérotation (chiffres, lettres...) ainsi que le numéro de départ.

Pour ce qui est des puces, vous avez la possibilité de les personnaliser en choisissant une police particulière (bouton **Personnaliser**) ou bien une image (bouton **Images**) :

- Cliquez sur le bouton **Personnaliser** pour choisir une police particulière. Dans la boîte de dialogue **Caractères spéciaux**, choisissez une police dans la liste déroulante *Police*, puis cliquez sur OK.
- Cliquez sur le bouton **Images** pour choisir une image. Dans la boîte de dialogue **Puce graphique**, sélectionnez la puce de votre choix et

cliquez sur OK. Si vous souhaitez utiliser une image personnelle, cliquez sur le bouton **Importer**, sélectionnez le fichier *Image* situé sur votre disque dur ou sur un serveur, et cliquez sur le bouton **Ajouter**. L'image est ajoutée à la liste. Sélectionnez-la et cliquez sur OK.

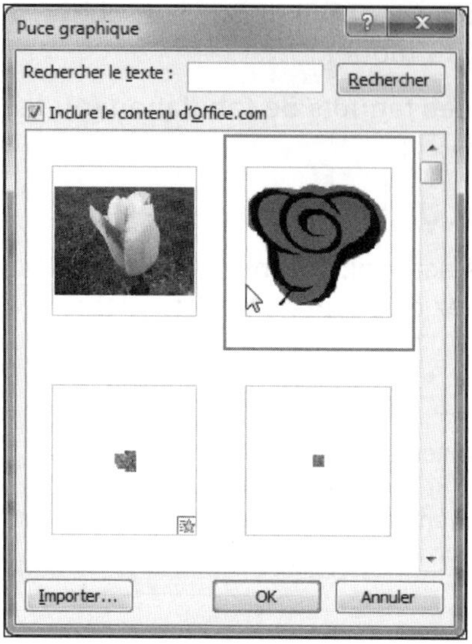

Figure 3.24 : Sélectionner une image personnelle pour la transformer en puce

- De retour dans la boîte de dialogue **Puces et numéros**, vous pouvez modifier la taille de la puce ou du numéro, exprimée en pourcentage par rapport au texte, ainsi que la couleur (hormis les puces image).

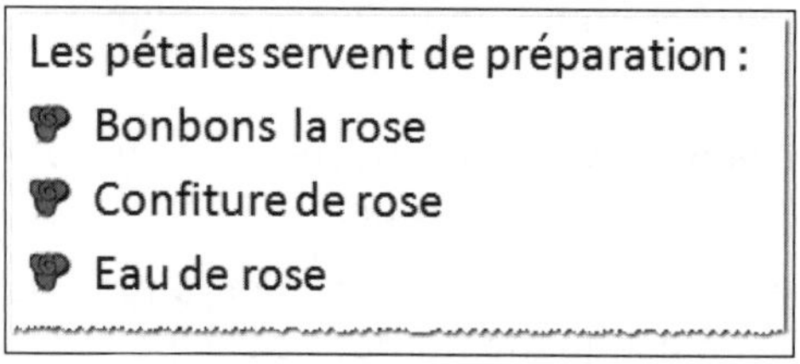

Figure 3.25 : Exemple d'une image transformée en puce

REMARQUE

Taille d'une puce image

Une image sélectionnée pour créer une puce image sera automatiquement réduite à la taille du texte.

Reproduire la mise en forme

Pour éviter de répéter une même mise en forme dans la diapositive ou dans la présentation, vous pouvez la reproduire.

1 Cliquez sur un texte déjà formaté.

2  Cliquez sur l'outil **Reproduire la mise en forme**, situé dans le groupe *Presse-papiers* sous l'onglet **Accueil**. Le curseur est accompagné d'un petit pinceau.

3 Cliquez sur le paragraphe (ou le mot) à formater. Ce dernier prend le même format que celui qui a été choisi au départ. Notez que s'il s'agit de reproduire la mise en forme d'un mot pour tout un groupe de mots, il faut sélectionner ce groupe de mots et pas se contenter de cliquer.

ASTUCE

Reproduire la mise en forme sur plusieurs occurrences de texte

Cliquez deux fois sur le bouton **Reproduire la mise en forme**. Sélectionnez ensuite chaque zone de texte à formater. Une fois les actions terminées, cliquez de nouveau sur le bouton **Reproduire la mise en forme** ou appuyez sur [Échap].

Effacer la mise en forme

Si vous souhaitez rétablir la mise en forme par défaut et donc effacer vos mises en forme manuelles, sélectionnez le texte dont vous voulez effacer la mise en forme puis, sous l'onglet **Accueil**, dans le groupe *Police*, cliquez sur le bouton **Effacer toute la mise en forme**.

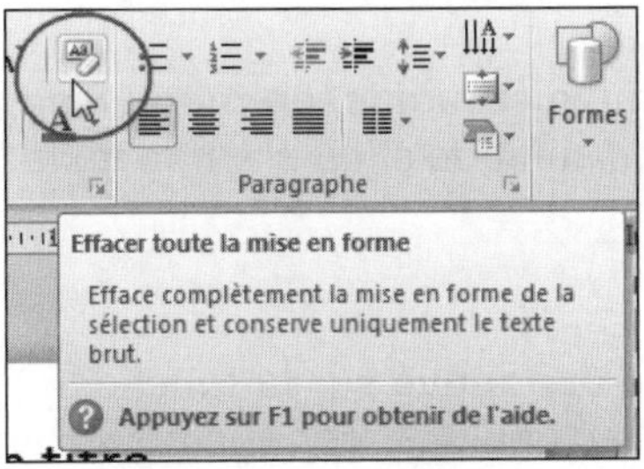

Figure 3.26 : Effacer la mise en forme

Vous pouvez également utiliser le raccourci clavier [Ctrl]+[Barre d'espace].

Rappelons par ailleurs que le bouton **Rétablir**, situé sous l'onglet **Accueil**, dans le groupe *Diapositives*, annule toute modification manuelle sur la diapositive : la position, la taille et la mise en forme des espaces, y compris la mise en forme du texte dans ces espaces.

3.3. Travailler en mode Plan

Le mode de travail le plus courant est sans aucun doute le mode Diapositive. Ce mode permet à peu près tout. Nous ne négligerons cependant pas le travail en mode Plan, qui propose certaines fonctions que n'offre pas le mode Diapositive et qui, hormis le fait qu'il est mieux adapté à la préparation de la présentation et à la création du sommaire lui-même, permet de se concentrer plus particulièrement sur ses idées. Le mode Plan ne permet en effet de travailler que sur le texte : espaces réservés au titre et au texte, hors zones de texte.

Si votre présentation comporte en particulier beaucoup de listes à puces ou de listes numérotées, vous choisirez plutôt le travail en mode Plan. Votre présentation pourra être complétée ensuite en utilisant le mode Diapositive.

Pour travailler en mode Plan, cliquez sur l'onglet **Plan** du volet **Diapositives/Plan**, en mode Normal, et agrandissez le volet.

RENVOI

Reportez-vous éventuellement au chapitre *Découvrir PowerPoint 2010*, pour savoir comment modifier la taille des différents volets.

Chaque diapositive est symbolisée, sous l'onglet **Plan**, par une icône précédée du numéro de la diapositive. Le texte que vous allez saisir en face de cette icône sera le titre de la diapositive.

Lorsque vous appuyez sur la touche [↵], vous créez une nouvelle diapositive. De cette manière, vous pouvez créer rapidement autant de diapositives que vous le souhaitez, en tapant leur titre respectif. Toutes ces diapositives pourront par la suite être remises en forme à l'aide d'une disposition différente.

Vous pouvez constater qu'il est très simple et rapide, en mode Plan, de se déplacer dans une présentation : il suffit de cliquer sur le texte.

Promouvoir ou abaisser

Après avoir saisi un titre de diapositive et appuyé sur la touche [↵], appuyez sur la touche [⇆] : dans ce cas, au lieu de créer une nouvelle diapositive, vous restez dans la diapositive en cours, et vous pouvez saisir une liste à puces. Par défaut, vous obtenez une disposition en liste à puces.

La touche [⇆], comme dans le mode Diapositive, permet de changer de niveau : si vous appuyez sur cette touche après avoir entré le titre de la diapositive, vous créez un premier niveau de liste à puces. Si vous appuyez une seconde fois sur la touche [↹], vous créez un deuxième niveau de liste à puces. Pour remonter d'un niveau, appuyez sur les touches [Maj]+[↹]. Si le curseur se trouve sur un premier niveau de liste à puces et que vous appuyez sur les touches [Maj]+[↹], vous créez une nouvelle diapositive puisque le niveau précédant un premier niveau de liste à puces est un titre de diapositive.

Contrairement au mode Diapositive, la touche [↹] ne peut pas être utilisée pour créer des tabulations. Aussi, peu importe l'endroit où se trouve le curseur, en début de ligne ou au milieu, la touche [↹] permet uniquement de changer de niveau.

Vous obtenez les mêmes effets en cliquant sur le texte à l'aide du bouton droit de la souris et en choisissant les commandes **Promouvoir** ou **Abaisser**.

Vous pouvez au fur et à mesure visualiser le résultat sur la diapositive en cours.

Figure 3.27 : Travailler en mode Plan

ASTUCE

Diviser une diapositive en deux en mode Plan

Si vous sélectionnez une énumération de niveau 2 et que vous lui appliquez la commande **Promouvoir**, elle fera l'objet d'une nouvelle diapositive. Si au contraire vous appliquez la commande **Abaisser** à une énumération de niveau 1, cette dernière passera dans la diapositive précédente avec ses sous-énumérations.

Et comme avec le mode Diapositive, si vous préférez utiliser la souris, vous pouvez employer les boutons **Réduire le niveau de liste** et **Augmenter le niveau de liste**, situés sous l'onglet **Accueil**, dans le groupe *Paragraphe*.

Développer ou réduire

Vous pouvez par ailleurs réduire ou développer vos titres : double-cliquez simplement sur l'icône de la diapositive pour faire apparaître ou disparaître le texte. Vous pouvez également cliquer avec le bouton droit n'importe où dans votre plan, puis choisir la commande **Réduire** ou la commande **Développer**. Dans les sous-menus de ces deux commandes, vous pouvez choisir **Réduire tout** ou **Développer tout** pour réduire ou développer la totalité des titres de la présentation.

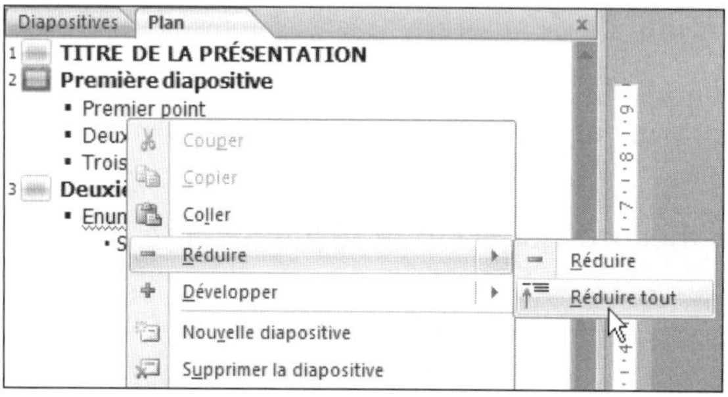

Figure 3.28 : Réduire tout le plan

Repérer un titre réduit

REMARQUE

Il est possible de repérer un titre réduit grâce au trait en zigzag qui le souligne.

Figure 3.29 : Titres réduits

Modifier l'ordre des titres et des énumérations

Rien n'est plus facile, en mode Plan, que de déplacer des morceaux de texte ou des diapositives entières !

Sélectionnez le texte à déplacer, puis cliquez avec le bouton droit de la souris, et choisissez la commande **Monter** ou **Descendre**.

Si vous choisissez l'une de ces deux commandes sur un titre réduit, c'est la diapositive entière qui est déplacée. De la même façon, si vous cliquez sur l'icône de la diapositive, c'est toute la diapositive qui est sélectionnée, et c'est donc toute la diapositive qui est déplacée.

Une autre méthode consiste à déplacer les niveaux de texte ou les diapositives entières manuellement. Déplacez la souris à gauche du niveau à bouger jusqu'à ce que le curseur prenne la forme d'une flèche à quatre pointes, puis cliquez : le niveau est sélectionné. Vous pouvez ensuite, à l'aide de la souris, le faire glisser à l'endroit souhaité, plus haut ou plus bas.

Afficher la mise en forme

Par défaut, en mode Plan, la mise en forme du texte n'est pas affichée. Si vous préférez la visualiser, cliquez avec le bouton droit de la souris n'importe où dans votre plan et choisissez la commande **Afficher la mise en forme du texte**.

Que vous ayez choisi d'afficher ou non la mise en forme en mode Plan, vous pouvez tout à fait utiliser les options de mise en forme évoquées dans les chapitres précédents. Et même si tous les attributs de la mise en forme n'apparaissent pas, la mise en forme sera de toute façon visible dans la diapositive.

3.4. Importer un plan provenant d'un document Word

Vous pouvez aisément récupérer avec PowerPoint un plan correctement structuré, saisi dans Word, pour en faire une présentation.

ATTENTION

Récupération de données Word

La récupération de données Word n'est possible que s'il s'agit d'un plan. En d'autres termes, n'espérez pas convertir facilement un document Word contenant textes et images en une présentation PowerPoint...

Qu'est-ce qu'un plan correctement structuré pour PowerPoint ?

Il s'agit en fait de différentes informations saisies dans Word d'une manière logique pour PowerPoint, à savoir...

- Une liste quelconque, soit une série de lignes sans puces, ni numéros : chaque ligne terminée par un retour paragraphe deviendra le titre d'une diapositive.
- Une liste avec des styles de listes à puces : le premier niveau deviendra un titre de diapositive, les autres resteront des listes à

puces (le deuxième niveau remontera au premier, le troisième au deuxième, et ainsi de suite).

ATTENTION

Liste créée avec les boutons Numérotation ou Puces
Une liste à puces ou une liste numérotée, en style Normal, et créée avec les boutons **Numérotation** ou **Puces** situés sous l'onglet **Accueil**, groupe *Paragraphe*, est inutilisable en tant que plan ! Ce type de liste doit absolument être créée avec des styles de liste.

- Une liste avec utilisation des styles de titres : un titre 1 deviendra un titre de diapositive, les autres se transformeront en listes à puces avec des niveaux correspondants.

Les différentes méthodes

- Pour insérer le plan dans une présentation existante, sous l'onglet **Accueil**, groupe *Nouvelle diapositive*, cliquez sur le bouton **Nouvelle diapositive** et sur la commande **Diapositives à partir d'un plan**. Sélectionnez le fichier Word souhaité et cliquez sur le bouton **Insertion**.
- Pour créer une nouvelle présentation à partir du plan, ouvrez le fichier Word comme s'il s'agissait d'un fichier PowerPoint (mode Backstage, **Ouvrir**). Si le fichier n'est pas visible, pensez à choisir, dans la boîte de dialogue **Ouvrir**, l'option *Tous les fichiers (*.*)* dans la liste *Type de fichiers*.

3.5. Créer des pages de commentaires

La fonction **Commentaires** est utilisée pour rédiger des commentaires à joindre à la présentation. Il peut s'agir d'un aide-mémoire pour aider le présentateur au cours du diaporama, ou bien de notes destinées à l'assistance et permettant d'étoffer la présentation.

Si vous saisissez vos commentaires au fur et à mesure de la création de votre présentation, la meilleure solution est sans doute d'utiliser le volet **Commentaires**, disponible en mode Normal. Il se trouve en bas de la fenêtre de PowerPoint (voir Figure 3.30).

Si vous préférez ajouter des commentaires une fois la présentation terminée, vous pouvez opter pour l'affichage en page de commentaires : sous l'onglet **Affichage**, dans le groupe *Affichages des présentations*, cliquez sur le bouton **Page de commentaires**. Cette page affiche la diapositive et, en dessous, l'espace réservé aux commentaires, dans lequel vous pouvez saisir votre texte.

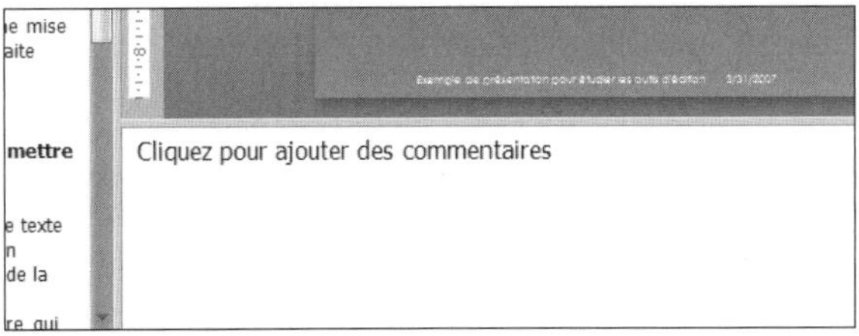

Figure 3.30 : Le volet Commentaires

ATTENTION

Longueur des commentaires

La page de commentaires est limitée en taille. Si vos commentaires sont longs, privilégiez l'affichage Page de commentaires. En effet, dans le volet **Commentaires**, vous ne verrez pas la limite et vos commentaires risquent d'être coupés à l'impression.

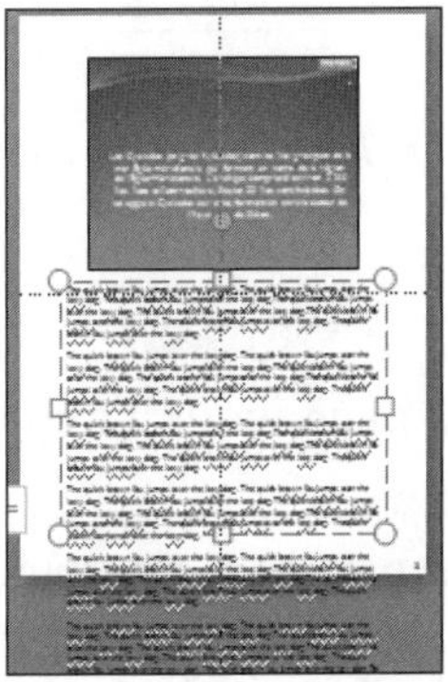

Figure 3.31 : Ne pas dépasser l'espace réservé aux commentaires

Concernant la mise en forme, la page de commentaires est associée au masque de commentaires.

RENVOI

Reportez-vous au chapitre *Créer des thèmes et des modèles*, à la section *Paramétrer le format des pages de commentaires*, pour de plus amples détails.

Cependant, vous pouvez modifier en cours de frappe la mise en forme des caractères ou des paragraphes afin, par exemple, de mettre en évidence certaines parties du texte. Cette mise en forme se traite exactement de la même manière que le texte des diapositives, mais, dans le volet **Commentaires**, en mode Normal, elle n'est pas visible par défaut. Pour l'afficher, vous devez cliquer sous l'onglet **Plan** avec le bouton droit de la souris, puis choisir dans le menu contextuel la commande **Afficher la mise en forme du texte**. Néanmoins, vous ne verrez que certains traits de mise en forme, comme le style gras ou l'italique, les listes à puces ou numérotées... La couleur de police, la taille du corps, etc., resteront malheureusement invisibles !

3.6. Insérer un en-tête et un pied de page

Un en-tête et/ou un pied de page sont des informations uniques qui reviennent sur chaque diapositive. Vous n'allez donc les saisir qu'une seule fois.

Par défaut, les zones destinées au pied de page sont déjà présentes dans les différents thèmes et la plupart des modèles. Toutefois, elles resteront invisibles jusqu'à ce que vous les ayez complétées.

1 Pour compléter ces zones, allez sous l'onglet **Insertion**, dans le groupe *Texte*, puis cliquez sur le bouton **En-tête et pied de page**.

REMARQUE

Boutons Date et heure et Numéro de diapositive

Ces deux boutons situés également dans le groupe *Texte*, sous l'onglet **Insertion**, ouvrent exactement la même boîte de dialogue si le curseur ne se trouve pas dans un espace texte ou une zone de texte.

2 Dans la boîte de dialogue **En-tête et pied de page**, sous l'onglet **Diapositives**, renseignez les zones suivantes :

- *Date et heure* : vous avez le choix entre une mise à jour automatique (c'est le choix par défaut) et une date fixe. Si votre présentation doit être utilisée régulièrement avec la date du jour, optez pour la date automatique. Dans ce cas, sélectionnez un format parmi tous ceux qui sont proposés, sinon saisissez une date fixe.
- *Numéro de diapositive* : si vous cochez cette case, le numéro apparaîtra sur chaque diapositive.

ASTUCE

Commencer la pagination à partir d'un autre numéro que le 1

Sous l'onglet **Création**, dans le groupe *Mise en page*, cliquez sur le bouton **Mise en page** et complétez avec le numéro de votre choix la zone de saisie *Numéroter à partir de*, située en bas de la boîte de dialogue. Si vous souhaitez commencer la pagination à partir de 1 mais sur la deuxième diapositive, choisissez de numéroter à partir de 0 et ne numérotez pas la première diapositive.

– *Pied de page* : c'est le texte que vous souhaitez afficher en pied de page. Il peut s'agir du titre de la présentation, de votre nom, du nom de l'organisme, etc.

3 Si vous ne souhaitez pas que ces informations figurent sur la diapositive de titre, cochez l'option *Ne pas afficher sur la diapositive de titre*, située tout en bas de la boîte de dialogue.

4 Lorsque tout est rempli, cliquez sur le bouton **Appliquer partout** pour faire figurer ces informations sur toutes les diapositives ou bien sur **Appliquer** pour ne faire figurer ces informations que sur la diapositive en cours.

Notez que vous pourrez revenir dans cette boîte de dialogue à n'importe quel moment afin de modifier les informations d'en-tête et de pied de page.

REMARQUE

En-tête ou pied de page ?

L'emplacement des informations d'en-tête et de pied de page est défini dans le thème ou le modèle. Il est habituel de les laisser en pied de page. Toutefois, il est possible de les dissocier et de les afficher en des endroits différents.

RENVOI

Pour savoir comment procéder, rendez-vous au chapitre *Créer des thèmes et des modèles*.

Il est possible, ponctuellement, de modifier et/ou de déplacer manuellement un en-tête ou un pied de page. Cette possibilité est valable uniquement pour la page sur laquelle vous faites la modification. Pour des modifications générales du texte, utilisez la boîte de dialogue **En-tête et pied de page** ; pour des modifications d'emplacement, utilisez les masques.

RENVOI

Voyez à ce propos le chapitre *Créer des thèmes et des modèles*.

Les en-têtes et les pieds de page des pages de commentaires s'insèrent de la même manière, mais par l'intermédiaire de l'onglet **Commentaires et documents** de la boîte de dialogue **En-tête et pied de page.** Ils comportent toutefois de petites différences :

- L'en-tête et le pied de page sont dissociés, ce qui vous permet d'ajouter un texte en haut et un texte en bas de page.

- Il est impossible de décider de ne pas afficher des informations sur les pages de votre choix, c'est tout ou rien !

3.7. Exercices pratiques

Insérer des en-têtes et des pieds de page dans une présentation existante

Vous allez ouvrir à nouveau la présentation que vous avez sauvegardée sur votre disque dur et qui doit se trouver dans la liste *Récent* : *Présentation de PowerPoint 2010.pptx*.

1 Pour insérer la date, le numéro de la diapositive et un texte en pied de page, cliquez sur le bouton **En-tête et pied de page**, sous l'onglet **Insertion**, dans le groupe *Texte*.

2 Dans la boîte de dialogue **En-tête et pied de page** :

- Cochez la case *Date et heure* puis l'option *Fixe*, et saisissez vous-même la date : `Année 2010`.
- Cochez la case *Numéro de diapositive* pour obtenir une pagination.
- Cochez la case *Pied de page*, et saisissez votre nom dans la zone de saisie.
- Cochez la case *Ne pas afficher sur la diapositive de titre* pour ne pas avoir ces renseignements sur la première diapositive.
- Cliquez enfin sur le bouton **Appliquer partout**.

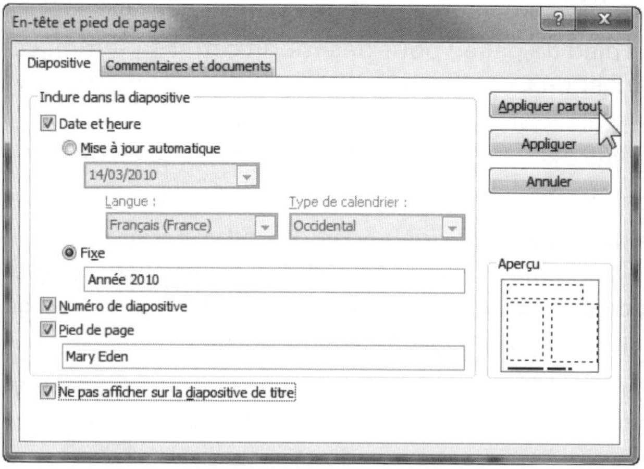

Figure 3.32 : Personnaliser l'en-tête et le pied de page

La boîte de dialogue est refermée. Il vous reste à vérifier que les éléments sont bien insérés dans la présentation.

Figure 3.33 : Pied de page inséré dans la présentation

Affichez la première diapositive, qui est censée être la diapositive de titre. Le pied de page ne devrait pas y être inséré puisque vous avez coché l'option *Ne pas afficher sur la diapositive de titre*, et pourtant vous constatez le contraire !

1 Sous l'onglet **Accueil**, dans le groupe *Diapositives*, cliquez sur le bouton **Disposition**. Vous constatez que c'est la disposition *Titre de section* qui est sélectionnée. Modifiez le choix et sélectionnez *Diapositive de titre*.
2 Affichez la boîte de dialogue **En-tête et pied de page** et, sans rien faire de plus, cliquez à nouveau sur **Appliquer partout**.
3 Vérifiez la première diapositive : cette fois elle ne comporte plus de pied de page.

Comme nous l'avons expliqué au cours du chapitre précédent, vous voyez qu'une disposition de titre peut être traitée différemment des autres dispositions.

Enregistrez votre présentation en cliquant sur le bouton **Enregistrer** de la barre d'outils *Accès rapide* et fermez-la.

Saisir et mettre en forme le texte dans une nouvelle présentation

Vous allez créer une présentation de toutes pièces, dans laquelle vous vous occuperez exclusivement du texte.

1 Appuyez sur les touches Ctrl+N, qui est le raccourci pour créer une nouvelle présentation lorsque PowerPoint est déjà ouvert.
2 Enregistrez tout de suite la présentation sous le nom *Grèce*. Profitez-en pour "l'épingler" dans la liste *Récents*.
3 Sous l'onglet **Création**, dans le groupe *Mise en page*, cliquez sur le bouton **Mise en page** et choisissez le format *Affichage à l'écran (16:9)* dans la liste déroulante *Diapositives dimensionnées pour*.
4 Toujours sous l'onglet **Création**, mais dans le groupe *Thèmes*, choisissez le thème *Débit*, puis sélectionnez le jeu de polices *Origine*.

5 La première diapositive par défaut étant une diapositive de titre, saisissez le titre (`La Grèce`) et le sous-titre (`Les Cyclades`) aux endroits prévus.

6 Ce titre et ce sous-titre étant courts, vous allez dans un premier temps augmenter la taille de la police : sélectionnez les deux espaces réservés en cliquant dessus et en maintenant la touche [Maj], puis appuyez sept fois sur le raccourci clavier [Ctrl]+[Maj]+[K]. Il suffit en fait de maintenir les touches [Ctrl]+[Maj] enfoncées et d'appuyer sept fois sur la lettre [K].

7 Insérez une deuxième diapositive, dans laquelle vous allez ajouter un texte de présentation : sous l'onglet **Accueil**, dans le groupe *Diapositives*, cliquez sur le bouton **Nouvelle diapositive** et sélectionnez la disposition *Titre et contenu*.

8 Le thème choisi possède un arrière-plan bleu pour la diapositive de titre, mais, vous le constatez, pas pour les suivantes. Pour obtenir partout ce même arrière-plan, sous l'onglet **Création**, dans le groupe *Arrière-plan*, cliquez sur le bouton **Styles d'arrière-plan** et sélectionnez le style *7*.

9 Cette diapositive étant sans titre, sélectionnez la zone de titre en cliquant sur le pourtour et supprimez-la en appuyant sur la touche [Suppr].

10 Dans l'espace réservé au texte, saisissez le texte d'introduction suivant :

```
Les Cyclades (en grec Kyklades) sont les îles grecques
de la mer Égée méridionale, qui forment un nome de la
région de l'Égée méridionale. L'archipel comprend
environ 2 200 îles, îlots et îlots-rochers. Seules 33
îles sont habitées. On les appelle Cyclades car elles
forment un cercle autour de l'île sacrée de Délos.
```

11 Ce texte ne devant pas être présenté en tant que liste à puces, vous allez désactiver ce format : pour cela, sous l'onglet **Accueil**, dans le groupe *Paragraphe*, cliquez sur le bouton **Liste à puces**.

Vous allez centrer ce texte dans l'espace réservé aussi bien en largeur qu'en hauteur.

12 Pour le centrage en largeur, cliquez simplement sur le raccourci clavier [Ctrl]+[E]. Pour centrer verticalement, cliquez sur le bouton **Aligner le texte**, situé sous l'onglet **Accueil**, dans le groupe *Paragraphe*, et choisissez l'option *Milieu*.

Vous allez maintenant ajouter une page dans laquelle seront listées les îles des Cyclades. Pour cet exercice, utilisez le mode Plan :

13 Cliquez sur l'onglet **Plan** du volet **Diapositives/Plan**, en mode Normal, et élargissez le volet si nécessaire.

14 Placez le curseur à la fin du texte de la deuxième diapositive, après le dernier mot (Délos). Appuyez sur la touche [↵] : un nouveau paragraphe est créé.

15 Comme il s'agit de créer une nouvelle diapositive, appuyez sur les touches [Maj]+[⇥] pour remonter d'un niveau et ainsi générer une nouvelle diapositive. Par défaut, une nouvelle diapositive créée via le mode Plan reprend la même disposition (non modifiée) que la diapositive précédente.

16 Tapez le titre `Les îles principales` qui viendra s'inscrire automatiquement dans la zone de titre de la diapositive. Appuyez sur la touche [↵] pour revenir à la ligne, puis appuyez sur la touche [⇥] pour descendre d'un niveau et ainsi démarrer la liste à puces.

17 Saisissez votre liste. Au fur et à mesure de votre saisie en mode Plan, vous voyez que le texte s'inscrit également dans la diapositive.

Figure 3.34 : Le texte saisi en mode Plan s'inscrit au fur et à mesure dans la diapositive

Lorsque la saisie est terminée, vous constatez que la taille du texte dans la diapositive s'est considérablement réduite et s'est adaptée aux dimensions de l'espace réservé.

RENVOI

Voyez les options d'ajustement automatique au chapitre *Les outils d'édition*.

Vous allez en conséquence créer une présentation en colonnes qui sera mieux adaptée à ce type de liste.

18 Cliquez dans l'espace de texte de la diapositive, puis, sous l'onglet **Accueil**, dans le groupe *Paragraphe*, cliquez sur le bouton **Colonnes** et choisissez **Trois colonnes.** Automatiquement le texte s'organise sous forme de trois colonnes et la police de caractères s'agrandit. Si les colonnes ne sont pas équilibrées, la colonne de droite étant collée à celle du milieu du fait qu'elle contient un texte plus large, vous pouvez la repousser légèrement vers la droite : vérifiez que la règle est bien affichée, sélectionnez tout le texte de la troisième colonne, et faites glisser le repère de retrait gauche vers la droite.

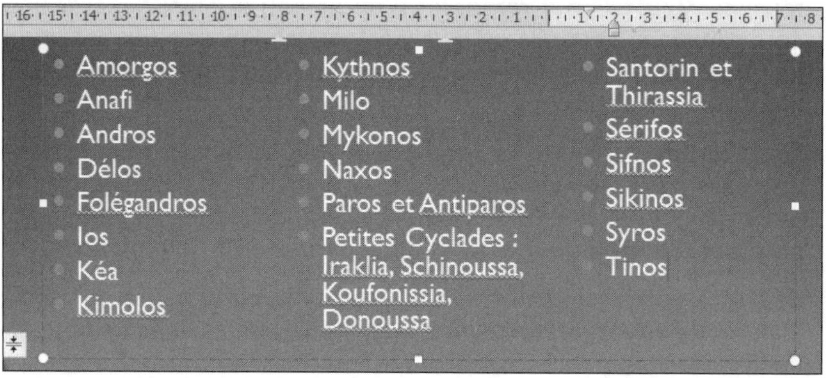

Figure 3.35 : Présentation d'un texte en colonnes

Pour terminer, vous allez choisir pour les puces de cette liste un symbole plus évocateur.

19 Sélectionnez l'espace réservé en cliquant sur son pourtour et non à l'intérieur. En effet, si vous cliquez à l'intérieur, vous ne modifiez que la puce du paragraphe où se trouve le curseur.

20 Sous l'onglet **Accueil**, dans le groupe *Paragraphe*, cliquez sur la flèche située à droite du bouton **Puces**, puis cliquez sur la commande **Puces et numéros** située en bas de la galerie. Dans la boîte de dialogue **Puces et numéros**, cliquez sur le bouton **Personnaliser**. Dans la liste des polices, choisissez la police *Wingdings 2* qui contient des symboles. Dans la boîte de dialogue **Caractères spéciaux**, sélectionnez le caractère souhaité, par exemple un soleil, et cliquez sur OK.

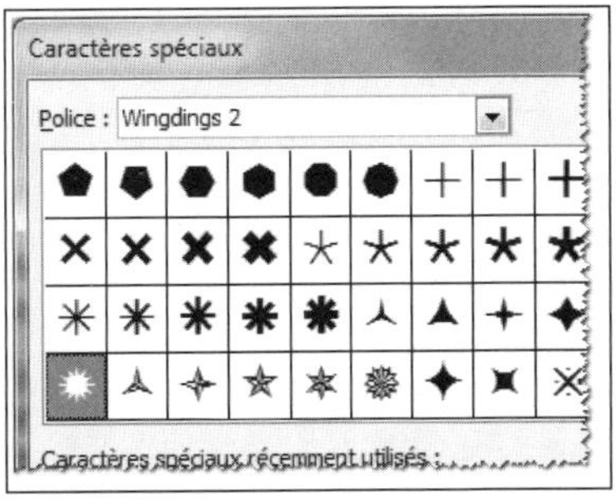

Figure 3.36 : Choisir un caractère pour la puce

21 Dans la boîte de dialogue **Puces et numéros**, choisissez une couleur orange qui correspond mieux au soleil, puis cliquez sur OK.

ATTENTION

Changement de thème

Si vous personnalisez une liste à puces, comme toute personnalisation ponctuelle, les puces resteront telles quelles, même si vous changez de thème.

22 Enregistrez et fermez.

LES OUTILS D'ÉDITION

PowerPoint vous facilite la tâche grâce à de puissants outils d'édition. Vous allez pouvoir le vérifier tout au long de ce chapitre. Pour tester ces outils d'édition, vous pouvez utiliser la présentation que nous avons créée précédemment, *Présentation de PowerPoint 2010.pptx*.

4.1. Se déplacer dans une présentation en mode Normal

Se déplacer en mode Diapositive

Pour parcourir une présentation de diapo en diapo, cliquez sur les flèches de défilement. Vous pouvez également cliquer sur la barre de défilement, au-dessus et en dessous de la case de défilement.

DEFINITION

Case de défilement

La case de défilement est le rectangle qui se trouve sur la barre de défilement et qu'on peut faire glisser pour parcourir une présentation.

Si la présentation compte de nombreuses diapositives, vous pouvez vous déplacer plus rapidement en faisant glissant la case de défilement sur la barre de défilement. Vous verrez ainsi apparaître dans des info-bulles les numéros et les titres des diapositives.

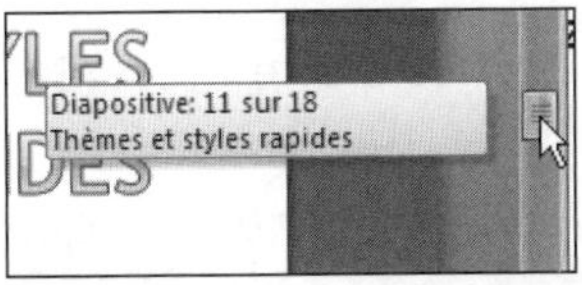

Figure 4.1 : Parcourir une présentation à l'aide de la case de défilement

Par ailleurs, si vous utilisez une souris à roulette, vous pouvez en général utiliser la roulette pour faire défiler plus rapidement une présentation.

Se déplacer via l'onglet Plan

Comme vous l'avez vu dans le chapitre précédent, il est très rapide de se déplacer via l'onglet **Plan** de la présentation : il suffit de cliquer sur le texte pour faire apparaître la diapositive associée. L'icône *Diapositive* sous l'onglet **Plan** est mise en surbrillance, ce qui permet de repérer la diapositive sélectionnée.

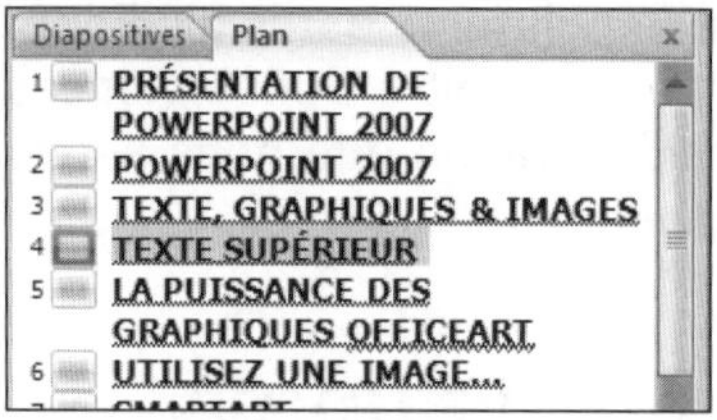

Figure 4.2 : Une diapositive est sélectionnée sous l'onglet Plan

Se déplacer via l'onglet Diapositives

Comme avec l'onglet **Plan**, il est également très rapide de se déplacer dans la présentation à partir de l'onglet **Diapositives** : il suffit de cliquer sur la miniature de la diapositive à faire apparaître. La diapositive sélectionnée est facilement repérable car elle est mise en surbrillance.

De plus, l'utilisation des sections facilite la navigation dans une présentation qui comprend de nombreuses diapositives.

Voyez à ce sujet le chapitre *Créer une présentation* et la section *Utiliser les sections*.

4.2. Afficher deux parties différentes d'une même présentation

Vous pouvez parcourir simultanément deux parties d'une présentation en ouvrant une seconde fenêtre :

1 Sous l'onglet **Affichage**, dans le groupe *Fenêtre*, cliquez sur le bouton **Nouvelle fenêtre**.

2 Toujours dans le groupe *Fenêtre*, cliquez sur le bouton **Réorganiser tout**.

   Les deux fenêtres de la même présentation sont maintenant affichées côte à côte. Vous remarquerez qu'elles sont numérotées dans la barre de titre.

3 Fermez les volets **Diapositives/Plan** afin d'obtenir un affichage suffisamment grand de chaque diapositive.

Vous pouvez maintenant procéder à un défilement asynchrone de la présentation afin d'afficher deux parties différentes côte à côte. Vous travaillerez indépendamment dans l'une ou l'autre partie. Ne perdez pas de vue qu'une seule présentation est ouverte et que les modifications que vous faites dans une partie sont automatiquement reportées dans l'autre. Vous pouvez indifféremment fermer l'une ou l'autre des fenêtres sans perdre quoi que ce soit.

4.3. Sélectionner des espaces réservés et du texte

Comme vous avez pu le constater dans le chapitre précédent, le texte, quel qu'il soit, est saisi dans des espaces réservés. Pour agir sur ce texte, vous avez le choix de sélectionner l'espace réservé ou le texte lui-même. Si vous sélectionnez l'espace, vous agirez sur tout le texte inséré dans cet espace. Pour agir seulement sur une partie du texte, vous devez sélectionner cette partie de texte.

Sélectionner un espace réservé

1 Déplacez-vous dans la deuxième diapositive de la présentation et cliquez à l'intérieur de l'espace réservé au texte : vous remarquez que celui-ci est entouré d'un cadre en pointillé. Cliquez sur ce cadre, le pointillé se transforme en filet simple.

   Vous pouvez maintenant modifier la mise en forme de tout le texte de cet espace.

2 Faites un essai en appuyant par exemple sur les touches Ctrl+G : tout le texte passe en gras. Appuyez à nouveau sur Ctrl+G, le texte perd son attribut *Gras*.

3 L'espace étant toujours sélectionné, cliquez maintenant sur le bouton **Augmenter la taille de police**, situé sous l'onglet **Accueil**, dans le groupe *Police*. Vous constatez que la taille de l'ensemble du texte de l'espace est augmentée.

Pour sélectionner un espace réservé, vous pouvez également utiliser la méthode suivante :

1 Sous l'onglet **Accueil**, dans le groupe *Modification*, cliquez sur le bouton **Sélectionner**, puis sur la commande **Volet Sélection**. Un volet s'affiche à droite de la fenêtre, listant tous les objets de la diapositive active.

2 Cliquez sur le nom de l'objet à sélectionner, dans cet exemple *Rectangle 2*.

Sélectionner le texte

Pour agir sur du texte, il faut bien souvent commencer par le sélectionner. Voici les principales techniques de sélection :

Tableau 4.1 : Sélection à la souris

Manipulation de la souris	Sélection
Double-clic sur un mot	Un mot
Trois clics dans le paragraphe	Un paragraphe
Un clic au début du texte à sélectionner, puis Maj+clic à la fin	Un texte de longueur indéterminée
Ctrl+sélection	Une sélection multiple

Lorsque le texte est sélectionné, la mise en forme ne s'applique qu'à celui-ci.

4.4. Copier, couper, coller

La fonction **Copier** permet de copier en mémoire un objet (texte, image, tableau...) puis de le coller à l'endroit souhaité. Contrairement à la fonction **Copier**, la fonction **Couper** supprime l'objet d'origine.

Pour copier, couper, puis coller, commencez par sélectionner l'objet, puis utilisez l'une de ces méthodes :

- Le clavier : Ctrl+C pour copier, Ctrl+X pour couper, Ctrl+V pour coller.
- Le Ruban : cliquez sur les boutons **Copier**, **Couper** et **Coller** du groupe *Presse-papiers* sous l'onglet **Accueil.**

RENVOI

La mise en forme de l'élément collé dépendra des options par défaut. Voyez la section suivante pour plus de détails.

ASTUCE

Dupliquer

La fonction **Dupliquer** regroupe les fonctions **Copier** et **Coller** en une seule manipulation : sélectionnez l'objet et appuyez sur le raccourci clavier Ctrl+D. Elle ne s'applique pas à une sélection de texte, mais uniquement aux objets.

Exploiter les formats de collage

Une fois que vous avez collé un élément, un bouton s'affiche, proposant diverses options dans un menu déroulant. Il s'agit du bouton de collage. Un clic sur le bouton fait apparaître ces options ; vous pouvez également appuyer sur la touche Ctrl.

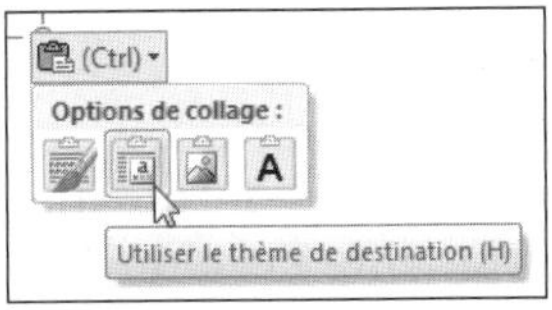

Figure 4.3 : Dérouler la liste d'options du bouton de collage

Lorsque vous collez dans une présentation PowerPoint une diapositive provenant d'une autre présentation basée sur un thème ou un modèle différent, le format de collage par défaut sera le thème de destination, c'est-à-dire que la diapositive prendra les spécificités de format de la présentation de destination. Mais si vous optez pour *Conserver la mise en forme source*, elle gardera son formatage d'origine.

ATTENTION

Mises en forme manuelles

L'option *Utiliser le thème de destination* fonctionne correctement uniquement si l'objet copié n'a pas été transformé manuellement.

Les options proposées peuvent différer selon l'objet collé. Faites des tests par exemple avec un texte provenant de Word, un tableau Excel, ou encore une image. En passant la souris sur les icônes de collage, vous voyez immédiatement le résultat dans votre document et vous pouvez ainsi modifier facilement votre collage selon le format qui vous convient.

Vous allez maintenant utiliser, à la place du raccourci clavier, le menu contextuel pour coller l'objet copié ou coupé. Cliquez avec le bouton droit dans le document. Vous voyez apparaître alors dans le menu contextuel le même type d'options qu'avec le bouton de collage, mais cette fois vous pouvez choisir le format de collage avant de coller. En passant la souris sur les différentes options, vous voyez immédiatement le résultat qui sera obtenu.

De même, si vous cliquez sur la flèche déroulante du bouton **Coller** situé sous l'onglet **Accueil**, du groupe *Presse-papiers*, vous obtenez les mêmes options vous permettant de choisir le format avant de coller.

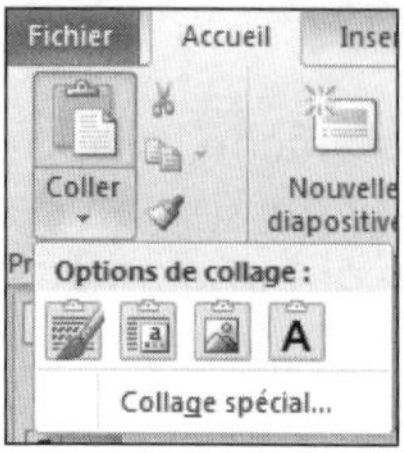

Figure 4.4 : Choisir le format de collage via la flèche déroulante du bouton Coller

Si le format de collage que vous souhaitez utiliser ne se trouve pas dans la liste proposée via le menu contextuel ou la flèche déroulante du bouton **Coller**, choisissez via cette flèche déroulante l'option *Collage spécial*, depuis le menu déroulant accessible en cliquant via la flèche située en dessous du bouton **Coller** du groupe *Presse-papiers* de l'onglet **Accueil**. Une liste de formats est proposée en fonction de l'origine de l'objet et de sa destination. S'il s'agit d'une image par exemple, vous avez le choix entre différents formats d'image tels *.jpg, .png, .gif*, etc. S'il s'agit d'un tableau Excel, vous pourrez le copier avec ou sans lien. D'ailleurs, même si ces options existent plus ou moins sans passer par la boîte de dialogue **Collage spécial**, elles ne sont pas toujours explicites.

ASTUCE

Afficher rapidement la boîte de dialogue Collage spécial

Le raccourci clavier pour afficher la boîte de collage spécial est Ctrl+Alt+V, ce qui évite de revenir sous l'onglet **Accueil**.

RENVOI

Nous vous conseillons d'utiliser la boîte de dialogue **Collage spécial** pour tous les collages particuliers. Voyez à ce sujet le chapitre *PowerPoint et les objets OLE*.

Utiliser le Presse-papiers Office

Ne confondez pas le Presse-papiers Windows et le Presse-papiers Office. Le premier permet de copier un objet à la fois. Un nouvel objet copié remplace le précédent. Office est doté d'un Presse-papiers intéressant puisqu'il permet de garder en mémoire vingt-quatre objets et de les coller ensuite.

Pour afficher le Presse-papiers Office, cliquez sur le lanceur de la boîte de dialogue **Presse-papiers**.

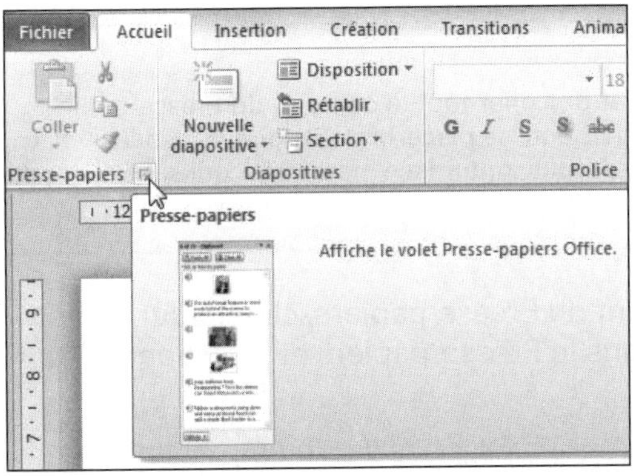

Figure 4.5 : Cliquer sur le lanceur de la boîte de dialogue Presse-papiers

- Le Presse-papiers Office s'affiche dans une fenêtre à la gauche de votre écran. Cette fenêtre peut être déplacée : cliquez sur la barre de titre et faites-la glisser à l'endroit souhaité. Pour la fixer à nouveau à sa place d'origine, double-cliquez sur la barre de titre.
- Au fur et à mesure que vous copiez des éléments, ceux-ci s'affichent dans le Presse-papiers (au maximum vingt-quatre éléments, le vingt-cinquième remplace le premier, et ainsi de suite).

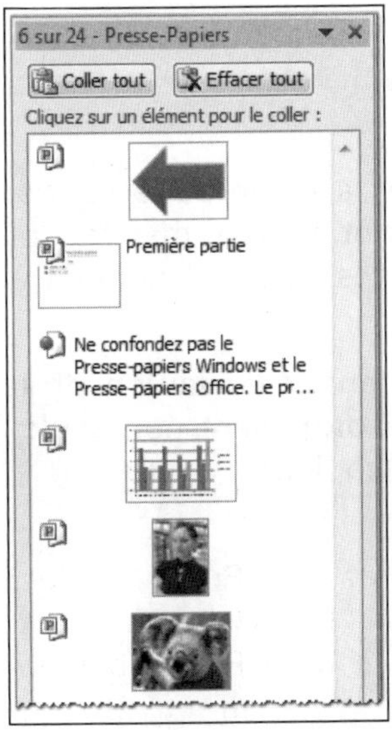

Figure 4.6 : Le Presse-papiers Office

- Pour coller un élément, cliquez à l'endroit où vous souhaitez l'incorporer, puis cliquez sur l'élément dans le Presse-papiers.
- Pour coller tout le contenu du Presse-papiers, cliquez sur le bouton **Coller tout** : les éléments se colleront dans l'ordre où vous les avez copiés.

REMARQUE

Coller tout

Le bouton **Coller tout** permet de coller tout le contenu du Presse-papiers. Toutefois, selon leur type, les éléments se placeront aléatoirement dans votre présentation. Cette option n'est pas optimisée pour une utilisation dans PowerPoint, gardez-la pour Word !

- Pour supprimer un élément du Presse-papiers, cliquez sur le menu déroulant de l'élément dans le Presse-papiers et sélectionnez **Supprimer**.
- Pour effacer tous les éléments du Presse-papiers, cliquez sur le bouton **Effacer tout**.

ASTUCE

Affichage automatique du Presse-papiers

Pour que le Presse-papiers s'affiche automatiquement, cochez l'option *Afficher le Presse-papiers Office automatiquement* dans la liste déroulante *Options*, située tout en bas de la fenêtre du Presse-papiers. Après deux actions, qu'il s'agisse de copier et/ou de couper, le Presse-papiers Office apparaîtra à l'écran.

4.5. Glisser-déposer

La technique du glisser-déposer est simple : à l'aide de la souris, sélectionnez un texte ou un objet à déplacer et, tout en maintenant enfoncé le bouton gauche de la souris, faites glisser l'élément à l'endroit souhaité.

Si vous faites ce cliquer-déposer en maintenant le bouton droit enfoncé, vous obtenez un menu contextuel proposant non seulement de déplacer l'élément mais aussi de le copier.

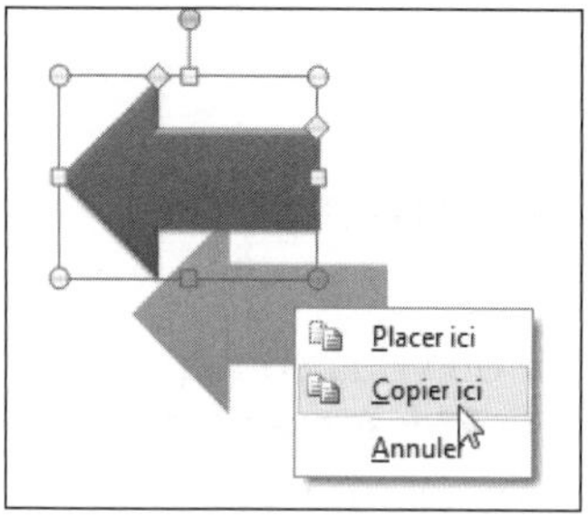

Figure 4.7 : Utilisation du bouton droit avec la technique du glisser-déplacer

4.6. Réorganiser en mode Trieuse de diapositives

Cliquez sur l'icône *Trieuse de diapositives* située sur la barre d'état, en bas à droite de la présentation, ou encore sur le bouton **Trieuse de diapositives** situé sous l'onglet **Affichage**, dans le groupe *Affichages des présentations*, afin d'obtenir une vue générale de la présentation.

Dans ce mode d'affichage, les diapositives représentées par des miniatures sont des objets à part entière que vous pouvez déplacer, copier, coller, dupliquer.

Pour déplacer une ou plusieurs diapositives, utilisez la technique du glisser-déposer : sélectionnez la ou les diapositives et glissez-les simplement à l'emplacement de votre choix en maintenant le bouton de la souris enfoncé. Relâchez le bouton de la souris une fois la destination atteinte. Si vous n'êtes pas familiarisé avec cette technique, vous pouvez bien entendu utiliser la technique du couper-coller : sélectionnez une ou plusieurs diapositives, coupez-les, cliquez à l'endroit où vous souhaitez les déplacer et collez-les.

Vous pouvez copier une ou plusieurs diapositives à l'endroit de votre choix : soit en utilisant la technique du copier-coller, soit en utilisant la technique du glisser-déposer en maintenant le bouton droit enfoncé.

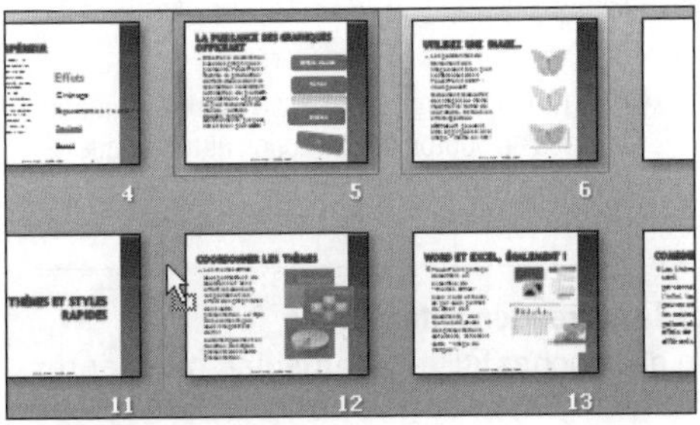

Figure 4.8 : Déplacer deux diapositives en mode Trieuse de diapositives

4.7. Utiliser les outils de correction automatique

Les outils de correction automatique facilitent la saisie.

Faites quelques essais...

1 Saisissez `1er`, puis appuyez sur la Barre d'espace : les caractères *er* se mettent en exposant.

2 Saisissez le mot `apareil` (avec la faute) suivi d'un espace : un deuxième *p* s'insère automatiquement.

3 Saisissez les caractères ==> : ils sont automatiquement remplacés par une flèche.

Ces mécanismes font partie des outils de correction automatique. Il en existe d'autres. Par exemple, vous n'avez pas besoin de saisir une majuscule en début de phrase, l'initiale du mot se met automatiquement en majuscules. PowerPoint travaille à votre place !

Ces corrections automatiques peuvent être annulées ponctuellement pour certaines, et définitivement pour toutes.

Modifier les options de correction automatique

En cours de saisie

Pour certaines corrections automatiques intervenant en cours de saisie, un bouton de correction automatique s'affiche dans la page et vous propose soit d'annuler la correction qui vient d'être faite, soit d'annuler définitivement ce type de correction automatique, ou encore de vous rendre dans les options. Si cette correction automatique vous convient, continuez de saisir votre texte sans vous préoccuper du bouton.

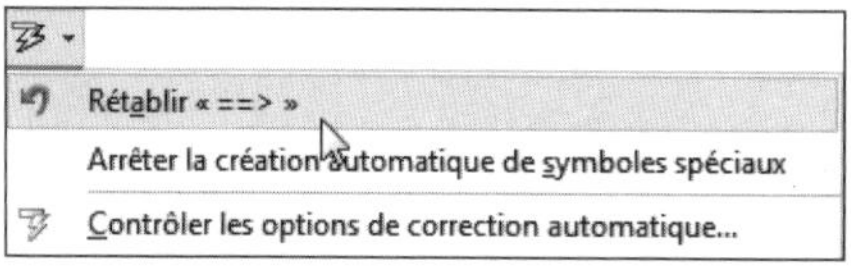

Figure 4.9 : Annuler une correction automatique grâce au bouton de correction automatique

ASTUCE

Annuler immédiatement l'effet de la correction automatique

Une pression sur la combinaison de touches Ctrl+Z immédiatement après la correction automatique annule son effet.

Via la boîte de dialogue Options de correction automatique

Pour gérer de plus près les outils de correction automatique, il faut afficher la boîte de dialogue des options automatiques soit lorsque le bouton de correction automatique s'affiche, soit en passant par le mode Backstage : cliquez sur **Options**, puis sur la commande **Vérification**, et enfin cliquez sur le bouton **Options de correction automatique**.

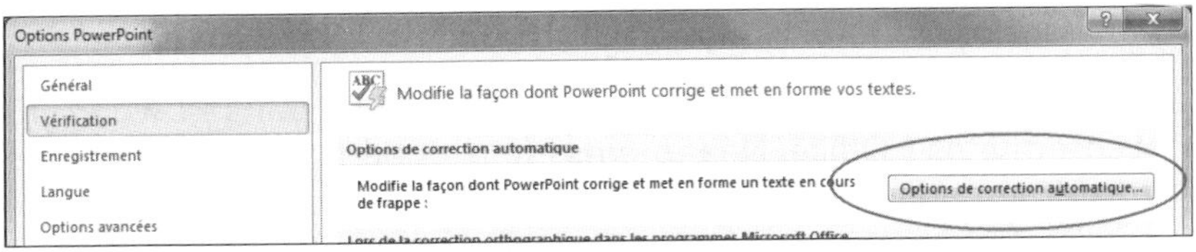

Figure 4.10 : Afficher la boîte de dialogue des options de correction automatique

La boîte de dialogue **Correction automatique** est composée de quatre onglets. À l'intérieur de ces onglets, décochez les options qui ne vous conviennent pas et cochez celles qui vous conviennent. Voyons de plus près quelques exemples :

- Sous le premier onglet, **Correction automatique**, choisissez si la lettre en début de phrase doit se mettre automatiquement en majuscules. Par défaut, un mot prendra une majuscule après un point, puisqu'une phrase se termine par un point. Pourtant, après une abréviation terminée par un point, le mot ne prend pas forcément une majuscule. Cette règle se gère dans les exceptions : cliquez sur le bouton **Exceptions** et visualisez-les sous l'onglet **Première lettre.** S'il en manque, vous pouvez en ajouter. Dans cet exemple, nous ne souhaitons pas de majuscule après l'abréviation "An.".

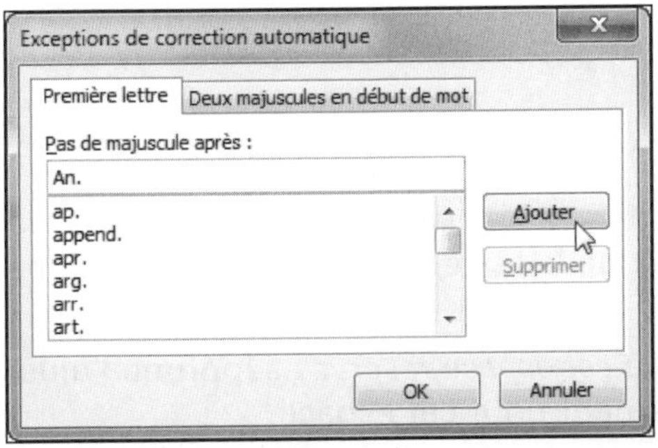

Figure 4.11 : Ajouter une exception de correction automatique

- Le deuxième onglet, **Mise en forme automatique au cours de la frappe**, gère les options en cours de saisie. C'est donc ici que vous allez éventuellement décocher les options qui vous posent problème, par exemple les fractions (½, [nl]P
- , etc.), les guillemets...

ASTUCE

Les guillemets typographiques

Les guillemets dépendent de la langue utilisée : les guillemets français (« ») sont différents des guillemets anglais (" ").

Utiliser les options d'ajustement automatique

La plupart des options de correction automatique dans PowerPoint sont communes à Office. Néanmoins, deux options sont particulières à PowerPoint et sont très intéressantes : *Ajuster automatiquement le titre à l'espace réservé* et *Ajuster automatiquement le corps du texte à l'espace réservé*. Elles fonctionnent de manière analogue, si ce n'est que la première s'attache au texte dans les espaces réservés aux titres, alors que la seconde s'attache au texte dans les espaces réservés au texte.

Ces deux options permettent de diminuer proportionnellement le corps des polices utilisées dans un espace réservé lorsque celui-ci est trop petit pour contenir tout le texte. Lorsque ces options sont cochées, le texte est automatiquement réduit et ajusté à l'espace.

Lorsque vous saisissez le texte et que vous atteignez le bas de la zone, le bouton de correction automatique s'affiche et vous propose plusieurs options :

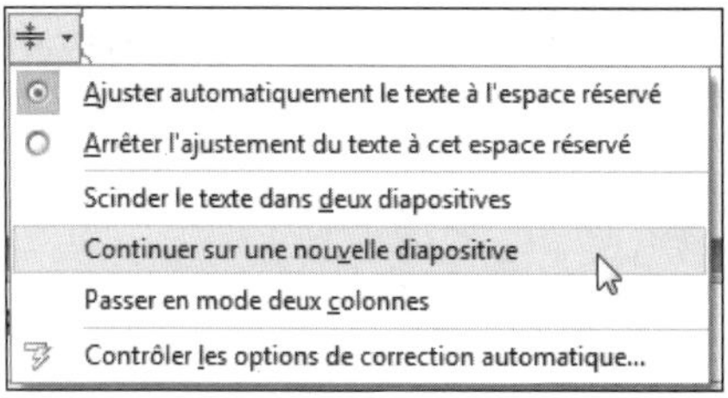

Figure 4.12 : Options d'ajustement automatique

- *Ajuster automatiquement le texte à l'espace réservé* : la taille de la police sera réduite de façon que le texte s'adapte aux dimensions de l'espace réservé.
- *Arrêter l'ajustement du texte à cet espace réservé* : supprime l'ajustement automatique uniquement pour cet espace.
- *Scinder le texte dans deux diapositives* : PowerPoint coupe le texte en deux parties et insère la deuxième partie sur une nouvelle diapositive.
- *Continuer sur une nouvelle diapositive* : que le texte soit ajusté ou non, PowerPoint ne fait qu'insérer une nouvelle diapositive vierge pour que vous puissiez continuer à saisir votre texte.
- *Passer en mode deux colonnes* : PowerPoint change la disposition de la diapositive courante en mettant le texte sur deux colonnes.

La dernière option, *Contrôler les options de correction automatique*, permet d'ouvrir la boîte de dialogue **Options de correction automati-**

que afin d'en modifier les options, en particulier celles qui concernent l'ajustement automatique.

Ajouter et modifier des entrées de correction automatique

Pour ajouter, supprimer, modifier des entrées de correction automatique, affichez la boîte de dialogue **Correction automatique**, puis l'onglet **Correction automatique**.

Pour ajouter des entrées :

1 Dans la zone de saisie *Remplacer*, saisissez un mot à remplacer, par exemple `Joanna`.

2 Dans la zone de saisie *Par*, saisissez le mot de remplacement, ici `Johanna`.

3 Cliquez sur le bouton **Ajouter** pour valider.

4 Faites un test. Saisissez `Joanna`, suivi d'un espace : ce mot est automatiquement remplacé par *Johanna*.

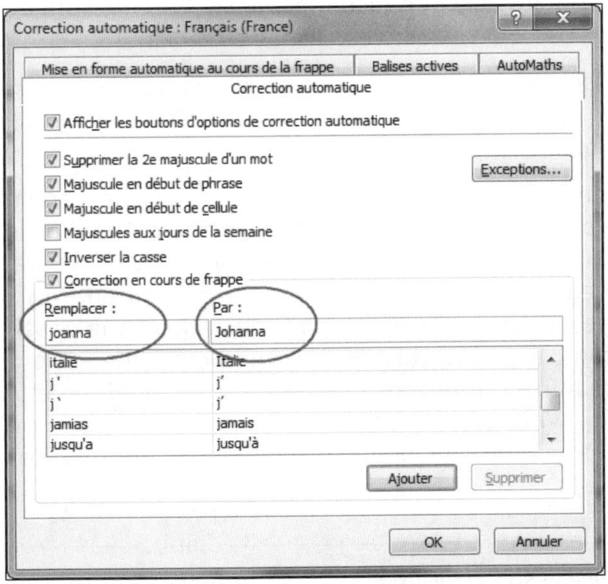

Figure 4.13 : Créer une entrée de correction automatique

Pour modifier des entrées :

1 Sélectionnez l'entrée à corriger dans la liste : celle-ci s'affiche dans les zones *Remplacer* et *Par*.

2 Corrigez le contenu de l'une de ces deux zones.

Pour supprimer des entrées :

1 Sélectionnez l'entrée à supprimer dans la liste.

2 Cliquez sur le bouton **Supprimer**.

Les AutoMaths

Les AutoMaths sont une nouvelle série de corrections automatiques, relatives aux fonctions mathématiques. Ils occupent un onglet entier à eux seuls dans la boîte de dialogue **Correction automatique**. Ils fonctionnent comme une correction automatique classique mais uniquement lors de la saisie d'une équation.

RENVOI

Voyez à ce sujet l'utilisation des équations dans le chapitre *PowerPoint et les objets simples*.

Connaître les balises actives

Certaines données dont PowerPoint reconnaît la particularité sont de ce fait marquées par des balises actives.

Pour activer les balises actives, cochez l'option *Marquer le texte avec des balises actives* sous l'onglet **Balises actives** de la boîte de dialogue **Correction automatique**.

Comment se présente une balise active ? Lorsque PowerPoint reconnaît une donnée de ce type, il la marque avec un indicateur de balise active, en l'occurrence un trait de soulignement en pointillé violet. Approchez le pointeur de cette donnée : la balise apparaît. Vous pouvez cliquer sur le bouton associé pour afficher les actions possibles. Parmi les actions, il y en a toujours une qui permet de supprimer la balise et une autre qui propose de ne plus reconnaître cette donnée en particulier. Vous pouvez également cliquer sur le bouton **Options** pour faire apparaître la boîte de dialogue d'options des balises actives.

REMARQUE

Accéder aux options des balises actives

Un autre moyen d'accéder aux options des balises actives consiste à ouvrir la boîte de dialogue **Options de correction automatique** et à afficher l'onglet **Balises actives**.

Cette technologie sera peut-être appelée à se développer, mais il existe pour l'instant très peu de balises actives. Nous ne parlerons d'ailleurs que de la seule balise active intéressante et fonctionnant correctement avec la version française, à savoir la balise active de conversion de mesure.

Lorsque PowerPoint identifie une donnée comme étant une mesure, une balise active propose de faire une conversion. Saisissez une mesure, par exemple `75 kg`. La balise active propose alors une conversion en mesures anglo-saxonnes, pounds ou livres. Cliquez sur la flèche de la balise puis sur l'option de conversion, pour remplacer dans votre document la valeur initiale par une valeur anglo-saxonne.

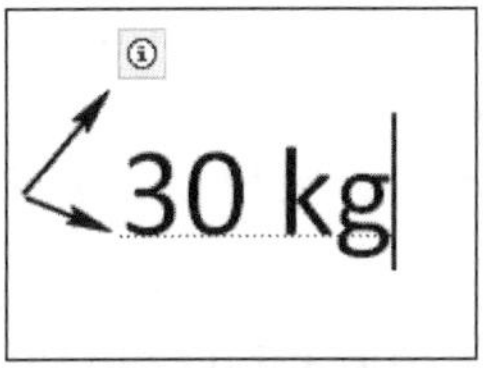

Figure 4.14 : Affichage d'une balise active

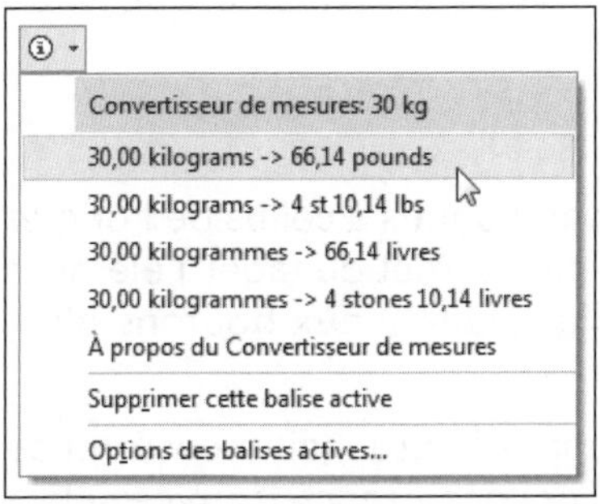

Figure 4.15 : Convertir des kilos en pounds à l'aide des balises actives

ASTUCE

Conversion de mesures pour utilisateur avancé

Vous pouvez ajouter vos propres mesures. Pour cela, il faut modifier le fichier *metconv.txt* avec un éditeur de texte comme le Bloc-notes.

REMARQUE

Export de balises actives

Les balises actives s'enregistrent avec la présentation. Si vous devez envoyer votre document à un collaborateur, sans les balises, décochez l'option *Incorporer les balises actives dans cette présentation* sous l'onglet **Balises actives** de la boîte de dialogue **Correction automatique**.

4.8. Rechercher et remplacer

Les fonctions **Rechercher** et **Remplacer** s'activent d'un clic sur l'un des boutons du même nom dans le groupe *Modification* sous l'onglet **Accueil**.

Ces fonctions permettent de rechercher et/ou de remplacer du texte à l'intérieur d'une présentation.

Rechercher

1 Pour rechercher par exemple un mot dans le document en cours, saisissez-le dans la zone de saisie *Rechercher*, puis utilisez les options suivantes :

- *Respecter la casse* : la recherche porte sur le texte qui a la même casse que le mot tapé dans la zone de saisie.
- *Mot entier* : la recherche concerne le seul mot, tel qu'il est saisi dans la zone.

2 Pour lancer la recherche, appuyez sur le bouton **Suivant** autant de fois que nécessaire, jusqu'à ce que vous trouviez ce que vous cherchez.

Remplacer

Les options de l'onglet **Remplacer** sont analogues à celles de l'onglet **Rechercher**. Une deuxième zone de saisie permet de taper l'élément qui va remplacer l'occurrence recherchée. Quant aux boutons d'action, les choix sont les suivants :

- Utilisez le bouton **Suivant** pour chercher la prochaine occurrence et le bouton **Remplacer** pour remplacer l'occurrence trouvée sélectionnée. Si cette occurrence ne doit pas être remplacée, appuyez à nouveau sur le bouton **Suivant**.
- Utilisez le bouton **Remplacer tout**, qui fait la recherche et le remplacement dans tout le document d'un seul coup.

Remplacer les polices

Cette option particulière permet de remplacer dans toute une présentation une police de caractères par une autre. Cette fonction n'est utile que si vous avez utilisé des mises en forme manuelles. Il suffit, dans le cas contraire, de modifier le masque de la présentation.

RENVOI

Reportez-vous au chapitre *Créer des thèmes et des modèles* pour en savoir plus.

Notez cependant que cette fonction modifie également le masque si la police à remplacer est l'originale.

1 Sous l'onglet **Accueil**, dans le groupe *Modification*, cliquez sur la flèche située à droite du bouton **Remplacer**, puis sur la commande **Remplacer les polices**.
2 Dans la boîte de dialogue **Remplacer la police**, choisissez la police en question dans la liste déroulante *Remplacer*, sélectionnez la nouvelle police dans la liste déroulante *Par*, puis cliquez sur le bouton **Remplacer**. Lorsque l'opération est terminée, cliquez sur le bouton **Fermer**.

4.9. Utiliser les dictionnaires

PowerPoint est équipé de dictionnaires pour la vérification orthographique, la recherche de synonymes et la traduction. Ces dictionnaires sont communs à Office.

Il est également équipé d'une bibliothèque de recherche qui est un outil intégré permettant d'effectuer des recherches dans différentes sources d'informations depuis PowerPoint. Certaines de ces sources sont intégrées à Office, tandis que d'autres sont des services externes, dont certains sont payants, nécessitant une connexion à Internet.

La vérification de l'orthographe peut se faire soit en cours de saisie, soit à la demande.

Vérifier l'orthographe en cours de saisie

Par défaut, le vérificateur d'orthographe est configuré pour signaler les fautes en cours de saisie. Les fautes d'orthographe ainsi que les fautes de contextualité sont soulignées d'un trait ondulé rouge. Le correcteur fonctionne aussi bien en mode Diapositive qu'en mode Plan.

REMARQUE

Grammaire

Ne soyez pas étonné si PowerPoint ne souligne pas les fautes de grammaire, il n'est pas équipé d'un dictionnaire grammatical.

Pour corriger la faute, pointez le curseur sur le mot erroné et cliquez du bouton droit. PowerPoint propose une correction.

- Correcteur orthographique

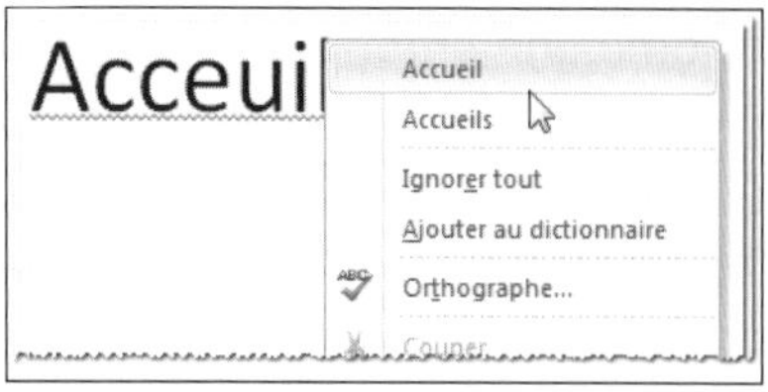

Figure 4.16 : Correction orthographique en cours de saisie

> **REMARQUE**
>
> **Suggestion orthographique**
>
> Il arrive que PowerPoint ne fasse aucune suggestion, le mot erroné étant trop éloigné d'un mot correct.

Vous avez plusieurs possibilités :

- Soit vous acceptez le mot ou l'un des mots suggérés par PowerPoint.
- Soit vous ne l'acceptez pas : si vous choisissez **Ignorer tout**, le mot sera ignoré dans tout le document.
- Soit vous ajoutez le mot dans votre dictionnaire personnel (par exemple, un nom propre que PowerPoint ne connaît pas).

- Correcteur contextuel

> **DEFINITION**
>
> **Correcteur contextuel**
>
> Le correcteur contextuel, nouveauté de la version 2010, est basé sur des analyses statistiques. Il permet ainsi de repérer des mots qui existent et sont correctement orthographiés, mais dont l'utilisation est incorrecte dans le contexte.

Le correcteur contextuel va repérer un certain nombre de fautes qui n'auraient pas été soulignées par le correcteur traditionnel. Vous pouvez simplement accepter la correction ou la refuser.

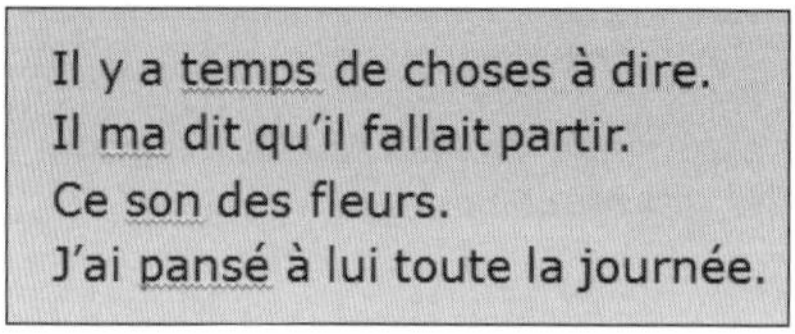

Figure 4.17 : Exemples de fautes repérées par le correcteur contextuel

Lorsque vous cliquez du bouton droit sur la faute, vous pouvez également, quel que soit le type de faute, cliquer sur la commande **Orthographe** qui ouvre la boîte de dialogue **Orthographe**. Outre le fait qu'elle vous permet d'atteindre directement les options (voir ci-dessous), cette boîte de dialogue offre d'autres informations ou possibilités d'action :

- Le type de faute est indiqué : soit il s'agit d'un mot absent du dictionnaire, soit le mot est incorrect en fonction du contexte où il est employé.

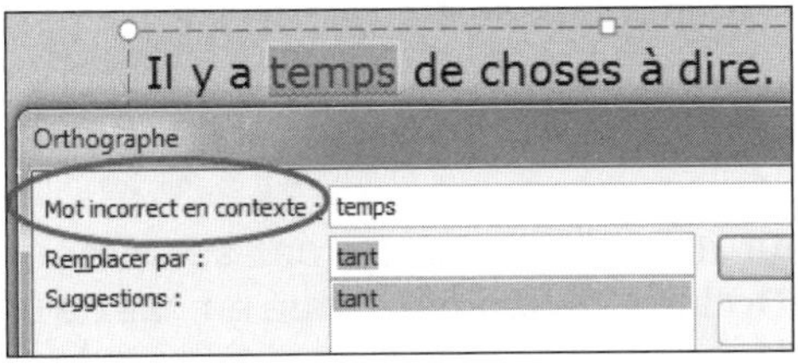

Figure 4.18 : Mot indiqué comme étant incorrect en fonction du contexte

- Par le biais du menu contextuel et s'agissant de fautes d'orthographe, vous n'avez que les possibilités d'ignorer tout ou de faire le remplacement en cours. Par le biais de la boîte de dialogue, c'est plus nuancé puisque vous avez le loisir d'ignorer la faute en question et non pas de l'ignorer dans toute la présentation ; et vous pouvez par ailleurs remplacer tout et non pas remplacer seulement le mot pointé.
- Et enfin, vous accédez à une commande intéressante qui vous propose d'ajouter la correction à la liste des corrections automatiques. S'il s'agit d'un mot sur lequel vous faites régulièrement une faute de frappe par exemple, créez une correction automatique et ce mot ne vous posera plus de problème !

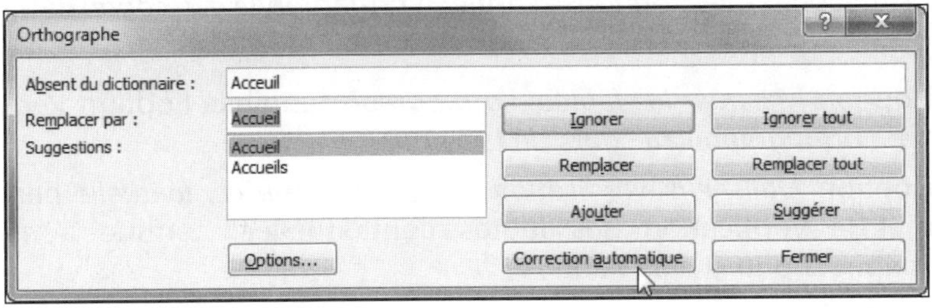

Figure 4.19 : Correction orthographique

Vérifier à la demande

Si vous ne souhaitez pas être dérangé en cours de saisie par la vérification orthographique et grammaticale, décochez les options de vérification en cours de frappe (voir la section suivante).

Lorsque vous voudrez vérifier le texte de votre présentation, il vous suffira d'appuyer sur la touche de fonction F7. PowerPoint s'arrêtera sur chaque faute et vous proposera de la corriger. Vous retrouvez la même boîte de dialogue **Orthographe** et les mêmes options que lorsque la vérification est faite en cours de saisie.

Régler les options

1 Pour configurer le vérificateur d'orthographe, cliquez sur le bouton **Office** puis sur le bouton **Options PowerPoint**, situé en bas de la fenêtre.

2 Cliquez à gauche sur le bouton **Vérification** pour avoir accès aux options du vérificateur et modifiez éventuellement les réglages par défaut.

ASTUCE

Accéder aux options de la vérification orthographique
Ces options sont également accessibles en cours de vérification orthographique : cliquez du bouton droit sur le mot souligné, puis sur la commande **Orthographe**. Cliquez ensuite sur le bouton **Options** de la boîte de dialogue **Orthographe**.

3 Si vous préférez passer le correcteur une fois votre document saisi, décochez les options *Vérifier l'orthographe au cours de la frappe*.

- L'option *Masquer les fautes d'orthographe* annihile l'option *Vérifier l'orthographe au cours de la frappe*.
- L'option *Utiliser la vérification orthographique contextuelle* permet la vérification des fautes contextuelles, comme nous l'avons indiqué plus haut.
- Si l'option *Suggérer à partir du dictionnaire principal uniquement* est cochée, PowerPoint ne proposera pas de mots provenant de votre dictionnaire personnel (voir plus loin).
- Concernant la langue française, le correcteur a intégré les modifications relatives à la nouvelle orthographe et reconnaît par

défaut les deux variantes orthographiques : l'orthographe traditionnelle et l'orthographe rectifiée. Vous pouvez modifier cette option en choisissant uniquement l'une ou l'autre variante.

Utiliser des dictionnaires personnels

Dictionnaire personnel par défaut

Lorsque PowerPoint vérifie l'orthographe de votre document, il vous propose d'ajouter des mots à votre dictionnaire personnel. Vous êtes en effet équipé par défaut d'un dictionnaire personnel dans lequel vous placerez des mots que PowerPoint ne connaît pas.

Ce dictionnaire par défaut se nomme *CUSTOM.DIC* et contiendra tous les mots que vous ajouterez, quelle que soit la langue utilisée, par le biais du bouton **Ajouter au dictionnaire**, qui est proposé lorsque PowerPoint rencontre un mot inconnu.

Une fois que le mot sera dans votre dictionnaire personnel, PowerPoint le reconnaîtra et pourra même s'en servir pour faire des suggestions, à condition que l'option *Suggérer à partir du dictionnaire principal uniquement* ne soit pas cochée.

Dictionnaires spécifiques personnels

En plus du dictionnaire par défaut, vous pouvez créer autant de dictionnaires que vous souhaitez, par exemple un dictionnaire spécifique à un métier.

1 Dans les options de vérification, cliquez sur le bouton **Dictionnaires personnels.**

2 Cliquez sur le bouton **Nouveau.**

3 Nommez votre nouveau dictionnaire, puis cliquez sur OK.

4 Dans la liste déroulante *Langue du dictionnaire*, sélectionnez éventuellement une langue si ce dictionnaire est dédié à une langue particulière.

REMARQUE

Langue du dictionnaire par défaut

Vous pouvez voir que l'option sélectionnée pour le dictionnaire par défaut (*CUSTOM.DIC*) est *Toutes les langues*, ce qui signifie que tous les mots ajoutés au dictionnaire, quelle que soit la langue utilisée, sont par défaut stockés dans le même dictionnaire.

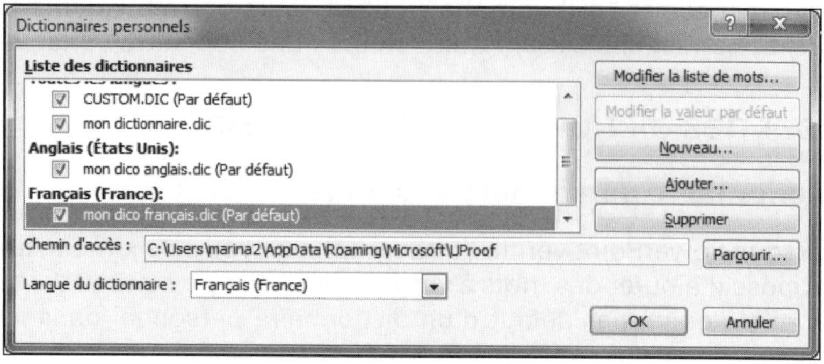

Figure 4.20 : Liste des dictionnaires personnels, avec leur langue

5 Le dictionnaire supplémentaire est coché par défaut. Si vous souhaitez le désactiver pour un document, vous pouvez le décocher.

Notez que si vous cliquez sur le bouton **Supprimer**, après avoir sélectionné un dictionnaire, celui-ci n'apparaîtra plus dans la fenêtre, mais le fichier ne sera pas pour autant supprimé. Pour le récupérer dans la liste, cliquez sur le bouton **Ajouter**, puis double-cliquez sur le dictionnaire en question.

Dictionnaire par défaut

Vous pouvez choisir un autre dictionnaire par défaut que *CUSTOM.DIC* : sélectionnez celui que vous voulez utiliser, puis cliquez sur le bouton **Modifier la valeur par défaut**. Ce dictionnaire prendra alors la première place de la liste. Vous pouvez avoir un dictionnaire par défaut pour chaque langue.

Modifier des dictionnaires personnels

Vous pouvez ajouter ou supprimer manuellement des mots dans vos dictionnaires personnels :

1 Dans les options de vérification, cliquez sur le bouton **Dictionnaires personnels**.

2 Sélectionnez le dictionnaire à modifier, puis cliquez sur le bouton **Modifier la liste des mots**.

3 Une boîte de dialogue s'ouvre, vous permettant d'ajouter ou de supprimer des mots.

- Pour ajouter un mot, saisissez-le dans la zone de saisie et cliquez sur le bouton **Ajouter**.
- Pour supprimer un mot, sélectionnez-le (ils sont classés par ordre alphabétique) et cliquez sur le bouton **Supprimer**.

REMARQUE

Ajouter des mots au dictionnaire personnel

Comme le dictionnaire ne connaît pas le mot que vous ajoutez, vous devez l'inclure sous toutes les formes sous lesquelles il peut apparaître : au singulier, au pluriel, en majuscules, en minuscules, etc.

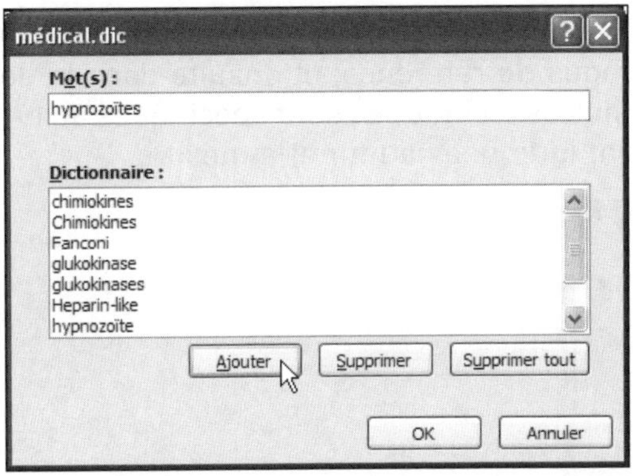

Figure 4.21 : Ajouter un mot au dictionnaire personnel

Cependant, si vous voulez ajouter des listes entières de mots dans vos dictionnaires personnels, cette méthode est peu pratique. Le mieux, dans ce cas, est de travailler directement dans les dictionnaires personnels (extension *.dic*). L'emplacement avec le chemin est indiqué dans la boîte de dialogue **Dictionnaires personnels.** Vous ouvrirez un dictionnaire personnel avec un éditeur de texte comme le Bloc-notes.

Utiliser la bibliothèque de recherche

Les services de recherche vous proposent de choisir les ressources auxquelles vous souhaitez accéder. Nous allons, dans cette partie, expliquer en particulier comment utiliser les dictionnaires de synonymes, multilingues et de définitions. Vous verrez que ces services peuvent s'étendre à bien d'autres informations.

Pour utiliser la bibliothèque générale de recherche qui va s'afficher dans le volet **Office** à droite de l'écran, placez le point d'insertion dans le mot à rechercher, puis, sous l'onglet **Révision**, dans le groupe *Vérification*, cliquez sur le bouton **Recherche.**

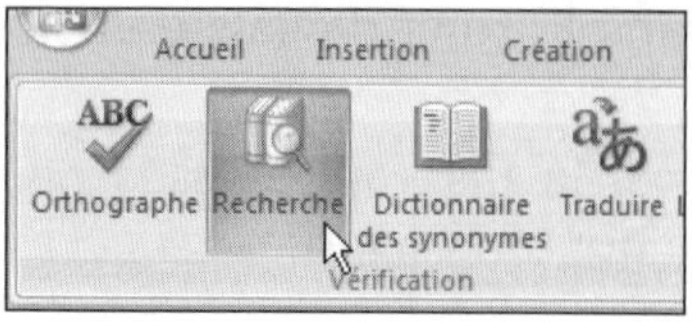

Figure 4.22 : Cliquer sur le bouton Recherche

Les recherches s'établissent selon plusieurs grandes catégories : les ouvrages de référence (dictionnaires de synonymes, multilingues, de définitions...), les sites de recherche (Factiva Iworks™, Live Search...), les sites juridiques et d'informations d'entreprises.

Un clic sur le bouton **Recherche** permet de faire une recherche par défaut dans tous les ouvrages de référence, et ensuite dans la dernière catégorie utilisée. D'autres techniques sont spécifiques au type de recherche et vous seront indiquées au fur et à mesure.

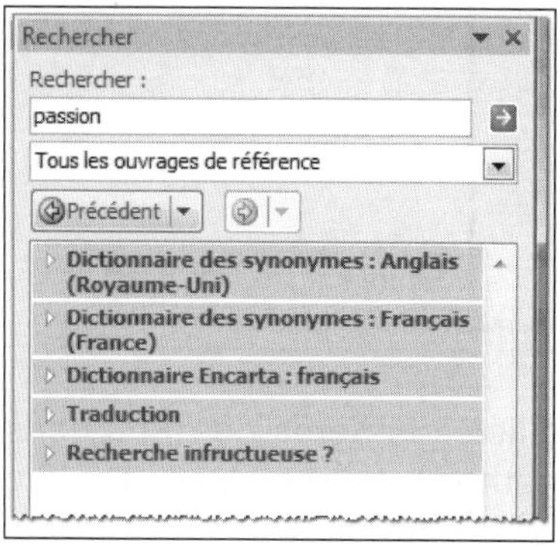

Figure 4.23 : Résultat d'une recherche dans tous les ouvrages de référence

Trouver des synonymes

PowerPoint est équipé d'un dictionnaire de synonymes. Pour trouver un synonyme :

1 Placez le curseur à l'intérieur du mot pour lequel vous cherchez un synonyme.

2 Cliquez avec le bouton droit de la souris sur le mot et choisissez **Synonymes**.

3 PowerPoint propose des synonymes. Vous pouvez en choisir un en cliquant dessus : il remplacera immédiatement le mot où se trouve le point d'insertion (voir Figure 4.24).

4 Si les mots proposés avec cette méthode ne vous suffisent pas, cliquez sur la commande **Dictionnaire des synonymes** du menu contextuel : un choix plus complet apparaît dans le volet **Office**. Pour afficher ce choix dans le volet **Office** sans passer par le bouton droit de la souris, cliquez sur le bouton **Dictionnaire des synony-**

mes, situé sous l'onglet **Révision**, dans le groupe *Vérification*, ou bien utilisez le raccourci clavier Maj+F7.

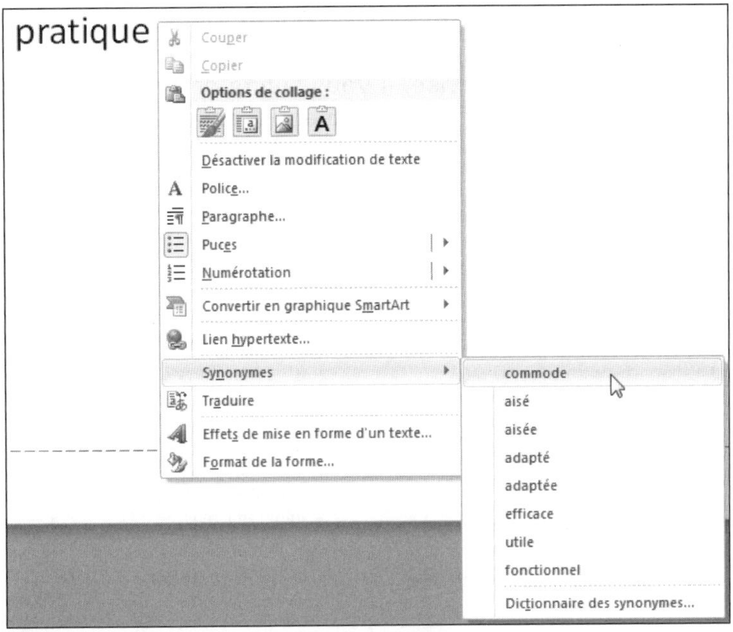

Figure 4.24 : Rechercher un synonyme à l'aide du bouton droit

5 Sélectionnez le mot qui convient, et à l'aide de la flèche déroulante, choisissez parmi les fonctions :

- **Copier** : copie le mot dans le Presse-papiers.
- **Insérer** : insère le mot à la place de celui qui est sélectionné dans le texte.
- **Rechercher** : cherche un synonyme pour ce nouveau mot. Pour cela, cliquez simplement dessus.

Traduire

PowerPoint est équipé de dictionnaires multilingues pour aider à la traduction. Les dictionnaires intégrés sont capables de traduire un mot à la fois. Pour traduire des phrases ou des documents entiers, il fera appel à des services de traduction sur Internet.

Pour commencer, vous allez devoir choisir la langue de traduction. Pour cela, sous l'onglet **Révision**, dans le groupe *Langue*, cliquez sur le bouton **Traduire**, puis sur la commande **Choisir la langue de traduction**. Sélectionnez dans la liste déroulante la langue de votre choix.

Utiliser le minitraducteur

Toujours dans le groupe *Langue*, sous l'onglet **Révision**, cliquez sur le bouton **Traduire**, puis sur la commande **Mini-traducteur**. Vous remarquerez que la commande est suivie de la langue choisie auparavant. Une fois cette option sélectionnée, il vous suffira de pointer sur un mot pour faire apparaître une miniboîte de dialogue en semi-transparence. Déplacez le pointeur de la souris pour la faire apparaître clairement.

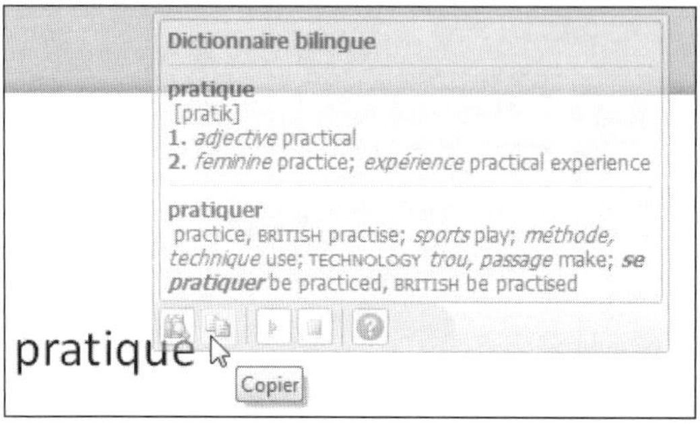

Figure 4.25 : Utiliser le minitraducteur

Dans cette petite boîte de dialogue se trouvent plusieurs boutons vous permettant :

- De développer : cette option ouvre le volet **Rechercher** qui propose d'autres possibilités.
- De copier : tout le texte de la boîte de dialogue sera copié dans le Presse-papiers ; vous pourrez ensuite le coller.
- D'écouter la traduction.

Utiliser le volet Office

Pour traduire un mot :

1 Pointez le curseur sur le mot à traduire.

2 Cliquez sur le bouton **Traduire** puis sur la commande **Traduire le texte sélectionné**. Vous pouvez aussi utiliser l'une des techniques générales de recherche, ou cliquer du bouton droit et choisir **Traduire**, ou, comme nous l'avons indiqué ci-dessus, cliquer sur le bouton **Développer** du minitraducteur.

3 Le volet de traduction s'affiche : le mot est traduit avec les options de langue en cours.

Si ces options ne sont pas correctes, sélectionnez les langues souhaitées dans les listes déroulantes *De* et *Vers*. Vous devez être connecté à Internet pour accéder aux langues non installées sur votre ordinateur.

Pour la traduction d'une ou de plusieurs phrases, le principe est le même, mais vous devez être connecté à Internet : sélectionnez une phrase et utilisez la méthode précédente. La phrase entière est traduite dans le volet **Office**.

Vous souhaitez maintenant voir la traduction en grec ? Modifiez la langue dans la zone *Vers*.

Figure 4.26 : Traduire une phrase

ATTENTION

Traduction assistée par ordinateur

La traduction assistée par ordinateur ne constitue en aucun cas une traduction complète et fidèle. Si vous ne connaissez pas du tout la langue, oubliez cet outil !

Chercher des définitions

Le dictionnaire de noms communs Encarta est disponible si vous êtes connecté à Internet.

Pour demander la définition d'un mot :

1 Placez le curseur d'insertion sur le mot dont vous recherchez la définition.
2 Cliquez sur le bouton **Recherche** situé sous l'onglet **Révision**, dans le groupe *Vérification*.
3 Le volet **Office** s'ouvre sur le dernier type de recherche effectuée. S'il s'agit des ouvrages de référence, cliquez sur le signe + affiché en regard de l'option *Dictionnaire Encarta*. Sinon, dans la liste

déroulante située sous le mot à rechercher, sélectionnez l'option *Dictionnaire Encarta : Français*.

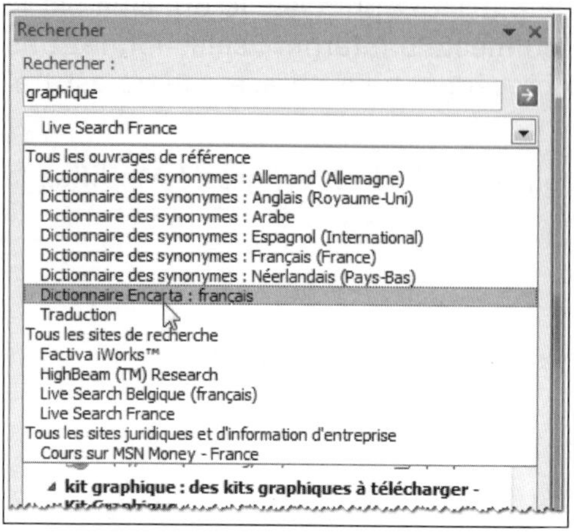

Figure 4.27 : Utiliser le dictionnaire de définitions Encarta

Le volet **Office** affiche les définitions.

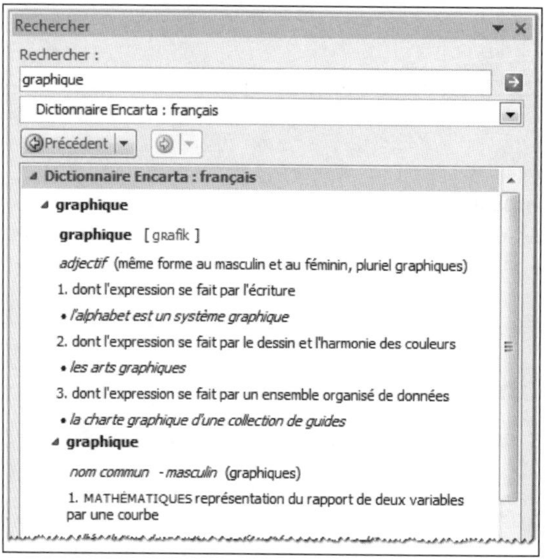

Figure 4.28 : Chercher une définition

Définir les options de recherche

Les options de recherche vous permettent de modifier l'étendue de votre recherche en proposant de choisir les ressources auxquelles vous voulez accéder. D'autres ressources, dont certaines sont payantes, sont à votre disposition.

Activation des services

Dans le volet Office **Rechercher**, cliquez sur le bouton **Options de recherche** situé tout en bas pour affiner votre recherche, et cochez les cases d'option des services que vous voulez utiliser.

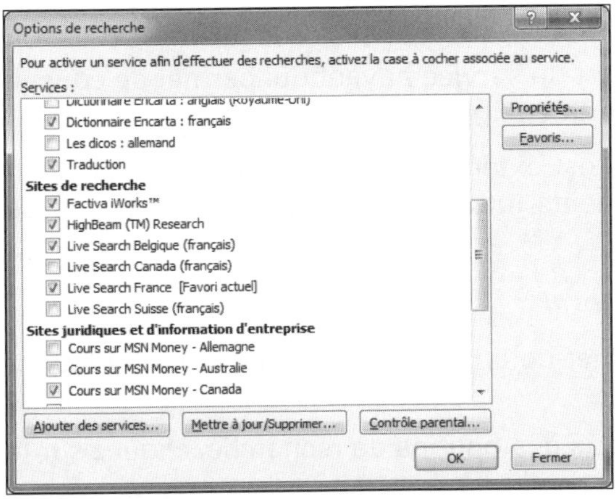

Figure 4.29 : Choisir les services à utiliser

À titre d'information et d'exemple :

- Le service Live Search permet de faire une recherche sur le Web.
- Le service Cours sur MSN Money France permet d'afficher le marché boursier. Il suffit de connaître le code MNEMO de la société, US:MSFT pour Microsoft dans l'exemple suivant. Le montant peut être inséré dans le document d'un clic sur le bouton **Insérer le prix**. Vous pouvez obtenir d'autres renseignements en cliquant sur les liens *Cours détaillé* ou *Graphiques*.

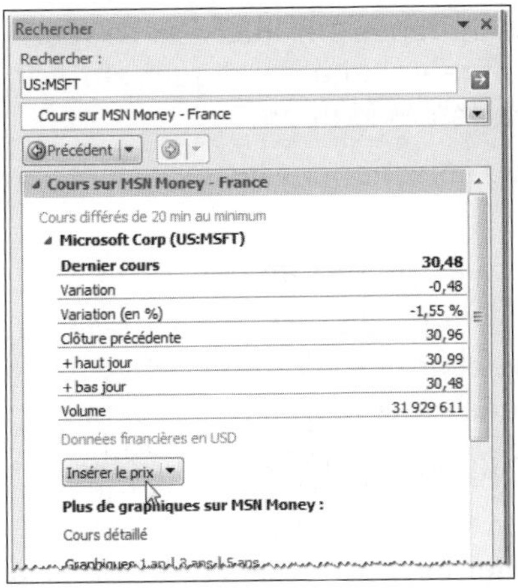

Figure 4.30 : Afficher un cours de Bourse

Trouver le code de l'action

Si vous ne connaissez pas le code MNEMO, rendez-vous sur le site de MSN Finances (**http://fr.moneycentral.msn.com/investor/common/find.aspx** ou **http://fr.moneycentral.msn.com/investor/quotes/quotes.asp?**) pour l'obtenir.

- Encarta Encyclopedia est un service payant qui permet de consulter l'encyclopédie Encarta en ligne (**http://fr.ca.encarta.msn.com**).

Le volet Office **Recherche** est extensible et pourra être complété en fonction des développements futurs des différents fournisseurs de services.

Utiliser le contrôle parental

Le contrôle parental permet de limiter la recherche afin de bloquer les résultats inconvenants.

1. Dans la boîte de dialogue des options de recherche, cliquez sur le bouton **Contrôle parental**.
2. Sélectionnez l'option *Activer le filtrage de contenu pour que les services bloquent tout résultat inconvenant*.
3. Sélectionnez éventuellement *Autoriser les utilisateurs à rechercher uniquement les services qui peuvent bloquer les résultats inconvenants*. En effet, tous les services n'utilisent pas de filtrage.
4. Entrez un mot de passe et cliquez sur OK.

Utiliser le moteur de recherche Live Search

Le moteur de recherche Live Search (MSN Search) permet, comme dans votre navigateur, de faire des recherches sur Internet. Le résultat s'affiche dans le volet **Office**. Il suffira ensuite de cliquer sur l'un des liens pour ouvrir la page dans votre navigateur :

1. Cliquez dans le mot à rechercher ou sélectionnez les mots s'il y en a plusieurs.
2. Utilisez l'une des techniques générales de recherche.
3. Le volet **Office** s'ouvre sur le dernier type de recherche effectuée. S'il ne s'agit pas de MSN Search, sélectionnez l'option *MSN Search France* dans la liste déroulante située sous le mot à rechercher.
4. Le volet **Office** affiche le résultat : cliquez sur un lien pour ouvrir la page dans votre navigateur.

Dans le volet **Office**, vous pouvez également entrer des mots dans la zone de saisie *Rechercher*. Dans ce cas, vous disposez des mêmes protocoles de recherche que dans votre navigateur (guillemets pour regrouper des mots, signe - pour ne pas rechercher certains mots...).

Figure 4.31 : Utiliser le volet Office comme un navigateur web

4.10.Saisir en langues étrangères

> ATTENTION
>
> **Saisie dans une langue nécessitant une disposition de clavier particulière**
>
> Si vous devez saisir du texte dans une langue comme le russe, le grec, l'arabe, les langues asiatiques, etc., nécessitant une disposition de clavier particulière, vous devez au préalable installer cette disposition de clavier via le Panneau de configuration de Windows, dans les options régionales et linguistiques. Cette installation sera automatiquement répercutée dans les options linguistiques d'Office. Vous pourrez ainsi faire votre saisie dans la langue étrangère. Mais ce n'est en aucun cas lié à l'utilisation d'un dictionnaire, que vous pourrez acquérir parallèlement.

La version française d'Office est équipée des dictionnaires français, allemand, anglais, arabe, espagnol et néerlandais. Le dictionnaire français est sélectionné par défaut.

Dans PowerPoint, les dictionnaires sont indispensables à la vérification orthographique, à la recherche de synonymes et à la traduction.

Il est donc important de bien choisir le dictionnaire avec lequel vous travaillez.

Par défaut, la version française d'Office utilise le français de France. Si vous êtes Suisse ou Québécois par exemple, certains mots changent et il est préférable d'employer le français de Suisse ou le français du Canada. De plus, selon la langue choisie, les guillemets automatiques peuvent être différents.

Par conséquent, si vous travaillez sur des documents en langue étrangère, vous devez choisir la langue qui convient.

REMARQUE

Langues disponibles

Si les langues fournies avec votre version de PowerPoint ne vous suffisent pas, vous pouvez acquérir auprès de Microsoft des modules linguistiques individuels, disponibles pour une quarantaine de langues. Chaque pack contient non seulement les outils de vérification linguistique, mais permet également de modifier entièrement l'interface utilisateur, y compris les menus et l'aide.

Définir la langue de vérification

Sous l'onglet **Révision**, groupe *Langue*, cliquez sur le bouton **Langue** puis sur la commande **Définir la langue de vérification** qui ouvre la boîte de dialogue **Langue** vous permettant de sélectionner la langue et les options afférentes. Les langues disponibles sont précédées d'une coche.

Vous pouvez également sélectionner la langue depuis la barre d'état. Si l'option n'est pas activée, cliquez du bouton droit sur la barre d'état, puis choisissez **Langue**. Cliquez sur **Langue** depuis la barre d'état pour afficher la boîte de dialogue **Langue**. L'information située sur la barre d'état vous permet de visualiser quelle langue est utilisée selon le texte sélectionné.

Figure 4.32 : Utiliser l'option Langue de la barre d'état

ATTENTION

Boîte de dialogue Langue

Pour que la boîte de dialogue **Langue** s'affiche, un texte doit être sélectionné : soit l'espace qui contient le texte et auquel la langue sera affectée, soit le texte lui-même, si dans un même espace plusieurs langues sont utilisées.

REMARQUE

Ne pas vérifier l'orthographe

Pour éviter que PowerPoint s'arrête dans certains paragraphes sur tous les mots absents du dictionnaire (noms propres, mots en langue étrangère, sigles, abréviations), sélectionnez le paragraphe concerné et choisissez l'option *Ne pas vérifier l'orthographe ou la grammaire* dans la boîte de dialogue **Langue**.

Définir les préférences linguistiques

Vous êtes en possession de la version française d'Office, mais peut-être que la langue que vous utilisez principalement dans vos documents n'est pas le français. Le mieux, dans ce cas, est de définir la langue d'édition principale dans les options linguistiques d'Office.

Sous l'onglet **Révision**, dans le groupe *Langue*, cliquez sur le bouton **Langue**, puis sur la commande **Préférences linguistiques** qui ouvre la fenêtre des options de langue.

Sous la rubrique *Choisir les langues d'édition*, vous visualisez la liste des langues accessibles.

Cette liste contient trois colonnes proposant :

- Le nom de la langue.
- La disposition du clavier.
- La vérification.

La disposition du clavier n'est pas forcément active. Vous devrez cliquer sur le lien *Non activé* pour ouvrir la boîte de dialogue d'installation de clavier de Windows. Reportez-vous à l'aide de Windows si nécessaire. Notez que si vous avez l'habitude du clavier français AZERTY par exemple, il n'est nul besoin de changer de clavier sous prétexte que vous allez saisir en allemand ou en espagnol. Par contre, pour saisir en russe ou en chinois, cela sera bien entendu obligatoire.

4.11. Travailler à plusieurs

Utiliser les commentaires de révision

REMARQUE

Commentaires et commentaires

Dans PowerPoint, il existe deux types de commentaires : les commentaires à insérer dans le volet **Commentaires** et qui forment un complément à la présentation, et les commentaires de révision qui permettent de "marquer" le

REMARQUE

document afin de pouvoir échanger des avis, dans le cadre d'un travail collaboratif. Les premiers, évoqués dans le chapitre *PowerPoint et le texte*, sont un élément de la présentation, alors que les seconds, que nous allons étudier dans ce chapitre, ne sont qu'un outil de travail.

Les commentaires ou annotations sont utiles lorsque vous travaillez à plusieurs sur une même présentation. Ils seront utilisés pour marquer des parties de la présentation afin de transmettre un message à un collaborateur et lui donner une information, ou bien obtenir un avis. Le marquage peut se faire sur un mot, une phrase, un espace réservé, un objet quelconque ou une diapositive entière.

Insérer des commentaires de révision

Pour créer un commentaire de révision :

1 Commencez par sélectionner l'élément qui devra être marqué. S'il s'agit d'un objet (espace réservé, image, etc.), sélectionnez cet objet ; s'il s'agit d'un extrait de texte, sélectionnez le mot ou le groupe de mots. S'il s'agit d'une diapositive entière, cliquez à l'extérieur de celle-ci ou dans une zone vide de la diapositive afin que rien ne soit sélectionné, ou bien sélectionnez la miniature de la diapositive concernée sous l'onglet **Diapositives** du mode Normal.

2 Sous l'onglet **Révision**, dans le groupe *Commentaires*, cliquez sur le bouton **Nouveau commentaire**. Un rectangle jaune aux allures de Post-it s'affiche avec votre nom d'utilisateur et la date du jour. Vous pouvez saisir votre commentaire. Lorsque vous avez terminé, cliquez en dehors : la note se referme, ne laissant visible qu'un petit sticker contenant vos initiales et le numéro du commentaire.

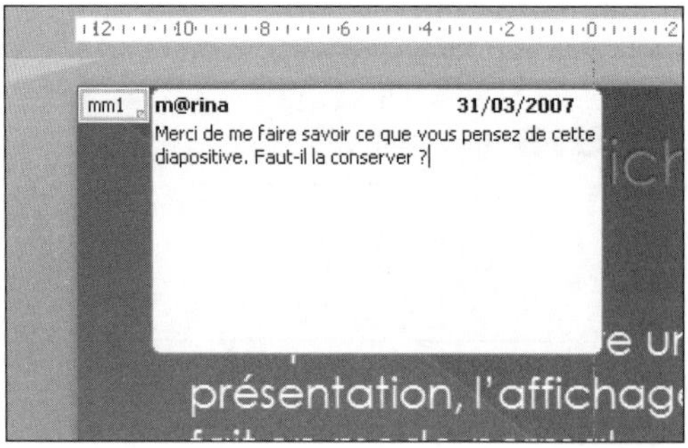

Figure 4.33 : Insérer un commentaire de révision

Visualiser et modifier les commentaires

Pour visualiser un commentaire, pointez sur sa miniature. Si vous souhaitez modifier votre commentaire, double-cliquez dessus afin de l'ouvrir et y apporter vos corrections. Vous pouvez également le sélectionner, puis cliquer sur le bouton **Modifier le commentaire** du groupe *Commentaires*. Enfin, vous avez aussi la possibilité de cliquer sur le commentaire à l'aide du bouton droit de la souris et choisir **Modifier le commentaire**.

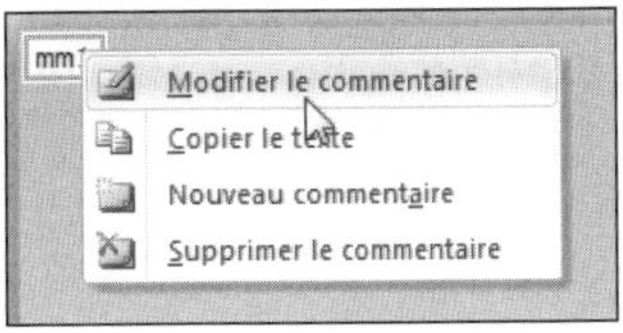

Figure 4.34 : Modifier le commentaire

Un commentaire peut être aisément déplacé à l'aide de la souris. Par ailleurs, en cliquant avec le bouton droit de la souris sur le commentaire, vous pouvez en copier le texte pour le coller éventuellement dans la diapositive.

ASTUCE

Quel est le commentaire sélectionné ?

Indépendamment de la sélection de texte dans une diapositive, un commentaire peut aussi être sélectionné. Pour le repérer, sachez qu'un commentaire sélectionné est encadré par défaut d'une bordure orange, alors qu'un commentaire non sélectionné est encadré d'une bordure bleue.

Si un autre utilisateur révise la présentation et y insère des commentaires, ceux-ci seront affichés d'une autre couleur.

Par ailleurs, si cet autre utilisateur modifie un commentaire d'origine, celui-ci prendra le nom et la couleur de cet utilisateur.

Afficher ou non les marques

Vous pouvez choisir d'afficher ou de masquer les marques. Pour cela, il suffit de cliquer sur le bouton **Afficher les marques** du groupe *Commentaires*. Il s'agit d'un bouton bascule : appuyez une nouvelle fois sur le bouton **Afficher les marques** pour les masquer.

Figure 4.35 : Afficher les marques

Quoi qu'il en soit, tant que les marques n'ont pas été supprimées, non seulement elles restent présentes dans votre présentation, mais elles s'affichent à chaque fois que vous ouvrez la présentation, et ce même si vous les aviez masquées avant de l'enregistrer et de la fermer.

N'oubliez pas qu'il s'agit uniquement de marques de travail qui doivent être supprimées une fois la présentation approuvée.

Imprimer avec ou sans marques de révision

Par défaut, votre présentation sera imprimée telle qu'elle est affichée à l'écran.

Si vous ne souhaitez pas imprimer les marques affichées, rendez-vous au chapitre *Partager et imprimer*.

Supprimer les commentaires

Lorsque votre présentation est prête, et avant de la diffuser, il faut bien entendu faire disparaître définitivement les commentaires de révision. Plusieurs solutions s'offrent à vous :

- Pour les supprimer tous en une fois, cliquez sur la flèche située en dessous du bouton **Supprimer**, sous l'onglet **Révision**, dans le groupe *Commentaires*, et choisissez la commande **Supprimer toutes les marques de la présentation**. Par mesure de sécurité, PowerPoint vous demande de confirmer la suppression des commentaires et des annotations manuscrites de cette présentation.

Pour en savoir plus sur la notion d'annotation manuscrite, rendez-vous au chapitre *Préparer, configurer et projeter un diaporama*.

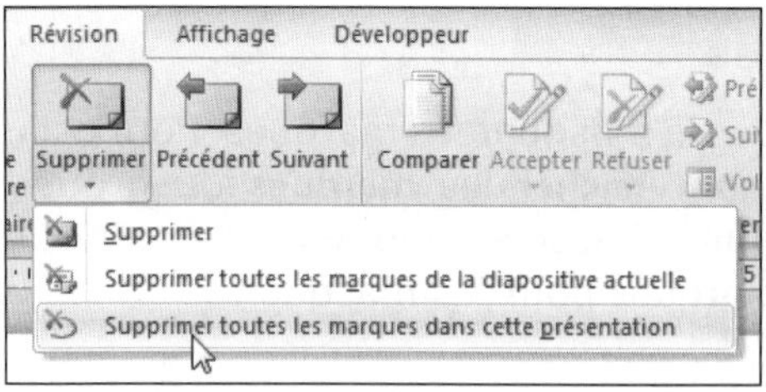

Figure 4.36 : Supprimer toutes les marques

- Pour supprimer tous les commentaires d'une diapositive, placez le pointeur dans la diapositive en question, puis cliquez sur la flèche située en dessous du bouton **Supprimer** sous l'onglet **Révision**, dans le groupe *Commentaires*, et choisissez la commande **Supprimer toutes les marques de la diapositive**.

- Vous pouvez également visualiser les commentaires un à un et les supprimer au fur et à mesure : les boutons **Précédent** et **Suivant** permettent de se déplacer de commentaire en commentaire. Cliquez sur le bouton **Supprimer** pour supprimer le commentaire sélectionné.

Notez que pour supprimer un commentaire sélectionné, vous pouvez également utiliser le bouton droit de la souris et choisir la commande **Supprimer**, ou bien appuyer sur la touche Suppr.

Comparer deux présentations

Il peut arriver, pour diverses raisons, que vous disposiez de plusieurs versions d'une même présentation et que vous ne sachiez pas les différencier. La fonction de comparaison est dans ce cas indispensable.

Cette fonction permet de comparer automatiquement deux versions d'une même présentation et de les fusionner.

1 Ouvrez l'une des deux présentations que nous nommerons ici *Version 1*.

2 Sous l'onglet **Révision**, dans le groupe *Comparer*, cliquez sur le bouton **Comparer**.

3 Dans la boîte de dialogue, sélectionnez la deuxième version du fichier, que nous appellerons *Version 2*, puis cliquez sur le bouton **Fusionner**.

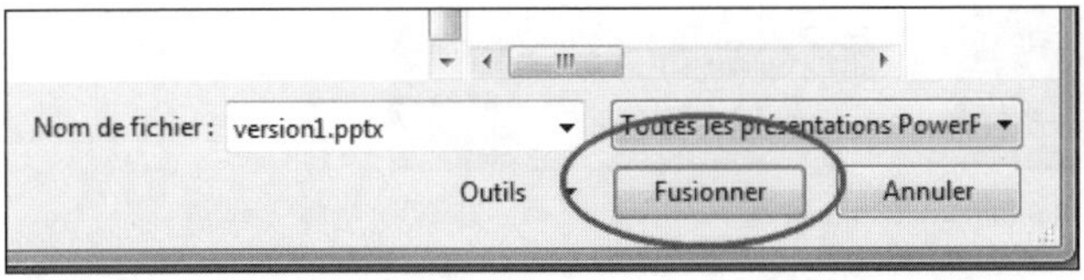

Figure 4.37 : Lancer la fusion de deux versions d'une même présentation

4 Un volet **Révisions** s'affiche à droite de la première version de la présentation. Vous pouvez le déplacer comme tout volet. Ce volet est divisé en deux onglets : **Diapositives** et **Détails**.

- L'onglet **Diapositives** affiche les diapositives telles qu'elles existent dans la *Version 2*, dans le cas où elles ont été modifiées. Les déplacements dans la présentation à l'écran ou dans le volet **Révisions** sont synchrones.

— L'onglet **Détails** est composé de deux parties : la partie haute contient les modifications de la diapositive en cours, la seconde partie contient les modifications de la présentation. Cette partie peut rassembler par exemple les informations concernant le thème utilisé, les modifications des jeux de couleurs, d'arrière-plan, ainsi que les informations relatives aux insertions et aux suppressions de diapositives.

Chaque modification est marquée dans la présentation elle-même par un commentaire, petite note jaune sur laquelle il suffit de cliquer pour l'ouvrir. S'il s'agit d'une modification générale, le commentaire sera affiché en haut du volet **Diapositives/Plan** situé à gauche, et sur la miniature s'il s'agit d'une suppression ou d'un ajout. Tous les autres commentaires seront placés dans la diapositive concernée. Lorsque vous cliquez sur la modification indiquée dans le volet **Révisions**, la note de commentaire s'ouvre automatiquement.

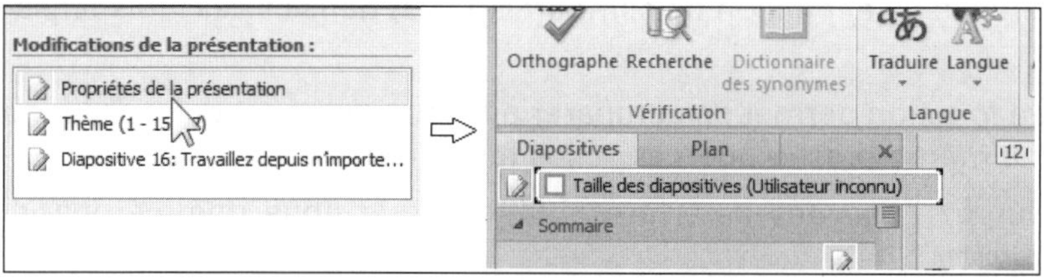

Figure 4.38 : Exemple de modification de la taille de la présentation

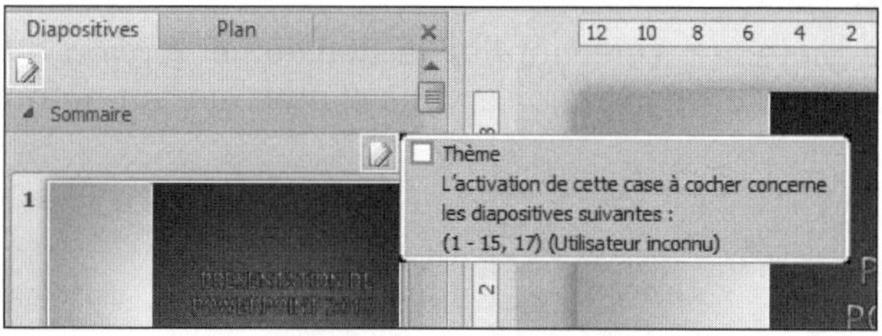

Figure 4.39 : Exemple de modification du thème

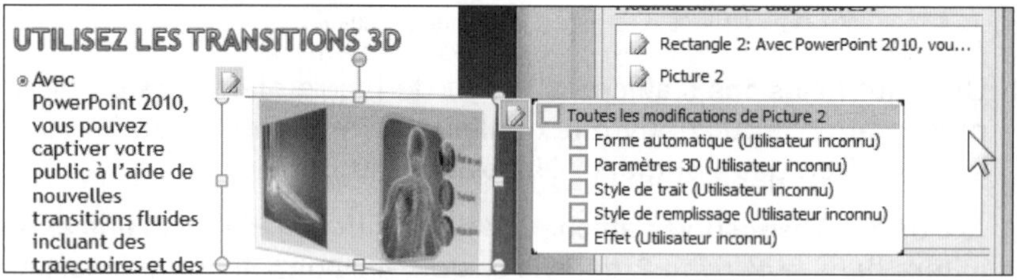

Figure 4.40 : Exemple de modification d'une image

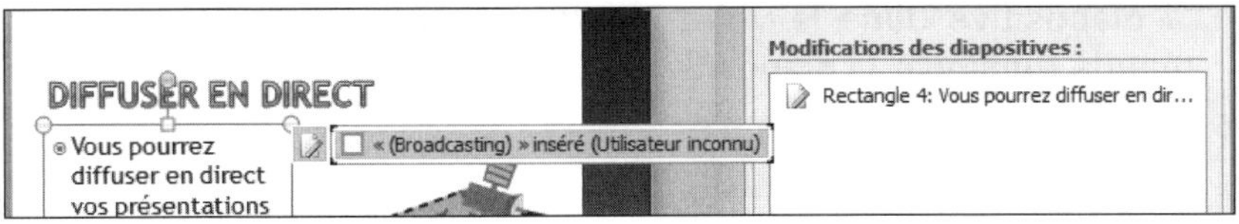

Figure 4.41 : Exemple de modification de texte

Vous pouvez remarquer que chaque note de commentaire, une fois ouverte, comporte une ou plusieurs cases à cocher. Le fait de cocher la case indique que vous acceptez la modification. Une fois la case cochée, la modification intervient immédiatement.

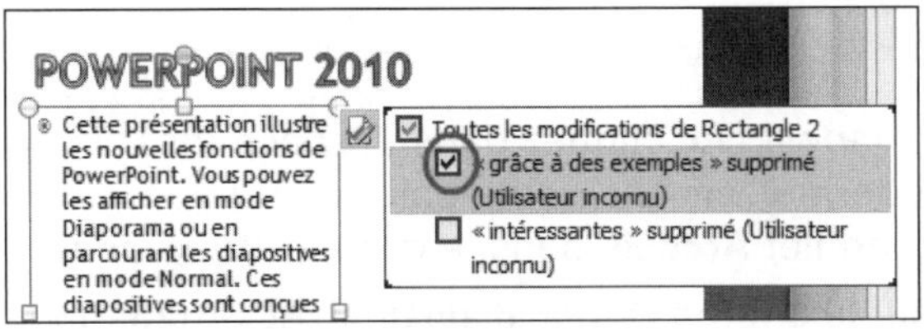

Figure 4.42 : Accepter une modification en cochant la case

Tant que votre présentation est à l'écran, vous pouvez revenir sur votre choix en cochant ou décochant les cases. Par contre, une fois la présentation fermée (sauvegardée ou non), les cases d'option des révisions disparaissent.

4.12.Exercices pratiques

Utiliser l'ajustement automatique pour passer en deux colonnes

Ouvrez la présentation que nous avons créée ensemble : *grèce.pptx*.

RENVOI

Reportez-vous au chapitre *PowerPoint et le texte*, à la section *Saisir et mettre en forme le texte dans une nouvelle présentation*.

Vous allez dupliquer la dernière diapositive présentée en colonnes, et constater que PowerPoint aurait pu, presque automatiquement, transformer cette liste en colonnes.

1 Placez-vous dans cette dernière diapositive, puis sous l'onglet **Accueil**, dans le groupe *Diapositives*, cliquez sur le bouton **Nouvelle diapositive**, puis sur la commande **Dupliquer les diapositives sélectionnées**. Une copie de la diapositive s'insère. Vous auriez pu également cliquer du bouton droit de la souris sur la miniature de

la diapositive dans le volet **Plan/Diapositives** et choisir la commande **Dupliquer la diapositive**.

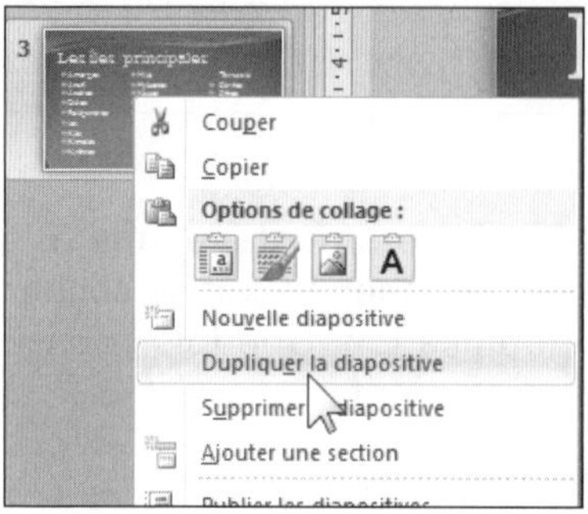

Figure 4.43 : Dupliquer une diapositive

2 Dans cette copie de diapositive, cliquez dans l'espace réservé au texte et remettez ce dernier en une seule colonne via le bouton **Colonnes** situé sous l'onglet **Accueil**, dans le groupe *Paragraphe*.

3 Cliquez maintenant sur le bouton **Option d'ajustement automatique** qui s'affiche en bas à gauche de l'espace réservé et choisissez l'option *Passer en mode deux colonnes*. Le mode Colonnes fait effectivement partie des outils d'ajustement automatique.

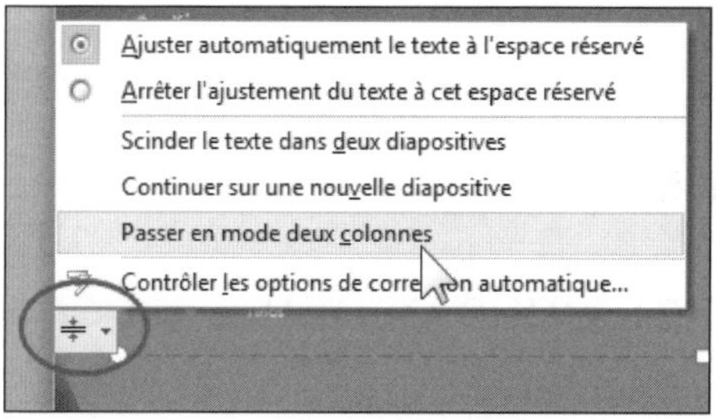

Figure 4.44 : Utiliser l'ajustement automatique pour passer en mode Colonnes

4 Malheureusement, via les outils d'ajustement, vous ne pouvez choisir que deux colonnes. Vous allez donc supprimer cette diapositive qui ne nous intéressait que pour le test : cliquez sur la miniature et appuyez sur la touche Suppr.

Créer un dictionnaire personnel

Vous avez remarqué que dans la présentation *grèce.pptx* beaucoup de noms propres d'îles grecques sont inconnus de PowerPoint.

Vous allez par conséquent créer un dictionnaire géographique où vous stockerez tous les noms propres de géographie et inconnus de PowerPoint.

1 Sous l'onglet **Révision**, dans le groupe *Vérification*, cliquez sur le bouton **Orthographe**. Le premier nom sur lequel le vérificateur s'arrête est *Amorgos*. Bien entendu, aucune des suggestions n'est correcte.

2 Cliquez sur le bouton **Options** de la boîte de dialogue **Orthographe**.

3 Dans la fenêtre des options de PowerPoint qui s'ouvre, cliquez dans la partie droite sur le bouton **Dictionnaires personnels**.

4 Dans la boîte de dialogue **Dictionnaires personnels**, cliquez sur le bouton **Nouveau**.

5 Dans la fenêtre **Créer un dictionnaire personnel**, tapez le nom de votre nouveau dictionnaire : `géographie`. Il prendra automatiquement l'extension *.dic*. Cliquez sur le bouton **Enregistrer**.

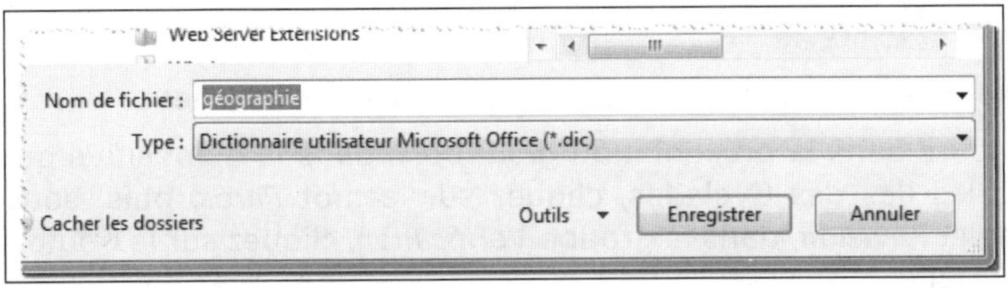

Figure 4.45 : Création d'un nouveau dictionnaire

6 Dans la boîte de dialogue **Dictionnaires personnels**, le dictionnaire *géographie.dic* est sélectionné par défaut. Cliquez sur le bouton **Modifier la valeur par défaut** afin qu'il devienne le dictionnaire dans lequel seront ajoutés par défaut les mots inconnus. Cliquez sur OK pour fermer la boîte de dialogue, puis à nouveau sur OK pour fermer la fenêtre des options.

7 Cliquez sur le bouton **Reprendre** de la boîte de dialogue **Orthographe** qui était restée en suspens, puis cliquez sur le bouton **Ajouter** pour ajouter le nom *Amorgos* dans le dictionnaire personnel *géographie*.

8 Le vérificateur s'arrête sur le mot inconnu suivant, en l'occurrence *Folegandros*. Cliquez à nouveau sur **Ajouter** et continuez ainsi jusqu'à la fin de la vérification.

9 La fin de vérification est annoncée par un message, cliquez sur OK pour fermer la boîte de dialogue. Enregistrez votre présentation.

10 Retournez dans les options du vérificateur pour remettre le dictionnaire par défaut : passez en mode Backstage et cliquez sur **Options**. À gauche, choisissez **Vérification** et, à droite, cliquez sur le bouton **Dictionnaires personnels**. Sélectionnez le dictionnaire *CUSTOM.DIC* et cliquez sur le bouton **Modifier la valeur par défaut**.

Maintenant, lorsque vous saisirez ces mots dans n'importe quelle présentation, si le dictionnaire *géographie.dic* est actif, aucune faute ne sera détectée. Si l'option *Suggérer à partir du dictionnaire principal seulement* n'est pas cochée dans les options de vérification, PowerPoint pourra suggérer un de ces noms en cas de faute de frappe. Faites le test en tapant par exemple le mot `Kithnos`, avec un i à la place du y ; le vérificateur vous propose bien *Kythnos*.

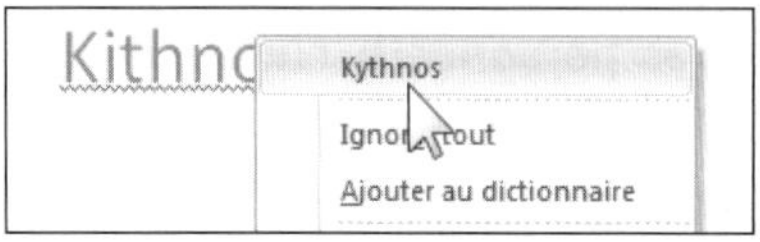

Figure 4.46 : Le vérificateur suggère les mots des dictionnaires personnels

Rechercher des informations sur Internet à partir de PowerPoint

Cet exercice nécessite que vous soyez connecté à Internet.

1 Toujours dans la présentation *grèce.pptx*, dans la diapositive qui liste les îles des Cyclades, cliquez sur le mot *Paros*, puis, sous l'onglet **Révision**, dans le groupe *Vérification*, cliquez sur le bouton **Recherche**.

2 Dans le volet **Rechercher** qui s'est ouvert à droite de votre écran, sélectionnez l'option *Live Search France* dans la liste déroulante.

3 Le résultat s'affiche dans le volet **Rechercher**. Cliquez sur le lien *Wikipedia* (encyclopédie en ligne libre et gratuite) afin d'en ouvrir la page.

4 Vous allez en profiter pour copier et coller une partie dans votre présentation : sélectionnez le tout premier paragraphe situé en haut de la page web et copiez-le.

5 Dans votre présentation, ajoutez une nouvelle diapositive *Titre et contenu* et collez le contenu du Presse-papiers dans l'espace réservé : pour cela, cliquez avec le bouton droit et passez la souris tour à tour sur les trois possibilités de collage. Comme nous ne souhaitons pas conserver les liens hypertextes qui seront affichés ici en couleur orange, cliquez sur l'option *Conserver uniquement le texte*.

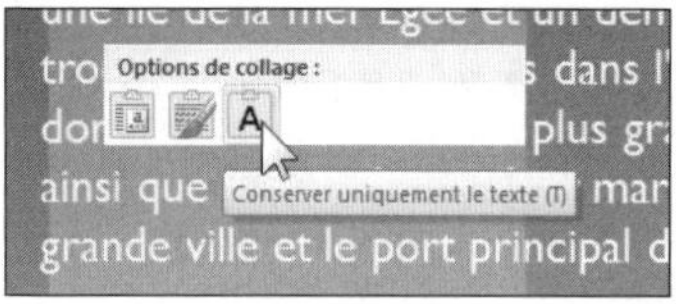

Figure 4.47 : Copier un texte provenant d'Internet sans les liens hypertextes

6 Enregistrez et fermez.

POWERPOINT ET LES TABLEAUX

La création de tableaux est une fonction intégrée de PowerPoint. Vous verrez par la suite que vous pouvez, si vous le souhaitez, insérer également des tableaux Word, et surtout des tableaux Excel.

RENVOI

Cette question est traitée dans le chapitre *PowerPoint et les objets OLE*.

Cependant, pour créer un tableau sans calculs, la fonction **Tableau** de PowerPoint suffit amplement. Elle s'est en effet largement améliorée par rapport aux versions précédentes et n'a rien à envier à la fonction **Tableau** de Word.

Pour insérer un tableau, créez une nouvelle diapositive, puis sélectionnez une disposition de contenu dans laquelle ajouter le tableau. Vous pouvez également insérer directement un tableau dans une diapositive existante via le bouton **Tableau**, sous l'onglet **Insertion**, dans le groupe *Tableaux*.

REMARQUE

Onglet Outils de tableau

Dès qu'un tableau est en cours de création, l'onglet contextuel **Outils de tableau** s'affiche. Il se compose de deux autres onglets : **Création** et **Disposition**.

5.1. Créer un tableau à partir d'une disposition

1 Pour insérer une diapositive de disposition, ou modifier la disposition d'une page existante, dans l'espace réservé de contenu, cliquez sur l'icône *Tableau*.

Figure 5.1 : Insérer un tableau dans un espace réservé de contenu

RENVOI

Vous verrez au chapitre *Créer des thèmes et des modèles* que vous pouvez prévoir des dispositions dédiées aux seuls tableaux.

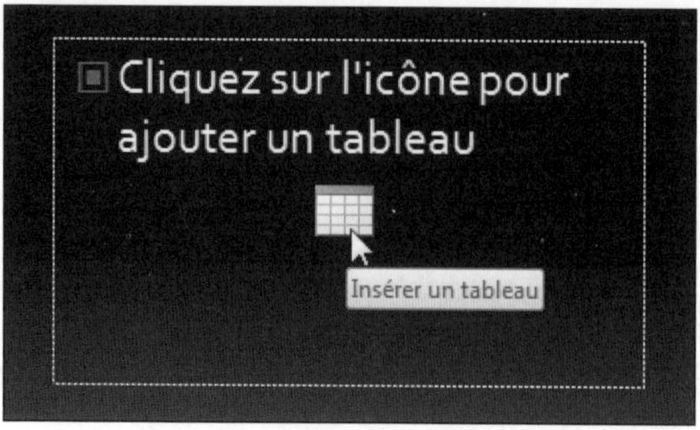

Figure 5.2 : Insérer un tableau dans un espace réservé de tableau

2 PowerPoint vous demande d'indiquer le nombre de colonnes et de lignes. Si vous ne le connaissez pas exactement, ce n'est pas important, vous pourrez toujours en ajouter par la suite.

3 Cliquez sur OK. Le tableau est automatiquement inséré. Vous pouvez constater qu'il occupe la largeur de l'espace réservé. Il vous reste à le remplir, en saisissant le texte dans chacune des cellules.

Notez qu'un tableau inséré de cette façon reprend la mise en forme du thème de la diapositive dans laquelle il prend place.

5.2. Créer un tableau à partir de l'onglet Insertion

Rien ne vous empêche d'ajouter un tableau sur une diapositive existante : sous l'onglet **Insertion**, dans le groupe *Tableaux*, cliquez sur le bouton **Tableau** qui vous propose trois manières d'insérer un tableau.

Sélectionner le nombre souhaité de colonnes et de lignes

Sélectionnez le nombre de colonnes et de lignes dans la liste déroulante. La taille du tableau est mentionnée au fur et à mesure de votre sélection.

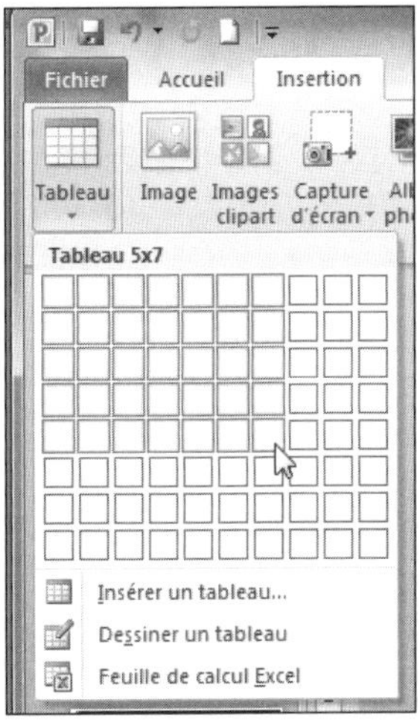

Figure 5.3 : Sélectionner le nombre de lignes et de colonnes

Indiquer le nombre souhaité de colonnes et de lignes

Cliquez sur la commande **Insérer un tableau**. La boîte de dialogue qui s'ouvre est la même que celle qui permet d'insérer un tableau depuis un espace réservé.

Dessiner un tableau

La méthode décrite ici vous permet de dessiner un tableau comme sur une feuille de papier. Elle est idéale pour tracer des tableaux sophistiqués et elle peut être complémentaire des autres méthodes.

1 Cliquez sur la commande **Dessiner un tableau**. Le pointeur prend la forme d'un stylet.

2 Déplacez le stylet en diagonale en maintenant le bouton gauche de la souris enfoncé, afin de tracer le contour du tableau. Vous pouvez ensuite tracer des lignes verticales et horizontales, et même des diagonales de séparation de cellules.

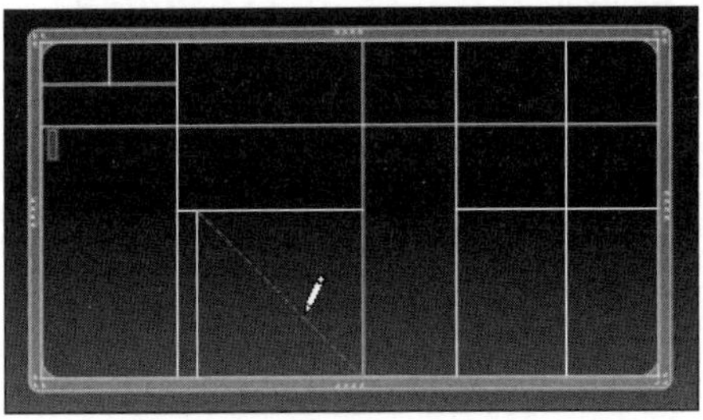

Figure 5.4 : Dessiner un tableau

3 Pour effacer, appuyez sur la touche [Maj]. Le pointeur se transforme en gomme. Cliquez sur les traits à supprimer.

Vous pouvez également cliquer sur le bouton **Gomme** qui se trouve sous l'onglet **Outils de tableau/Création**, dans le groupe *Traçage des bordures* qui est apparu.

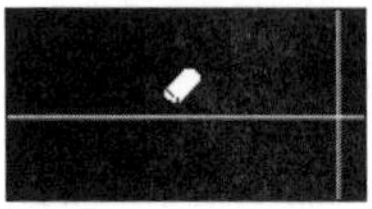

Figure 5.5 : Le curseur se transforme en gomme pour effacer

4 Pour désactiver les outils **Stylet** ou **Gomme**, appuyez sur la touche [Échap] ou cliquez en dehors du tableau.

Insérer une feuille de calcul Excel

RENVOI

L'insertion d'une feuille de calcul Excel est expliquée en détail au chapitre *PowerPoint et les objets OLE*.

5.3. Saisir dans un tableau

Cliquez dans une cellule de votre tableau et saisissez votre texte. Pour passer d'une cellule à l'autre, appuyez sur la touche [Tab]. Lorsque vous arrivez sur la dernière cellule du tableau, une pression sur la touche [Tab] crée une nouvelle ligne.

ASTUCE

Marche arrière

La combinaison de touches [Maj]+[Tab] permet de revenir dans la cellule précédente.

ASTUCE

Une tabulation dans une cellule de tableau

Pour insérer des tabulations à l'intérieur d'une cellule de tableau, utilisez la combinaison de touches [Ctrl]+[Tab].

5.4. Sélectionner des cellules

Vous pouvez faire des sélections à la souris ou à l'aide du Ruban.

Sélectionner à la souris

Tableau 5.1 : Sélectionner des cellules à l'aide de la souris

Sélection	Procédure	Illustration
Une cellule	Cliquez sur le bord gauche de la cellule.	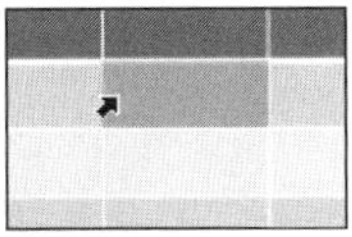
Une ligne	Cliquez à l'extérieur du tableau, à gauche ou à droite de la ligne.	
Une colonne	Cliquez à l'extérieur du tableau, au-dessus ou au-dessous de la colonne.	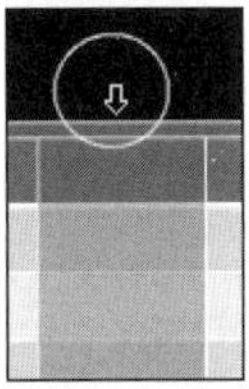
Plusieurs cellules, lignes ou colonnes, ou tout le tableau et son contenu	Glissez le pointeur sur les cellules, les lignes ou les colonnes pour des sélections adjacentes.	
Tout le tableau sans le contenu	Cliquez sur la bordure extérieure du tableau, ou cliquez du bouton droit de la souris et choisissez la commande **Sélectionner le tableau**.	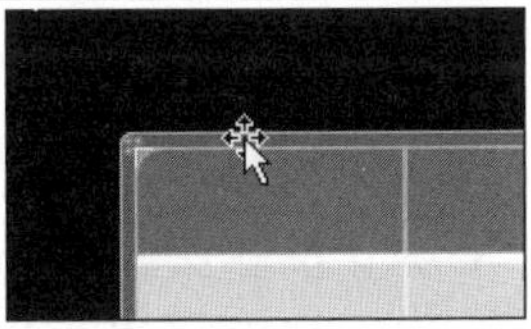

Sélectionner à l'aide du Ruban

1 Cliquez dans la cellule, la colonne ou la ligne à sélectionner.

2 Cliquez sur l'onglet **Outils de tableau/Disposition** s'il n'est pas affiché.

3 Dans le groupe *Tableaux*, cliquez sur le bouton **Sélectionner** et choisissez la sélection.

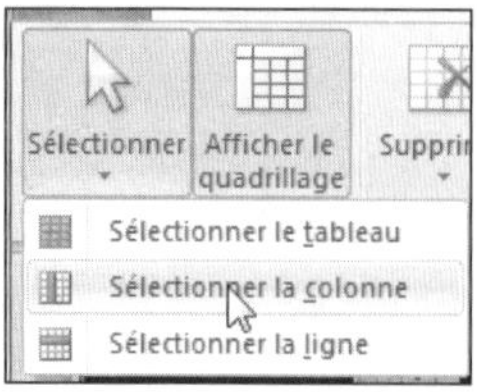

Figure 5.6 : Sélectionner à l'aide du Ruban

5.5. Effacer le contenu des cellules

Pour effacer le contenu des cellules, sélectionnez la ou les cellules, des lignes ou des colonnes entières, voire tout le tableau, et appuyez sur la touche [Suppr].

ATTENTION

Touches Suppr et Retour Arrière

La touche [Suppr] supprime le contenu d'un tableau, alors que la touche [⇤] supprime les cellules sélectionnées si la sélection porte sur des colonnes ou des lignes entières. Prenez donc l'habitude, pour éviter les erreurs, d'utiliser la touche [Suppr] pour supprimer le contenu et la touche [⇤] pour supprimer des lignes et des colonnes.

5.6. Mettre en forme un tableau

Utiliser les styles de tableau

Appliquer les styles de tableau

Le moyen le plus rapide pour mettre en forme un tableau est d'utiliser les styles prédéfinis par PowerPoint. Il en existe de nombreux, modifiables au besoin. Pour appliquer un style à un tableau :

1 Placez le point d'insertion dans le tableau (il est inutile de le sélectionner).

2 Si l'onglet **Outils de tableau/Création** n'est pas affiché, cliquez dessus.

3 Vous trouverez la galerie des styles de tableau dans le groupe *Styles de tableau*. Cliquez sur le style choisi dans la galerie. Vous pouvez faire défiler les lignes de la galerie en cliquant sur les flèches vers le haut ou vers le bas, situées à droite de la galerie, ou sur la flèche située en bas à droite et qui permet d'en visualiser une plus grande partie.

La couleur des tableaux (en dehors de ceux qui ont une trame noire ou grise) s'homogénéisera avec votre document selon les thèmes choisis. Ces styles sont identifiables par leur nom qui contient une définition d'accentuation, visible dans une info-bulle lorsque vous pointez sur un style dans la galerie (par exemple, *Style léger 2 - Accentuation 3, Style moyen 3 - Accentuation 6...*).

RENVOI

Concernant la gestion des thèmes et des jeux de couleurs, reportez-vous au chapitre *Créer des thèmes et des modèles*.

REMARQUE

Commande Effacer le tableau

Notez que la commande **Effacer le tableau**, située tout en bas de la galerie des styles, n'a pas pour but d'effacer le tableau, mais simplement de lui ôter tout style. Elle est commode lorsqu'on veut remettre à plat un tableau qui a subi des formatages sauvages !

Les options de style de tableau

Les options de style de tableau se gèrent dans le groupe *Options de style de tableau* de l'onglet **Outils de tableau/Création.**

La ligne d'en-tête et la ligne des totaux

Les premières lignes sont mises en forme différemment du reste du tableau. Si vous ne souhaitez pas intégrer cette spécificité, décochez l'option *Ligne d'en-tête*. La galerie ne vous proposera plus de première ligne différente.

Par contre, si vous cochez l'option *Ligne des totaux*, la galerie proposera des styles avec une dernière ligne différente. Par exemple, une double bordure séparera la dernière ligne du reste du tableau.

ATTENTION

Ligne des totaux

La ligne des totaux n'insérera pas automatiquement un total de vos colonnes. Il s'agit ici uniquement d'une question de formatage.

La première et la dernière colonne

Certains styles proposent une première colonne différente et/ou une dernière colonne différente. Pour les obtenir, il faut que ces options soient cochées.

Les lignes et les colonnes paires et impaires

De nombreux styles de tableau mettent en forme différemment les lignes paires et impaires, pour une meilleure lisibilité. Vous pouvez préférer des colonnes paires et impaires différentes. Dans ce cas, décochez l'option *Lignes à bandes* et cochez l'option *Colonnes à bandes*. Dans la galerie des styles, les tableaux sont maintenant disposés en colonnes plutôt qu'en lignes.

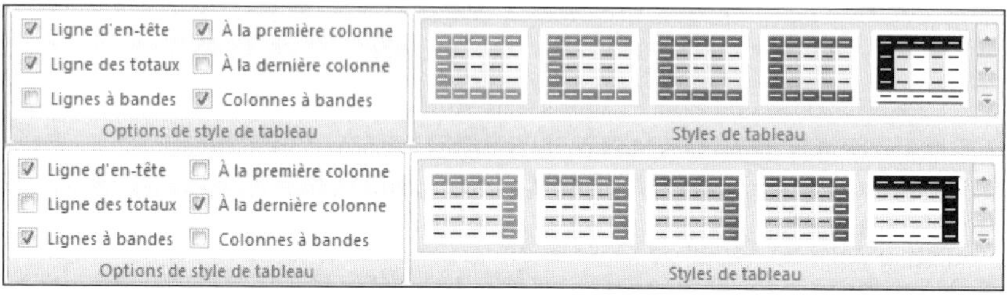

Figure 5.7 : Choisir les lignes ou les colonnes à bandes

Les deux options peuvent être cochées, mais dans ce cas la lisibilité du tableau ne sera pas forcément améliorée !

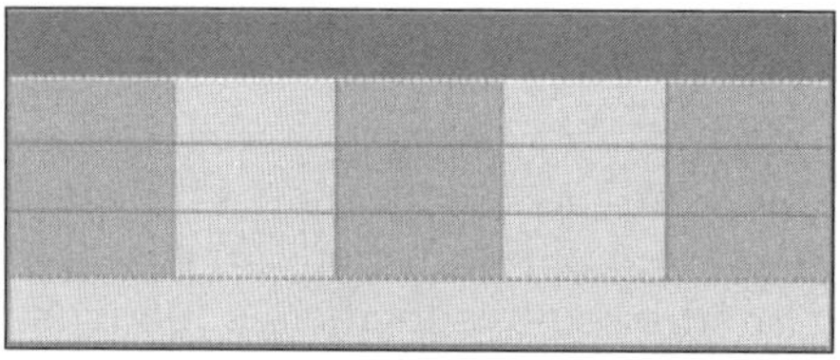

Figure 5.8 : Tableau avec colonnes paires et impaires, ligne d'en-tête et ligne total

Mettre en forme manuellement un tableau

Si vous ne souhaitez pas utiliser les styles de tableau, vous pouvez mettre vos tableaux en forme manuellement. Cependant, vous n'aurez pas accès aux bandes de lignes et de colonnes. Si vous composez un document contenant de nombreux tableaux, il sera plus difficile de modifier leur aspect si cela devient nécessaire, car vous serez en effet obligé d'intervenir manuellement sur chacun d'entre eux.

Cette section est toutefois importante car elle vous apprendra à apporter des modifications au style de tableau choisi et éventuellement à améliorer son aspect.

Avant d'appliquer une mise en forme manuelle à un tableau, vous devez sélectionner la partie du tableau concernée. Si le curseur se trouve dans une cellule et que rien n'est sélectionné, la mise en forme sera appliquée à cette cellule.

Appliquer une trame de fond ou un arrière-plan

Pour appliquer une trame, utilisez le bouton **Trame de fond** du groupe *Styles de tableau*, sous l'onglet **Outils de tableau/Création** :

- Cliquez sur la flèche **Trame de fond** pour choisir une trame à appliquer aux cellules sélectionnées. Il peut s'agir bien entendu de couleurs, mais d'autres choix vous sont proposés : des dégradés, des textures et même l'utilisation de vos propres images. La liste déroulante vous permet également de choisir un arrière-plan de tableau. Notez que la trame de fond des cellules est prioritaire et recouvre l'arrière-plan du tableau.

ATTENTION

Trame de fond et arrière-plan du tableau

Faites bien la différence entre la trame de fond des cellules et la trame appliquée à l'arrière-plan du tableau.

La trame de fond est affectée à une, plusieurs, voire toutes les cellules, alors que l'arrière-plan du tableau est affecté à l'ensemble du tableau. Une image choisie en trame de fond se répétera dans toutes les cellules si le tableau a été entièrement sélectionné, alors qu'une image choisie en arrière-plan de tableau sera unique et s'adaptera à la dimension du tableau.

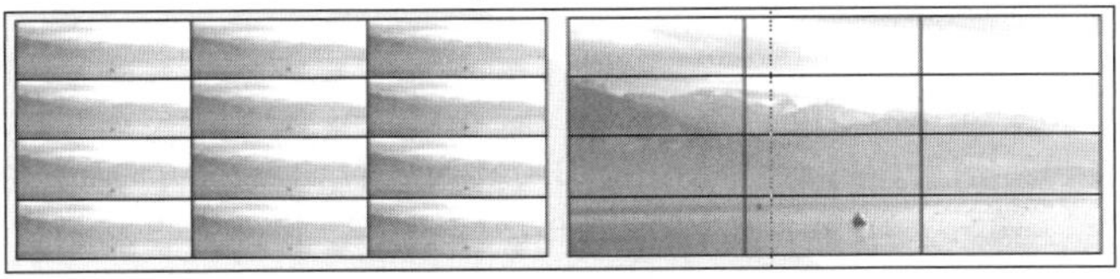

Figure 5.9 : Faire la différence entre une trame de fond de cellule et un arrière-plan de tableau

- Cliquez sur le bouton **Trame de fond** pour affecter à la nouvelle sélection la dernière trame de fond appliquée.

Appliquer une bordure

Pour appliquer une bordure, utilisez le bouton **Bordure** du groupe *Styles de tableau*, sous l'onglet **Outils de tableau/Création** :

- Cliquez sur la flèche du bouton **Bordure** pour ouvrir la galerie des bordures, dans laquelle il suffit de cliquer sur un type de bordure pour l'affecter à la sélection.

REMARQUE

Les bordures dans un tableau

La bordure choisie n'est affectée qu'à la partie du tableau sélectionnée, ou à la cellule active si rien n'est sélectionné. Si vous optez par exemple pour

REMARQUE

une bordure extérieure, cette dernière ne sera appliquée au contour du tableau lui-même que s'il est sélectionné.

- Cliquez sur le bouton **Bordure** pour affecter à la nouvelle sélection la dernière bordure appliquée. Ce bouton étant un bouton bascule, si vous cliquez une nouvelle fois dessus, la bordure est annulée.

Vous pouvez par ailleurs utiliser les outils de traçage des bordures, situés à l'extrême droite de l'onglet **Outils de tableau/Création**. Avant de cliquer sur la commande **Dessiner un tableau**, choisissez le style, l'épaisseur et la couleur du stylet. Lorsque c'est fait et que le curseur a pris la forme d'un stylet, cliquez sur les bordures à modifier.

Appliquer un effet

Vous pouvez attribuer trois types d'effets à un tableau :

- Les effets *Biseau*, qui s'appliquent à chaque cellule du tableau.
- Les effets *Ombre*, qui s'appliquent à l'ensemble du tableau.
- Les effets *Réflexion*, qui s'appliquent également à l'ensemble du tableau.

Pour appliquer un effet, utilisez le bouton **Effets** du groupe *Styles de tableau*, sous l'onglet **Outils de tableau/Création** : cliquez sur la flèche du bouton **Effets**, pointez sur le type d'effets, puis cliquez sur l'effet qui vous convient.

Notez que les effets *Ombre* et *Réflexion* s'appliquent à l'ensemble du tableau, quelle que soit la sélection à l'intérieur de celui-ci, alors qu'un effet *Biseau* s'applique uniquement à la sélection ou à la cellule active, si rien n'est sélectionné.

Ces trois types d'effets peuvent s'additionner.

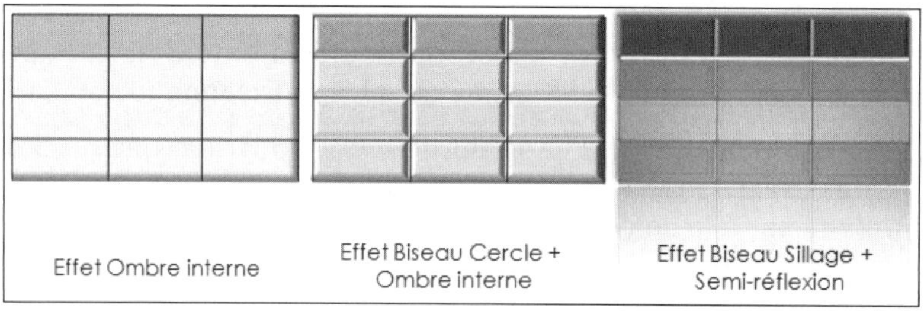

Figure 5.10 : Exemples d'effets appliqués à un même tableau

ASTUCE

Effets Biseau et Ombre interne

Les effets *Biseau* et *Ombre interne* ne s'appliquent qu'aux cellules ayant une trame de fond ou un arrière-plan (pour l'ombre). Si vous souhaitez une ombre interne et des cellules sans couleur, choisissez une trame de fond blanche ou, pour l'ombre, un arrière-plan blanc.

Organiser le texte dans les cellules

Aligner le texte

Vous pouvez choisir un alignement pour chaque cellule en conjuguant les trois types d'alignement horizontal et les trois types d'alignement vertical accessibles via les boutons correspondants du groupe *Alignement*, sous l'onglet **Outils de tableau/Disposition.**

Si vous souhaitez obtenir un alignement centré horizontalement et verticalement, vous devez donc tour à tour cliquer sur le bouton **Centrer le texte** et sur le bouton **Centrer verticalement.**

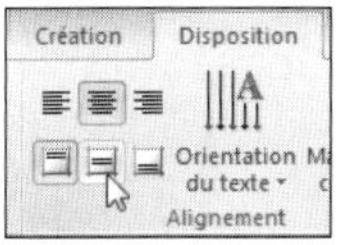

Figure 5.11 : Choisir des alignements pour le texte dans les cellules

Aligner des nombres décimaux

Pour aligner des nombres décimaux dans une colonne, posez un taquet de tabulation décimale dans la cellule, à l'endroit où doivent être placées les virgules :

1 Sélectionnez la cellule.

2 Sélectionnez à droite de la règle le taquet de tabulation décimale.

RENVOI

Au besoin, reportez-vous au chapitre *PowerPoint et le texte*, à la section *Insérer des tabulations.*

3 Cliquez sur la règle à l'emplacement souhaité pour la virgule, afin de poser le taquet de tabulation.

4 Appuyez sur les touches Ctrl+Tab avant de saisir le nombre, dont la virgule s'alignera automatiquement sur le taquet décimal.

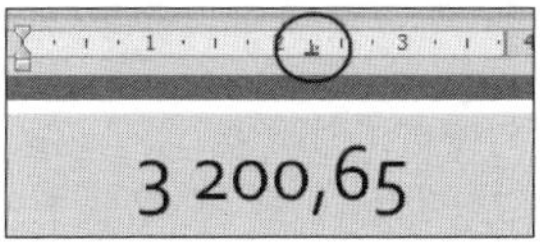

Figure 5.12 : Aligner des nombres décimaux

ASTUCE

Taquet de tabulation décimale dans une colonne entière

Il n'est malheureusement pas possible de sélectionner une colonne entière pour y placer un taquet de tabulation. Pour corriger ce problème, insérez un taquet de tabulation dans une seule cellule, puis utilisez l'outil **Reproduire la mise en forme** pour que le taquet soit ajouté dans toute la colonne. Une autre solution consiste à utiliser la boîte de dialogue **Tabulations** (voir l'exercice pratique en fin de chapitre).

RENVOI

Vous pouvez consulter si nécessaire la section *Reproduire la mise en forme*, du chapitre *PowerPoint et le texte*.

Modifier l'orientation du texte

Vous pouvez modifier l'orientation du texte dans une cellule en cliquant sur le bouton **Orientation du texte** situé sous l'onglet **Outils de tableau/Disposition**, dans le groupe *Alignement*, puis en sélectionnant le type d'alignement de votre choix.

Vous pouvez aussi utiliser indifféremment le même bouton situé sous l'onglet **Accueil**, dans le groupe *Paragraphe*.

Modifier les marges des cellules

Il est possible de modifier les marges intérieures des cellules afin que votre texte se trouve à une distance minimale de la bordure. Sous l'onglet **Outils de tableau/Disposition**, dans le groupe *Alignement*, cliquez sur le bouton **Marges de cellule** et choisissez les marges. Si celles de la galerie ne vous conviennent pas, vous pouvez cliquer sur la commande **Marges personnalisées** et entrer les valeurs de votre choix.

Ainsi, pour aérer un tableau, il est préférable d'utiliser cette méthode, plutôt que de jouer sur les espacements avant et après des paragraphes.

5.7. Insérer/supprimer des cellules, des colonnes et des lignes

Pour supprimer des lignes ou des colonnes, sélectionnez les éléments en question et appuyez sur la touche [⇤].

Vous pouvez également utiliser le bouton **Supprimer** situé sous l'onglet **Outils de tableau/Disposition**, dans le groupe *Lignes et colonnes*.

L'insertion de lignes ou de colonnes est tout aussi simple :

1 Placez le point d'insertion dans la colonne ou la ligne à côté de laquelle vous souhaitez faire un ajout.

2 Sous l'onglet **Outils de tableau/Disposition**, dans le groupe *Lignes et colonnes*, cliquez sur l'un des boutons **Insérer au-dessus, Insérer au-dessous, Insérer à gauche** ou **Insérer à droite.**

   Vous pouvez également cliquer avec le bouton droit de la souris et choisir la commande **Insérer.**

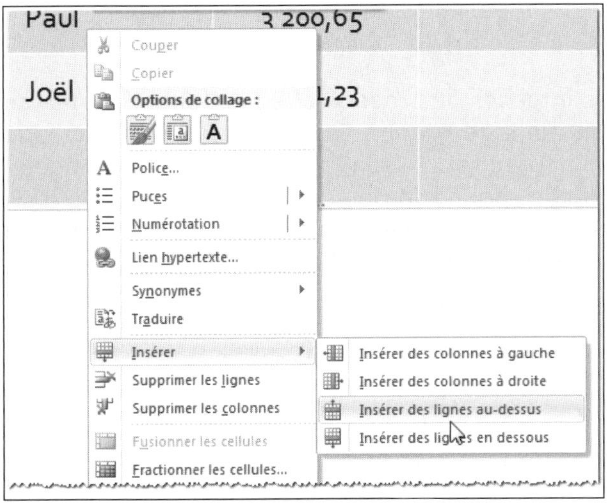

Figure 5.13 : Insérer des lignes au-dessus

> REMARQUE
>
> **Choix du nombre de colonnes ou de lignes à insérer**
>
> Le nombre de colonnes ou de lignes insérées dépend du nombre de colonnes ou de lignes sélectionnées. Pour ajouter une seule ligne ou une seule colonne, ne sélectionnez rien.

5.8. Modifier les dimensions

Redimensionner un tableau entier

Pour réduire ou agrandir un tableau entier, il est inutile de le sélectionner :

1 Cliquez à l'intérieur du tableau.

2 Cliquez sur l'un des quatre angles du tableau.

3 Glissez le pointeur en diagonale, tout en maintenant le bouton de la souris enfoncé, pour agrandir ou rétrécir le tableau.

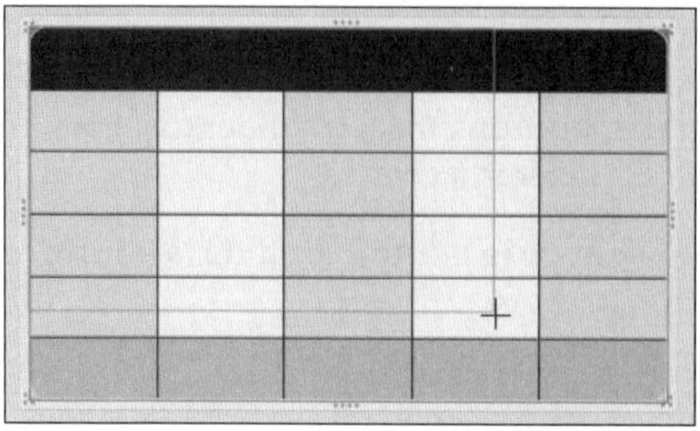

Figure 5.14 : Réduire la taille d'un tableau

4 Si vous souhaitez imposer des mesures, sous l'onglet **Outils de tableau/Disposition**, dans le groupe *Taille du tableau*, entrez une dimension pour la hauteur et pour la largeur. Vous pouvez également utiliser les flèches pour augmenter ou diminuer la valeur. Si vous cochez l'option *Proportionnelle*, la hauteur et la largeur du tableau seront modifiées proportionnellement dès que vous changerez une valeur.

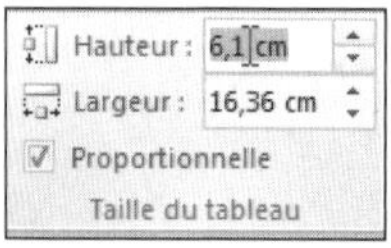

Figure 5.15 : Augmenter précisément la taille d'un tableau

Modifier la largeur des colonnes et la hauteur des lignes

Modifier la largeur des colonnes

Tableau 5.2 : Différentes méthodes de modification de la largeur des colonnes

Action	Procédure
Donner la même largeur à toutes les colonnes (la largeur du tableau restera inchangée).	Utilisez le bouton **Distribuer les colonnes**, situé sous l'onglet **Outils de tableau/Disposition**, dans le groupe *Taille de la cellule.*
Donner à une colonne la largeur minimale.	Double-cliquez sur la bordure droite d'une cellule de la colonne.
Agrandir ou réduire la largeur d'une seule colonne : la largeur totale du tableau restera inchangée, mais la colonne située à droite en subira les conséquences.	Placez le pointeur sur la bordure droite de la cellule et faites-la glisser en maintenant le bouton de la souris enfoncé.

Tableau 5.2 : Différentes méthodes de modification de la largeur des colonnes

Action	Procédure
Agrandir ou réduire la largeur d'une seule colonne : la largeur totale du tableau en sera affectée.	Placez le pointeur dans la colonne, puis, dans la zone de saisie *Largeur de colonne* située sous l'onglet **Outils de tableau/Disposition**, groupe *Taille de la cellule*, saisissez une valeur ou utilisez les flèches pour augmenter ou diminuer la valeur.
Agrandir ou réduire la largeur de toutes les colonnes proportionnellement.	Placez le pointeur au milieu du bord droit ou gauche du tableau ; lorsqu'il se transforme en double flèche, cliquez et faites glisser la bordure en maintenant le bouton de la souris enfoncé, ou bien utilisez le bouton **Taille du tableau** et entrez une valeur pour la largeur.

Modifier la hauteur des lignes

Tableau 5.3 : Différentes méthodes de modification de la hauteur des lignes

Action	Procédure
Donner la même hauteur à toutes les lignes	Utilisez le bouton **Distribuer les lignes**, situé sous l'onglet **Outils de tableau/Disposition**, dans le groupe *Taille de la cellule*. La hauteur totale du tableau en subira les conséquences.
Agrandir ou réduire la hauteur d'une seule ligne	Placez le pointeur sur la bordure inférieure d'une cellule et faites glisser celle-ci en maintenant le bouton de la souris enfoncé, ou bien placez le curseur dans la ligne, puis saisissez une valeur dans la zone de saisie *Hauteur de ligne* située sous l'onglet **Outils de tableau/Disposition**, dans le groupe *Taille de la cellule*, ou utilisez les flèches pour augmenter ou diminuer la valeur. La hauteur totale du tableau en sera affectée.
Agrandir ou réduire la hauteur de toutes les lignes proportionnellement	Placez le pointeur au milieu du bord supérieur ou inférieur, cliquez et faites glisser en maintenant enfoncé le bouton de la souris, ou utilisez le bouton **Taille du tableau** et entrez une valeur pour la hauteur.

Fractionner et fusionner les cellules

Il est facile de transformer plusieurs cellules en une seule, ou au contraire de fractionner une cellule en plusieurs.

Pour fractionner :

1 Sélectionnez la cellule, la colonne ou la ligne à fractionner.

2 Cliquez sur le bouton **Fractionner les cellules** du groupe *Fusionner*, sous l'onglet **Outils de tableau/Disposition**.

3 Une boîte de dialogue s'affiche. Saisissez le nombre de colonnes et/ou de lignes que vous souhaitez obtenir.

REMARQUE

Fractionner une cellule contenant du texte

Si la cellule à fractionner contient déjà du texte, ce texte restera dans la première cellule.

Pour fusionner :

1 Sélectionnez les cellules, les colonnes ou les lignes à fusionner.

2 Cliquez sur le bouton **Fusionner les cellules** du groupe *Fusionner*, sous l'onglet **Outils de tableau/Disposition**.

REMARQUE

Fusion de cellules contenant du texte

Après la fusion, les textes contenus dans toutes les cellules seront séparés par un retour paragraphe.

ASTUCE

Fractionner et fusionner grâce aux outils Stylet et Gomme

Vous pouvez utiliser l'outil **Stylet** pour tracer des traits afin d'ajouter des lignes et des colonnes à l'intérieur d'un tableau, ou au contraire gommer des traits afin de fusionner des cellules.

RENVOI

Lisez à ce sujet la section *Dessiner un tableau* dans ce chapitre.

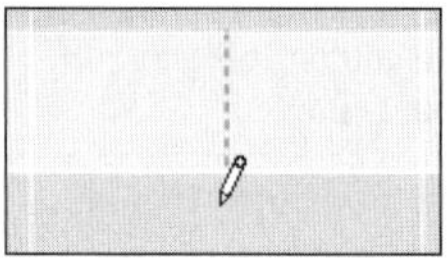

Figure 5.16 : Utiliser le stylet pour fractionner une cellule

5.9. Exercices pratiques

Aligner des nombres décimaux

1 Vous allez créer une nouvelle présentation à partir du modèle à télécharger sur Office.com. Passez en mode Backstage, puis cliquez sur la commande **Nouveau**.

2 Sous la rubrique *Modèle Office.com*, cliquez sur la rubrique *Présentations*, puis dans la liste des présentations, cliquez sur le bouton **Professionnel** et sélectionnez le modèle *Présentation des bénéfices trimestriels*.

3 Enregistrez la présentation sous le nom *bénéfices.pptx*.

4 Affichez la troisième diapositive sur laquelle se trouve un tableau chiffré, dont les chiffres ne sont pas alignés.

Nous avons dit plus haut dans ce chapitre, à propos des alignements de nombres décimaux, qu'il n'était pas possible d'insérer un taquet de tabulation avec la règle pour une colonne entière. Vous allez donc faire des alignements décimaux sur les deux colonnes chiffrées de ce tableau, en testant deux méthodes différentes :

La première méthode consiste à utiliser la règle :

1 Cliquez dans la première cellule chiffrée de la deuxième colonne du tableau.

2 Insérez une tabulation juste avant le nombre, en appuyant sur les touches [Ctrl]+[Tab].

3 Cliquez à l'intérieur du petit carré situé à l'extrême gauche de la règle autant de fois que nécessaire pour afficher le taquet de tabulation décimale.

RENVOI

Au besoin, reportez-vous au chapitre *PowerPoint et le texte*, à la section *Insérer des tabulations*.

4 Cliquez sur la règle à l'emplacement souhaité pour la virgule, afin de poser le taquet de tabulation, environ sur la graduation 2 dans cet exemple.

Vous allez reproduire ce format sur toutes les cellules de la colonne :

5 Sélectionnez toute la cellule, puis, sous l'onglet **Accueil**, dans le groupe *Presse-papiers*, cliquez sur l'outil **Reproduire la mise en forme**.

6 Sélectionnez toutes les autres cellules de la colonne.

7 Insérez une tabulation avant chaque nombre à l'aide des touches [Ctrl]+[Tab].

La seconde méthode consiste à utiliser la boîte de dialogue **Tabulations** :

1 Sélectionnez la seconde colonne chiffrée.

2 Affichez la boîte de dialogue **Paragraphe** en cliquant sur le lanceur de boîte de dialogue situé sous l'onglet **Accueil**, en bas à droite du groupe *Paragraphe*, et cliquez sur le bouton **Tabulations.**

3 Dans la zone de saisie *Position du taquet*, tapez la valeur `2,25` (pour cet exemple), cochez l'option *Décimal* sous la rubrique *Alignement*, puis cliquez sur le bouton **Définir** et deux fois sur le bouton OK.

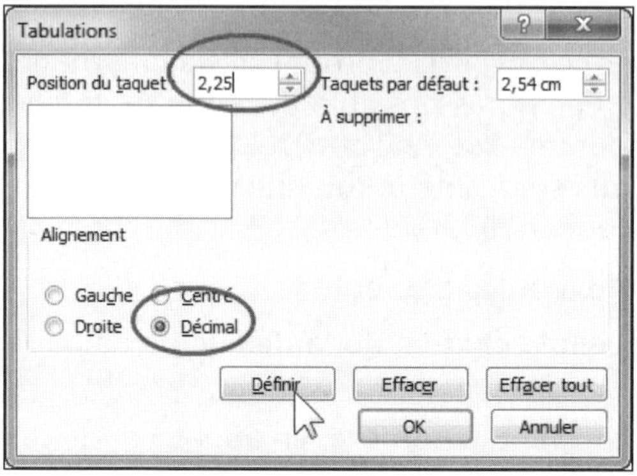

Figure 5.17 : Insérer un taquet de tabulation décimale pour une colonne entière

Vous pouvez constater, en vous déplaçant de cellule en cellule, que le taquet de tabulation figure bien sur la règle.

4 Insérez une tabulation avant chaque nombre à l'aide des touches [Ctrl]+[Tab]. Enregistrez votre présentation.

REMARQUE

Alignement des nombres décimaux

Dans le cas où les nombres décimaux seraient identiques sur toute la colonne, une solution consisterait à utiliser un alignement à droite.

Dans cet exemple, nous n'aurions pas pu choisir cette méthode, car les nombres négatifs sont entre parenthèses.

Affecter un style à un tableau existant

Restez dans la même présentation, sur le même tableau que vous allez à présent mettre en forme pour qu'il soit plus agréable à lire :

1 Cliquez à l'intérieur du tableau.

2 Sous l'onglet **Outils de tableau/Création**, vous allez définir les options de style de tableau dans le groupe du même nom : cochez l'option *Ligne d'en-tête* pour obtenir une présentation différente pour les en-têtes de colonnes, cochez l'option *Lignes à bandes* qui

permet d'avoir des lignes de couleurs différentes, ce qui facilite la lecture d'un tableau.

3 Dans le groupe *Styles de tableau*, sélectionnez un style adapté, *Style moyen 2, Accentuation 2* par exemple.

4 Vous avez sans doute remarqué que le tableau n'était pas bien disposé sur la page : déplacez le pointeur de la souris sur le bord du tableau jusqu'à ce qu'il prenne l'aspect d'une flèche à quatre pointes, cliquez et, tout en maintenant le bouton de la souris enfoncé, glissez le tableau vers la gauche pour qu'il n'empiète plus sur la bordure de la diapositive.

5 Pour que le texte de la ligne d'en-tête soit centré verticalement dans les cellules, sélectionnez la ligne d'en-tête, puis, sous l'onglet **Outils de tableau/Disposition**, dans le groupe *Alignement*, cliquez sur le bouton **Centrer verticalement**.

Le tableau de la quatrième diapositive n'étant pas non plus très élégant, nous vous conseillons de le traiter comme le tableau que vous venez de mettre en forme. Cette fois, vous pouvez utiliser l'alignement centré pour les colonnes de chiffres.

Importer et mettre en forme un tableau copié sur un site Internet

1 Ouvrez la présentation *grèce.pptx* et insérez à la fin une nouvelle diapositive, avec la disposition *Titre seul*.

2 Rendez-vous sur la page http://fr.wikipedia.org/wiki/Cyclades et copiez le tableau *Administration* situé à droite, sans le titre.

3 Collez le tableau dans la diapositive.

Il est toujours difficile de prévoir comment vont réagir des éléments copiés sur des pages Internet. Ici, vous allez choisir un collage en utilisant le thème de destination (première option). Vous constatez que le tableau copié sur Internet se transforme correctement en tableau PowerPoint. Par contre, il conserve ses liens hypertextes. Il faudra les supprimer.

Vous allez appliquer un alignement à droite à la première colonne et conserver l'alignement à gauche pour la seconde colonne :

4 Sélectionnez la première colonne, puis utilisez le raccourci clavier Ctrl+Maj+D pour aligner le texte à droite.

Le texte de la colonne de droite touche celui de la colonne de gauche. Vous allez donc attribuer des marges aux cellules :

5 Toutes les lignes hormis la première étant sélectionnées, cliquez sur le bouton **Marges de cellules**, situé sous l'onglet **Outils de tableau/Disposition**, dans le groupe *Alignement*, puis sur la commande **Marges personnalisées**. Tapez la valeur `0,5 cm` pour les marges intérieures gauche et droite, et profitez-en pour aérer légèrement le tableau en entrant la valeur `0,2 cm` pour les marges supérieure et inférieure.

6 Cliquez éventuellement sur le bouton **Aperçu** pour vérifier immédiatement le rendu sur votre tableau. Si cela vous convient, cliquez sur OK.

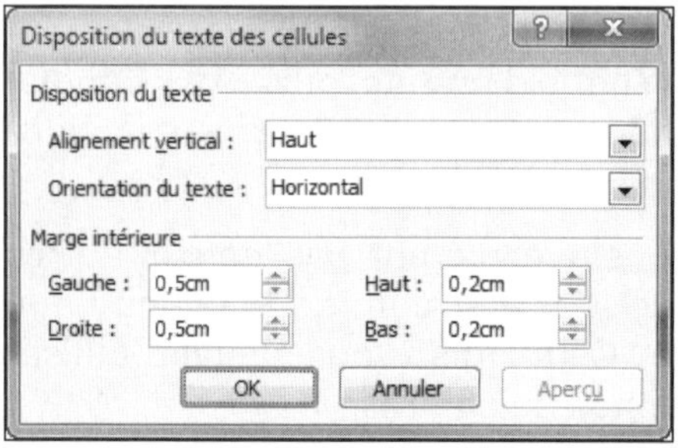

Figure 5.18 : Appliquer des marges personnalisées aux cellules du tableau

7 Pour supprimer les liens hypertextes, cliquez simplement du bouton droit sur chaque texte de couleur orange et choisissez la commande **Supprimer le lien hypertexte**.

Vous souhaitez à présent appliquer un arrière-plan au tableau. Comme vous l'avez vu plus haut dans ce chapitre, la couleur de fond des cellules est prioritaire sur l'arrière-plan du tableau. Vous devez donc commencer par supprimer tout remplissage des cellules :

8 Sélectionnez le tableau entier, puis, sous l'onglet **Outils de tableau /Création**, dans le groupe *Styles de tableau*, cliquez sur la première miniature de la galerie des styles : *Aucun style, aucune grille*.

9 Cliquez à présent sur la flèche du bouton **Trame de fond**, pointez sur la commande **Arrière-plan du tableau**, puis sur la commande **Image**.

10 Sélectionnez une image et cliquez sur le bouton **Insérer**.

11 Suivant l'image qui est insérée, vous serez peut-être amené à modifier les couleurs de la police du tableau. Prenez soin dans ce cas de choisir une couleur faisant partie du jeu de couleurs. Vous pourrez également appliquer une police de taille plus importante au titre.

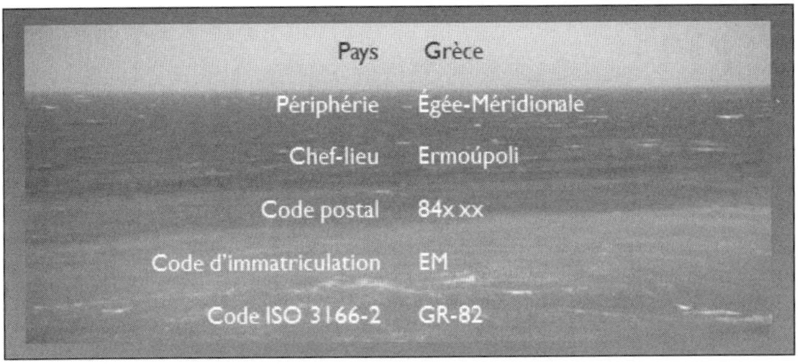

Figure 5.19 : Une image appliquée à l'arrière-plan du tableau

12 Il vous reste à saisir le titre de la diapositive dans l'espace réservé (`Administration`) et à enregistrer votre présentation.

POWERPOINT ET LES OBJETS SIMPLES

Vous pouvez insérer dans votre présentation une multitude d'objets. Nous nous attacherons dans ce chapitre plus précisément aux dessins et aux formes automatiques, aux images et aux photos, aux objets WordArt, ainsi qu'aux graphiques SmartArt.

Même s'ils contiennent d'autres objets, les espaces réservés font également partie des objets graphiques, nous les évoquerons donc aussi dans ce chapitre.

6.1. Utiliser les outils de dessin

Préparer la zone de dessin

PowerPoint dispose de quelques outils visant à simplifier la création de dessins et le positionnement des objets.

- Les règles : des marqueurs en pointillé suivent le mouvement du pointeur pour aider à repérer sa position lorsqu'on dessine. Le point 0 des règles représente exactement le centre de la diapositive.

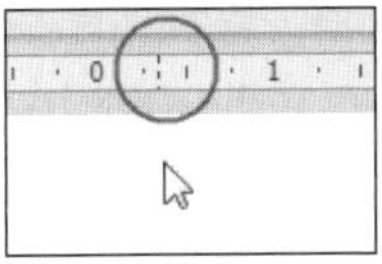

Figure 6.1 : Les marqueurs suivent le mouvement du pointeur

- Les repères : deux repères mobiles permettent d'aligner les objets avec précision. S'ils ne sont pas affichés, cliquez du bouton droit de la souris sur une diapositive et choisissez la commande **Grille et repères**, puis cochez l'option *Afficher les repères de dessin à l'écran*. Vous pouvez plus rapidement utiliser le raccourci clavier Alt+F9, qui permet aussi de les masquer.

  Par défaut, les repères se croisent au centre de la diapositive. Vous pouvez les déplacer en les faisant glisser simplement à la souris. Il est possible également de créer des repères supplémentaires en les dupliquant : faites glisser le repère en maintenant la touche Ctrl enfoncée. Pour supprimer un repère, glissez-le en dehors de la diapositive.

  Les repères sont magnétiques, ce qui signifie qu'une forme tracée ou n'importe quel objet seront attirés par le repère et s'aligneront facilement dessus.

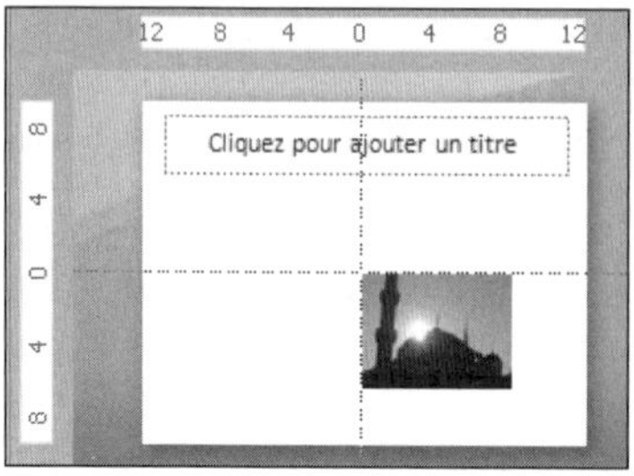

Figure 6.2 : Utiliser les repères

- La grille : il existe une grille invisible par défaut, et magnétique, qui permet d'aligner automatiquement les objets. Pour la rendre visible, cochez l'option *Quadrillage* sous l'onglet **Affichage**, dans le groupe *Afficher/Masquer*, ou bien, plus rapidement, utilisez le raccourci clavier Maj+F9 qui permet aussi de la masquer. Vous pouvez également l'afficher à partir de la boîte de dialogue **Grille et repères** (voir plus haut), en cochant l'option *Afficher la grille à l'écran*. Vous pouvez par la même occasion modifier l'espacement du quadrillage.

  Pour que les objets puissent automatiquement s'aligner sur cette grille, cochez l'option *Aligner les objets sur la grille*, dans la boîte de dialogue **Grille et repères**. Il est également possible d'aligner les objets les uns sur les autres : pour cela, cochez l'option *Aligner les objets sur les autres objets*.

ASTUCE

Désactiver ponctuellement le magnétisme

Le magnétisme de la grille et des repères peut être handicapant lorsqu'on tente de déplacer un objet avec précision. Vous pouvez décocher les options de la boîte de dialogue **Grille et repères**, mais, ponctuellement, vous pouvez conjuguer la touche Alt avec la souris, ou bien la touche Ctrl avec les touches fléchées du clavier.

Dessiner avec les formes automatiques

Nous ne comparons pas PowerPoint avec les grandes pointures du dessin vectoriel ; néanmoins, son module intégré de dessin en possède les principales caractéristiques.

Les outils d'insertion de formes automatiques sont accessibles d'un clic sur le bouton **Formes**, sous l'onglet **Accueil**, dans le groupe *Dessin*, ou bien sous l'onglet **Insertion**, dans le groupe *Illustrations*.

Les formes automatiques sont classées par catégories : *Lignes, Rectangles, Formes de base*, etc. Vous repérerez rapidement les dernières formes utilisées, car elles sont affichées en tête de liste et sont regroupées dans la catégorie *Formes récemment utilisées*.

Si vous pointez sur une forme, une info-bulle en donne une description. Cliquez dessus, puis glissez le pointeur dans votre document, en maintenant le bouton gauche enfoncé, pour tracer le dessin.

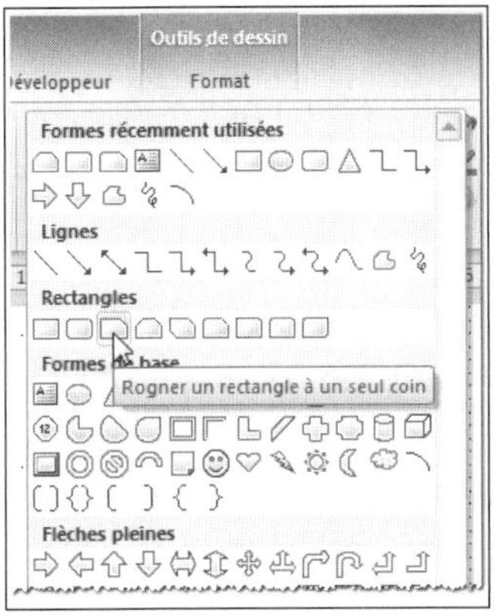

Figure 6.3 : Pointer sur une forme pour obtenir sa description

- Si vous tracez le dessin en maintenant la touche Maj enfoncée, vous obtiendrez des formes parfaites : carrés, cercles, triangles équilatéraux.
- Si vous faites le dessin en maintenant la touche Ctrl enfoncée, vous tracerez la forme en prenant son centre comme point de départ.
- Ces deux techniques peuvent être combinées : en appuyant sur les touches Maj+Ctrl, vous tracerez une forme parfaite en prenant son centre comme point de départ.

REMARQUE

Cliquer au lieu de tracer

Si vous cliquez dans le document sans déplacer le pointeur de la souris, la forme sera tracée avec une taille standard parfaite.

ASTUCE

Trouver d'autres formes automatiques

Il existe d'autres formes automatiques que celles proposées dans la galerie. Vous les trouverez dans les cliparts grâce aux mots-clés de recherche : *Formes automatiques*.

RENVOI

Pour en savoir plus sur les cliparts, reportez-vous à la section *Insérer un clipart*.

Lorsqu'une forme est sélectionnée, vous voyez apparaître :

- Huit points blancs tout autour : ce sont les poignées de dimensionnement. Pour modifier la taille, faites glisser l'une des poignées avec le bouton de la souris enfoncé.

RENVOI

Vous trouverez plus de détails dans la section *Redimensionner un objet*.

- Éventuellement un ou plusieurs losanges jaunes : ce sont les poignées d'ajustement.
- Une poignée de rotation verte, permettant de faire pivoter la forme en la faisant glisser.

Une fois le dessin tracé, vous pouvez modifier son apparence s'il possède une poignée d'ajustement : sélectionnez le dessin en cliquant à l'intérieur, placez le pointeur sur une poignée d'ajustement et faites-la glisser dans la direction souhaitée.

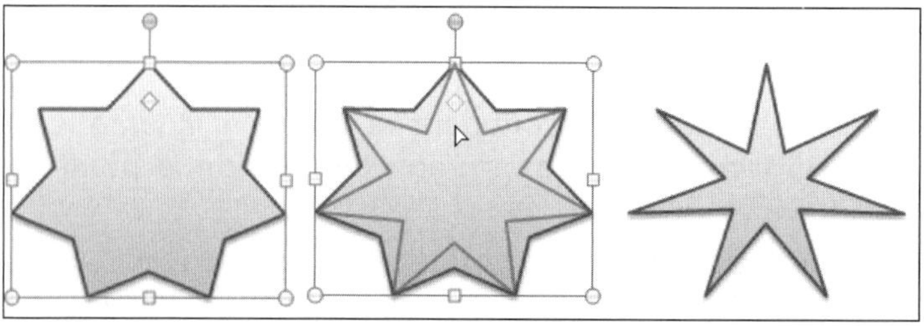

Figure 6.4 : Modifier l'apparence d'une forme automatique

Utiliser les outils Ligne

Les outils **Ligne** s'utilisent d'une manière particulière. Il en existe deux grandes catégories : les outils de dessin libre et les connecteurs.

Tracer des formes libres

- L'outil **Courbe** : tracez la forme en déplaçant le pointeur, mais sans appuyer sur le bouton de la souris. Chaque clic crée un angle arrondi. L'outil **Courbe** est en réalité un outil de courbe de Bézier, base du dessin vectoriel.

Figure 6.5 : Utilisation de l'outil Courbe sur une photo

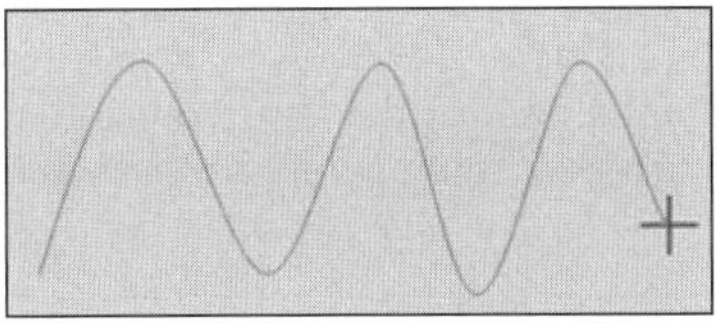

Figure 6.6 : Dessiner à l'aide de l'outil Courbe

- L'outil **Forme libre** : tracez la forme sans maintenir l'appui sur le bouton de la souris. Un clic crée un angle. Si vous maintenez le bouton de la souris enfoncé pour tracer la forme, l'outil fonctionne comme l'outil **Dessin à main levée**.

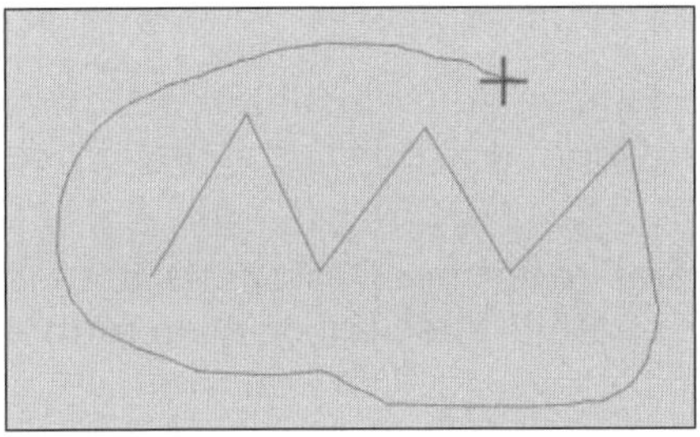

Figure 6.7 : Dessiner à l'aide de l'outil Forme libre

Lorsque vous avez fini de dessiner avec ces deux outils, double-cliquez pour fixer la forme. Si vous souhaitez créer une forme fermée, cliquez tout près du début du tracé.

- L'outil **Dessin à main levée** : maintenez le bouton de la souris enfoncé. Le pointeur prend l'aspect d'un crayon. Tracez votre dessin comme sur une feuille de papier. Terminez en relâchant le bouton de la souris.

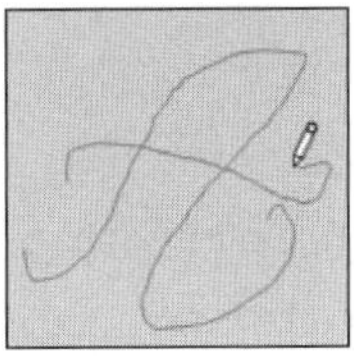

Figure 6.8 : Dessiner à l'aide de l'outil Dessin à main levée

ASTUCE

Dessiner à main levée

Si vous devez beaucoup dessiner à main levée dans PowerPoint, diminuez la vitesse de la souris pour faciliter le tracé.

Utiliser les connecteurs

DEFINITION

Connecteur

Un connecteur est un trait dynamique qui relie des formes entre elles. Si vous déplacez la ou les formes, les connecteurs s'adaptent au déplacement et gardent le lien entre les formes.

Tous les outils **Ligne**, hormis les trois que vous venez d'étudier (**Courbe**, **Forme libre** et **Dessin à main levée**), fonctionnent en ligne simple et en connecteurs.

Pour utiliser la fonction **Connecteur** :

1 Tracez deux formes.

2 Dans la liste des formes automatiques, sous la rubrique *Lignes*, sélectionnez la ligne qui vous convient, avec ou sans angle, droite ou arrondie, avec ou sans flèches.

3 Approchez le pointeur de la première forme. Des points rouges magnétiques apparaissent à des endroits spécifiques de la forme. Ce sont les points de connexion.

4 Cliquez sur l'un des points de connexion et glissez-le jusqu'à la deuxième forme, où des points rouges apparaissent également.

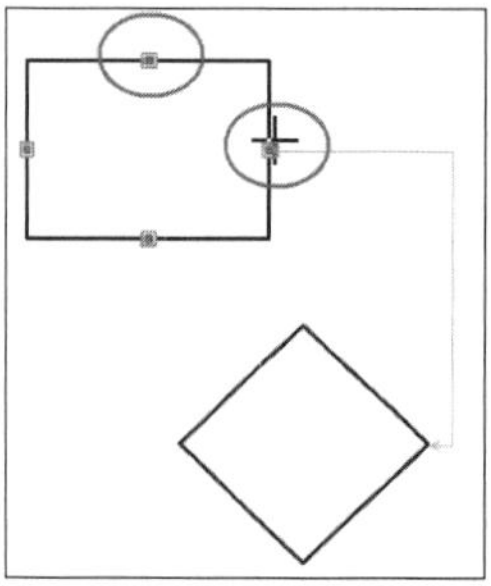

Figure 6.9 : Utiliser les connecteurs

5 Cliquez sur l'un des points de connexion de la deuxième forme. Les deux formes sont reliées par un filet de liaison.

6 Déplacez l'une des deux formes. Les deux formes restent reliées.

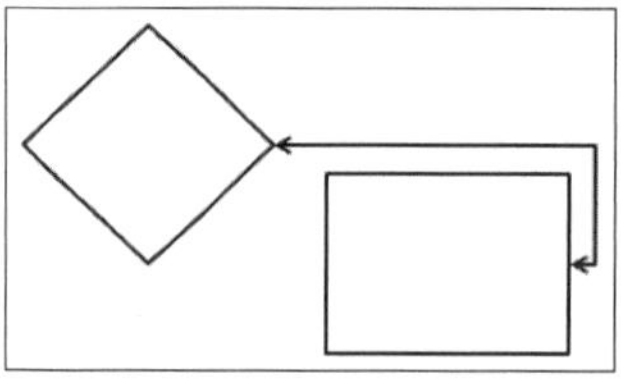

Figure 6.10 : Les formes sont déplacées et restent reliées grâce aux connecteurs

Après le déplacement de formes reliées par des connecteurs, il est possible que les points de connexion ne soient pas les plus proches et qu'en conséquence les connexions ne soient pas les plus directes. Pour les modifier, le plus simple est de cliquer dessus avec le bouton droit de la souris et de choisir la commande **Rediriger les connecteurs**. Cette commande est également accessible par le bouton **Modifier la forme**, sous l'onglet **Outils de dessin/Format**, dans le groupe *Insérer des formes*.

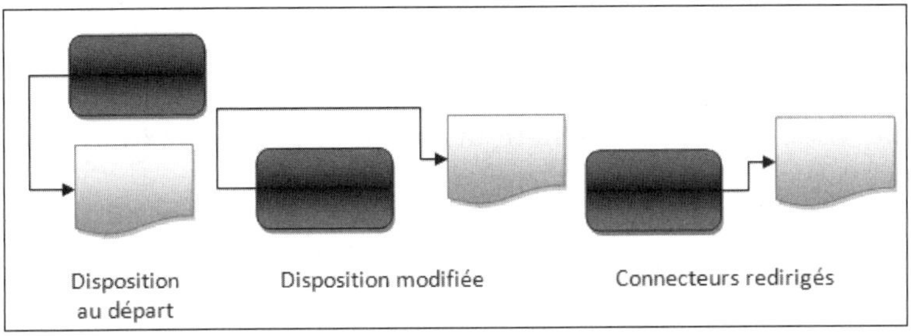

Figure 6.11 : Connecteurs redirigés après déplacement des formes

Lorsque les connecteurs sélectionnés sont attachés, des cercles rouges apparaissent à leurs extrémités. Lorsqu'ils sont détachés, les cercles sont blancs. Les outils connecteurs peuvent parfaitement s'utiliser en tant que lignes ordinaires, dans ce cas les extrémités resteront blanches.

ASTUCE

Éviter le magnétisme

Pour empêcher le magnétisme des points de connexion, appuyez sur la touche [Alt] durant le tracé.

Modifier un dessin

Pour modifier une forme tracée, cliquez du bouton droit sur la forme et choisissez la commande **Modifier les points**. Vous pouvez également cliquer sur le bouton **Modifier la forme** sous l'onglet **Outils de dessin/Format**, dans le groupe *Insérer des formes*, puis sur la commande **Modifier les points**. Les points qui apparaissent sur la forme sont des points d'ancrage appelés également nœuds.

Déplacement/ajout/suppression des points d'ancrage

- Pour déplacer un point d'ancrage, sélectionnez-le puis faites-le glisser avec la souris. Cela aura pour effet de déformer le dessin.

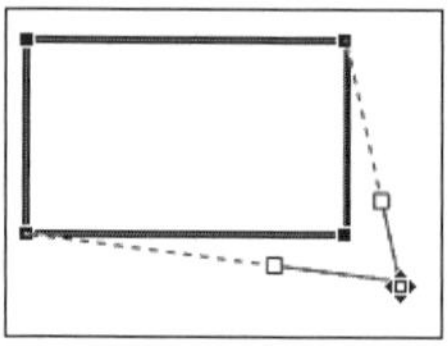

Figure 6.12 : Déplacer un point

- Pour ajouter un point, cliquez à l'endroit souhaité et utilisez le menu contextuel. Vous pouvez également cliquer et faire glisser la souris. Dans ce cas, le point sera ajouté et déplacé par la même action.
- Pour supprimer un point, appuyez sur la touche Ctrl et cliquez sur le point. Vous pouvez également utiliser le menu contextuel.

Transformer les segments

Un segment est une ligne située entre deux points d'ancrage ; cette ligne peut être droite ou courbe. Lorsque les points de contrôle sont affichés, utilisez le menu contextuel pour appliquer des transformations au segment : placez le pointeur sur un segment, exactement sur le contour de la forme, de façon qu'il se transforme en un carré encadré de quatre branches, puis cliquez avec le bouton droit et choisissez la commande **Segment courbé** ou **Segment droit** selon la conversion souhaitée.

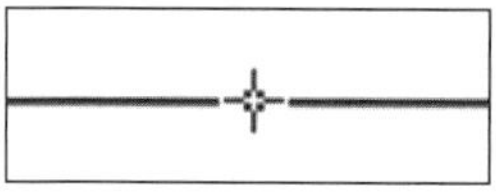

Figure 6.13 : Cliquer exactement sur le contour

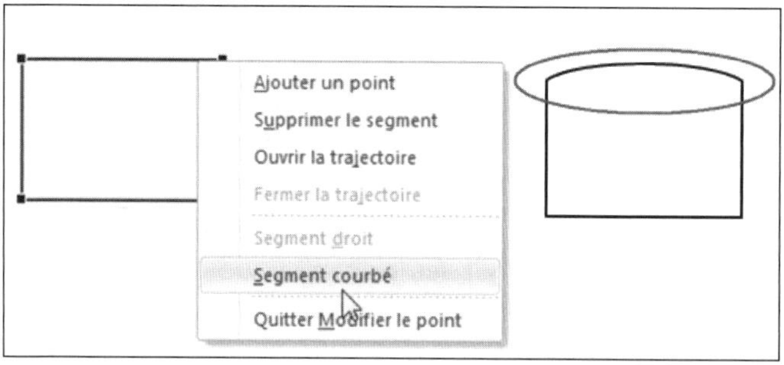

Figure 6.14 : Transformer un segment droit en segment courbé

Via le menu contextuel, vous pourrez également fermer ou ouvrir la trajectoire.

Modifier les points

La fonctionnalité de modification des points est puissante mais n'est pas simple à mettre en œuvre, surtout si vous êtes novice. Par contre, si vous êtes un utilisateur de logiciel de dessin vectoriel, vous retrouverez vos habitudes, car il s'agit d'un outil classique de ce type de logiciel.

Lorsque, en cliquant dessus, vous sélectionnez un point d'ancrage, vous voyez apparaître deux lignes directrices terminées chacune par un petit carré blanc. Ce petit carré blanc est une poignée ou point directeur.

Point d'ancrage

Le point d'ancrage ou nœud comporte deux poignées et deux lignes directrices, hormis le premier ou le dernier point d'une forme ouverte qui ne comporte qu'une seule poignée et qu'une seule ligne directrice.

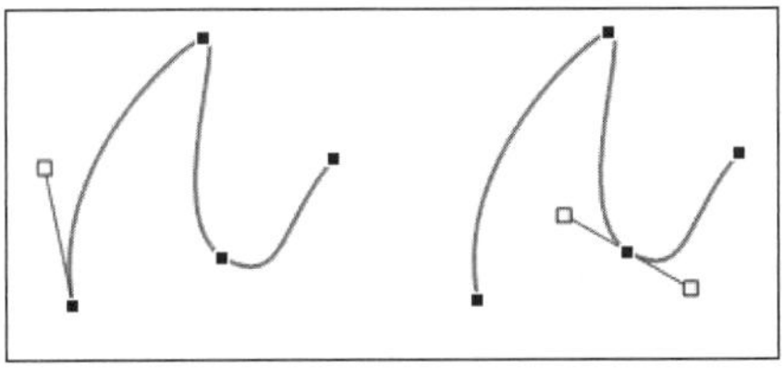

Figure 6.15 : Points d'ancrage avec une ou deux lignes directrices

Pour modifier la forme, vous ferez glisser ces poignées à la souris afin de déplacer les lignes directrices. Ces dernières se déplaceront d'une manière différente en fonction du type de point - il en existe trois -, et la modification de la forme en sera directement dépendante.

Un point d'ancrage peut être de trois types : lisse, symétrique ou d'angle.

- Point d'angle : chaque poignée et donc chaque ligne directrice est indépendante l'une de l'autre. Si vous faites glisser une poignée, vous bougez une seule ligne directrice.

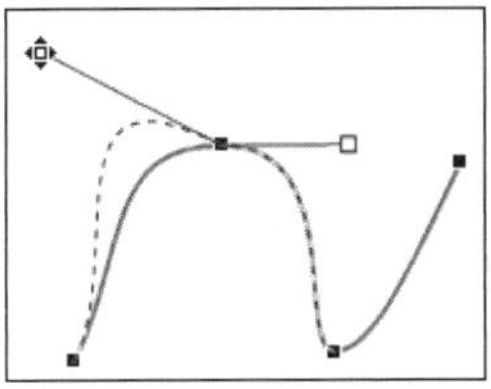

Figure 6.16 : Point d'angle

- Point lisse : les deux poignées sont symétriques et se trouvent à distance égale du point d'ancrage, les lignes directrices forment un trait droit. Si vous faites glisser une poignée, la seconde bougera d'une manière strictement symétrique. Les points lisses sont spécifiques aux courbes de Bézier.

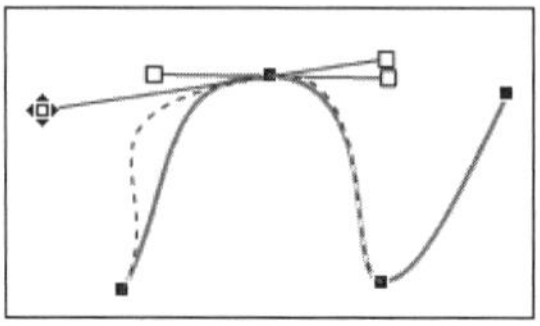

Figure 6.17 : Point lisse

- Point symétrique : les deux poignées sont symétriques, mais se trouvent à distance modulable du point d'ancrage, les deux lignes directrices forment un trait droit. Si vous faites glisser une poignée, la seconde bougera d'une manière symétrique, mais la distance au point d'ancrage pourra être différente.

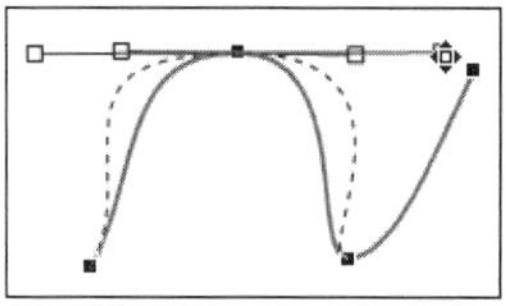

Figure 6.18 : Point symétrique

Les points d'ancrage des formes réalisées avec l'outil **Courbe** seront des points lisses. Il en est de même pour une ellipse. Les points des autres formes seront en général des points d'angle. Vous pouvez convertir les points d'ancrage via le menu contextuel. Vous pouvez également les transformer lorsque vous déplacez une poignée :

- En appuyant sur la touche [Maj], le point deviendra lisse.
- En appuyant sur la touche [Ctrl], le point deviendra symétrique.
- En appuyant sur la touche [Alt], le point deviendra d'angle.

Mettre en forme un dessin

ASTUCE

Reproduire la mise en forme

Comme pour le texte, vous pouvez utiliser l'outil **Reproduire la mise en forme** pour copier la mise en forme d'un objet graphique vers un autre.

L'onglet **Outils de dessin/Format** s'affiche lorsqu'un dessin est sélectionné. Il propose différentes possibilités de formatage. Notez cependant que certains outils de formatage sont également accessibles sous l'onglet **Accueil**, dans le groupe *Dessin*.

REMARQUE

Formes à mettre en forme

Nous évoquons dans ce chapitre les formes automatiques ou les dessins tracés à l'aide des outils **Ligne**. Les espaces réservés au texte peuvent se mettre en forme exactement de la même manière.

Utiliser les styles de formes

Le plus simple est sans doute d'utiliser la galerie des styles de formes. Les styles de formes regroupent le remplissage, le contour et l'ombre. Ils sont dépendants du thème utilisé. Si vous modifiez le thème de la présentation, la galerie des styles de formes change également.

Pour appliquer un style à une forme, sélectionnez la forme, puis cliquez sur l'un des styles de formes de la galerie. Notez que la commande **Autres thèmes de remplissage**, située tout en bas de la galerie, propose des remplissages identiques aux douze arrière-plans du thème actif.

Vous pouvez ensuite peaufiner en utilisant les listes déroulantes *Remplissage de forme*, *Contour de forme* et *Effets sur la forme*. D'ailleurs, vous allez maintenant étudier ces différentes personnalisations avec plus de précision.

Toutes ces commandes se trouvent indifféremment sous l'onglet **Accueil**, dans le groupe *Dessin*, ou sous l'onglet **Outils de dessin /Format**, dans le groupe *Styles de formes*.

Remplir une forme

Le bouton **Remplissage de forme** propose d'utiliser les couleurs du thème ou, éventuellement, les couleurs standards. Il propose aussi l'insertion d'une image, de dégradés ou d'une texture.

Vous pouvez également utiliser le bouton **Remplissage de forme**, situé sur la minibarre d'outils, ou encore passer par le menu contextuel et choisir la commande **Format de la forme** afin d'afficher la boîte de dialogue du même nom qui propose toutes les options de formatage.

Remplir avec une image ou une texture

Utiliser les options standards

Une forme peut être remplie avec une image ou une photo de votre choix, ou bien une texture choisie parmi celles fournies avec PowerPoint : papyrus, papier kraft, marbre blanc, liège, etc. Il est possible également d'utiliser vos propres images pour en faire des textures. Une texture n'est en fait qu'une image affichée en mosaïque.

Pour remplir la forme avec une image :

1 Sélectionnez la forme, cliquez sur le bouton **Remplissage de forme**, puis sur la commande **Image**.

2 Sélectionnez l'image de votre choix, puis cliquez sur le bouton **Insérer**. Si l'image est trop lourde, vous pouvez simplement la lier. Dans ce cas, cliquez sur la flèche située à droite du bouton **Insérer** et choisissez l'option *Lier au fichier*.

Figure 6.19 : Forme remplie avec une image

Lorsque vous remplissez une forme avec une image, l'image se met automatiquement à l'échelle de la forme. Agrandissez ou réduisez la taille de la forme : l'image qui la remplit s'agrandit ou se réduit de la même manière, ce qui signifie que la taille d'une image contenue dans une forme n'est pas forcément proportionnelle à sa taille d'origine.

RENVOI

Pour modifier les proportions, voyez la sous-section suivante *Personnaliser le remplissage*.

REMARQUE

Remplissage avec une image

Lorsque vous remplissez une forme avec une image, vous remarquez qu'un nouvel onglet devient disponible, intitulé **Outils Images/Format**. L'image pourra être mise en forme indépendamment de la forme qui la contient, comme n'importe quelle image.

RENVOI

Reportez-vous à la section *Utiliser les images* pour plus de détails.

Pour remplir la forme avec une texture, sélectionnez la forme, cliquez sur le bouton **Remplissage de forme**, pointez sur la commande **Texture**, puis cliquez sur la texture de votre choix.

Lorsque vous remplissez une forme avec une texture, la taille de la texture ne se modifie pas proportionnellement à la taille de la forme.

Personnaliser le remplissage

Pour personnaliser le remplissage de la forme, vous devez afficher la boîte de dialogue **Format de la forme**. Pour cela, cliquez sur le lanceur de boîte de dialogue situé en bas à droite du groupe *Styles de formes*, sous l'onglet **Outils de dessin/Format**. Vous pouvez également cliquer avec le bouton droit de la souris sur la forme. Choisissez **Format de la forme**, ou **Format de l'image** si la forme est déjà remplie avec une image. Affichez l'onglet **Remplissage**.

ASTUCE

Boîte de dialogue Format de la forme (ou de l'image)

Lorsque cette boîte de dialogue est ouverte, il est inutile de la refermer pour sélectionner une autre forme ou une autre image : cliquez simplement sur l'autre forme pour visualiser et modifier ses propriétés dans la boîte de dialogue. Par ailleurs, les modifications apportées dans cette boîte de dialogue sont visibles sur la forme au fur et à mesure. Pour annuler la ou les dernières actions, utilisez le bouton habituel dans la barre d'outils *Accès rapide*. Il reste fonctionnel, même pendant l'affichage de la boîte de dialogue.

Si vous n'avez pas encore choisi l'image, cochez l'option *Remplissage avec image ou texture*, puis cliquez sur le bouton **Fichier** afin de sélectionner votre image.

Vous avez déjà constaté que l'image se mettait automatiquement à l'échelle de la forme, et pouvait donc perdre ses proportions d'origine. Par ailleurs, il se peut que vous ne souhaitiez conserver qu'une partie de l'image. Vous pouvez changer le réglage par défaut en modifiant les options d'étirement. L'étirement va déformer l'image selon les pourcentages que vous affecterez à chaque côté de l'image : une valeur positive réduira l'image, alors qu'une valeur négative l'agrandira.

Par exemple :

- Entrez la valeur `50%` dans la zone de saisie *Décalage gauche* : l'image se réduira de 50 % et se déplacera vers la droite.
- Si vous souhaitez que l'image soit plus petite que la forme et qu'elle soit centrée, entrez une valeur positive par rapport à chaque élément (bords gauche, droit, haut et bas) et donnez quatre fois la même valeur.
- Inversement, pour n'afficher dans la forme qu'une partie de l'image, entrez des valeurs négatives. L'image grossira et sera donc tronquée.

Figure 6.20 : L'image a été recentrée dans la forme grâce aux options d'étirement

RENVOI

Important : voyez dans la section *Rogner une image* des solutions mieux adaptées et plus aisées à mettre en œuvre.

Si, au contraire, vous souhaitez que votre image s'affiche en mosaïque, donc comme une texture, cochez l'option *Image en mosaïque comme texture*. Si votre image d'origine est plus grande que la forme, vous n'en verrez qu'une partie. Si elle est de la même taille, elle remplira toute la forme et sera entièrement visible. Si elle est plus petite, elle s'affichera en mosaïque afin de remplir la forme.

Pour que les images aussi grandes ou plus grandes que la forme s'affichent en mosaïque, vous devez régler les options de mosaïque en modifiant l'échelle X (échelle horizontale) et l'échelle Y (échelle verticale). Si l'image est plus petite que la forme, vous pouvez également modifier les échelles pour obtenir des images plus petites ou plus grandes. Pour que l'image soit proportionnelle à sa taille d'origine, vous entrerez les mêmes valeurs pour l'échelle X et l'échelle Y.

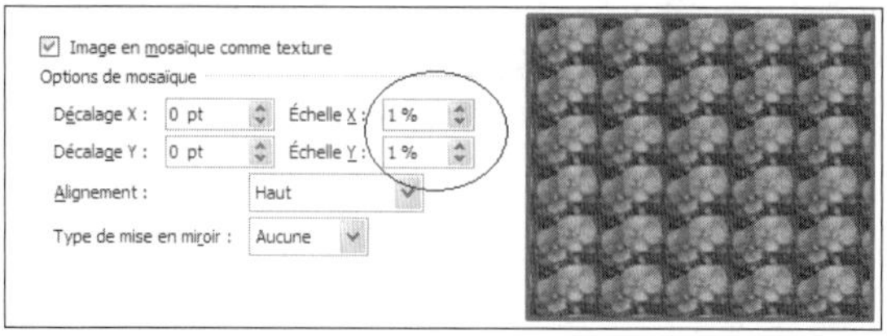

Figure 6.21 : Cette photo de 3 072 x 2 064 pixels a été très réduite pour obtenir un affichage en mosaïque

Toujours dans les options de mosaïque, vous pouvez déplacer la totalité du remplissage de la forme en modifiant les décalages :

- Une valeur saisie dans le champ *Décalage X* déplace le remplissage horizontalement. Saisissez une valeur négative pour un déplacement vers la gauche et une valeur positive pour un déplacement vers la droite.
- Une valeur saisie dans le champ *Décalage Y* déplace le remplissage verticalement. Saisissez une valeur négative pour un déplacement vers le haut et une valeur positive pour un déplacement vers le bas.

Par ailleurs, vous pouvez modifier l'affichage de la mosaïque en choisissant l'une des options de mise en miroir : vertical, horizontal ou combiné.

Figure 6.22 : Mise en miroir horizontal (à gauche) et combiné (à droite)

Enfin, deux autres propriétés peuvent s'appliquer à votre remplissage :

- Vous pouvez appliquer un pourcentage de transparence. La forme placée sous la forme à laquelle vous avez attribué cette transparence sera visible. Attention cependant, toutes les imprimantes ne gèrent pas la transparence !
- Vous avez la possibilité de faire pivoter le remplissage en même temps que la forme.

Remplir avec un motif

Le remplissage avec un motif avait disparu avec la version 2007, il réapparaît avec la version 2010 et uniquement via la boîte de dialogue **Format de la forme**. Il est pratique lorsque vous devez imprimer et que vous ne pouvez pas ou ne souhaitez pas faire une édition en couleurs. Le tramage permet de se repérer. Sélectionnez le motif de votre choix. Vous pouvez modifier les couleurs de premier plan et d'arrière-plan.

Remplir avec des dégradés

Le bouton **Remplissage de forme** propose un certain nombre de dégradés, en variations claires ou sombres. D'autres dégradés plus élaborés sont à votre disposition, ainsi que le moyen de créer vous-même vos propres dégradés.

1 La forme étant sélectionnée, cliquez sur le bouton **Remplissage de forme** du groupe *Styles de formes*, pointez sur la commande **Dégradé**, puis cliquez sur le dégradé qui vous intéresse. Si le choix n'est pas suffisant, cliquez sur la commande **Plus de dégradés**.

2 Dans la boîte de dialogue **Format de la forme**, sélectionnez l'option *Remplissage dégradé*, puis choisissez un dégradé via la liste déroulante *Couleurs prédéfinies*.

3 Modifiez éventuellement le type, l'orientation, ainsi que l'angle d'orientation.

Au fur et à mesure que vous modifiez les options, vous voyez le résultat dans la forme.

Si les dégradés de couleur proposés par PowerPoint ne vous conviennent pas, vous allez devoir créer vos propres dégradés :

1 Dans la liste déroulante *Couleurs prédéfinies*, choisissez le dégradé qui se rapproche le plus du résultat souhaité.

2 Sous la rubrique *Points de dégradés*, le dégradé est représenté par une barre de couleur sur laquelle se trouvent les points de dégradés symbolisés par des trombones. Ce sont ces points que vous allez personnaliser :

REMARQUE

Les points de dégradés

Un point de dégradé est défini par sa position, sa couleur et sa transparence. La position du point est calculée en pourcentage depuis le début du remplissage. Par exemple, le point 0 se trouve en haut de la forme pour un type linéaire horizontal avec un angle de 100 %, et se trouve au centre de la forme pour un type radial avec une orientation du centre...

- Changez la position des points en faisant glisser les trombones sur la barre de dégradé. Vous pouvez également modifier directement la zone *Position*, mais c'est moins simple.
- Si nécessaire, ajoutez et/ou supprimez des points de dégradés à l'aide des boutons correspondants.

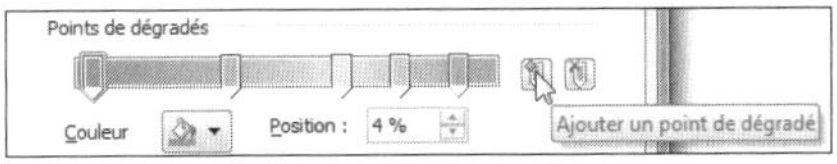

Figure 6.23 : Ajouter un point de dégradé

- Pour modifier les couleurs, sélectionnez un point puis une couleur dans la liste déroulante *Couleur*.
- Modifiez éventuellement la luminosité et le niveau de transparence de chaque point.

REMARQUE

Niveau de transparence

Contrairement à un remplissage uniforme, image ou texture, le niveau de transparence est appliqué à chaque point de dégradé.

3 Enfin, une dernière option permet ou non de faire pivoter le dégradé avec la forme. Si vous désactivez cette option et que vous faites pivoter la forme, l'orientation du dégradé ne sera pas modifiée.

Modifier le contour de la forme

Vous pouvez, de manière très simple, modifier les contours d'une forme.

1 Sélectionnez la forme, puis, sous l'onglet **Outils de dessin/Format**, dans le groupe *Styles de formes*, cliquez sur le bouton **Contour de forme**, et enfin modifiez selon votre choix la couleur, l'épaisseur, le style de tirets.

2 Pour affiner vos choix, affichez la boîte de dialogue **Format de la forme** soit en cliquant sur le lanceur de boîte de dialogue situé en bas à droite du groupe *Styles de formes*, sous l'onglet **Outils de dessin/Format**, soit par le menu contextuel.

L'onglet **Couleur du trait** permet d'obtenir un trait dégradé. Le principe du dégradé est le même que pour le remplissage de la forme ; vous devez définir pour chaque point sa position, sa couleur et sa transparence.

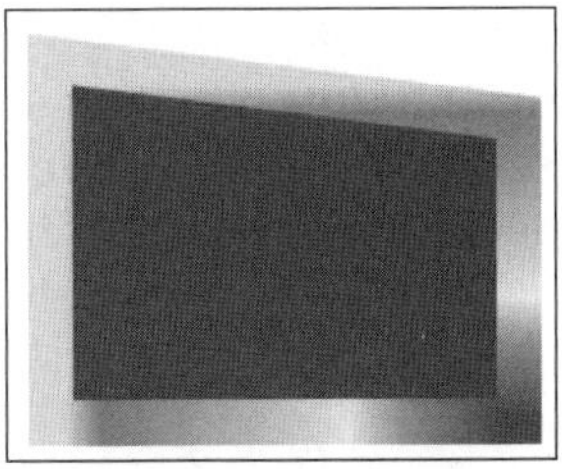
Figure 6.24 : Contour dégradé

L'onglet **Style de trait** permet d'autres personnalisations :

- Vous pouvez opter pour d'autres traits et d'autres épaisseurs.
- Vous pouvez également modifier le type de connexion. Le type de connexion permet de choisir le style des extrémités à leur intersection. Cela concerne les formes fermées qui comportent des angles, comme un rectangle ; cela concerne également les traits groupés.

RENVOI

Voyez plus loin dans ce chapitre la section *Organiser les images et les dessins* et la sous-section *Grouper et dissocier*.

Figure 6.25 : Types de connexion : 1. Plaque ; 2. Arrondi ; 3. Onglet

Un trait ou un connecteur se met en forme de la même façon que le contour d'une forme. Cependant, il possède des propriétés spécifiques qui sont personnalisables sous l'onglet **Style de trait**...

- Les types de lettrine : les extrémités du trait peuvent en effet être arrondies, encadrées, à deux dimensions.

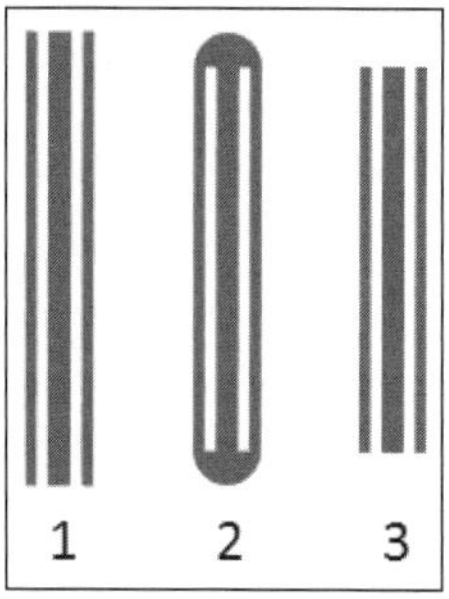

Figure 6.26 : Types de lettrine : 1. Encadré ; 2. Arrondi ; 3. Deux dimensions

- Les paramètres des flèches : si le trait n'est pas doté de flèche, vous pouvez en ajouter, ou s'il est déjà doté de flèche, vous pouvez en modifier les paramètres, à savoir les types de début et de fin, ainsi que la taille de début et de fin. Dans ce cas, les options de lettrine n'ont plus d'impact sur le trait.

REMARQUE

Type de lettrine et type de connexion

Ces deux personnalisations ne sont visibles que sur des traits suffisamment larges.

Appliquer des effets à la forme

En plus du remplissage et du contour, vous pouvez appliquer toute une série d'effets sur les formes, tels que des effets d'ombrage, de 3D, de lumière, de réflexion, etc.

Tous ces effets sont obtenus sous l'onglet **Outils de dessin/Format**, dans le groupe *Styles de formes*. Il suffit d'afficher les différentes galeries en cliquant sur le bouton **Effets sur la forme**, puis en pointant sur les différentes catégories et enfin en cliquant sur l'effet désiré.

Figure 6.27 : Effet prédéfini n°5

Figure 6.28 : Effet de lumière sur une flèche

Pour appliquer d'autres effets d'ombre et de 3D, affichez la boîte de dialogue **Format de la forme**.

- L'onglet **Ombre** vous permet de définir non seulement la couleur de l'ombre, mais également la transparence, la taille, l'effet de flou, l'angle et la distance par rapport à la forme.

Figure 6.29 : Deux formes identiques avec des ombres différentes par la taille, l'angle, la distance, la couleur et l'effet de flou

- L'onglet **Format 3D** vous propose de modifier les effets de biseau, de régler la profondeur, le contour et la surface. Vous pouvez également opter pour différents effets d'éclairage et en modifier l'angle.

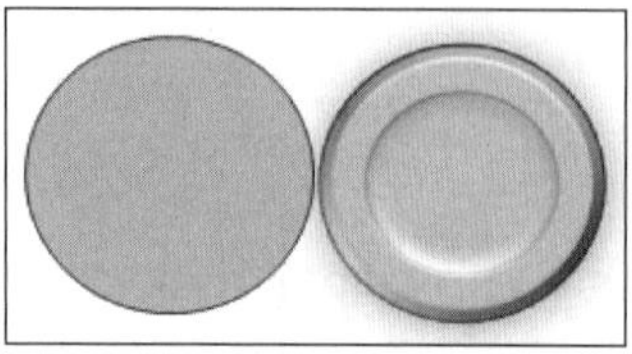

Figure 6.30 : Cercle simple enrichi par divers effets de biseau, 3D, matière et ombre, afin de donner un effet Assiette

- L'onglet **Rotation 3D** permet de définir l'effet 3D d'une forme en trois axes : l'axe X correspond à l'axe horizontal, l'axe Y à l'axe vertical et l'axe Z correspond à la profondeur. Lorsque vous faites subir une rotation 3D à l'objet, vous pouvez choisir de garder le texte à plat ; le texte ne subira pas la rotation.

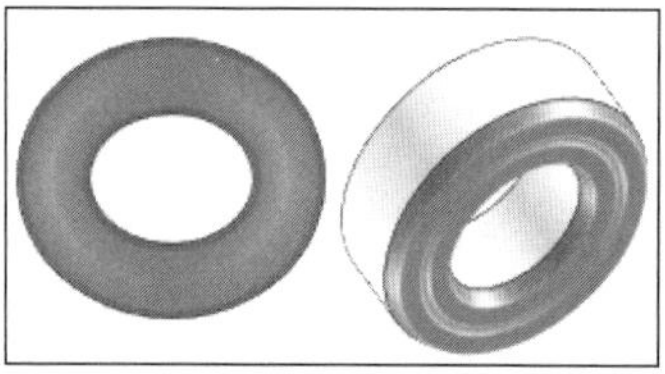

Figure 6.31 : Formes 3D ayant subi diverses rotations

REMARQUE

Effets 3D

Attention ! La notion de profondeur joue un rôle important dans l'effet 3D. Néanmoins, sans profondeur, l'objet pourra se mouvoir en 3D, même s'il reste plat !

Par contre, sans rotation 3D, pas d'aspect 3D, même si vous avez donné une valeur de profondeur !

Figure 6.32 : Formes 3D ayant subi une rotation ; dans la seconde, le texte est gardé à plat

Insérer du texte

Quelle que soit la forme automatique, vous pouvez y insérer du texte. Pour cela, cliquez du bouton droit sur la forme, puis choisissez la commande **Ajouter du texte**. Une forme automatique contenant du texte sera donc considérée comme une zone de texte.

Vous pouvez également ajouter des zones de texte simples : sous l'onglet **Insertion**, dans le groupe *Texte*, cliquez sur le bouton **Zone de texte**. Tracez ensuite votre zone sur votre page comme s'il s'agissait d'un dessin. Vous pouvez alors saisir le texte à l'intérieur. Cela revient à dessiner un rectangle et à lui ajouter du texte. Si, au lieu de tracer un rectangle, vous ne faites que cliquer sur la diapositive, il n'y aura pas de retour à la ligne automatique dans la zone de texte.

Une zone de texte se manipule comme une forme automatique. Tout ce qui s'applique aux formes automatiques (formats, organisation dans la diapositive, etc.) s'applique aux zones de texte.

REMARQUE

Espaces réservés et zones de texte

Privilégiez les espaces réservés pour saisir le texte d'une présentation. Gardez les zones de texte pour les légendes ou des informations courtes.

Le style inséré dans une zone de texte peut être mis en forme comme n'importe quel texte.

RENVOI

Voyez à ce sujet le chapitre *PowerPoint et le texte*.

Nous allons par contre étudier les différentes possibilités de position du texte dans la forme, ainsi que les spécificités WordArt.

Placer le texte dans la forme

Vous pouvez modifier l'orientation de ce texte en cliquant sur le bouton **Orientation du texte**, sous l'onglet **Accueil**, dans le groupe *Paragraphe*.

Vous pouvez également modifier les margess intérieures ainsi que l'alignement vertical dans la boîte de dialogue **Format de la forme**, sous l'onglet **Zone de texte**, que vous affichez en cliquant avec le bouton droit de la souris sur le bord de la forme et en choisissant la commande **Format de la forme**. S'il s'agit d'une forme ayant un remplissage, vous pouvez cliquer à l'intérieur de la forme.

Une autre méthode consiste à sélectionner la forme puis à cliquer sur le lanceur de la boîte de dialogue **Effets de mise en forme d'un texte**, qui se trouve en bas à droite du groupe *Styles WordArt*, sous l'onglet **Outils de dessin/Format**.

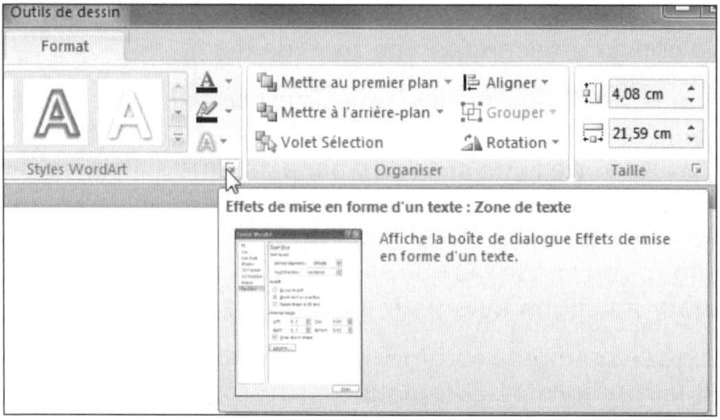

Figure 6.33 : Afficher la boîte de dialogue Effets de mise en forme d'un texte

Cette boîte de dialogue se décompose en rubriques et options...

Ainsi, la rubrique *Ajuster automatiquement* propose les options suivantes :

- *Ne pas ajuster automatiquement* : la taille de la forme restera telle que vous l'avez créée, la taille de la police aussi ! Si le texte est trop long, il dépassera de la forme. À vous de réduire manuellement la taille du texte ou d'agrandir la forme.
- *Réduire le texte dans la zone de débordement* : la taille de la police sera automatiquement réduite dès que le texte atteindra le bas de la forme.
- *Ajuster la forme au texte* : cette option permet à la forme de s'adapter au texte. La forme s'agrandira en hauteur automatiquement si le texte est long et se réduira si le texte est court.

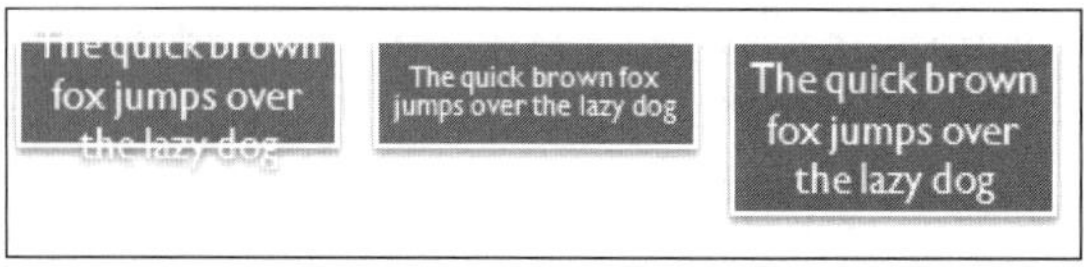

Figure 6.34 : Différents ajustements

L'option *Renvoyer le texte à la ligne dans la forme* est cochée par défaut, sauf si vous avez créé une zone de texte uniquement en cliquant sur la diapositive plutôt que de tracer la zone. Elle permet de renvoyer le texte automatiquement à la ligne. Si vous décochez cette option, le texte s'étalera sur une seule ligne, et la forme s'élargira autant que nécessaire. Les options précédentes n'auront plus aucune action sur la forme.

Personnaliser les styles WordArt

RENVOI

Tout ce qui a été expliqué au chapitre *PowerPoint et le texte* est également valable pour les zones de texte et les formes. Nous y avons déjà évoqué les styles WordArt.

Les styles WordArt étant plutôt destinés aux textes courts, et donc aux zones de texte, nous allons vous expliquer ici comment les personnaliser. Néanmoins, nous ne nous attarderons pas sur le sujet car vous retrouverez pratiquement les mêmes personnalisations que vous pouvez appliquer à une forme, en matière de remplissage, contour et effets spéciaux.

REMARQUE

Insérer un objet WordArt

Le bouton **WordArt** situé sous l'onglet **Insertion**, groupe *Texte*, permet d'insérer une zone de texte directement formatée avec un effet WordArt choisi dans la galerie. Il s'agit juste d'une méthode rapide pour ajouter une zone de texte toute formatée. La personnalisation d'une telle zone de texte ne diffère pas d'une zone de texte ordinaire.

Les styles WordArt peuvent être personnalisés via les boutons **Remplissage du texte**, **Contour du texte** et **Effets du texte** situés dans le même groupe. Vous pouvez également, comme pour les formes, utiliser le menu contextuel et choisir **Effets de mise en forme d'un texte**, pour des mises en forme plus élaborées.

ASTUCE

Où cliquer dans une zone de texte ?

Selon les endroits où vous cliquez, vous n'obtenez pas le même menu contextuel. Le plus simple est de cliquer à l'intérieur du texte pour avoir accès aux effets de mise en forme du texte.

La boîte de dialogue **Effets de mise en forme d'un texte** ressemble beaucoup à la boîte de dialogue **Format de la forme**.

Vous retrouvez les onglets étudiés plus haut, dédiés à la mise en forme d'une forme. Et bien qu'il s'agisse de personnalisation s'appliquant au texte lui-même, vous vous rendrez compte que les paramètres sont les mêmes.

Les lettres peuvent par exemple être remplies avec une image ou une texture, ou encore un dégradé. La technique est la même que pour remplir une forme.

Figure 6.35 : Texte rempli avec une photo

Figure 6.36 : Texte rempli avec un dégradé de type Tracé

Le réglage de l'ombre et de toutes les options 3D se fait de la même manière qu'avec une forme.

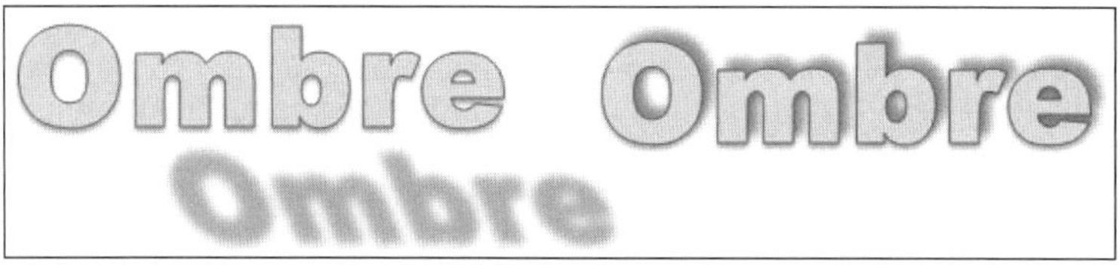

Figure 6.37 : Deux types d'ombrages très différents

L'onglet **Style de mode plan**, dont le nom n'est pas très évocateur, correspond en fait à l'onglet **Style de trait** de la boîte de dialogue **Format de la forme**.

Vous pouvez y modifier la largeur du contour d'un texte grâce à l'option *Largeur*, ainsi que le type de trait avec les options *Type de composé* et *Type de tiret*. Les autres options ne vous seront sans doute pas d'une grande utilité. Notez toutefois que l'option *Type de connexion* modifie l'aspect des angles. Un angle modifié n'est visible que pour des lettres de taille importante ayant un contour épais, pour certaines lettres et certaines polices. Quant à l'option *Type de lettrine*, dont le rôle est de changer l'aspect de l'extrémité, le résultat restera totalement invisible sur du texte, à moins que vous n'utilisiez des tirets et un contour très épais sur une lettre de très grande taille !

Figure 6.38 : Différence visible d'un choix de connexion différent sur des lettres K de la police Bauhaus93, avec une épaisseur de contour de 11 points

Transformer un texte

La transformation consiste à appliquer une trajectoire ou une déformation à un texte. Là encore, il s'agit d'un effet WordArt qui peut être affecté à n'importe quel texte. Par contre, il s'appliquera à tout le texte d'une zone de texte ou d'un espace réservé. Inutile donc de sélectionner le texte, cliquez simplement sur le bord ou à l'intérieur de la zone ou de l'espace réservé.

Sous l'onglet **Outils de dessin/Format**, dans le groupe *Styles WordArt*, cliquez sur le bouton **Effets du texte**, pointez sur la commande **Transformer**, puis cliquez sur la transformation de votre choix. Votre texte prend immédiatement la forme choisie.

Figure 6.39 : Texte ayant subi la transformation WordArt Chevron vers le haut

Si vous affichez la boîte de dialogue **Effets de mise en forme d'un texte**, sous l'onglet **Zone de texte**, vous constaterez que les options d'ajustement sont désactivées. En effet, un texte ayant subi une transformation WordArt prend automatiquement la taille de la zone ou de l'espace qui le contient. Néanmoins, il est toujours possible de cocher l'option *Renvoyer le texte à la ligne dans la forme*.

Notez par ailleurs qu'un texte ayant subi une transformation WordArt peut être modifié comme n'importe quel autre texte.

Supprimer les effets WordArt

Pour supprimer tous les effets WordArt d'un texte, sélectionnez le texte, puis, sous l'onglet **Outils de dessin/Format**, cliquez sur la flèche de la galerie des objets WordArt, puis sur la commande **Effacer les styles WordArt**.

REMARQUE

Effacer une mise en forme de texte

La commande **Effacer les styles WordArt** efface tout ce qui est typiquement WordArt, c'est-à-dire le remplissage, l'ombre, les effets divers, la transformation, alors que la commande **Effacer toute la mise en forme** efface tout, y compris le changement de police, la taille, la couleur. Par contre cette dernière n'annule pas les effets WordArt qui s'appliquent à la zone entière, ni la transformation. Ces deux commandes sont donc complémentaires.

Reproduire la mise en forme

Comme pour le texte, le bouton **Reproduire la mise en forme** sous l'onglet **Accueil**, dans le groupe *Presse-papiers*, permet de copier et de coller la mise en forme d'un objet sur un autre. Sélectionnez l'objet mis en forme, cliquez sur le bouton **Reproduire la mise en forme**, puis cliquez sur l'objet à mettre en forme.

Définir un format de forme par défaut

Si vous souhaitez utiliser régulièrement le même format de forme dans votre présentation, que ce soit pour le remplissage, le contour, le format du texte ou tous les différents effets affectés à cette forme, vous pouvez définir un format par défaut pour éviter de recommencer plusieurs fois le même travail.

1 Formatez votre format selon vos besoins.

2 Cliquez avec le bouton droit de la souris sur la forme, puis choisissez la commande **Définir comme forme par défaut**.

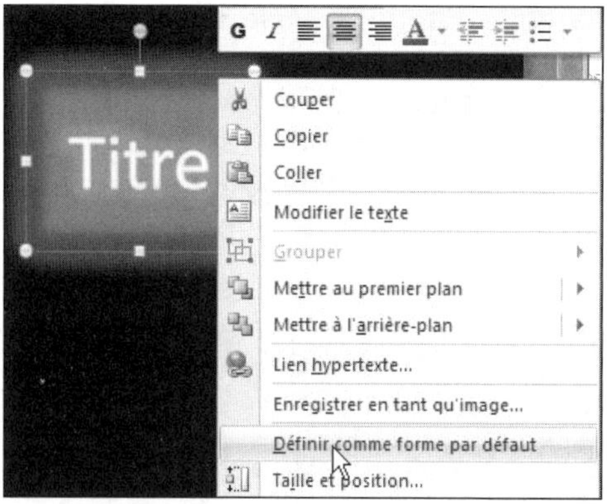

Figure 6.40 : Définir comme forme par défaut

Une fois cette option choisie, toutes les formes futures prendront le même aspect que la forme définie par défaut. Vous pouvez changer de format par défaut aussi souvent que cela est nécessaire.

Opter pour une autre forme

Vous avez inséré une forme automatique et vous l'avez formatée. Vous pouvez changer d'avis et choisir une autre forme automatique sans avoir à refaire le formatage, ni à saisir de nouveau le texte : cliquez sur le bouton **Modifier la forme**, sous l'onglet **Outils de dessin**

/Format, dans le groupe *Styles de formes*, pointez sur la commande **Modifier la forme** et sélectionnez la forme souhaitée.

6.2. Utiliser les images

Pour insérer une image dans votre présentation, vous pouvez employer une disposition de contenu, ou bien utiliser l'onglet **Insertion du ruban**.

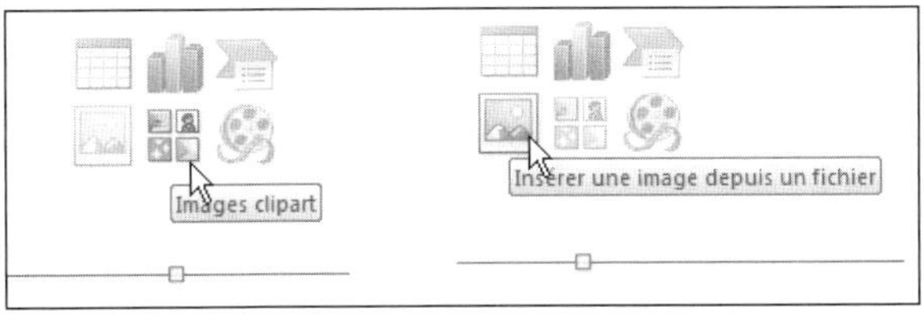

Figure 6.41 : Insérer une image dans une disposition de contenu

Vous pouvez ajouter les images depuis un fichier stocké sur votre disque dur ou un autre support, et insérer les cliparts situés dans la bibliothèque fournie avec Office. La bibliothèque de cliparts est composée de divers fichiers qui peuvent se trouver sur votre disque dur, ou en ligne, sur le site d'Office Online. Vos propres fichiers image peuvent naturellement être intégrés à la bibliothèque.

Insérer un clipart

1 Utilisez une disposition de contenu ou bien, sous l'onglet **Insertion**, dans le groupe *Illustrations*, cliquez sur le bouton **Images clipart**. La boîte de dialogue **Images clipart** s'affiche.

2 Dans la zone *Rechercher*, saisissez un mot correspondant à l'image voulue et cliquez sur le bouton OK.

Les images correspondant à votre recherche s'affichent dans la boîte de dialogue **Images clipart** (voir Figure 6.42).

ASTUCE

Prévisualisation d'une image clipart

Avant de l'insérer, vous pouvez prévisualiser l'image clipart et connaître ses propriétés : cliquez sur la flèche située à droite du clipart et choisissez la commande **Aperçu et propriétés**.

3 Cliquez sur l'image qui vous convient afin de l'insérer dans votre document.

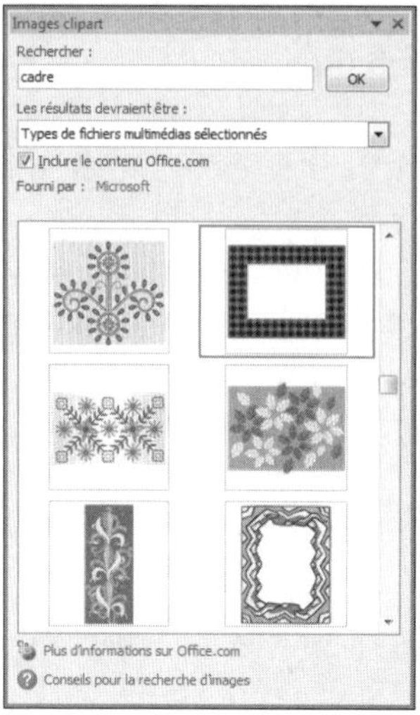

Figure 6.42 : Insérer un clipart

Élargir votre recherche

ASTUCE

Si vous êtes connecté à Internet, assurez-vous de cocher l'option *Inclure le contenu Office.com*, car la majorité des cliparts se trouve sur le site de Microsoft et non en local.

Choix du type de clipart

REMARQUE

Lorsque vous recherchez un clipart, PowerPoint examine en fait tous les fichiers multimédias : son, vidéo, photo, etc. Affinez votre recherche en activant uniquement ce que vous souhaitez trouver dans la zone *Les résultats devraient être* de la boîte de dialogue **Images clipart**.

Figure 6.43 : Les résultats devraient être…

Un objet clipart est généralement composé de plusieurs morceaux. Pour modifier un clipart, cliquez dessus avec le bouton droit de la souris et choisissez **Modifier l'image** : selon le format, le clipart sera automatiquement décomposé et transformé en dessin. PowerPoint peut vous prévenir qu'il s'agit d'une image importée et vous demandera si vous souhaitez la convertir en options de dessin Office. Si vous répondez affirmativement, vous devrez souvent dégrouper le dessin. Vous pouvez ensuite modifier chaque élément à la manière des formes automatiques.

Voyez, plus bas dans ce chapitre, la section *Grouper et dissocier* si nécessaire.

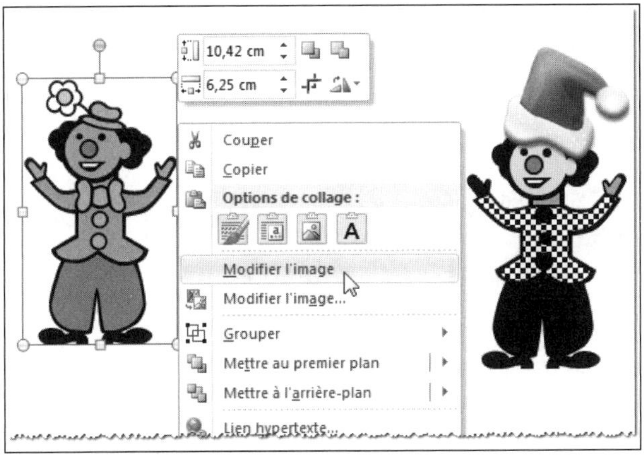

Figure 6.44 : Modifier un objet clipart

Notez cependant que tous les objets clipart ne sont pas modifiables de cette façon. En effet, n'importe quelle image peut être ajoutée à la bibliothèque de cliparts. Aussi la modification dépend-t-elle du format de l'image.

Insérer une image depuis le disque dur ou un autre support

Pour afficher une image choisie parmi les fichiers qui se trouvent sur votre ordinateur ou sur un support amovible, utilisez une disposition de contenu ou bien cliquez sur le bouton **Image** du groupe *Illustrations*, sous l'onglet **Insertion**. Sélectionnez l'image de votre choix et cliquez sur **Insérer**.

Mettre en forme une image

Pour accéder à l'onglet **Outils Image/Format**, sélectionnez une image. L'onglet affiche alors les différentes possibilités de formatage. Des choix plus complets sont accessibles via la boîte de dialogue **Format de l'image**, obtenue en particulier grâce au menu contextuel.

Utiliser les styles d'images

Le plus simple est d'utiliser la galerie des styles d'images. Les styles d'images regroupent différents effets d'ombre, de lumière, de réflexion, de contour, etc. Pour appliquer un style à une image, cliquez sur l'un des styles de la galerie.

Vous pouvez ensuite peaufiner en utilisant les listes déroulantes *Forme de l'image*, *Bord de l'image* et *Effets des images*.

Figure 6.45 : Différents styles d'images pour une même photo

Personnaliser le style d'image

Une image peut être personnalisée, comme vous venez de le voir, grâce aux styles d'images. Elle peut l'être également à l'aide des boutons **Forme de l'image**, **Bord de l'image** et **Effets des images**. Vous pouvez commencer par choisir un style d'image, puis le peaufiner à l'aide de ces boutons.

Comme pour une forme, vous pouvez modifier le bord de l'image à l'aide du bouton **Bord de l'image**, en choisissant une couleur, un type et une épaisseur de trait.

Et enfin, comme pour une forme, vous pouvez ajouter différents effets aux images à l'aide du bouton **Effets des images** : ombrage, réflexion, lumière, effets de biseau, etc.

Pour encore plus de personnalisations, affichez la boîte de dialogue **Format de l'image** en cliquant sur le lanceur de boîte de dialogue situé en bas à droite du groupe *Styles d'images*, sous l'onglet **Outils Image /Format**. Vous pouvez également cliquer avec le bouton droit de la souris sur votre image puis sur la commande **Format de l'image**.

Ajuster la netteté, la luminosité et le contraste

Après avoir sélectionné l'image et affiché l'onglet **Outils Image /Format**, vous pouvez ajuster la netteté, la luminosité et le contraste de l'image à l'aide du bouton **Corrections** du groupe *Ajuster*. Il suffit ensuite de passer la souris sur les différentes possibilités proposées et de cliquer sur celle qui vous convient.

Modifier les couleurs

Vous pouvez également recolorier une photo à l'aide du bouton **Couleur**. PowerPoint n'est pas un outil de retouche de photo ; il permet néanmoins d'appliquer une couleur monochrome, entre autres de transformer une photo couleur en noir et blanc ou sépia, et d'estomper une photo pour en faire un filigrane.

Vous noterez également que vous pouvez rendre une couleur transparente grâce à la pipette disponible dans la galerie des couleurs.

Par ailleurs, en cliquant sur la commande **Options de couleurs de l'image**, vous pourrez faire des corrections de saturation et de nuances.

Appliquer des effets artistiques

Plusieurs effets artistiques permettent de présenter une photo sous un aspect différent. Sélectionnez la photo puis, sous l'onglet **Outils Image/Format**, groupe *Ajuster*, cliquez sur le bouton **Effets artistiques** et choisissez l'effet qui vous convient.

Figure 6.46 : Photo en couleurs à laquelle a été appliqué l'effet Crayon - nuances de gris

Rogner une image

Rognage simple

Le rognage permet de supprimer une partie d'une image. Vous pouvez appliquer le rognage à une photo ou à un clipart, mais pas à une forme automatique. Si vous souhaitez rogner une forme automatique, vous la transformerez donc auparavant en image.

Pour rogner une image :

1 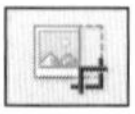 Sélectionnez une image, puis, sous l'onglet **Outils Image /Format**, groupe *Taille*, cliquez sur le bouton **Rogner**. Le curseur prend l'aspect de l'outil de rognage et des poignées de rognage apparaissent autour de l'image.

2 Cliquez sur l'une d'entre elles et glissez pour rogner la partie à supprimer.

ASTUCE

Rogner plusieurs côtés en même temps

Pour rogner simultanément de chaque côté, maintenez la touche Ctrl enfoncée en faisant glisser l'une des poignées de rognage. Pour rogner les côtés de façon égale, maintenez les touches Ctrl+Maj enfoncées.

3 Pour terminer, cliquez à nouveau sur le bouton **Rogner** ou appuyez sur la touche Échap.

Figure 6.47 : Rogner une image

Rognage avec forme

Nous avons vu dans la section *Remplir une forme avec une image* que l'image risquait d'être déformée du fait qu'elle se met automatiquement à l'échelle de la forme, et qu'il n'était pas commode de corriger cela.

La solution la plus simple pour appliquer une forme à une image, et pour que celle-ci conserve ses proportions, est d'insérer d'abord l'image et de lui appliquer ensuite un rognage avec forme.

Sélectionnez l'image, puis, sous l'onglet **Outils Image/Format**, groupe *Taille*, cliquez sur la flèche déroulante du bouton **Rogner**, pointez sur la commande **Rogner à la forme** et cliquez sur la forme de votre choix.

REMARQUE

Forme d'image et remplissage de forme

Attention ! Il s'agit bien ici d'une image dont la forme a été modifiée et non pas d'une forme remplie par une image. Dans le premier cas, l'image garde toujours ses proportions d'origine, à moins de la déformer volontairement. Dans le cas d'une forme, rappelez-vous que l'image prend les proportions de la forme. Par ailleurs, une forme peut être traitée comme une zone de texte, mais pas une image.

Modifier le rapport hauteur/largeur d'une image rognée

Nous avons vu que, lors d'un rognage, l'image conservait ses proportions ; par contre, c'est la forme appliquée qui est automatiquement mise à l'échelle, ce qui n'est pas forcément ce que vous recherchez. Si par exemple vous avez choisi une forme d'étoile pour rogner une image de format 4/3, l'étoile aura le même format 4/3 et sera donc écrasée !

Pour corriger ce formatage :

1 Sélectionnez l'image rognée, puis, via la liste déroulante du bouton **Rogner**, pointez sur la commande **Rapport hauteur/largeur** et sélectionnez celui qui sera le plus proche de l'effet escompté.

2 Lorsqu'une image est rognée, avec ou sans forme, PowerPoint conserve par défaut l'image entière en mémoire ; vous retrouverez donc votre image entière. Il suffit alors de déplacer cette dernière de façon à choisir quel morceau conserver.

3 Vous pouvez également modifier plus finement les proportions du rognage à la souris.

Figure 6.48 : Modifier les proportions d'une image rognée avec forme

Ajuster et remplir

Deux autres options sont proposées dans la liste déroulante *Rogner* :

- *Remplir* : si l'image ne remplit pas la forme, cette option va simplement déplacer l'image de façon que la forme soit remplie au mieux. Ni la photo ni la forme ne seront déformées. À vous d'ajuster plus finement si nécessaire.

- *Ajuster* : cette option va redimensionner l'image pour qu'elle soit le moins rognée possible. Elle ne sera pas déformée, par contre la forme ne sera pas forcément entièrement remplie.

Figure 6.49 : Image format paysage rognée sur une base carrée (1:1). À gauche : forme remplie. À droite : image ajustée

REMARQUE

Formes automatiques et rognage

Vous pourrez utiliser ces deux options pour une forme automatique remplie avec une image. Elles permettront de s'approcher le plus près possible du résultat escompté et supprimeront la déformation de l'image. Vous pourrez également peaufiner à l'aide de la boîte de dialogue **Format de l'image**, où vous verrez que les options d'étirement ont été automatiquement complétées. L'autre avantage est de pouvoir positionner l'image à l'aide de la souris.

Détourer une image

DEFINITION

Détourage

Le détourage est une technique qui permet d'extraire un élément d'une image, en supprimant l'arrière-plan et en déterminant un contour pour l'élément.

ATTENTION

Détourage et compression

La compression modifie une image puisqu'elle en réduit la résolution. Aussi, compressez impérativement l'image avant de la détourer.

RENVOI

Pour plus de détails, voyez la section *Compresser les images* ci-après.

Pour détourer une image, sélectionnez-la, puis :

1 Sous l'onglet **Outils Image/Format**, dans le groupe *Ajuster*, cliquez sur le bouton **Suppression de l'arrière-plan** qui affiche l'onglet du même nom.
2 PowerPoint sélectionne automatiquement les zones à supprimer, qui sont recouvertes de couleur rose pour être repérées facilement.
3 Vous pouvez faire glisser les poignées de la zone de sélection afin que celle-ci contienne plus précisément les zones à supprimer.
4 Si cela ne suffit pas, utilisez les deux boutons **Marquer les zones à supprimer** et **Marquer les zones à conserver**, sous l'onglet du groupe *Affiner*. Après avoir cliqué sur l'un de ces boutons, cliquez dans l'image sur les zones à supprimer et/ou à conserver. Vous pouvez également tracer des traits en conservant le bouton de la souris enfoncé. Les zones seront marquées par un signe + ou un signe - selon qu'elles doivent être supprimées ou conservées.
5 Une fois les sélections faites, cliquez sur le bouton **Conserver les modifications**.

Figure 6.50 : Détourer une image

ATTENTION

Fermeture de l'onglet Arrière-plan

Pour abandonner les modifications, cliquez sur le bouton **Ignorer toutes les modifications** dans le groupe *Fermer*. Si vous cliquez n'importe où à l'extérieur de la photo, l'onglet **Arrière-plan** se ferme et les modifications sont

ATTENTION

par défaut conservées. Vous pourrez toujours annuler avec le bouton d'annulation ou le raccourci Ctrl+Z.

REMARQUE

Arrière-plan d'une photo détourée

Une photo détourée a un arrière-plan transparent. Par conséquent, les effets ajoutés à cette photo (contour, lumière, etc.) le seront uniquement sur l'image détourée.

Figure 6.51 : Effet de lumière ajouté à une photo détourée

Modifier l'image

Vous avez inséré une photo et l'avez mise en forme, mais rien ne vous empêche de changer d'avis et de la remplacer par une nouvelle photo tout en gardant les réglages de mise en forme déjà établis. Pour cela, cliquez avec le bouton droit de la souris sur l'image et choisissez la commande **Modifier l'image**, ou bien, sous l'onglet **Outils Image/Format**, dans le groupe *Ajuster*, cliquez sur le bouton **Modifier l'image**. Sélectionnez une autre image et cliquez sur le bouton **Insérer**.

Rétablir l'image

Quelles que soient les modifications de mise en forme que vous avez apportées à une photo, elles peuvent toutes être annulées en bloc : sélectionnez l'image, puis cliquez sur le bouton **Rétablir** sous l'onglet **Outils Image/Format** dans le groupe *Ajuster*.

Ce rétablissement n'est pas possible pour un clipart qui a été non seulement mis en forme, mais aussi transformé en dessin pour être modifié.

ATTENTION

Rétablir une image rognée

Le rétablissement d'image permettra de récupérer une image telle qu'elle était au départ, sauf après une compression.

RENVOI

À ce sujet, voyez la section *Compresser les images*, ci-après.

Compresser les images

Pour éviter de produire, de stocker et de diffuser des documents trop lourds, il est conseillé de compresser les images et les photos. Une autre solution consiste à ne pas intégrer les images au fichier, mais seulement à les lier.

RENVOI

Reportez-vous au chapitre *PowerPoint et les objets OLE* pour plus de détails.

Les images seront compressées par défaut lors de l'enregistrement de votre document. Si vous ne souhaitez pas qu'elles le soient, vous devez modifier les options par défaut :

1 Passez en mode Backstage, cliquez sur **Options**, puis sur la commande **Options avancées**.

2 Sous la rubrique *Taille et qualité de l'image* se trouvent les options concernant les images pour le document en cours. Vous pouvez décider d'appliquer vos options à tous les nouveaux documents.

   - L'option *Ne pas compresser les images dans un fichier* évitera la compression de toutes vos images.
   - L'option *Ignorer la modification des données* permettra de conserver les zones de rognage (lorsque les zones de rognage des images sont supprimées, l'image ne peut pas être restaurée).
   - Vous pouvez par ailleurs choisir le taux de compression de vos images en fonction de la sortie cible. Si vous souhaitez privilégier l'impression par exemple, conservez la résolution de 220 ppp (points par pouce).

Notez qu'après une compression l'image perd définitivement sa résolution originale ainsi que ses zones de rognage, sauf indication contraire.

Par ailleurs, vous pouvez ajuster les options de compression pour une image en particulier : sélectionnez l'image, puis sous l'onglet **Outils Image/Format**, dans le groupe *Ajuster*, cliquez sur le bouton **Compresser les images**.

Figure 6.52 : Bouton Compresser les images

Notez que, via cette boîte de dialogue, vous pouvez supprimer ou non les zones de rognage des images.

Définition et résolution

La définition d'une image est le nombre de pixels qui constituent l'image.

La résolution est exprimée en points par pouce (ppp), ou en anglais en *dots per inch* (dpi). Elle définit en quelque sorte la taille du pixel. Une résolution de 300 ppp donnera des pixels plus petits qu'une résolution de 96 ppp.

Pour que les photos soient imprimées de manière optimale, la résolution nécessaire se situe entre 200 et 300 ppp, alors que s'il s'agit simplement de les visualiser sur écran, 150 ppp seront largement suffisants.

Images, résolution et définition

Cette vidéo de Dominique Legrand vous explique admirablement et avec humour la différence entre définition et résolution : www.wisibility.com/wisi/tutos/lecteur/lecteurWisibility.php?tuto=38_definition-resolution

6.3. Insérer une capture d'écran

Nouveauté de la version 2010, vous pouvez maintenant insérer automatiquement une capture d'écran dans votre présentation PowerPoint, parmi les fenêtres ouvertes sur votre ordinateur.

Pour cela, sous l'onglet **Insertion**, dans le groupe *Images*, cliquez sur le bouton **Capture d'écran** et sélectionnez la capture de votre choix parmi les écrans disponibles (voir Figure 6.53).

Vous pouvez également ajouter juste une partie de l'écran :

1 Cliquez sur le bouton **Capture d'écran**, puis sur la commande du même nom située tout en bas de la galerie.

2 Votre fenêtre PowerPoint s'évanouit pour laisser la place à la fenêtre située en dessous. Le curseur prend l'aspect d'une grande croix.

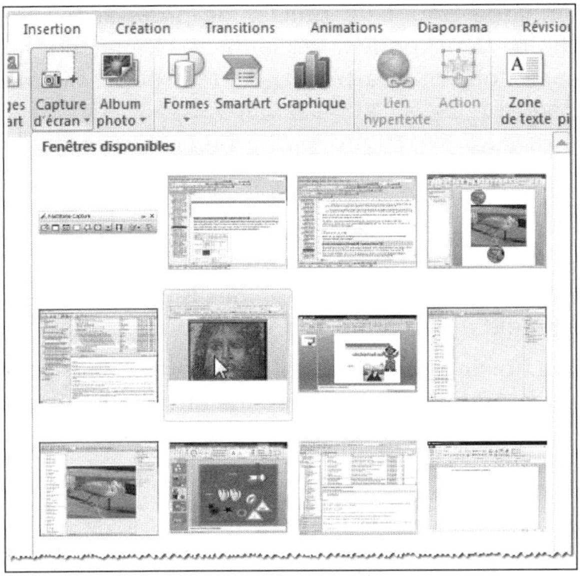

Figure 6.53 : Insérer une capture d'écran

3 Faites glisser la souris pour sélectionner la partie qui vous intéresse et cliquez sur OK : la partie de l'écran est automatiquement insérée comme image dans votre document.

ASTUCE

Capture d'écran

Si plusieurs fenêtres sont ouvertes, affichez l'écran que vous avez choisi juste avant de réafficher votre document. Ainsi la fenêtre qui apparaîtra pour la capture d'écran sera celle-là.

6.4. Insérer un graphique SmartArt

DEFINITION

SmartArt

Un SmartArt est une représentation graphique d'idée, de concept, de différents processus, etc.

Il existe huit types de graphiques SmartArt : *Liste*, *Processus*, *Cycle*, *Hiérarchie*, *Relation*, *Matrice*, *Pyramide* et *Image*. Certains SmartArts appartiennent à plusieurs catégories.

1 Pour insérer un graphique SmartArt, utilisez de préférence une disposition de contenu. Vous pouvez également cliquer sur le bouton **SmartArt**, sous l'onglet **Insertion**, dans le groupe *Illustrations*.

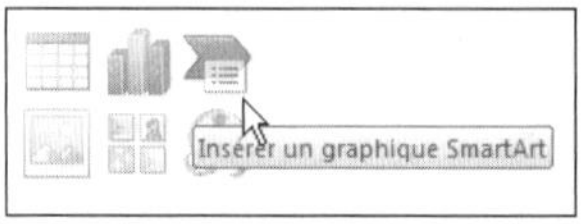

Figure 6.54 : Insérer un SmartArt

2 Dans la boîte de dialogue **Choisissez un graphique SmartArt**, sélectionnez à gauche le type de graphique souhaité.

3 Vous pouvez ensuite choisir un modèle parmi ceux qui sont proposés : sélectionnez un modèle et lisez les indications le concernant afin de trouver exactement ce dont vous avez besoin. Quand votre choix est fait, cliquez sur OK.

Ajouter le texte

Vous pouvez maintenant entrer le texte directement dans une forme du graphique.

Si vous préférez, vous pouvez travailler avec le volet **Texte** : pour le faire apparaître, cliquez sur les flèches situées à gauche du graphique SmartArt. Vous pouvez également cliquer sur le bouton **Volet Texte** du groupe *Créer un graphique*, sous l'onglet **Outils SmartArt /Création**. Lorsqu'il est sélectionné, cliquez sur *[Texte]*, puis saisissez votre texte. Fermez-le en cliquant sur sa croix de fermeture.

Modifier un SmartArt

Selon que vous modifiez le SmartArt entier ou simplement une forme, individuellement, la sélection sera différente :

- Pour sélectionner le graphique dans son ensemble, cliquez à l'intérieur de la zone du graphique.
- Pour sélectionner une forme, cliquez sur celle-ci de façon qu'elle soit entourée du rectangle de sélection. Vous pouvez utiliser la touche Ctrl pour sélectionner plusieurs formes.

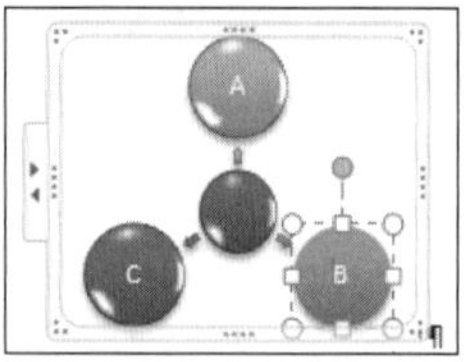

Figure 6.55 : Sélectionner une seule forme

Modifier la disposition

Vous pouvez à tout moment changer d'avis et utiliser une autre disposition de graphique SmartArt. Sélectionnez votre graphique, puis, sous l'onglet **Outils SmartArt/Création**, faites un autre choix dans la galerie des dispositions.

Modifier les couleurs

Pour modifier l'ensemble des couleurs d'un SmartArt, sélectionnez le graphique, puis cliquez sur l'un des jeux de couleurs dans la galerie des couleurs accessible par le bouton **Modifier les couleurs** du groupe *Styles SmartArt*.

RENVOI Pour le choix des jeux de couleurs et afin d'obtenir un document homogène, reportez-vous au chapitre *Créer des thèmes et des modèles*.

Utiliser les styles prédéfinis

Pour appliquer rapidement une mise en forme à votre SmartArt, cliquez sur un style rapide de la galerie des styles SmartArt, dans le groupe *Styles SmartArt*. Si vous modifiez le choix du jeu de couleurs, la galerie des styles rapides applique également le changement.

Modifier l'aspect d'une forme

Pour appliquer une mise en forme spécifique à une ou plusieurs formes sans toucher au reste du graphique SmartArt, sélectionnez la ou les formes et choisissez la mise en forme dans les groupes *Styles de formes* et *Styles WordArt*, sous l'onglet **Outils SmartArt/Format**. Ces deux groupes vous permettent de modifier les attributs de couleur, de contour, d'effet 3D, etc., des formes sélectionnées, et ce individuellement, exactement comme lors de la mise en forme des formes automatiques.

Et comme pour les formes automatiques, vous pouvez afficher les boîtes de dialogue **Format de la forme** et **Effets de mise en forme d'un texte** via les lanceurs de boîte de dialogue ou le menu contextuel, pour encore plus de personnalisations. Pour garder une présentation homogène, il n'est pas conseillé d'en abuser néanmoins !

Ajouter et supprimer des formes

Pour ajouter une forme à un SmartArt, sélectionnez la forme située avant ou après celle que vous souhaitez ajouter, puis, sous l'onglet **Outils SmartArt/Création**, cliquez sur le bouton **Ajouter une forme** dans le groupe *Créer un graphique*, et enfin cliquez sur une option disponible dans la liste déroulante. Vous pouvez également utiliser le menu contextuel en cliquant avec le bouton droit de la souris dans la forme.

Autre méthode : si vous utilisez le volet **Texte**, placez le point d'insertion à la fin du texte où vous souhaitez ajouter une forme et appuyez sur la touche ↵.

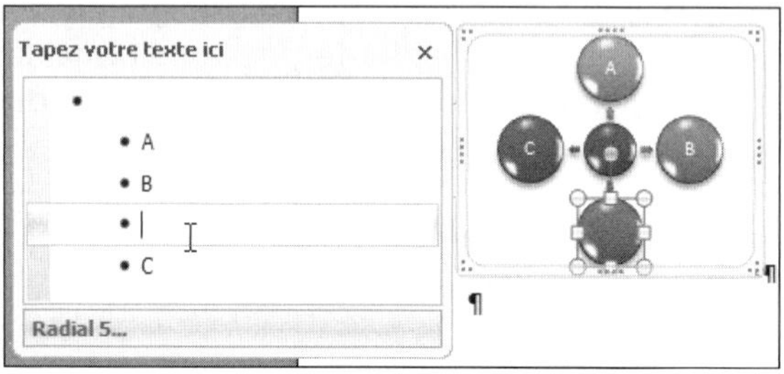

Figure 6.56 : Ajouter une forme

Pour supprimer une forme, sélectionnez-la et appuyez sur la touche Suppr.

Inverser l'orientation du graphique

Pour inverser l'orientation du graphique, cliquez sur le bouton **De droite à gauche**, situé dans le groupe *Créer un graphique*.

Convertir un texte en graphique SmartArt

Un texte saisi sous forme de liste peut très aisément être converti en graphique SmartArt :

1 Sélectionnez l'espace réservé ou la zone contenant le texte.

2 Sous l'onglet **Accueil**, dans le groupe *Paragraphe*, cliquez sur le bouton **Convertir en graphique SmartArt** et choisissez le SmartArt qui vous convient.

Figure 6.57 : Convertir un texte en graphique SmartArt

Le texte est immédiatement converti ! La taille du graphique est à l'échelle de la zone de texte.

Convertir une ou plusieurs images en graphique SmartArt

Des images insérées dans une diapositive peuvent être rapidement converties en graphique SmartArt :

1 Sélectionnez la ou les images (peu importe l'endroit où elles sont placées dans la diapositive).

2 Sous l'onglet **Outils Image/Format**, groupe *Styles d'images*, cliquez sur le bouton **Disposition d'image**, et choisissez le type de SmartArt qui vous convient.

Les images sont immédiatement converties.

Insérer une équation

PowerPoint propose dorénavant un éditeur d'équations très puissant. Vous pourrez aussi bien construire votre propre équation que créer une équation à partir d'un modèle existant.

À partir d'un modèle existant

1 Sous l'onglet **Insertion**, dans le groupe *Symboles*, cliquez sur la flèche déroulante située en bas du bouton **Équation** pour accéder à la galerie des équations.

2 Choisissez votre modèle parmi les équations existantes et cliquez dessus.

3 Un objet *Équation* s'insère dans votre diapositive, et le Ruban affiche les outils propres aux équations.

4 Il vous reste à personnaliser votre équation en utilisant les éléments des groupes *Symboles* et *Structure*, et en y ajoutant bien entendu vos propres chiffres.

REMARQUE

Espaces réservés des structures mathématiques

Les petits cadres en pointillé sont des espaces réservés. Si la structure contient des espaces réservés, cliquez dedans et saisissez vos chiffres ou symboles.

Pour modifier une équation, cliquez à l'intérieur de celle-ci : les outils d'équation apparaissent sur le Ruban. S'ils n'apparaissent pas, cliquez sur l'onglet **Outils d'équation/Conception** situé en bout de Ruban.

Notez que vous pouvez agrandir la zone d'équation afin de compléter l'équation, cette dernière ne s'agrandira pas pour autant.

Une équation peut avoir deux formats : *Professionnel* et *Linéaire*. Vous pouvez passer de l'un à l'autre en cliquant sur les boutons correspondants, situés dans le groupe *Outils* de l'onglet **Création**, ou en utilisant la flèche déroulante située à droite de votre bloc de construction **Équation**.

Sans modèle

Si vous ne souhaitez pas créer une équation basée sur un modèle, cliquez dans une zone de texte ou un espace réservé, cliquez sur le bouton **Équation** puis sur la commande **Insérer une nouvelle équation**, située en bas de la galerie. Un bloc d'instruction vide s'insère avec l'indication "Tapez une équation ici". Il vous reste à saisir votre équation. Vous pouvez également utiliser le raccourci Alt+\+ du clavier alphanumérique.

Saisissez votre équation d'une manière linéaire, PowerPoint applique automatiquement au fur et à mesure le format professionnel. Si ce format ne vous convient pas, vous pouvez bien entendu le modifier (voir plus haut).

Faites un test. Saisissez : `150/3+200/2x8`. PowerPoint le convertit :

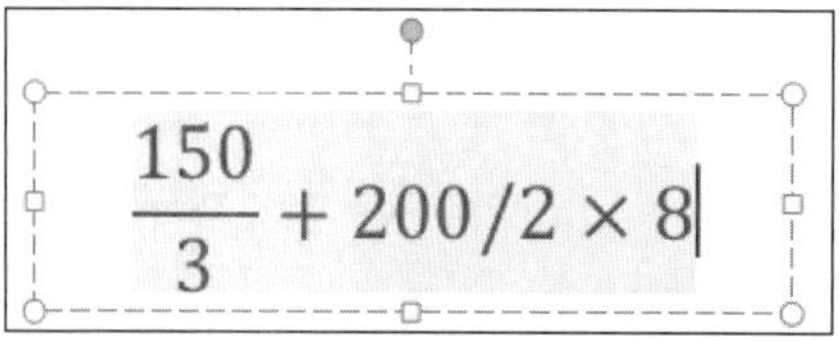

Figure 6.58 : Conversion d'une équation saisie initialement en linéaire vers un format professionnel

REMARQUE

Les AutoMaths

Rappelons que les AutoMaths sont particulièrement utiles pour les équations. Reportez-vous au chapitre *Les outils d'édition*, à la section *Modifier les options de correction automatique*, pour avoir plus de détails. En cliquant sur le lanceur de boîte de dialogue du groupe *Outils*, sous l'onglet **Outils d'équation/Conception**, vous accédez à la boîte de dialogue **Options d'équation** dans laquelle se trouve un bouton donnant accès à la liste des AutoMaths.

Une équation est un objet comme un autre et à ce titre, elle peut être formatée comme n'importe quel autre objet.

$$x = \frac{-b \pm \sqrt{b^2 - 4ac}}{2a}$$

Figure 6.59 : Équation formatée

6.5. Organiser les images et les dessins

Sélectionner plusieurs éléments

Pour modifier le format de plusieurs objets à la fois, pour en aligner plusieurs, etc., il est nécessaire de sélectionner tous ces éléments en même temps.

Vous pouvez utiliser la souris avec la touche [Ctrl] ou la touche [Maj] enfoncée, pour sélectionner plusieurs objets. Vous avez également la possibilité de cliquer dans le document, puis de glisser le pointeur pour encadrer les objets à sélectionner.

De plus, vous disposez d'un outil de sélection des objets, qui se trouve sous l'onglet **Accueil**, dans le groupe *Modification*. Pour l'activer, cliquez sur le bouton **Sélectionner** puis sur la commande **Sélectionner les objets** :

- La commande **Sélectionner tout** permet de sélectionner tous les objets de la diapositive active.
- La commande **Sélectionner les objets** est la commande sélectionnée par défaut.
- La commande **Volet sélection** permet d'afficher le volet **Sélection et visibilité**. Ce volet constitue une amélioration non négligeable de PowerPoint : il liste tous les objets de la diapositive, permet d'en sélectionner plusieurs et également de masquer les objets, ce qui est bien pratique lorsque la diapositive en contient beaucoup et qu'il devient difficile de faire des manipulations.

Ce volet est aussi accessible depuis les différents onglets de format d'objets (voir Figure 6.60).

- Pour sélectionner plusieurs objets dans le volet **Sélection et visibilité**, cliquez sur les noms des images en gardant la touche [Ctrl] enfoncée.
- Pour masquer un objet, cliquez sur l'icône en forme d'œil située en regard de l'objet, et inversement pour afficher l'objet.

Figure 6.60 : Utiliser le volet Sélection et visibilité

- Pour masquer tous les objets, cliquez sur le bouton **Masquer tout**. Pour afficher tous les objets, cliquez sur le bouton **Afficher tout**.
- Vous pouvez également réorganiser l'ordre des objets dans le volet à l'aide des flèches situées en bas à droite du volet.

RENVOI

Reportez-vous à ce sujet à la section *Gérer les empilements*.

ASTUCE

Afficher un seul objet

Pour afficher un seul objet dans une diapositive qui en contient beaucoup et pouvoir travailler dessus sereinement, commencez par masquer tous les objets grâce au bouton **Masquer tout**, puis cliquez sur l'icône située en regard de l'objet que vous souhaitez afficher.

- De plus, vous pouvez modifier le nom de chaque objet, ce qui est bien utile lorsqu'il y a beaucoup d'objets dans une même diapositive : sélectionnez l'objet, cliquez une nouvelle fois, puis renommez-le.

Déplacer et disposer les objets

Vous l'avez remarqué, vous pouvez déplacer et disposer tous les objets à l'aide de la souris. Vous pouvez également vous servir pour cela des touches fléchées du clavier. Cependant, si vous souhaitez placer un objet à un endroit très précis, il vaut mieux utiliser la boîte de dialogue **Taille et position** en cliquant avec le bouton droit de la souris sur l'objet et en choisissant la commande **Taille et position**. Vous pouvez aussi passer par le lanceur de boîte de dialogue situé sous l'onglet **Objet/Format** en bas à droite du groupe *Taille*. Entrez ensuite des mesures précises sous l'onglet **Position**.

Reportez-vous à la section *Préparer la zone de dessin* au début de ce chapitre pour voir comment utiliser la grille et les repères qui facilitent le déplacement et la disposition des objets.

Redimensionner un objet

Pour redimensionner un objet, placez le pointeur sur l'une des huit poignées de redimensionnement situées sur le pourtour de l'objet, cliquez et faites-la glisser dans la direction souhaitée.

Pour un redimensionnement homothétique, appuyez sur la touche Maj et gardez-la enfoncée pendant la manipulation.

Redimensionnement d'une photo

Notez qu'une image (photo, clipart...) redimensionnée à l'aide de l'une des quatre poignées d'angle restera toujours proportionnelle par rapport à sa taille d'origine. Il est donc inutile d'utiliser la touche Maj. Pour déformer l'image, vous pouvez la redimensionner avec l'une des quatre poignées situées sur les côtés. Cette remarque s'applique uniquement aux photos et non aux formes avec un remplissage photo.

Pour conserver le centre d'un objet au même emplacement, appuyez sur la touche Ctrl et gardez-la enfoncée pendant la manipulation.

Figure 6.61 : Redimensionner une photo par le centre

Pour définir une taille précise, vous pouvez saisir les dimensions dans le groupe *Taille*, sous l'onglet **Format** correspondant à l'objet (outils de dessin, outils **Image**, outils **SmartArt**...).

Vous pouvez également afficher la boîte de dialogue **Taille et position** en cliquant sur le lanceur de boîte de dialogue situé en bas à droite du groupe *Taille*. Cette boîte de dialogue vous permet entre autres de modifier la taille de l'image avec une valeur en pourcentage.

Si vous cochez l'option *Proportionnelle*, mais décochez *Proportionnelle à la taille d'origine*, l'échelle sera proportionnelle à la taille actuelle. Pour donner une valeur proportionnelle à la taille d'origine, cochez donc cette option.

Quant à l'option *Meilleure échelle pour le diaporama*, elle ne vous sera guère utile dans la composition de votre page car le résultat affichera sans doute le meilleur rendu pour une photo, mais il est peu probable qu'il soit conforme à ce que vous avez décidé et ce dont vous avez besoin.

Appliquer des rotations et des retournements

Pour faire pivoter un élément graphique, placez le pointeur sur la poignée de rotation verte située en haut, cliquez et glissez dans le sens souhaité.

Pour obtenir une rotation à angle droit, cliquez sur le bouton **Organiser** sous l'onglet **Accueil**, dans le groupe *Dessin*, pointez sur la commande **Rotation** et choisissez l'une des options proposées (90° vers la droite ou 90° vers la gauche). Si vous préférez un pourcentage précis de rotation, choisissez la commande **Autres options de rotation** et saisissez le pourcentage dans la zone de saisie *Rotation*. Les outils de rotation sont également disponibles sous l'onglet **Outils de dessin (ou image)/Format**, dans le groupe *Organiser*.

Pour réaliser des retournements, cliquez également sur le bouton **Organiser**, pointez sur la commande **Rotation** et choisissez l'une des commandes de retournement.

Figure 6.62 : Retournement horizontal

REMARQUE

Rotation et retournement

Le texte contenu dans des formes ou des espaces réservés subira aussi la rotation. Toutefois, en cas de retournement horizontal, le texte ne suivra pas. Par ailleurs, le remplissage (dégradé, image...) suivra la rotation, à condition de laisser l'option *Faire pivoter avec la forme* cochée dans la boîte de dialogue **Format de la forme**, sous l'onglet **Remplissage**.

Aligner et répartir

Il est simple d'aligner et/ou de répartir plusieurs objets sur une page :

1 Sélectionnez tous les objets à aligner, quels qu'ils soient.
2 Sous l'onglet **Accueil**, dans le groupe *Dessin*, cliquez sur le bouton **Organiser**, pointez sur la commande **Aligner**, puis cliquez sur la commande de votre choix.
3 Si vous souhaitez par exemple aligner et répartir un groupe de dessins sur une ligne, sélectionnez d'abord la commande **Aligner en bas**, puis la commande **Distribuer horizontalement**.

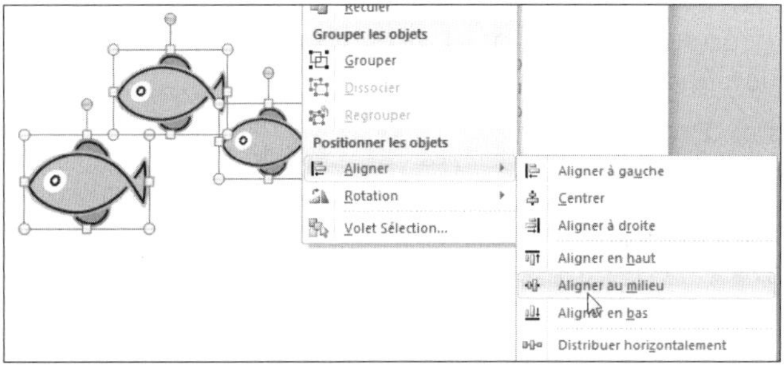

Figure 6.63 : Distribuer horizontalement

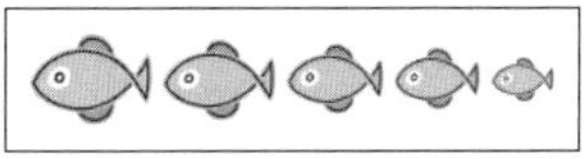

Figure 6.64 : Images automatiquement alignées et réparties

Les outils d'alignement sont également disponibles sous l'onglet **Outils de dessin (ou image)/Format**, dans le groupe *Organiser*.

ASTUCE

Alignement et repère

Dans la boîte de dialogue **Grille et repères** dont nous avons parlé en début de chapitre, l'option *Afficher les repères actifs lorsque les formes sont alignées* permet d'aligner rapidement deux objets à l'aide de la souris, sur leur centre ou leur côté : dès que les formes sont alignées, les repères apparaissent.

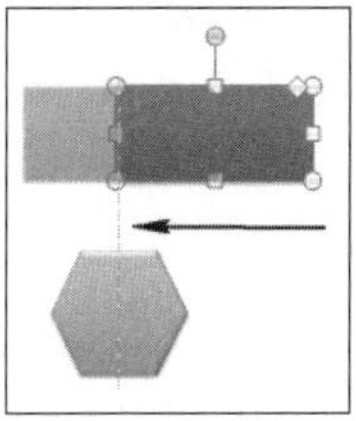

Figure 6.65 : Les repères apparaissent lorsque les deux formes sont alignées

Grouper et dissocier

Il est parfois utile de grouper plusieurs objets pour faciliter diverses manipulations comme leur déplacement, la modification proportionnelle de leur taille, l'attribution d'un même formatage, etc.

Sélectionnez les objets à grouper, puis, sous l'onglet **Accueil**, dans le groupe *Dessin*, cliquez sur le bouton **Organiser**, puis sur la commande **Grouper**. Vous trouverez également cette commande sous l'onglet **Outils de dessin/Format**, dans le groupe *Organiser*, ou via le menu contextuel.

Pour modifier un seul objet du groupe :

1 Cliquez sur le groupe d'objets pour le sélectionner. Celui-ci est entouré d'une bordure simple.

2 Cliquez sur l'objet à modifier.

Vous visualisez la double sélection : l'objet à modifier est maintenant entouré d'une bordure simple, alors que le groupe est entouré d'une bordure à tirets. C'est l'élément entouré d'une bordure simple qui sera modifié.

Figure 6.66 : Modifier un élément d'un groupe

Vous pouvez apporter autant de changements que vous souhaitez, y compris des déplacements, des rotations ou des redimensionnements. Vous pouvez même supprimer un objet sans pour autant avoir besoin de dissocier le groupe.

La commande **Dissocier** se trouve aux mêmes endroits que la commande **Grouper**. Si pour une raison quelconque vous avez besoin de dissocier le groupe, il est inutile de sélectionner à nouveau les objets pour les regrouper : utilisez simplement la commande **Regrouper**.

Gérer les empilements

Si plusieurs objets sont empilés, il peut être nécessaire de modifier l'ordre d'empilement, sachant que le dernier objet inséré est placé au premier plan.

1 Sélectionnez l'objet.

2 Sous l'onglet **Accueil**, dans le groupe *Organiser*, ou dans le menu contextuel, cliquez sur la commande de votre choix.

Des boutons permettant de modifier les ordres d'empilage sont également disponibles sous l'onglet **Outils de dessin (ou image) /Format**, dans le groupe *Organiser*.

Quant aux commandes **Avancer** et **Reculer**, elles permettent de rapprocher ou d'éloigner l'objet d'un cran.

ASTUCE

Ordre d'empilement

Lorsque les objets sont nombreux, il n'est pas facile de gérer les empilements. C'est pourtant tout simple grâce au volet **Sélection et visibilité**. L'emplacement des objets dans ce volet correspond à leur niveau d'empilement. Le premier de la liste est celui qui est au premier plan. Il suffit alors d'utiliser les flèches pour modifier l'ordre d'empilement.

ASTUCE

Sélectionner des objets placés en dessous

Pour sélectionner un objet placé dessous, vous pouvez utiliser la touche [Tab], mais vous avez la possibilité aussi de masquer les autres objets en utilisant le volet **Sélection et visibilité**.

6.6. Créer et modifier un album photo

Créer l'album

Pour créer un album photo, vous pouvez, comme pour n'importe quelle présentation, insérer des diapositives, puis des photos dans chaque diapositive, et affecter à chaque photo un format, un encadrement, un effet particulier. C'est sans aucun doute la meilleure solution pour obtenir un résultat parfait.

Cependant, si vous avez de nombreuses photos et êtes pris par le temps, PowerPoint permet de créer très facilement et très rapidement un album photo à partir de photos stockées sur votre disque dur ou sur un autre support.

Avant tout, sachez qu'il est inutile de préparer une présentation, car la création d'un album photo engendre une nouvelle présentation :

1 Ouvrez PowerPoint, puis, sous l'onglet **Insertion**, groupe *Illustrations*, cliquez sur le bouton **Album photo**.

2 Dans la boîte de dialogue **Album photo**, cliquez sur le bouton **Fichier/disque**, puis choisissez le dossier qui contient vos photos. Dans la boîte de dialogue **Insérer les nouvelles images**, sélectionnez toutes les images que vous souhaitez mettre dans votre album, puis cliquez sur le bouton **Insérer**.

REMARQUE

Insérer ou lier

Si vos photos sont trop nombreuses, vous pouvez les lier au lieu de les insérer dans votre présentation. Cliquez pour cela sur la flèche déroulante du bouton **Insérer** et choisissez la commande **Lier au fichier**. Si vous devez transmettre cette présentation, avec les photos liées, vous utiliserez la fonction **Créer un package pour CD-Rom**.

3 De retour dans la boîte de dialogue **Album photo**, vous pouvez visualiser toutes les images que vous avez sélectionnées. À l'aide des boutons fléchés situés sous la liste des photos, vous pouvez en modifier l'ordre ; vous pouvez également en supprimer grâce au bouton **Supprimer**.

4 Un aperçu de chaque photo sélectionnée dans la liste s'affiche dans la partie droite de la fenêtre. Dans cet aperçu, quelques outils de traitement d'image vous permettront de faire pivoter les images et d'en régler la luminosité et le contraste.

5 Dans la partie inférieure de la boîte de dialogue **Album photo**, rubrique *Présentation de l'album*, vous pouvez choisir la présentation des photos : sélectionnez l'option *Ajuster à la diapositive* pour une taille maximale, ou bien une, deux ou quatre images, avec ou sans zones destinées au titre. En fonction du nombre de photos par page, la numérotation des photos sur la liste sera modifiée. Vous pouvez choisir une forme pour les cadres de chaque photo (cette option n'est accessible que si vous n'avez pas opté pour la taille maximale) et sélectionner un thème via le bouton **Parcourir**.

6 Toujours dans la partie inférieure de la boîte de dialogue, vous pouvez choisir un thème mais sans aucune visibilité. N'ayez pas d'inquiétude, vous pourrez également le choisir ou le modifier une fois la présentation créée.

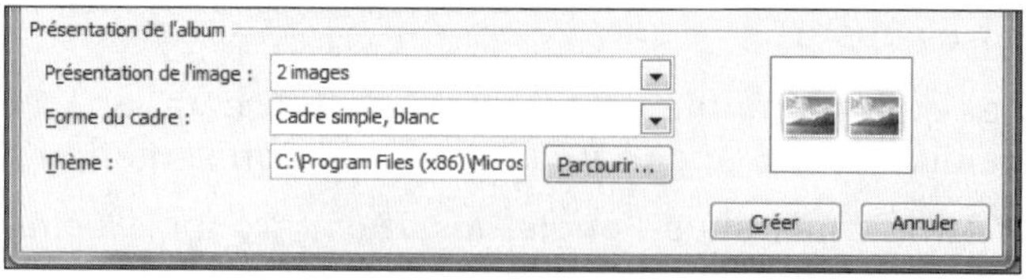

Figure 6.67 : Présentation de l'album

7 Si vous n'avez pas choisi la taille maximale de l'image (option *Ajuster à la diapositive*), vous pourrez ajouter des zones de texte :

- L'option *Légendes sous toutes les images* permet d'obtenir une zone de texte sous chaque image.
- Il vous est également possible d'ajouter des zones de texte plus importantes, là où bon vous semble : sélectionnez la diapositive qui figurera avant la zone de texte et cliquez sur le bouton **Nouvelle zone de texte**. La zone de texte prendra un espace identique à celui d'une photo. L'emplacement des zones de texte ainsi ajoutées est visible sur la liste des photos.

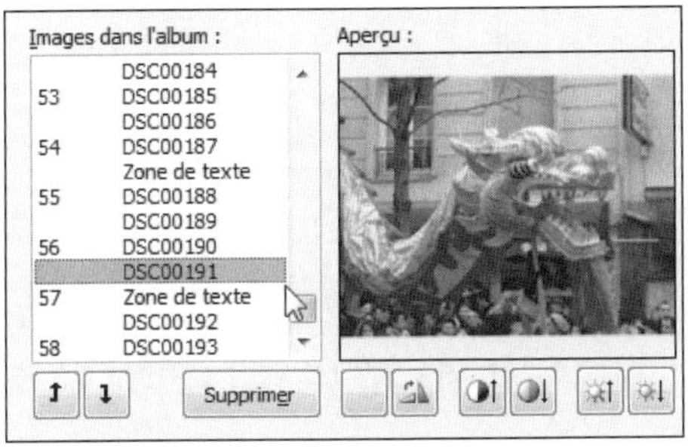

Figure 6.68 : Organiser des photos et des zones de texte

8 Une dernière option vous permet d'afficher vos photos en noir et blanc. Celle-ci ne transforme pas du tout vos photos, elle permet simplement un affichage en noir et blanc.

9 La boîte de dialogue **Album photo** étant complétée, cliquez sur le bouton **Créer** pour générer votre présentation.

10 Votre album est affiché, pensez à le sauvegarder rapidement. Vous remarquerez qu'une page de titre a été automatiquement insérée, avec un sous-titre reprenant votre nom d'utilisateur. Vous pouvez bien entendu modifier ces zones de texte.

S'agissant d'une présentation PowerPoint, toutes les fonctionnalités de PowerPoint restent bien entendu à votre disposition : choix du thème, du style d'arrière-plan, insertion d'un pied de page, ainsi que les transitions de diapos, animations, paramètres des actions, minutage, insertions audio, etc., des notions que vous étudierez dans les prochains chapitres.

Modifier l'album

1 Si vous souhaitez modifier votre album pour ajouter, supprimer ou déplacer des photos, ou bien réorganiser l'album en changeant l'aspect général ou le nombre de photos par diapositive, etc.,

cliquez sur la flèche déroulante du bouton **Album photo**, puis sur la commande **Modifier l'album photo** : la boîte de dialogue est identique à celle qui vous a permis de créer l'album.

2 Faites les changements voulus, puis cliquez sur le bouton **Mettre à jour**.

ATTENTION

Formatages manuels

La commande **Mise à jour de l'album** vous fera perdre vos modifications manuelles. Si nécessaire, vous pourrez toujours revenir en arrière via le bouton d'annulation situé sur la barre d'outils *Accès rapide*.

6.7. Exercices pratiques

Appliquer un style WordArt

Ouvrez la présentation *grèce.pptx* sur laquelle vous allez continuer de travailler. Cette fois, vous appliquerez un style WordArt au titre de la première diapositive.

1 Cliquez dans l'espace qui contient le sous-titre, puis sous l'onglet **Outils de dessin/Format**, dans le groupe *Styles WordArt*, choisissez le style *Remplissage - blanc, biseau mat doux*.

REMARQUE

Sélection et style WordArt

Ici vous n'avez pas eu besoin de sélectionner le texte ou de prendre soin de sélectionner l'espace en cliquant sur la bordure, car ce style ne peut pas s'appliquer à une partie du texte de la forme.

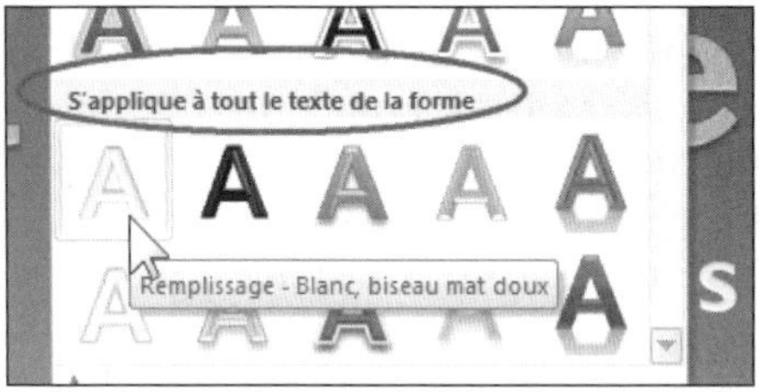

Figure 6.69 : Choisir un style WordArt applicable à tout le texte

2 Sélectionnez ensuite les deux espaces réservés de la diapositive de titre : cliquez dans le premier espace, appuyez sur la touche Maj en la gardant enfoncée, puis cliquez dans le second espace. Sous l'onglet **Outils de dessin/Format**, dans le groupe *Styles WordArt*,

cliquez sur le bouton **Effets du texte**, pointez sur la commande **Transformer** et sélectionnez le deuxième effet, *Arch Down*.

3 Ajoutez un effet de réflexion à cet effet de transformation : les deux espaces étant toujours sélectionnés, cliquez sur le bouton **Effets du texte**, pointez sur la commande **Réflexion** et sélectionnez la variation *Demi-réflexion, décalage 8 pts*.

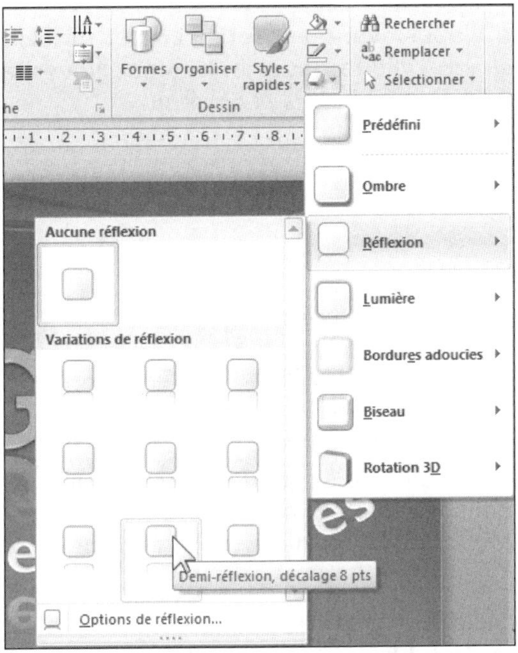

Figure 6.70 : Appliquer un effet de réflexion

4 Comme vous n'êtes pas avare sur les effets, ajoutez également un effet d'ombre : cliquez à nouveau sur le bouton **Effets du texte**, pointez sur la commande **Ombre**, et sous la rubrique *Perspective* tout en bas de la galerie, sélectionnez l'option *Perspective diagonale vers le bas à droite*.

Figure 6.71 : Titre avec plusieurs effets WordArt cumulés

5 Sauvegardez votre présentation.

Ajouter et modifier une photo

Toujours dans la présentation *grèce.pptx*, vous allez insérer une nouvelle diapositive après la première, dans laquelle vous choisirez une photo issue des cliparts :

1 Sélectionnez la première diapositive, puis, sous l'onglet **Accueil**, dans le groupe *Diapositives*, cliquez sur le bouton **Nouvelle diapositive** et choisissez la disposition *Titre et contenu*.

2 Dans l'espace réservé au contenu, cliquez sur l'icône *Images clipart*.

Figure 6.72 : Cliquer sur l'icône Images clipart

3 Dans le volet **Images clipart**, vérifiez que l'option *Photographies* est bien sélectionnée dans la liste déroulante *Les résultats devraient être*, et que l'option *Inclure le contenu Office.com* est bien cochée.

4 Tapez le mot `Santorin` dans la zone de saisie *Rechercher* et cliquez sur OK. Vous trouverez dans le résultat une photo d'un moulin à vent grec : cliquez dessus pour l'ajouter dans votre diapositive.

Il s'agit d'une photo rectangulaire dont la couleur est trop vive par rapport aux couleurs choisies pour cette présentation. Vous allez donc, dans un premier temps, modifier la forme de cette photo pour éviter le côté trop carré, puis vous atténuerez les couleurs :

1 Cliquez sur la photo, puis, sous l'onglet **Outils Image/Format**, dans le groupe *Taille*, cliquez sur la flèche déroulante située sous le bouton **Rogner**, pointez sur la commande **Rogner à la forme** et choisissez, sous la rubrique *Formes de base*, la forme *Nuage*.

2 Vous allez également adoucir les contours : cliquez sur le bouton **Effets des images**, pointez sur la commande **Bordures adoucies** et choisissez l'option *5 points*.

3 Quant à la couleur, vous allez utiliser la commande **Recolorier**. En effet, une photo étant un objet bitmap et non vectoriel, on ne peut, dans PowerPoint, en modifier que l'aspect général. La photo étant toujours sélectionnée, sous l'onglet **Outils Image/Format**, mais cette fois dans le groupe *Ajuster*, cliquez sur le bouton **Couleur** et sélectionnez l'option *Turquoise, couleur accent. 2 claire*, sous la rubrique *Recolorier*.

Pour terminer, vous pouvez agrandir la photo et la faire légèrement pivoter :

4 Sélectionnez la photo, puis, pour ne pas la déformer, cliquez sur une des poignées d'agrandissement située aux angles. Tirez sur cette poignée vers l'extérieur pour agrandir la photo.

5 Attrapez la photo par la poignée de rotation verte située en haut et faites-la glisser vers la gauche.

6 Déplacez éventuellement la photo dans la diapositive : pour cela, cliquez à l'intérieur de la photo et faites-la glisser à l'aide de la souris.

Vous pensez que cette diapositive avec l'image au milieu pourrait être mieux présentée ? Il suffit simplement de choisir une autre disposition :

7 Sous l'onglet **Accueil**, groupe *Diapositives*, cliquez sur le bouton **Disposition** et choisissez la disposition *Image avec légende*. Automatiquement, l'espace réservé à l'image change d'aspect.

8 Il vous reste à saisir la légende dans l'espace réservé au titre. Vous pourrez en augmenter la taille si le texte est trop court.

Figure 6.73 : La photo est recoloriée, pivotée, et rognée avec une forme de nuage, et se trouve dans une disposition appropriée

Créer un SmartArt photos

Toujours dans la présentation *grèce.pptx*, ajoutez à la fin une nouvelle diapositive de disposition *Titre et contenu*.

Dans le contenu, vous allez créer un diagramme SmartArt contenant quelques photos.

1 Cliquez sur l'icône *SmartArt* de l'espace réservé.

2 Dans la catégorie *Image*, cliquez sur *Groupe d'hexagones*.

Vous allez employer ce diagramme pour donner la superficie de trois îles des Cyclades et y insérer une photo :

3 Cliquez tour à tour dans chaque espace image du diagramme et choisissez une image. Comme pour les espaces réservés aux images, vous pouvez coller un clipart que vous avez auparavant copié, mais vous ne pouvez pas l'insérer directement en cliquant dessus.

ASTUCE

Supprimer une image déjà insérée dans le diagramme

Pour supprimer une image du diagramme, sélectionnez-la et appuyez sur la touche Suppr. L'image est supprimée mais pas la forme.

4 Saisissez ensuite dans chaque zone de texte un texte correspondant à l'image insérée.

5 Vous souhaitez ajouter une quatrième image ? Sous l'onglet **Outils SmartArt/Création**, dans le groupe *Créer un graphique*, cliquez sur le bouton **Ajouter une forme**. Complétez avec une image et un texte.

Enfin, vous allez modifier l'aspect du diagramme en changeant les couleurs et en lui donnant un autre style :

6 Sélectionnez le diagramme, puis, sous l'onglet **Outils SmartArt /Création**, dans le groupe *Styles SmartArt*, cliquez sur le bouton **Modifier les couleurs** et choisissez l'option *Plage de couleurs - couleurs vives 2 à 3*, sous la rubrique *En couleur*.

7 Dans la galerie des styles SmartArt, sélectionnez à présent le style *Poli* sous la rubrique *3D*.

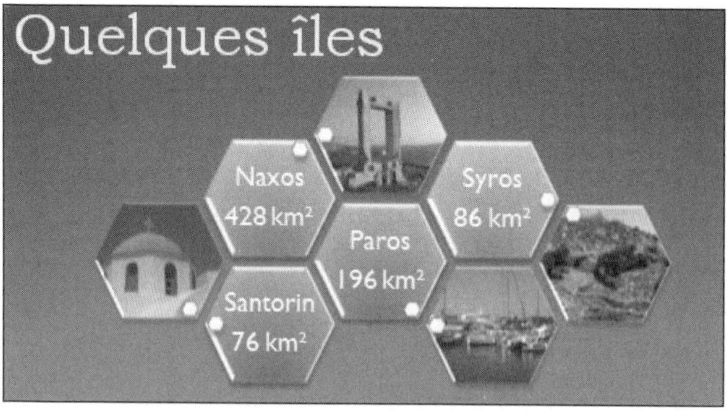

Figure 6.74 : Disposition avec SmartArt Groupe d'hexagones mis en forme

8 Enregistrez votre présentation.

Modifier un clipart

Toujours dans la présentation *grèce.pptx*, revenez sur la première diapositive, et histoire de la meubler un peu, vous allez y ajouter un clipart.

1 Sous l'onglet **Insertion**, groupe *Illustrations*, cliquez sur le bouton **Images clipart**.

2 Faites une recherche avec le mot *Santorin* et cliquez sur le deuxième clipart qui représente un clocher d'église grecque.

L'image clipart est maintenant insérée dans la diapositive. Nous allons la modifier :

3 Sous l'onglet **Accueil**, dans le groupe *Modification*, cliquez sur le bouton **Sélectionner** et sur la commande **Volet Sélection**.

4 Dans le volet **Sélection et visibilité**, vous voyez trois objets : l'image qui doit apparaître sous le nom *Picture*, suivie d'un numéro, le titre et le sous-titre. Cliquez sur le bouton en forme d'œil situé en face du titre et du sous-titre pour ne conserver momentanément à l'écran que l'image.

5 Cliquez du bouton droit de la souris sur l'image et cliquez sur la commande **Modifier l'image** (la première option). PowerPoint vous prévient qu'il ne s'agit pas d'un groupe, mais d'une image importée, et vous demande si vous souhaitez faire la conversion. Répondez **Oui**. Dans le volet **Sélection et visibilité**, vous pouvez voir maintenant que l'objet *Picture* s'est transformé en objet *Group*, composé d'un certain nombre d'objets *Freeform*.

6 Dès lors, il devient plus facile de sélectionner les différents éléments du dessin : cliquez tour à tour sur les objets *Freeform* et regardez la sélection dans l'image elle-même.

Figure 6.75 : Visualiser les objets composant une image clipart dégroupée

ATTENTION

Modifier l'image et Modifier l'image...

Ces deux commandes ont des noms identiques, mais elles n'ont pas la même finalité : la première permet de dégrouper et de retoucher l'image, la seconde permet de remplacer l'image par une autre.

7 Nous voulons supprimer le fond bleu et la trace blanche de cette image. Vous pouvez sélectionner ces formes soit directement dans l'image, soit par le biais du volet **Sélection et visibilité**. Via le volet, vous pouvez choisir la forme et cliquer sur le bouton en forme d'œil pour voir le rendu sans modifier quoi que ce soit. Lorsque vous aurez trouvé les formes à supprimer, il suffira d'appuyer sur la touche Suppr.

Figure 6.76 : Clipart modifié

8 Une fois que le clipart est modifié, réaffichez le titre et le sous-titre.

Transformer une liste à puces en graphique SmartArt

Ouvrez la présentation *bénéfices.pptx* que vous avez dû enregistrer sur votre disque et affichez la sixième diapositive dont le titre est *Innovation et marketing*.

Vous allez très rapidement transformer la liste en diagramme SmartArt, afin de la rendre immédiatement plus attrayante :

1 Cliquez à l'intérieur de l'espace réservé, puis, sous l'onglet **Accueil**, dans le groupe *Paragraphe*, cliquez sur le bouton **Convertir en graphique SmartArt**, et sur le graphique *Processus en bloc continu*.

Votre diagramme est inséré, il reste à modifier quelque peu sa mise en forme :

2 Le diagramme étant sélectionné, sous l'onglet **Outils SmartArt /Création**, dans le groupe *Styles SmartArt*, sélectionnez le style *Effet intense* dans la galerie SmartArt. Modifiez la couleur si vous le souhaitez.

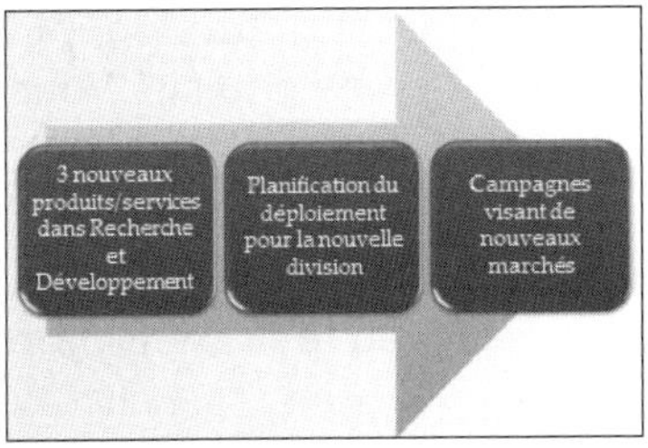

Figure 6.77 : Liste transformée en diagramme Processus en bloc continu

Créer un logo-bouton en WordArt

Le but de cet exercice est de vous familiariser avec la fonction WordArt.

Vous allez créer exactement le logo-bouton représenté sur cette capture d'écran.

Figure 6.78 : Logo créé avec la fonction WordArt

1 Insérez tout d'abord une petite zone de texte via le bouton **Zone de texte** situé sous l'onglet **Insertion**, dans le groupe *Texte*. Les dimensions ne sont pas importantes.

2 Entrez le texte qui doit figurer dans le logo, `La Puce Informatique` dans cet exemple. Tapez `La Puce` sur la première ligne, laissez une ligne vierge, puis tapez `Informatique` sur la troisième ligne.

3 Sélectionnez la zone de texte, puis cliquez sur Ctrl+E pour centrer le texte.

4 Rendez-vous sous l'onglet **Accueil**, sélectionnez la zone de texte et choisissez la police *Cooper Black*. Sélectionnez ensuite un espacement *Espacé*.

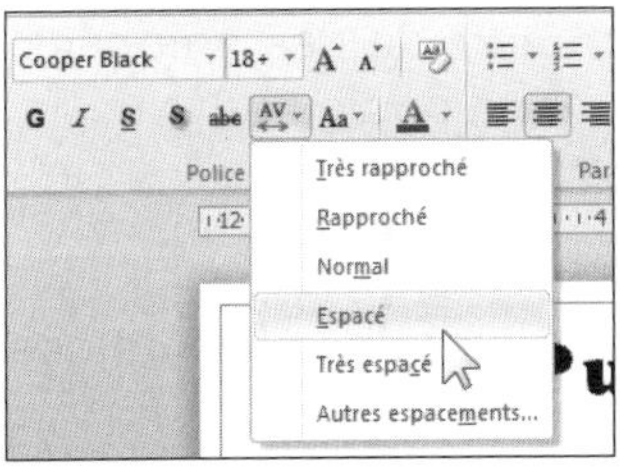

Figure 6.79 : Modifier l'espacement

5 Changez maintenant la couleur du texte : s'agissant d'un logo, la couleur ne doit pas être modifiée selon les thèmes choisis. Vous pouvez donc opter pour une couleur standard. Dans notre exemple, nous choisissons *Rouge foncé*.

6 Toujours sous l'onglet **Accueil**, sélectionnez à présent les mots *La Puce* et appliquez une taille 48. Sélectionnez ensuite le mot *Informatique* et appliquez une taille 28.

7 Sélectionnez la zone de texte, puis, sous l'onglet **Outils de dessin /Format**, cliquez sur le bouton **Contour du texte** et choisissez la même couleur que la couleur de remplissage, *Rouge foncé*.

8 Cliquez ensuite sur le bouton **Effets du texte**, pointez sur la commande **Ombre** et choisissez *Intérieur vers le haut*, sous la rubrique *Interne*.

9 Restez dans le groupe *Styles WordArt*, cliquez à nouveau sur le bouton **Effets du texte**, pointez sur la commande **Transformer** et cliquez sur la forme *Bouton*.

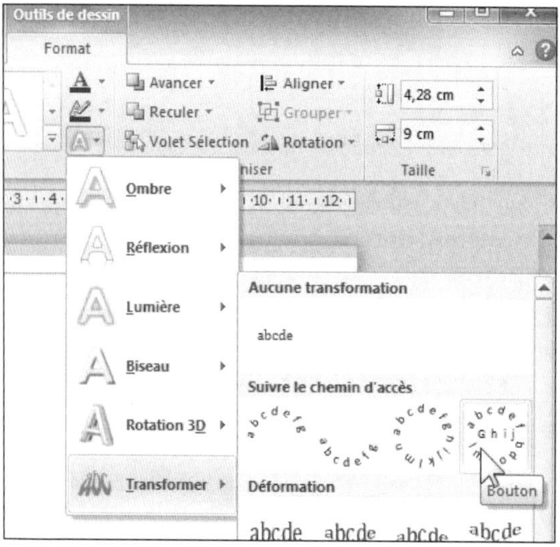

Figure 6.80 : Appliquer la transformation Bouton

10 Sélectionnez maintenant la zone de texte, en cliquant sur le contour, redimensionnez-la manuellement à l'aide des poignées, de façon à obtenir une forme suffisamment arrondie du texte. En effet, ce texte ayant une transformation WordArt, il se logera exactement dans la zone de texte.

À titre indicatif, vous ne pouvez plus à présent modifier les options d'ajustement automatique de la forme.

Le texte est maintenant mis en forme. Il vous reste à créer un fond. Vous laisserez bien entendu la zone de texte transparente et vous ajouterez une ellipse à l'arrière-plan :

11 Toujours sous le même onglet, dans le groupe *Insérer des formes*, sélectionnez le rectangle que vous transformerez ensuite en ellipse. Il est en effet plus facile à placer. Tracez le rectangle autour du texte, le plus près possible du bord du texte. Prenez soin de mettre le rectangle à l'arrière-plan.

Figure 6.81 : Tracer un rectangle pour le cadre, à transformer ensuite en ellipse

12 Le rectangle étant sélectionné, cliquez sur le bouton **Modifier la forme** sous l'onglet **Outils de dessin/Format**, dans le groupe *Insérer des formes*, pointez sur la commande **Modifier la forme** et sélectionnez l'ellipse. Redimensionnez ensuite l'ellipse avec la touche Ctrl, de façon que le redimensionnement parte du centre.

Figure 6.82 : Redimensionner l'ellipse depuis le centre à l'aide de la touche Ctrl

Votre logo est pratiquement terminé : il vous reste à modifier éventuellement la mise en forme de l'ellipse. Cliquez avec le bouton sur l'ellipse et choisissez la commande **Format de l'image**, puis :

13 Dans la rubrique *Remplissage*, choisissez l'option *Remplissage avec image ou texture*, puis dans la liste déroulante *Texture*, sélectionnez *Sable*.

14 Dans la rubrique *Couleur du trait*, sélectionnez *Aucun trait*.

15 Dans la rubrique *Format 3D, Biseau, Haut,* entrez les valeurs `15 pt` pour la largeur et `5 pt` pour la hauteur. Dans la rubrique *Format 3D, Surface, Eclairage,* choisissez l'option *Froide,* puis saisissez `140°` pour l'angle afin d'obtenir l'ombre vers le bas.

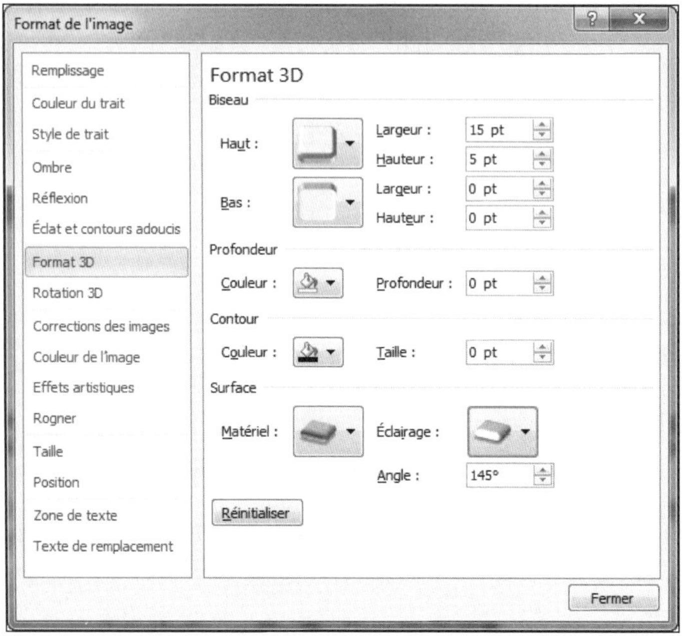

Figure 6.83 : Modifier les effets 3D

Si votre logo vous plaît, nous vous conseillons de le sauvegarder en image.

16 Sélectionnez les deux formes, la zone de texte et l'ellipse, pour les regrouper, puis, sous l'onglet **Outils de dessin/Format**, dans le groupe *Organiser*, cliquez sur le bouton **Grouper** et sur la commande **Grouper**.

Rendez-vous au chapitre *Partager et imprimer*, à la section *Enregistrer en image*, pour voir comment enregistrer votre logo dans un format image.

POWERPOINT ET LES OBJETS OLE

Dans ce chapitre, vous allez découvrir quelles peuvent être les interférences entre PowerPoint et toutes sortes d'objets issus d'applications diverses. Vous verrez qu'il y a plusieurs techniques pour insérer ces différents objets, et que ces derniers peuvent soit garder une interaction avec leur application d'origine, soit, au contraire, perdre leur identité.

Vous apprendrez en particulier à lier et incorporer des objets Excel, des feuilles de calcul et des graphiques, des dessins Visio et des objets Flash. Vous verrez également comment insérer des objets multimédias, comme des sons et des vidéos.

Cela nous conduira à étudier la technologie OLE et les collages spéciaux.

7.1. La technologie OLE

La technologie OLE (*Object Linking and Embedding*) permet les liaisons d'informations dans la suite Office. Tout objet provenant d'un programme qui prend en charge la fonction OLE peut être lié ou incorporé. Cette notion est très importante pour PowerPoint car, comme nous l'avons souligné à plusieurs reprises, une présentation PowerPoint est un conteneur d'objets. PowerPoint peut en particulier contenir des objets issus d'autres applications, et il est nécessaire de bien comprendre la technologie OLE, et de bien l'utiliser.

L'incorporation

Un objet incorporé est un objet intégré dans la présentation. Il fait partie de la présentation. Il existe plusieurs méthodes d'incorporation selon l'objet considéré.

Incorporer via la boîte de dialogue Insérer un objet

D'une manière générale, l'incorporation d'un objet se fait via la boîte de dialogue **Insérer un objet**. Pour accéder à cette boîte de dialogue, cliquez, sous l'onglet **Insertion**, dans le groupe *Texte*, sur le bouton **Objet**.

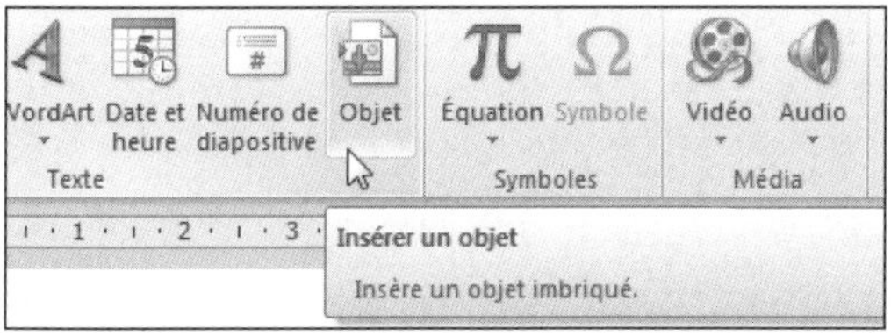

Figure 7.1 : Insérer un objet

Cette boîte de dialogue se décline en deux onglets, l'un permettant d'ajouter un nouvel objet qui sera créé depuis PowerPoint, l'autre permettant d'insérer un fichier existant.

Dans la pratique, pour une efficacité optimale et en fonction des types de fichiers à intégrer, vous utiliserez davantage la technique du copier-coller dont nous parlerons plus longuement.

Par ailleurs, tous les objets ne peuvent pas être incorporés via cette boîte de dialogue. Pour les objets Flash et multimédias en particulier, voyez les sections qui s'y rapportent.

Voici néanmoins deux types de fichiers que vous pourrez utiliser avec cette méthode.

ATTENTION

L'option Liaison de la fenêtre Insérer un fichier

Si vous cochez l'option *Liaison*, le fichier sera lié (voir la section suivante), il ne sera donc pas incorporé.

Fichiers de la suite Office

S'il s'agit d'intégrer un petit fichier de la suite Office qui n'existe pas encore, vous pourrez le créer directement depuis cette boîte de dialogue. Nous verrons néanmoins que pour des tableaux ou des graphiques Excel, il sera préférable d'employer les commandes ad hoc. Si le fichier existe déjà, vous utiliserez plutôt la méthode du copier-coller.

Lorsque vous travaillez sur un objet incorporé d'une application Office, le Ruban de cette application remplace le Ruban PowerPoint. Il subsistera juste deux menus PowerPoint, **Fichier** et **Fenêtre**, situés en haut à gauche de la fenêtre, et offrant un minimum de fonctionnalités, telles que l'enregistrement, l'impression, l'accès aux options...

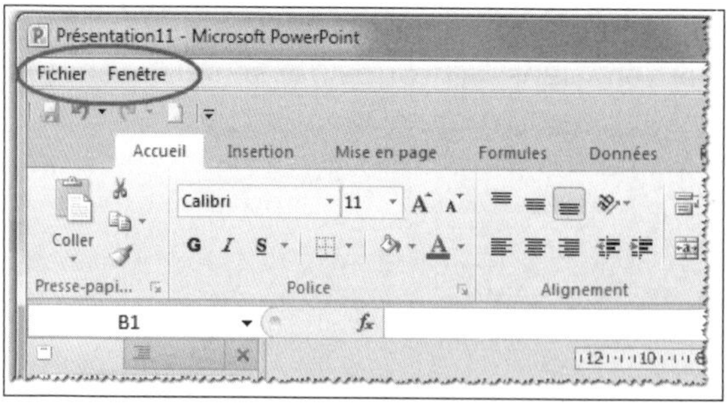

Figure 7.2 : Ruban Excel dans une présentation PowerPoint et les menus Fichier et Fenêtre

ASTUCE

Créer un objet incorporé Office

La petite fenêtre qui s'ouvre et qui permet de créer l'objet n'est en général pas très pratique. Voici comment procéder de manière plus efficace :

Une fois la fenêtre ouverte, cliquez directement en dehors de la fenêtre pour la désactiver. Cliquez ensuite avec le bouton droit de la souris sur cet objet externe et choisissez la commande **Objet/Ouvrir**. L'application s'ouvre dans une fenêtre de l'application dans laquelle il est beaucoup plus aisé de travailler. Une fois l'objet modifié, fermez la fenêtre en cliquant sur la croix de fermeture. L'objet sera automatiquement modifié dans votre présentation.

Fichiers .pdf

Ce type de fichier devra déjà exister pour être incorporé. C'est d'ailleurs la seule méthode d'incorporation pour ces fichiers. Sachez néanmoins qu'ils ne s'afficheront pas sur votre diapositive. Ils ne pourront s'activer que lors d'un diaporama.

RENVOI

Voyez à ce sujet le chapitre *Préparer, configurer et projeter un diaporama*.

Incorporer par copier-coller

Pour incorporer un objet de la suite Office, il est souvent beaucoup plus simple d'utiliser le copier-coller. Il existe différentes façons de coller un objet dans une présentation PowerPoint, et la méthode choisie aura des conséquences très différentes sur sa mise en forme et sa gestion.

RENVOI

Reportez-vous à ce sujet à la section *Copier, couper, coller*, du chapitre *Les outils d'édition*.

Si l'objet n'existe pas encore, commencez par le créer. Une fois que c'est fait, copiez uniquement ce que vous souhaitez voir apparaître dans la présentation PowerPoint. Ouvrez la boîte de dialogue **Collage spécial**, choisissez le nom de l'application qui a servi à créer le document et cliquez sur OK : l'objet est incorporé dans votre présentation, et seul ce que vous voulez voir apparaître est affiché, ce qui n'aurait pas forcément été le cas avec la méthode précédente.

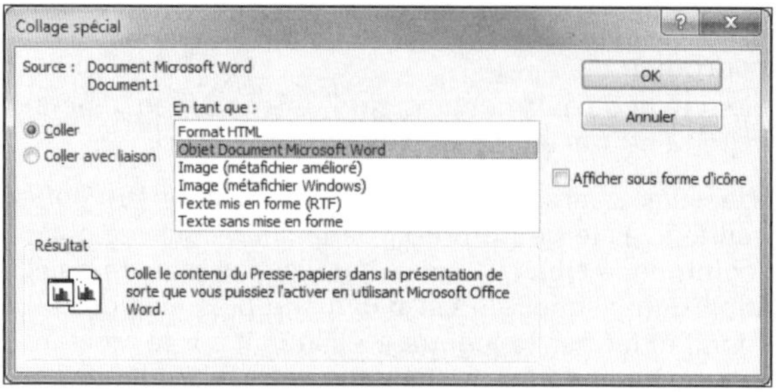

Figure 7.3 : Incorporation d'un document Word par collage spécial

Modifier un objet incorporé

Les modifications apportées à cet objet, lorsqu'elles sont possibles, se font via l'application qui a servi à le créer.

REMARQUE

Modification d'un objet incorporé

Seuls certains objets pourront être modifiés en suivant cette méthode. Il s'agit en particulier des objets de la suite Microsoft Office.

Cliquez avec le bouton droit de la souris sur l'objet, pointez sur son nom, puis choisissez la commande **Modifier** ou la commande **Ouvrir**.

La commande **Ouvrir** est plus commode pour travailler dans le fichier, comme nous l'avons mentionné plus haut. La commande **Modifier** est nécessaire en particulier avec un objet Excel, afin d'afficher la plage de cellules souhaitée.

RENVOI

Voyez plus bas la section concernant les fichiers Excel incorporés.

La liaison

Un objet lié est un objet qui n'est en fait qu'un raccourci vers le document original. Les informations de liaison sont maintenues entre le fichier source et l'objet lui-même.

ATTENTION

Liaison

Pour éviter tout problème de liens, nous vous conseillons de ranger tous vos fichiers dans le même dossier que votre présentation avant de les lier à cette dernière.

Copier-coller avec lien

Pour coller avec lien un objet copié dans le Presse-papiers, utilisez la commande **Collage spécial** (voir plus haut) et cochez l'option *Coller avec liaison*.

Insérer avec lien

Vous pouvez également utiliser la technique de l'insertion, comme pour insérer un objet existant incorporé, mais cochez alors l'option *Liaison*. Cette option permet de créer un objet lié et non plus incorporé.

Modifier un objet lié

Lorsque le fichier source est modifié, les changements sont reportés dans le fichier de destination.

La liste des objets liés d'une présentation se trouve dans la boîte de dialogue **Liaisons**. Pour ouvrir cette boîte de dialogue, passez en mode Backstage, cliquez sur **Informations**, puis cliquez sur la commande **Modifier les liens d'accès au fichier**, située tout en bas à droite de la fenêtre. Vous avez accès également à cette boîte de dialogue via le menu contextuel.

Pour modifier un objet lié depuis PowerPoint :

1 Ouvrez la boîte de dialogue **Liaisons**, puis sélectionnez le fichier dans la liste.

2 Cliquez sur la commande **Ouvrir la source**.

3 Le fichier source s'ouvre. Faites les modifications, enregistrez et fermez.

Plus rapidement, un double-clic sur l'objet permet de passer directement en mode Édition. Pour l'ouvrir, cliquez avec le bouton droit de la souris sur l'objet, pointez sur la commande **Objet lié**, puis cliquez sur **Ouvrir**.

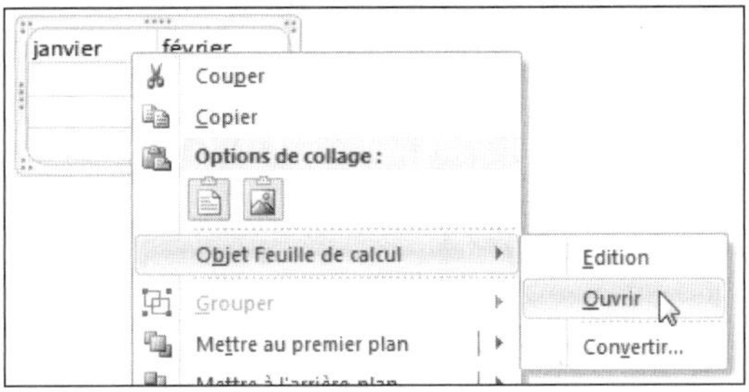

Figure 7.4 : Ouvrir un fichier lié

La présentation se met à jour en fonction des options choisies pour chaque fichier lié dans la boîte de dialogue **Liaisons** : *Mise à jour manuelle* ou *Mise à jour automatique*.

Si la mise à jour est manuelle, vous devez cliquer sur le bouton **Mettre à jour**. Inutile pour cela d'ouvrir la boîte de dialogue **Liaisons**, il suffit de cliquer avec le bouton droit de la souris sur l'objet et de choisir **Mettre à jour les liaisons**.

Modifier la source

Si vous avez déplacé le fichier lié, vous devez communiquer à PowerPoint l'information sur le nouvel emplacement du fichier. Toujours dans la boîte de dialogue **Liaisons**, sélectionnez le fichier dans la liste, puis cliquez sur le bouton **Modifier la source**. Sélectionnez le fichier à son nouvel emplacement et cliquez sur **Ouvrir**.

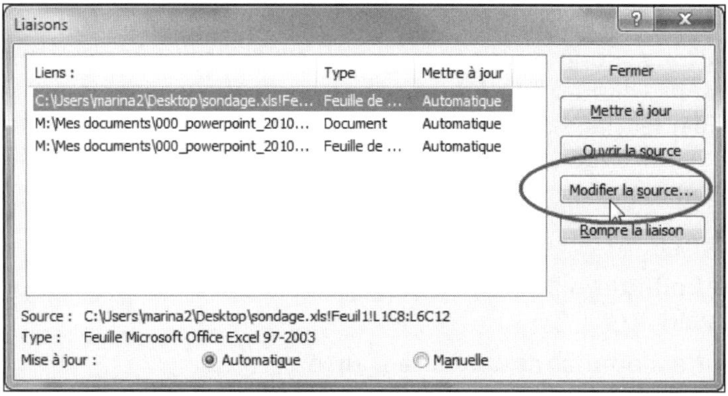

Figure 7.5 : Modifier la source d'un objet lié

Supprimer les liens

Pour supprimer les liens entre le fichier source et la présentation, cliquez simplement sur le bouton **Rompre la liaison** dans la boîte de dialogue **Liaisons**. Dans ce cas, le fichier reste inséré dans la présentation PowerPoint, mais sous un format d'image, sans aucune liaison, ni avec le fichier d'origine ni avec l'application qui a servi à le créer.

Attention, cette action est irréversible !

Lier ou incorporer ?

Quels sont les avantages et les inconvénients de ces deux techniques ? Que choisir ?

L'avantage principal de l'incorporation est qu'il n'y a qu'un seul et même fichier, et de ce fait on ne risque pas de perdre le lien avec les insertions. Le transfert de fichier en est simplifié. Cette technique présente néanmoins l'inconvénient d'alourdir le fichier. Car s'il est tout à fait possible d'incorporer n'importe quel type de fichier audio ou vidéo, n'importe quel classeur Excel, nous vous recommandons de surveiller le poids de la présentation. Une présentation obèse sera plus fragile qu'une présentation plus légère.

La liaison quant à elle permet d'obtenir des fichiers plus légers. Elle permet également à d'autres personnes de travailler sur ces fichiers indépendamment du fichier PowerPoint. Par contre, si le fichier source est déplacé, renommé ou supprimé, la liaison est perdue : vous ne pourrez plus afficher cet objet, ni le modifier. La distribution est donc plus délicate à gérer.

Tout dépend bien entendu de votre environnement, de vos impératifs, de votre présentation. Cependant, pour résumer, nous pouvons dire qu'il est préférable de privilégier les incorporations de fichiers d'un poids correct, lorsqu'il s'agit de transmettre la présentation par mail par exemple. Si la présentation peut être transmise par CD ou DVD, il est inutile de vouloir absolument incorporer. S'il s'agit d'une présentation qui est sur votre PC et qui n'a pas lieu de voyager, l'incorporation n'est pas non plus une absolue nécessité.

Convertir sous forme d'icône

Que l'objet soit nouveau ou qu'il provienne d'un fichier existant, qu'il soit lié ou incorporé, vous pouvez l'insérer sous forme d'icône en cochant l'option *Afficher sous forme d'icône* dans la boîte de dialogue **Insérer un objet** ou dans la boîte de dialogue **Collage spécial**.

Si l'objet est déjà inséré, vous pouvez le transformer en icône après l'avoir créé ou collé.

1 Pour cela, cliquez avec le bouton droit de la souris sur le fichier, sélectionnez **Objet/Convertir** et cochez l'option *Afficher sous forme d'icône*.

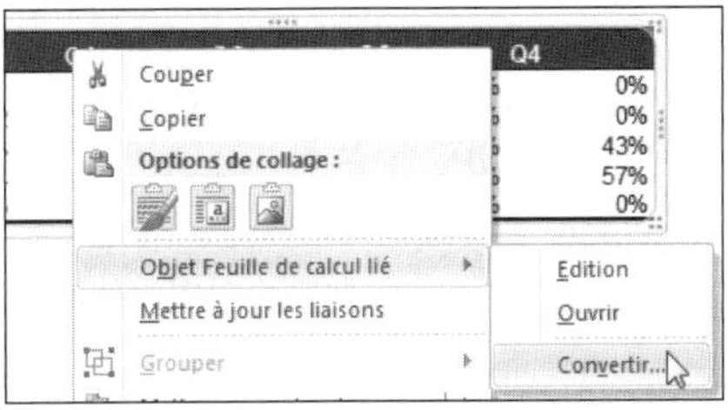

Figure 7.6 : Convertir un fichier incorporé

2 Une fois l'option *Afficher sous forme d'icône* cochée, vous pouvez, si vous le souhaitez, modifier l'icône : cliquez sur le bouton **Changer d'icône**, puis sélectionnez une nouvelle icône. Vous avez aussi la possibilité d'ajouter une légende dans la zone de saisie *Légende* de la boîte de dialogue **Changer d'icône**.

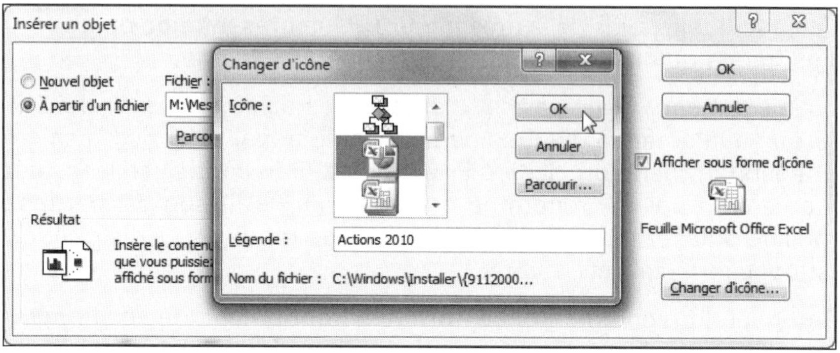

Figure 7.7 : Conversion d'un fichier et modification de l'icône

Figure 7.8 : Un fichier Excel incorporé sous forme d'icône

7.2. Insérer du texte provenant de Word

Si vous avez saisi du texte dans Word, il est bien entendu inutile de le taper à nouveau si vous souhaitez l'insérer dans votre présentation PowerPoint. Il suffit de le copier puis de le coller dans votre diapositive. Le résultat dépend cependant de votre façon de coller.

Lorsque vous collez, souvenez-vous que vous avez plusieurs choix.

Si vous faites un collage normal, via le menu contextuel ou via le bouton **Coller**, vous avez immédiatement un aperçu du résultat :

- L'option *Conserver la mise en forme source* permettra de garder la mise en forme des caractères de votre document Word, alors que l'option *Utiliser le thème de destination* permettra d'affecter au texte la mise en forme de votre présentation.

  Si le curseur se trouve dans un espace vide de la diapositive, le texte s'insérera dans une zone de texte. Si, par contre, le curseur se trouve dans un espace réservé, le texte remplira l'espace en respectant son format, et donc par défaut en tant que liste à puces.

- L'option *Image* respectera la mise en forme exacte du document Word, et pas seulement la mise en forme des caractères, puisque vous obtiendrez en quelque sorte une photo du texte tel qu'il est dans Word. Par contre, cette méthode n'est pas conseillée si vous prévoyez par la suite d'intervenir sur le texte. Toutefois, en modifiant l'image ou en la dissociant, vous vous rendrez compte que cette image est découpée en petites zones de texte, toutes modifiables.
- Enfin, l'option *Texte* permet de récupérer le texte uniquement, sans aucune mise en forme.

Si vous faites un collage spécial :

- *En tant que Objet Document Microsoft Office Word* : quel que soit l'endroit où vous cliquez pour coller le texte, ce dernier sera collé en tant qu'objet Word, ce qui signifie que d'une part il ne s'ajustera pas à un espace réservé, et que d'autre part le document Word sera incorporé à la présentation.

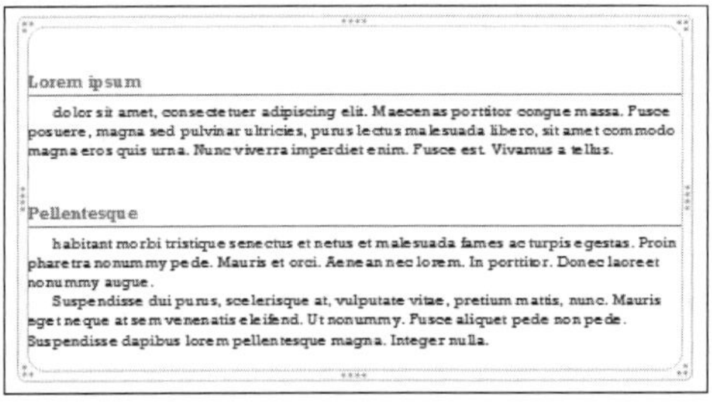

Figure 7.9 : Texte Word collé en tant que document Word

Vous pourrez donc le modifier comme un document Word.

RENVOI

Pour en savoir plus, reportez-vous à la section *Modifier un fichier incorporé* ci-dessus.

- *Avec liaison* : quel que soit l'endroit où vous cliquez pour coller le texte, ce dernier sera collé en tant qu'objet Word avec liaison, ce qui signifie qu'il ne s'ajustera pas à un espace réservé.

7.3. Insérer un tableau Excel

La fonctionnalité de tableau est maintenant une fonctionnalité avancée dans PowerPoint. Il n'en reste pas moins que rien ne remplacera

Excel pour introduire des calculs. Si vous avez besoin de présenter des tableaux de chiffres à votre auditoire, Excel vous rendra ce service.

Créer un nouveau tableau Excel

Pour créer un nouveau tableau Excel, rendez-vous sous l'onglet **Insertion**, dans le groupe *Tableaux*, cliquez sur le bouton **Tableaux** et choisissez **Feuille de calcul Excel**.

Une fenêtre Excel s'affiche dans votre diapositive, et le Ruban se transforme en Ruban Excel.

RENVOI

Reportez-vous au début de ce chapitre, à la section *L'incorporation* pour plus de détails.

Lorsque vous avez terminé, cliquez en dehors du tableau pour retrouver vos outils PowerPoint. Vous venez d'incorporer un classeur Excel avec, comme vue apparente, le tableau que vous avez conçu.

Insérer un tableau Excel existant

Si le tableau existe déjà, il vous suffira de le copier pour le coller dans PowerPoint. Examinons dans ce cas les options de collage proposées par le menu contextuel, par la flèche déroulante du bouton **Coller**, ou par le bouton de collage :

- L'option *Utiliser les styles de destination* permettra d'affecter au tableau la mise en forme de votre présentation, alors que l'option *Conserver la mise en forme source* permettra de garder la mise en forme des caractères de votre fichier Excel.

  Ces deux options transforment le tableau en tableau PowerPoint, modifiable dans PowerPoint. Bien entendu, le tableau Excel perd ses éventuelles formules.

RENVOI

Voyez le chapitre *PowerPoint et les tableaux* pour avoir plus de détails.

ASTUCE

Tableau Excel et espace réservé

Si vous souhaitez que le tableau prenne la largeur d'un espace réservé, cliquez sur le bouton **Insérer un tableau** dans l'espace réservé afin d'insérer

ASTUCE

un tableau vide, puis collez votre tableau Excel qui prendra automatiquement la place du tableau vide et s'étalera sur toute la largeur de l'espace.

- L'option *Incorporer* insérera tout le classeur Excel comme élément incorporé dans la présentation PowerPoint. Le tableau ne sera pas ajusté à l'espace réservé et sera modifiable avec Excel.

ATTENTION

Format des colonnes d'un tableau Excel collé dans PowerPoint

Si le texte d'une cellule dans Excel empiète sur la cellule suivante, ces deux cellules seront fusionnées dans PowerPoint, ce qui sera moins pratique pour la mise en forme. Donc, avant de copier le tableau Excel, vérifiez que toutes les colonnes sont suffisamment larges pour contenir tout le texte, ou bien sélectionnez la commande **Renvoyer à la ligne automatiquement**.

RENVOI

Reportez-vous à la section *Modifier un objet incorporé* ci-dessus.

- L'option *Image* respectera la mise en forme exacte du tableau Excel, puisque vous obtiendrez en quelque sorte une photo du tableau tel qu'il est dans Excel. Elle est intéressante si vous souhaitez appliquer à votre tableau une mise en forme de type image. Par contre, cette méthode n'est pas conseillée si vous prévoyez par la suite de modifier le tableau. Toutefois, en modifiant l'image ou en la dissociant, vous vous rendrez compte que celle-ci est découpée en une multitude de petites zones, toutes modifiables.

ASTUCE

Tableau Excel et espace réservé

Si vous souhaitez que le tableau image prenne la largeur d'un espace réservé, cliquez dans l'espace réservé avant de faire le collage.

REMARQUE

Format Bitmap

Via le collage spécial, plusieurs formats d'image sont proposés. Le format Bitmap est un format d'image à points. Contrairement aux autres formats d'image, un tableau Excel sans formatage aura un fond blanc, et le quadrillage sera visible.

- Enfin, l'option *Texte* permet de récupérer le texte uniquement, sans aucune mise en forme.

Si vous faites un collage spécial, vous retrouvez les options de collage proposées directement par le menu contextuel ou par la flèche déroulante du bouton **Coller**. Par contre, c'est par ce menu que vous passerez pour créer un lien entre le fichier Excel et la présentation PowerPoint.

Dans la boîte de dialogue **Collage spécial**, vous cocherez l'option *Coller avec liaison*, et vous cliquerez sur OK ; votre tableau sera un objet lié. Il ne s'ajustera pas à un espace réservé.

Modifier un tableau Excel incorporé

Pour modifier un tableau Excel incorporé, vous pouvez choisir, comme nous l'avons indiqué au début de ce chapitre, l'une des deux commandes **Édition** et **Ouvrir**. S'il est plus simple de travailler directement dans l'application Excel (donc en cliquant sur le bouton **Ouvrir**), il sera cependant nécessaire d'utiliser la commande **Édition**, afin de redimensionner un tableau dans lequel vous aurez ajouté ou supprimé des lignes et/ou des colonnes.

Voici plus précisément la manière de procéder dans ce dernier cas :

1 Cliquez avec le bouton droit de la souris sur l'objet Excel, pointez sur la commande **Objet Feuille de calcul** et choisissez la commande **Édition**, ou bien double-cliquez sur le tableau.

2 Faites glisser les poignées de la fenêtre Excel à l'endroit voulu, de façon à visualiser la plage de cellules souhaitée. La plage visible dans votre document correspondra exactement à ce vous voyez dans la fenêtre, faites donc attention à la position des barres de défilement.

3 Cliquez ensuite en dehors de la fenêtre. Votre objet Excel est redimensionné.

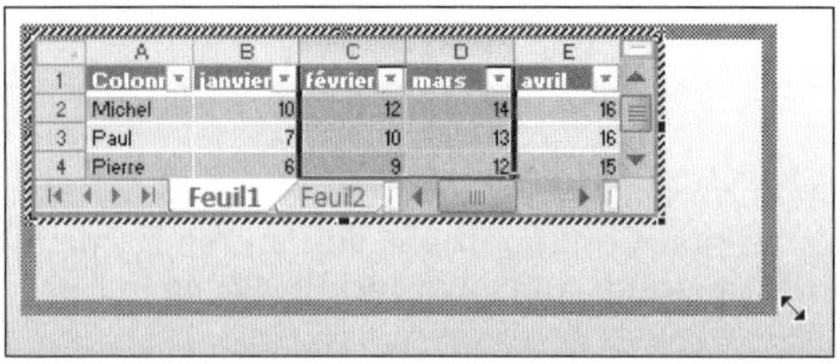

Figure 7.10 : Redimensionner un tableau Excel après l'avoir modifié

Mettre en forme un tableau Excel dans PowerPoint

Selon la méthode de collage utilisée, un tableau Excel se met en forme de différentes façons :

- Un tableau collé en image pourra être mis en forme comme n'importe quelle image. Si aucune couleur n'a été affectée au tableau, vous pourrez choisir un remplissage, sauf si le tableau a été collé en format Bitmap.

RENVOI

Reportez-vous au chapitre *PowerPoint et les objets simples* pour avoir plus de détails.

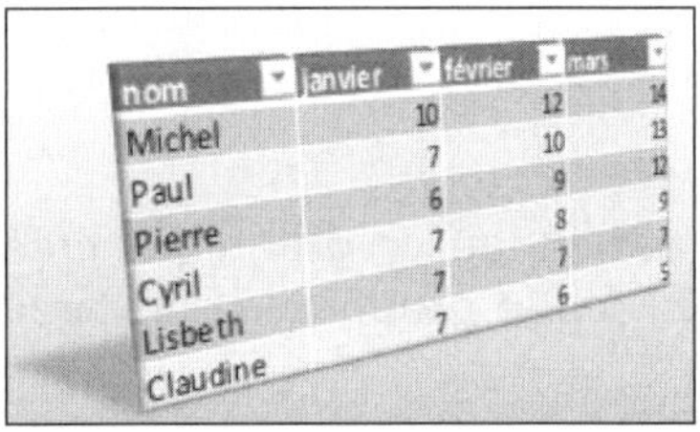

Figure 7.11 : Tableau Excel collé en tant qu'image et mis en forme

- Un tableau Excel incorporé ou lié sera mis en forme comme n'importe quel tableau Excel.

  Pour modifier le tableau Excel, double-cliquez dessus pour activer la fenêtre Excel. Vous pouvez aussi cliquer dessus avec le bouton droit de la souris et pointer sur la commande **Objet Feuille de calcul**, puis cliquer sur la commande **Ouvrir** (cela vous permet de travailler dans un véritable classeur Excel et non dans une petite fenêtre). Une fois vos modifications effectuées, fermez le classeur sans l'enregistrer : les corrections seront prises en compte dans PowerPoint.

  Toutefois, deux aspects sont à prendre en compte : le fond et le quadrillage.

- Le fond d'un tableau Excel est par défaut transparent si rien n'a été appliqué directement dans Excel. Vous pouvez, si nécessaire, appliquer un fond dans PowerPoint, puisque le tableau est un objet que l'on peut traiter comme n'importe quel objet.
- Le quadrillage d'un tableau Excel est visible par défaut dans un document PowerPoint. Par conséquent, si vous ne souhaitez pas visualiser ce quadrillage, désactivez son affichage dans Excel :

pour cela, sous l'onglet **Affichage**, dans le groupe *Afficher/Masquer*, désactivez l'option *Quadrillage*.

- Un tableau Excel collé en tant que tableau PowerPoint pourra être, quant à lui, mis en forme comme n'importe quel tableau conçu directement dans PowerPoint.

> ATTENTION
>
> **Redimensionnement d'un tableau collé dans PowerPoint**
>
> Sauf dans le cas d'un tableau collé en tant que tableau PowerPoint, le texte sera déformé si vous utilisez l'une des poignées situées sur les quatre côtés pour le redimensionner. Il est donc conseillé d'employer les poignées d'angle.

7.4. Insérer un graphique

Créer un nouveau graphique

Un graphique inséré dans PowerPoint est en fait un graphique créé dans Excel. Si vous ne possédez pas Excel, le graphique sera créé avec MS Graph.

Pour ajouter un graphique, cliquez dans un espace réservé de contenu sur l'icône *Insérer un graphique*, ou bien dans un espace réservé de graphique.

Vous pouvez également cliquer sur le bouton **Graphique**, sous l'onglet **Insertion**, dans le groupe *Illustrations*. Dans la boîte de dialogue **Insérer un graphique**, sélectionnez à gauche le type de graphique souhaité.

Vous pouvez ensuite choisir un modèle parmi ceux qui sont proposés, en le sélectionnant et en cliquant sur OK.

> ATTENTION
>
> **Insertion d'un objet graphique Excel**
>
> S'il est tout à fait possible d'insérer un graphique Excel en utilisant la technique de base de l'incorporation (onglet **Insertion**, groupe *Texte*, bouton **Objet**), nous ne recommandons pas de procéder ainsi si vous avez l'intention d'afficher le graphique avec des effets d'animation.

Une feuille de classeur Excel s'affiche, contenant un tableau de données par défaut. Vous allez maintenant entrer vos propres données.

Le tableau Excel contient par défaut un certain nombre de séries en colonnes et des lignes de données, plus les en-têtes de colonne et de ligne, en fonction du type de graphique sélectionné. Entrez vos données par-dessus celles qui sont affichées.

C'est la plage de données Excel, encadrée par une bordure bleue, qui sera prise en compte pour le tracé du graphique.

- Si vous avez plus de données que celles du tableau par défaut, ajoutez-les dans de nouvelles lignes et colonnes ; la plage s'agrandira automatiquement.
- Si, au contraire, vous en saisissez moins, réduisez la plage de données en faisant glisser l'angle inférieur droit de la plage de cellules du tableau.

Une fois vos données saisies, vous pouvez fermer le classeur Excel sans le sauvegarder pour retourner dans votre présentation PowerPoint. Votre graphique est mis automatiquement à jour, les données sont incorporées dans votre diapositive.

Lorsque le graphique est sélectionné, l'onglet **Outils de graphique** est actif. Il contient trois autres onglets : **Création**, **Disposition** et **Mise en forme**.

Insérer un graphique existant

Si le graphique existe déjà dans Excel, il vous suffira de le copier pour le coller dans PowerPoint. Examinons dans ce cas les options de collage proposées par le menu contextuel, par la flèche déroulante du bouton **Coller**, ou par le bouton de collage :

- Les options *Utiliser le thème de destination et incorporer le classeur* et *Conserver la mise en forme source et incorporer le classeur* inséreront tout le classeur Excel comme élément incorporé dans la présentation PowerPoint. La première option applique au graphique le thème de la présentation en cours, alors que la seconde permet de conserver le style d'origine.

  Un graphique inséré de cette façon se gère et se modifie exactement comme un graphique créé depuis PowerPoint, puisqu'il s'agit dans un cas comme dans l'autre de classeurs incorporés.

- Les options *Utiliser le thème de destination et lier le classeur* et *Conserver la mise en forme source et lier le classeur* créeront un lien avec le classeur Excel. La première option applique au graphique le thème de la présentation en cours, alors que la seconde permet de conserver le style d'origine.

ASTUCE

Graphique Excel et espace réservé

Si vous souhaitez que le graphique, lié ou incorporé, prenne la largeur d'un espace réservé, cliquez dans l'espace réservé avant de procéder au collage. Le graphique Excel prendra automatiquement la largeur de l'espace.

- L'option *Image* respectera la mise en forme exacte du graphique Excel, puisque vous obtiendrez en quelque sorte une photo du graphique tel qu'il est dans Excel. Elle est intéressante si vous souhaitez appliquer à votre graphique une mise en forme de type image. Par contre, cette méthode n'est pas conseillée si vous prévoyez par la suite de modifier le graphique.

REMARQUE

Collage d'un graphique

Notez qu'un graphique collé sans aucune option sera lié. La différence réside dans le fait que la mise à jour sera par défaut manuelle, contrairement à un collage spécial avec lien.

La mise en forme du graphique dépend d'une part du type de collage et d'autre part, bien entendu, de votre choix personnel.

- *Utiliser le thème de destination* : il s'agit de l'option par défaut, que ce soit pour une liaison ou pour une incorporation. Les couleurs s'accorderont à votre présentation, pour un résultat homogène.
- *Conserver la mise en forme source* : si vous y tenez, vous pouvez garder la mise en forme appliquée dans votre classeur Excel, quitte à perdre l'homogénéité de votre présentation. Si vous collez votre graphique en tant qu'image, vous n'aurez pas le choix, elle respectera obligatoirement le format d'origine.

ATTENTION

Animation d'un graphique Excel

Si vous prévoyez d'animer les différents éléments d'un graphique Excel, n'utilisez pas un collage en tant qu'image.

La mise en forme du graphique dépend d'une part du format de collage et d'autre part, bien sûr, de votre choix personnel.

- *Utiliser le thème de destination* : il s'agit de l'option par défaut, que ce soit pour une liaison ou pour une incorporation. Les couleurs s'accorderont à votre présentation, pour un résultat homogène.

- *Conserver la mise en forme source* : si vous y tenez, vous pouvez garder la mise en forme appliquée dans votre classeur Excel, quitte à perdre l'homogénéité de votre présentation. Si vous collez votre graphique en tant qu'image, vous n'aurez pas le choix, elle respectera obligatoirement le format d'origine.

Modifier les données et la source de données

Pour modifier la source de données d'un graphique incorporé, ou lié si vous n'avez pas utilisé le collage spécial, cliquez dans le graphique, puis, sous l'onglet **Outils de graphique/Création**, dans le groupe *Données*, cliquez sur le bouton **Modifier les données.** Vous pouvez également cliquer avec le bouton droit de la souris dans votre graphique Excel et choisir la commande **Modifier les données.** La feuille Excel s'affiche ; rectifiez vos données dans le tableau. Le graphique sera automatiquement modifié dans votre document PowerPoint.

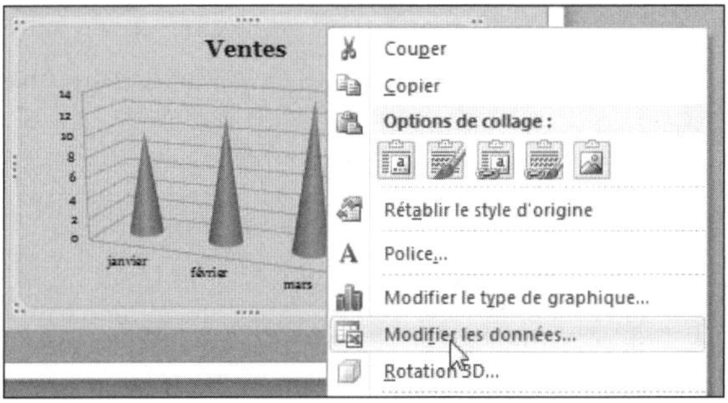

Figure 7.12 : Modifier les données d'un graphique incorporé

Modifier le type de graphique

Sélectionnez votre graphique et affichez l'onglet **Outils de graphique /Création**, puis cliquez sur le bouton **Modifier le type de graphique-** dans le groupe *Type*. Sélectionnez un autre type de graphique et cliquez sur OK : votre graphique est modifié.

Mettre en forme le graphique

Utiliser les dispositions prédéfinies

Sélectionnez votre graphique pour afficher l'onglet **Outils de graphique/Création**, puis optez pour une disposition dans la galerie des dispositions du graphique. Une disposition réunit des éléments de mise en forme tels que l'espacement des barres d'histogramme, l'insertion d'un titre, d'étiquettes, d'une légende, du tableau source, etc. Vous pouvez ensuite affiner votre choix grâce aux options contenues sous l'onglet **Outils de graphique/Disposition.**

Utiliser les styles prédéfinis

Sélectionnez un style prédéfini dans la galerie des styles du graphique sous l'onglet **Outils de graphique/Création**. Un style modifie les couleurs en proposant des choix homogènes.

Personnaliser un graphique

Affichez l'onglet **Outils de graphique/Disposition** afin d'accéder aux outils de personnalisation de graphique issus d'Excel, et sur lesquels nous ne nous attarderons pas.

- Le groupe *Étiquettes* permet d'insérer ou de supprimer le titre du graphique et des axes, la légende, des étiquettes de données et le tableau source.
- Le groupe *Axes* permet de modifier les axes et le quadrillage.
- Le groupe *Arrière-plan* permet de mettre en forme le fond du graphique et de modifier les aspects 3D.
- Le groupe *Analyse* permet d'ajouter des courbes de tendance, des lignes de série et de projection, des barres d'erreur, etc., en fonction du type de graphique.

ASTUCE

Sauvegarder un modèle de graphique

Un graphique personnalisé peut être sauvegardé comme modèle, pour pouvoir le réutiliser et obtenir des présentations homogènes sans avoir à tout reformater (voir l'exercice en fin de chapitre).

Modifier l'aspect d'une série ou d'un seul élément du graphique

Pour appliquer une mise en forme spécifique à une série, sélectionnez la série en cliquant une fois sur l'un de ses éléments.

Pour appliquer une mise en forme spécifique à un seul élément sans toucher à l'ensemble de la mise en forme du graphique, sélectionnez l'élément en cliquant deux fois dessus (plus lentement qu'un double-clic).

Choisissez ensuite la mise en forme dans les groupes *Styles de formes* et *Styles WordArt* sous l'onglet **Outils de graphique/Mise en forme**. Ces deux groupes permettent de modifier les attributs de couleur, de contour, d'effet 3D, etc., des éléments sélectionnés, et ce de façon individuelle (comme pour les formes automatiques). Pour une présentation homogène, il n'est pas conseillé d'en abuser !

Pour mettre en forme la sélection, le plus simple est bien souvent de cliquer sur le bouton **Mise en forme de la sélection** situé dans le groupe *Sélection active* sous l'onglet **Outils de graphique/Disposition**. Ce bouton propose toutes les modifications possibles concernant l'élément sélectionné. La liste déroulante située juste au-dessus permet d'afficher le nom de l'objet sélectionné, mais aussi de choisir un autre objet.

Modifier l'affichage des données et la présentation du graphique

Le graphique étant sélectionné dans PowerPoint, cliquez sur le bouton **Sélectionner les données**, sous l'onglet **Outils de graphique /Création**, dans le groupe *Données*.

La boîte de dialogue **Sélectionner la source de données** permet de modifier l'affichage des données dans votre graphique sans toucher au tableau Excel. La plage des cellules Excel, encadrée d'une bordure bleue, détermine le contenu des données dans votre graphique. Or, il est possible de ne pas afficher toutes les données, ou bien de les présenter dans un autre ordre.

Vous pouvez en conséquence, à partir d'un seul tableau Excel, obtenir différents affichages graphiques avec beaucoup de facilité :

- Pour supprimer l'affichage d'une série dans votre graphique, sélectionnez sous la rubrique *Entrées de légende (Série)* la série à ne pas afficher et cliquez sur le bouton **Supprimer**. Cette série sera supprimée du graphique, mais pas des données.

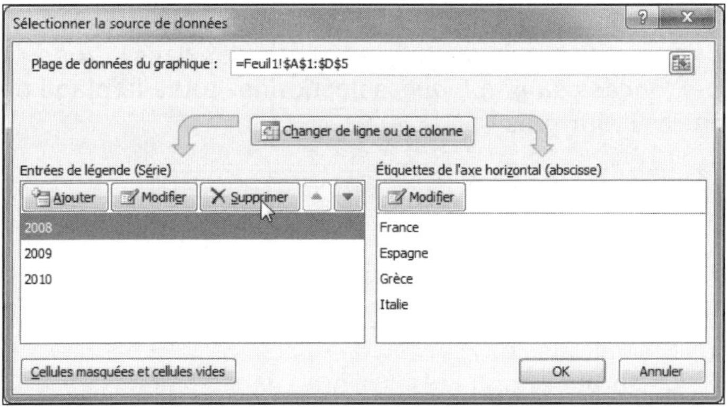

Figure 7.13 : Sélectionner une série à ne pas afficher dans le graphique

- Pour ajouter une série à afficher dans votre graphique, cliquez sur le bouton **Ajouter** sous la rubrique *Entrées de légende (Série)*. Dans la boîte de dialogue **Modifier la série**, cliquez dans la zone *Nom de la série* et sélectionnez la cellule qui contient le nom (il s'agit en général de l'en-tête de colonne). Dans la zone *Valeurs de la série*, sélectionnez les données de la série.

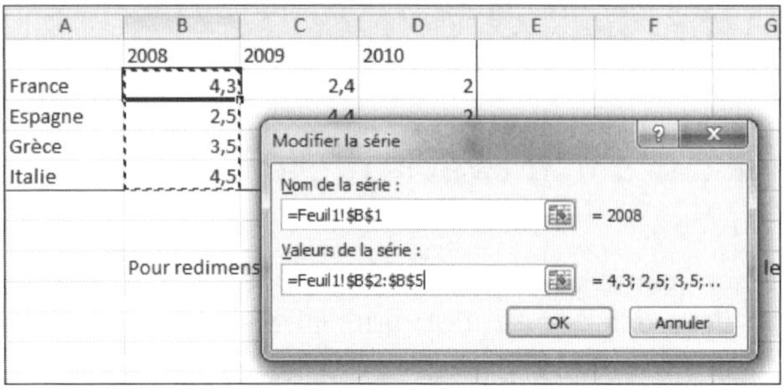

Figure 7.14 : Afficher une série dans le graphique

- Le bouton **Modifier** de la rubrique *Entrées de légende (Série)* permet de changer éventuellement la série (nom et données).
- Les boutons **Déplacer vers le haut** et **Déplacer vers le bas** dans la zone *Entrées de légende (Série)* affecteront l'ordre de traçage dans le graphique de la série de données sélectionnée.
- Vous pouvez également modifier les étiquettes de l'abscisse. Sous la rubrique *Étiquettes de l'axe horizontal*, cliquez sur le bouton **Modifier**. Sélectionnez la plage de cellules que vous souhaitez afficher dans votre graphique en tant qu'étiquettes de l'abscisse.

Pour afficher à nouveau le graphique tel qu'il était au départ, avec toutes les données de la plage de cellules Excel, et dans l'ordre dans lequel elles ont été saisies, cliquez sur le bouton **Sélectionner les données** sous l'onglet **Outils de graphique/Création** et, dans la zone de saisie *Plage de données du graphique*, sélectionnez toute la plage de cellules, ou entrez la formule `=Tableau1[#Tout]`.

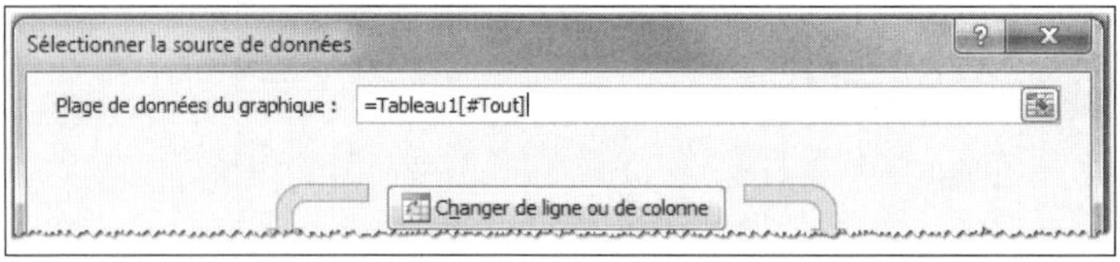

Figure 7.15 : Saisir la formule =Tableau1[#Tout]

Intervertir les lignes et colonnes

Vous pouvez inverser les axes des abscisses et des ordonnées dans votre graphique en cliquant sur le bouton **Intervertir les lignes**

/colonnes sous l'onglet **Outils de graphique/Création**, dans le groupe *Sélectionner des données*.

Cette fonction est également accessible depuis la boîte de dialogue **Sélectionner la source de données**, sous la rubrique *Changer de ligne ou de colonne*.

Les séries qui étaient par défaut disposées en colonnes se retrouvent en lignes.

ATTENTION

Intervertir les lignes et les colonnes

La fonction sera inaccessible (bouton grisé) si l'affichage de votre graphique a été modifié (certaines données ne sont pas affichées ou l'ordre des séries est changé). Vous devrez avant tout rétablir votre graphique en fonction de la plage de données.

7.5. Insérer un objet Visio

Un objet Visio peut s'insérer de trois manières :

- Collage normal : le dessin Visio est collé en tant qu'image. Il n'est donc plus modifiable via l'application Visio.
- Collage en tant qu'objet incorporé : vous pouvez soit utiliser la méthode générale d'incorporation expliquée au début de ce chapitre, soit utiliser le collage spécial avec l'option *Objet Dessin Visio*.
- Collage avec liaison : activez l'option *Coller avec liaison* dans la boîte de dialogue **Collage spécial**. Attention, pour un collage avec liaison d'un objet Visio, ne sélectionnez rien avec la souris dans Visio et utilisez le menu **Edition/Copier le dessin**, ou le raccourci habituel Ctrl+V, à condition de n'avoir rien sélectionné auparavant.

L'aspect d'un objet Visio collé en tant qu'image peut être modifié sur certains points :

- Vous pouvez par exemple le colorier. Les couleurs foncées donneront un fond de couleur à votre dessin, les couleurs claires ne modifieront que la couleur des traits.
- Vous pouvez rendre le fond transparent. Sélectionnez le dessin, puis, sous l'onglet **Outils Image/Format**, dans le groupe *Ajuster*, cliquez sur le bouton **Recolorier**, puis sur la commande **Couleur transparente**. Lorsque le pointeur prend l'aspect d'une pipette, cliquez sur le fond du dessin qui devient transparent.

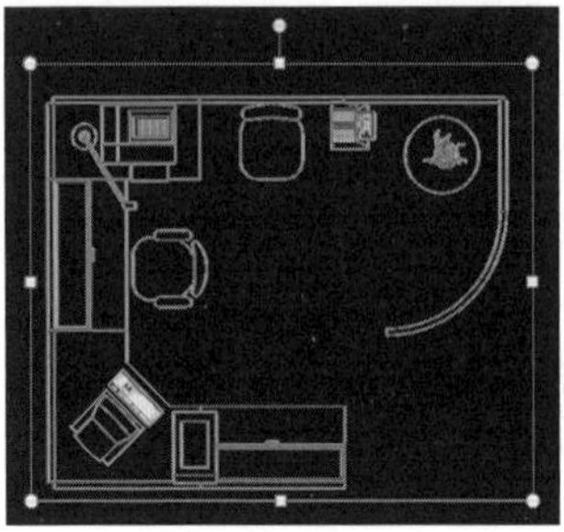

Figure 7.16 : Les traits du dessin Visio sont recoloriés, et une transparence est appliquée à cause du fond noir de la diapo

Le dessin Visio collé avec liaison peut aussi être transformé dans PowerPoint. Vous pouvez par exemple lui affecter un remplissage et une bordure.

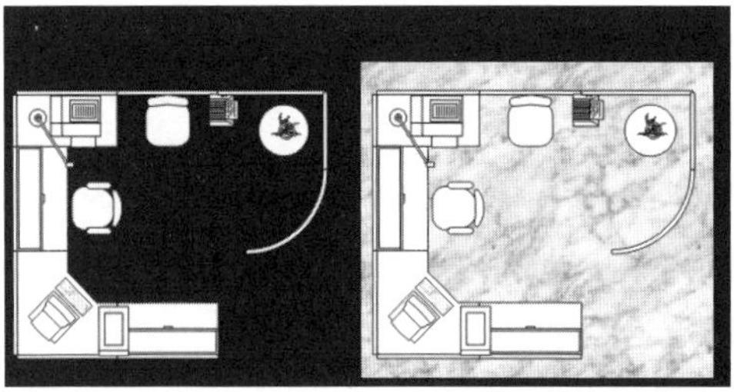

Figure 7.17 : Les dessins Visio collés avec liaison : une texture marbre a été affectée au dessin de droite

7.6. Insérer un objet Flash

Avant d'insérer un objet Flash, vérifiez que le lecteur Flash équipe bien l'ordinateur que vous utiliserez pour votre présentation.

INTERNET

Télécharger le lecteur Flash

Pour télécharger le lecteur Flash, connectez-vous au site d'Adobe, à l'adresse **www.adobe.com/shockwave/download/**.

Affichez l'onglet **Développeur**.

RENVOI

À ce sujet, reportez-vous au chapitre *Découvrir PowerPoint 2010*, à la section *Personnaliser le Ruban*.

Placez-vous maintenant dans la diapositive qui doit contenir l'objet Flash, puis :

1 Sous l'onglet **Développeur**, dans le groupe *Contrôles*, cliquez sur le bouton **Autres contrôles**.

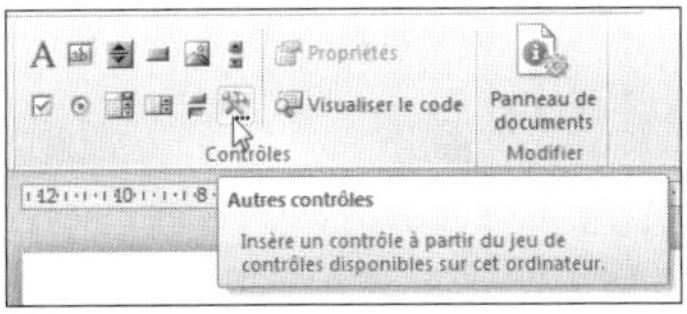

Figure 7.18 : Cliquer sur le bouton Autres contrôles

2 Dans la boîte de dialogue **Autres contrôles**, sélectionnez le contrôle **Shockwave Flash Object**, puis cliquez sur OK.

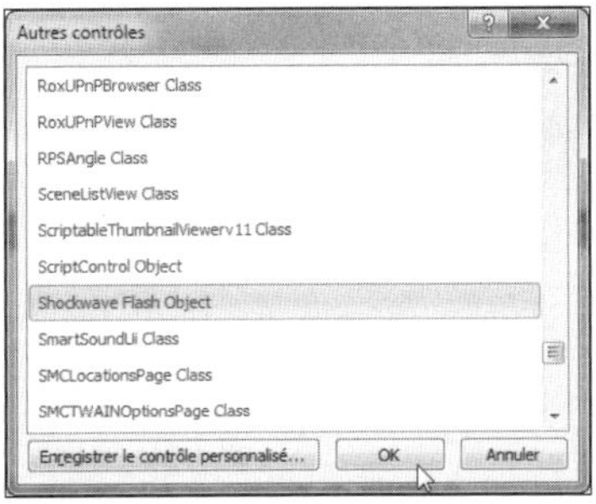

Figure 7.19 : Sélectionner le contrôle Shockwave Flash Object

3 Tracez sur votre diapositive la zone qui contiendra l'objet Flash : vous obtenez un rectangle contenant une croix.

4 Cliquez avec le bouton droit de la souris sur la zone et choisissez la commande **Propriétés**.

5 Dans la propriété *Movie* de votre objet Flash, saisissez le chemin complet du fichier Flash *.swf*.

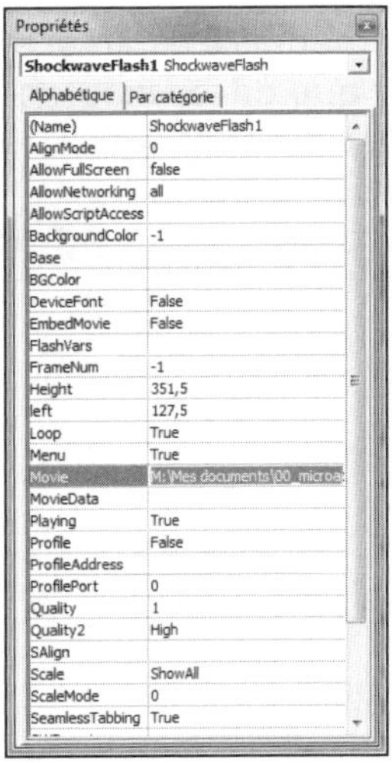

Figure 7.20 : Saisir le chemin complet du fichier Flash dans la propriété Movie

L'objet Flash se déclenchera automatiquement lors du diaporama.

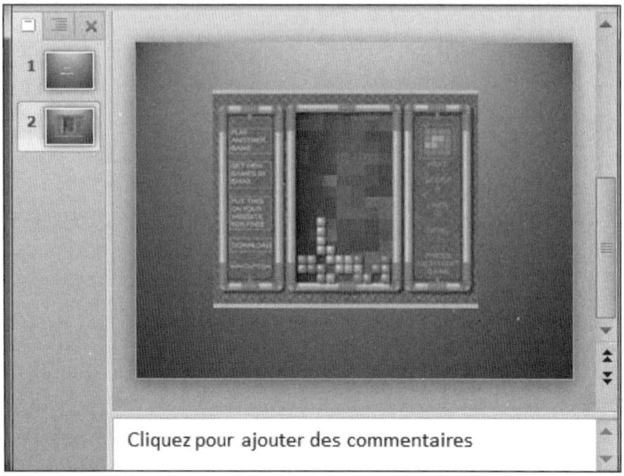

Figure 7.21 : Jeu Flash inséré dans une diapositive PowerPoint

FlashCatcher

L'utilitaire FlashCatcher permet de récupérer des animations Flash sur Internet : **www.justdosoft.com/flashCatcher/**. Une fois le logiciel installé, une icône en forme de disquette s'affiche à l'approche de la souris sur l'objet Flash. Il suffit de cliquer sur cette icône pour l'enregistrer. Cependant, soyez vigilant et respectez les droits d'auteur.

7.7. Insérer des fichiers multimédias

Avant de commencer l'insertion de fichiers multimédias existants, et si vous avez l'intention de lier ces fichiers plutôt que de les incorporer, déplacez ou copiez ces fichiers dans le dossier qui contient votre présentation PowerPoint.

Vidéos, musiques, et droits d'auteur

Vérifiez les droits des objets multimédias avant de rendre publique une présentation contenant des musiques et/ou des films.

Insérer de l'audio

Insérer de l'audio depuis un fichier

Sous l'onglet **Insertion**, dans le groupe *Médias*, cliquez sur le bouton **Audio**, puis choisissez le type de son à insérer.

- *Audio à partir du fichier* : il s'agit d'un fichier stocké sur votre disque dur ou sur un support amovible. Sélectionnez le son de votre choix, puis cliquez directement sur le bouton **Insérer** si vous souhaitez que le son soit incorporé à votre présentation, ou sur la flèche du bouton **Insérer** puis sur la commande **Lien vers un fichier** si vous préférez que le son soit lié.
- *Audio clipart* : comme pour les cliparts, la bibliothèque s'affiche dans un volet à droite de votre écran et propose tous les fichiers son qu'elle contient. Et comme avec les cliparts, vous pouvez faire une recherche. Vous pouvez aussi cliquer sur la flèche située à droite du son et choisir la commande **Aperçu et propriétés** pour obtenir les renseignements sur ce son et pour l'écouter.

Figure 7.22 : Visualiser les propriétés du son

Une fois le son choisi, cliquez dessus pour l'insérer dans votre diapositive.

Lorsque vous avez choisi le fichier audio, ce dernier est matérialisé dans votre diapositive par une image de haut-parleur.

Enregistrer un son

ATTENTION

Enregistrer un son

Cette option permet d'enregistrer un son ou un commentaire quelconque dans une diapositive, mais elle ne sert pas à enregistrer une narration pour toute la présentation.

RENVOI

Si vous souhaitez enregistrer une narration pour une présentation qui tournerait sans présentateur, sur une borne par exemple, rendez-vous au chapitre *Préparer, configurer et projeter un diaporama*, à la section *Vérifier le minutage et créer une narration*.

1 Avant de lancer l'enregistrement du son, vérifiez que le périphérique d'entrée audio, votre micro, est bien connecté à votre ordinateur et correctement configuré.

2 Sous l'onglet **Insertion**, dans le groupe *Médias*, cliquez sur le bouton **Audio**, puis choisissez **Enregistrer l'audio**. La boîte de dialogue d'enregistrement du son s'affiche.

3 Donnez un nom à votre enregistrement.

4 Cliquez sur le rond rouge pour commencer l'enregistrement. La durée du son s'affiche au fur et à mesure.

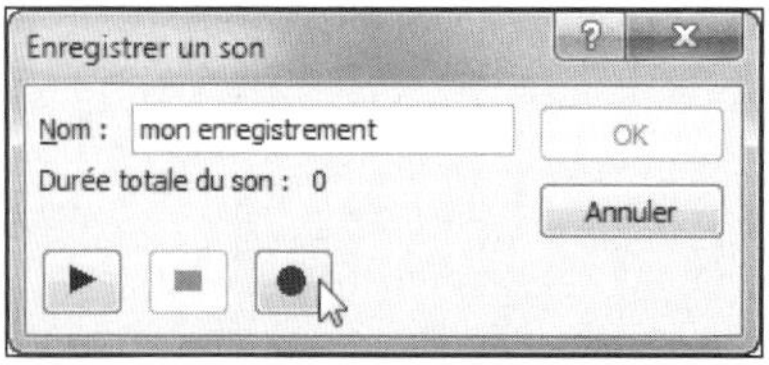

Figure 7.23 : Démarrer l'enregistrement

5 Cliquez sur le carré noir pour arrêter l'enregistrement.

6 Pour écouter l'enregistrement, cliquez sur le triangle bleu. Lorsque vous interrompez l'enregistrement sans fermer la boîte de dialogue, vous pouvez le reprendre à l'endroit où vous vous êtes arrêté, en cliquant à nouveau sur le rond rouge.

7 Lorsque vous avez terminé d'enregistrer le son, fermez la boîte de dialogue **Enregistrer un son**.

Une icône son en forme de haut-parleur est maintenant affichée au centre de votre diapositive. Le son enregistré est au format Wave. Il sera automatiquement incorporé dans votre présentation.

Insérer une vidéo

Sous l'onglet **Insertion**, dans le groupe *Médias*, cliquez sur le bouton **Vidéo**, puis choisissez le type de film à insérer.

- *Vidéo à partir du fichier* : il s'agit d'un fichier stocké sur votre disque dur ou sur un support amovible. Sélectionnez la vidéo de votre choix, puis cliquez directement sur le bouton **Insérer** si vous souhaitez que la vidéo soit incorporée à votre présentation, ou sur la flèche du bouton **Insérer** puis sur la commande **Lien vers un fichier** si vous préférez que la vidéo soit liée.
- *Vidéo clipart* : comme pour les images clipart, la bibliothèque s'affiche dans un volet à droite de votre écran et propose tous les films qu'elle contient. Attention toutefois, la bibliothèque clipart propose plutôt des images de format *.gif* animé, ce qui n'est peut-être pas ce que vous espérez comme fichier vidéo !
- *Vidéo à partir d'un site web* : vous pouvez désormais insérer directement depuis PowerPoint des liens vers des sites web de vidéo de type YouTube ou DailyMotion, par exemple. Dans la boîte de dialogue **Insérer une vidéo à partir d'un site web**, vous devez coller dans la zone de texte le code incorporé du site en question, que vous aurez précédemment copié. Il s'agit d'un code HTML.

  À titre indicatif, ce code se trouve à droite pour YouTube, sous la rubrique *Intégrer la vidéo sur un site*, et en dessous de la vidéo pour DailyMotion, à la rubrique *Lecteur exportable*.

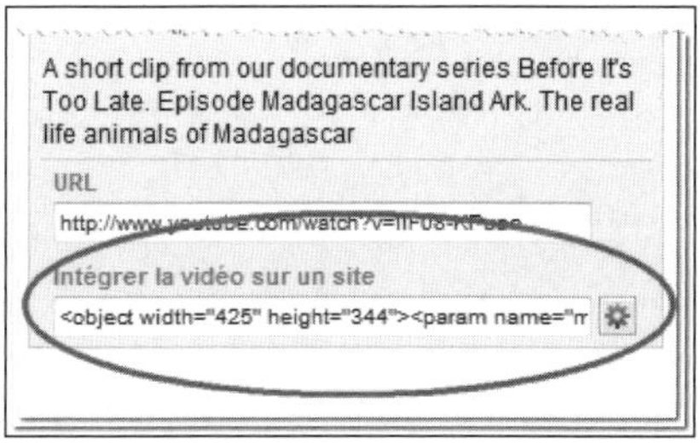

Figure 7.24 : Récupérer le code sur YouTube

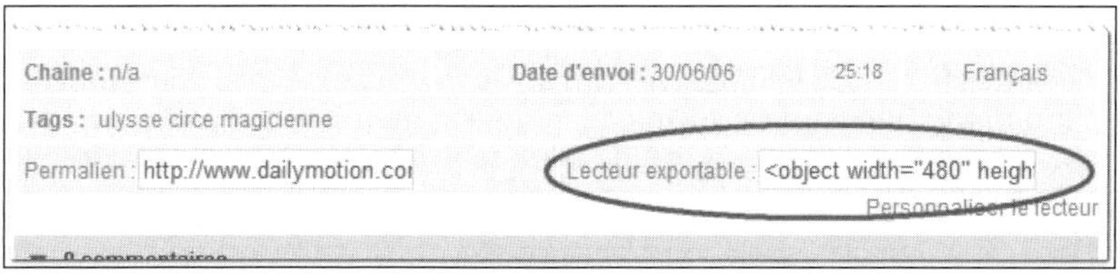

Figure 7.25 : Récupérer le code sous DailyMotion

Vidéo DailyMotion et YouTube

ASTUCE

Sur les sites de DailyMotion et de YouTube, vous pouvez personnaliser l'aspect du lecteur. Pour DailyMotion, cliquez sur le lien *Personnaliser le lecteur* qui se trouve sous le code. Pour YouTube, les options sont directement affichées sous le code. Vous pourrez modifier ainsi les couleurs des divers éléments et décider si le déclenchement de la vidéo sera automatique. Le choix de la taille par contre ne sera pas géré de cette manière. Vous copierez ensuite le code qui sera mis à jour avec vos choix.

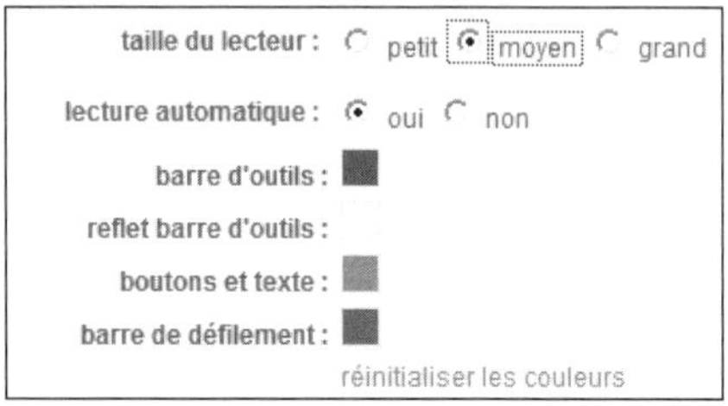

Figure 7.26 : Personnaliser le lecteur DailyMotion

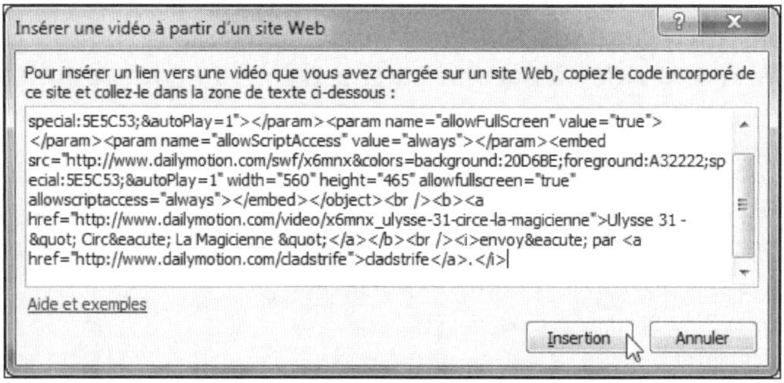

Figure 7.27 : Insérer le code incorporé du site dans la boîte de dialogue d'insertion de vidéo d'un site web

Vidéos de site web

ATTENTION

Gardez bien à l'esprit qu'une vidéo insérée avec cette méthode n'est en réalité qu'un lien vers le site. Vous devrez donc disposer d'une connexion Internet pour visualiser le film lorsque vous diffuserez la présentation. Si ce n'est pas le cas, vous devrez télécharger ces vidéos et les encoder afin d'obtenir des fichiers lisibles de type *.mpeg* ou *.avi* par exemple. Vous pouvez utiliser un logiciel comme VDownloader, qui est gratuit et que vous pouvez télécharger, entre autres, à cette adresse : **www.infos-du-net.com/telecharger/VDownloader,0301-9957.html**.

Configurer les objets multimédias

Lorsque l'icône du son ou l'objet film sont sélectionnés, deux nouveaux onglets sont accessibles.

- L'onglet **Outils (audio ou vidéo)/Format** : cet onglet que vous connaissez déjà permet de configurer l'aspect visuel de l'objet.
- L'onglet **Outils (audio ou vidéo)/Lecture** : cet onglet permet de gérer les options de lecture des sons et des vidéos.

Gérer les options de lecture des sons et des vidéos

Lire un objet audio ou vidéo en mode Normal

Pour écouter le son ou regarder la vidéo en mode Normal, sélectionnez l'objet et utilisez les outils de lecture qui s'affichent sous l'objet. Vous retrouvez les outils habituels de lecteur audio/vidéo, à savoir l'outil qui déclenche la lecture et la pause, les boutons qui permettent d'avancer ou de revenir en arrière, ainsi qu'une icône de son permettant de modifier le volume du son ou même de le désactiver.

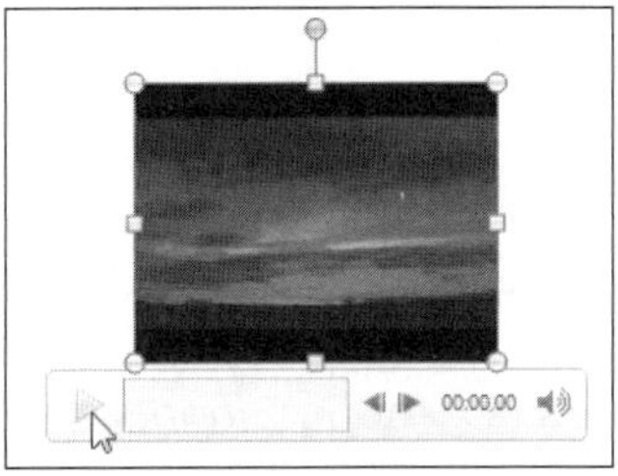

Figure 7.28 : Visualiser le film en mode Diapositive

Pour lancer la lecture et la mettre en pause, vous pouvez également cliquer sur le bouton **Lecture** situé sous l'onglet **Outils/Format**, dans le groupe *Aperçu*.

Les signets

Les signets sont des repères temporels que l'on place sur un clip audio ou un clip vidéo. Vous pouvez ajouter des signets pour indiquer des points d'intérêt temporels dans un clip vidéo ou audio. Ces signets seront ensuite utilisés pour découper un clip par exemple, et également pour déclencher une animation.

RENVOI

Voyez à ce sujet le chapitre *Animation*.

Pour ajouter un signet, lancez la lecture du clip audio ou vidéo, puis, au moment de votre choix, cliquez sur le bouton **Ajouter un signet** situé sous l'onglet **Outils/Format**, dans le groupe *Signets*. Vous pouvez en insérer plusieurs si vous le souhaitez.

Notez que pour positionner rapidement un signet sans avoir à lire le clip dans sa totalité, vous pouvez cliquer sur la barre de lecture le plus près possible de l'endroit où vous pensez devoir ajouter ce signet. Pour un clip vidéo, c'est plus simple car vous pouvez alors visualiser chaque image et trouver ainsi celle que vous recherchez. Pour un clip audio, après avoir cliqué à un endroit de la barre de lecture, lancez la lecture, et au moment d'ajouter le signet, soit vous cliquez sur le bouton **Ajouter un signet**, soit vous arrêtez d'abord la lecture et vous prenez votre temps pour cliquer sur le bouton.

Les signets sont matérialisés par un petit rond situé sur la piste de lecture. Lorsque vous pointez dessus, une bulle affiche l'indication de temps.

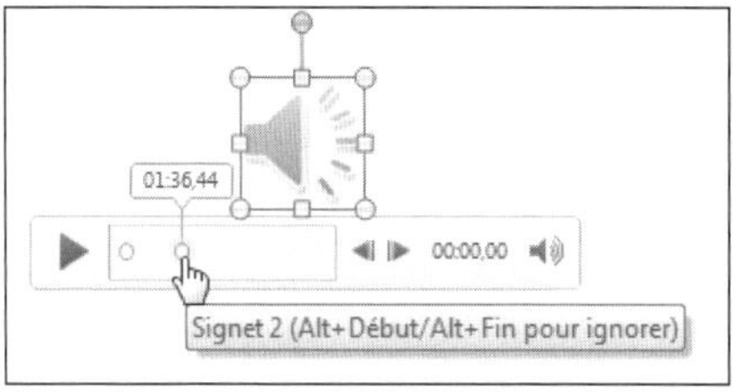

Figure 7.29 : Ajouter un signet

Pour supprimer un signet, sélectionnez le clip, cliquez sur le signet représenté par le petit cercle et cliquez sur le bouton **Supprimer le signet** situé sous l'onglet **Outils/Format**, dans le groupe *Signets*.

Découper un film ou une musique

Vous pouvez désormais, avec PowerPoint, extraire une partie d'une musique ou d'une vidéo. Il suffit de sélectionner uniquement la partie dont vous avez besoin. Pour cela, sélectionnez le clip, puis sous l'onglet **Outils/Lecture**, dans le groupe *Édition*, cliquez sur le bouton **Découper l'audio** ou **Découper la vidéo**.

La boîte de dialogue **Découper l'audio** ou **Découper la vidéo** s'affiche. Pour couper le début du clip, faites glisser le curseur vert jusqu'à la position de départ souhaitée. Pour couper la fin du clip, faites glisser le curseur rouge jusqu'à la position de fin souhaitée. Si vous aviez auparavant positionné des signets, il suffira de faire glisser le ou les curseurs sur les signets. Les temps de départ et de fin sont affichés à l'écran, ainsi que la durée totale, ce qui est très utile, en particulier si vous avez un minutage à respecter.

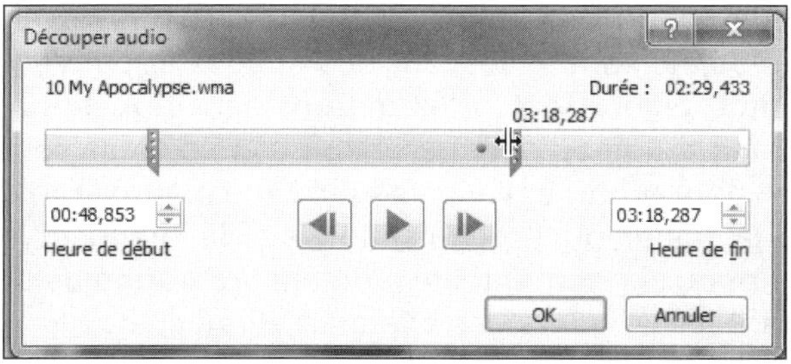

Figure 7.30 : Découper une bande audio

RENVOI

Nous reviendrons sur l'organisation des sons et des films au cours du diaporama au chapitre *Animation*.

Si vous changez d'avis et que vous voulez récupérer votre film ou votre clip audio en entier, il suffit de retourner dans la boîte de dialogue **Découper l'audio** ou **Découper la vidéo** et de modifier le découpage. Cette possibilité présente un avantage, mais aussi un inconvénient, car si seule une petite partie d'un clip vous intéresse, ce dernier sera incorporé en totalité dans votre présentation qui s'alourdira en conséquence. Dans ce cas, il est conseillé de compresser le média.

RENVOI

Voyez à ce sujet la section *Optimiser la présentation selon les médias insérés* ci-dessous.

Gérer l'aspect visuel des objets audio et vidéo

L'aspect visuel des objets audio et vidéo se gère via les onglets **Outils Vidéo/Format** et **Outils Audio/Format**.

L'icône d'un fichier audio est un haut-parleur. L'objet film est représenté quant à lui par la première image de la vidéo.

Il s'agit tout d'abord de savoir si vous souhaitez garder ou non l'icône audio visible pendant le diaporama. Si vous préférez qu'elle n'apparaisse pas, le plus simple est de cocher l'option *Masquer pendant la présentation*, située dans le groupe *Options audio*. Une autre solution consiste à déplacer le son hors de la diapositive.

Notez par ailleurs que cette option existe également pour l'objet vidéo. Vous pouvez décider de ne pas afficher l'objet vidéo tant qu'il n'est pas en mode Lecture. Pour cela, cochez l'option *Masquer en cas de non lecture*, située dans le groupe *Options vidéo*.

Si vous avez décidé de laisser ces objets affichés, vous pouvez en modifier l'aspect. Ces objets sont avant tout des images et peuvent donc être traités comme telles. Toutes les options spécifiques aux images que nous avons étudiées dans le chapitre précédent sont proposées, que ce soit pour modifier l'aspect lui-même (par exemple les styles d'images, la taille) ou l'organisation sur la diapositive (premier plan, arrière-plan, alignement, etc.), ou encore pour ajuster les réglages concernant les couleurs, les effets artistiques, etc.

Figure 7.31 : Vidéo avec un format choisi dans la galerie des styles vidéo

Toutes les options sont également disponibles via le menu contextuel, en choisissant la commande **Format vidéo** ou **Format audio**.

Les clips audio et vidéo ont chacun leurs spécificités :

- Clip vidéo :
  - L'option *Cadre de l'affiche* permet d'affecter une première image au film, qui sera affichée tant que le film ne sera pas en mode Lecture. Cette possibilité est intéressante car il est possible que la première image du film ne soit pas représentative de ce que vous souhaitez afficher, surtout s'il n'est pas prévu que le film démarre dès l'affichage de la diapositive, ou si vous souhaitez ménager un effet de surprise.
  - Si vous optez pour une couleur particulière via le bouton **Couleur** du groupe *Ajuster*, sachez que c'est tout le film qui sera coloré. Vous pouvez par exemple transformer un film couleur en sépia.
  - Si le film est trop foncé ou trop clair, ou pas suffisamment ou trop contrasté, etc., vous pouvez corriger tout cela à l'aide du bouton **Corrections**.

– Le bouton **Forme de la vidéo** permettra de modifier la forme du cadre de la vidéo, qui pourra très bien se trouver dans une étoile, un nuage ou n'importe quelle autre forme.

- Clip audio :

  – Le haut-parleur est l'image par défaut. Vous pouvez le remplacer par n'importe quelle image de votre choix. Pour cela, cliquez sur le bouton **Modifier l'image** et sélectionnez l'image qui vous convient.

Figure 7.32 : Image du haut-parleur remplacée par l'image d'une pochette de CD

  – Le bouton **Rogner** permet de découper l'image ou d'en modifier la forme.

Optimiser la présentation selon les médias insérés

Comme vous l'avez vu dans les sections précédentes, les clips vidéo et audio peuvent être liés ou incorporés. L'incorporation d'un clip peut considérablement alourdir un fichier PowerPoint qui deviendra moins performant et plus fragile. Inversement, un fichier d'une taille raisonnable aurait pu supporter l'incorporation d'un clip.

Comment vous rappeler si vous avez incorporé ou lié les fichiers ? Il suffit d'afficher les informations via le mode Backstage. Si des fichiers sont liés, vous verrez la commande **Modifier les liens d'accès aux fichiers**, située en bas des propriétés de la présentation. Cliquez sur cette commande pour voir la liste des fichiers liés.

RENVOI

Voyez également à ce sujet la section *Assurer la compatibilité du média* dans le chapitre *Partager et imprimer*.

Ceux qui ne figurent pas dans cette liste sont forcément incorporés.

Compresser les médias incorporés

Si vous avez incorporé des fichiers son ou des fichiers vidéo, vous aurez peut-être besoin de les compresser afin de diminuer le poids de votre présentation.

Passez en mode Backstage et cliquez sur **Informations**.

Dans la rubrique *Compresser le média*, vous voyez immédiatement la taille des fichiers multimédias incorporés dans la présentation.

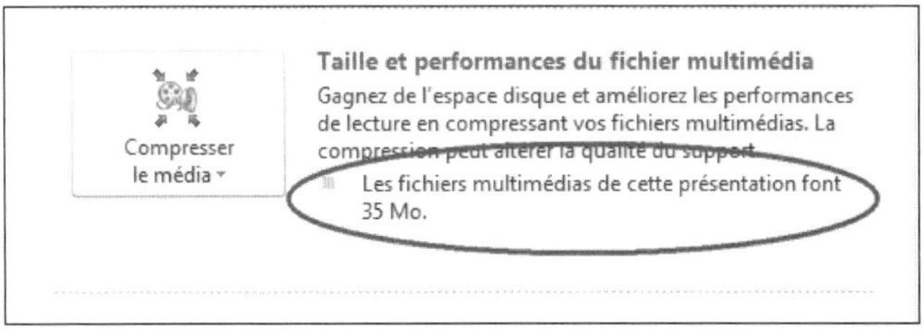

Figure 7.33 : Afficher la taille des fichiers multimédias

Si le poids est élevé, il est bien entendu conseillé de faire une compression. Sachez cependant qu'une compression peut altérer la qualité (d'ailleurs cela est précisé), et en particulier la qualité d'une vidéo.

Pour compresser les médias, cliquez sur le bouton **Compresser le média** et choisissez le niveau de compression. Si vous compressez, c'est tout ou rien ! Après la compression, PowerPoint vous indique le poids perdu. Vérifiez immédiatement le rendu de vos clips. Si vous estimez que la qualité n'est pas suffisante, vous pouvez annuler la dernière compression via le même bouton.

Transformer un clip incorporé en clip lié, et vice versa

Si, malgré la compression, il s'avère que le fichier est définitivement trop lourd, il vous reste à le lier. Le plus simple est de supprimer ce fichier, puis de l'insérer à nouveau, mais en cochant cette fois l'option *Insérer et lier*.

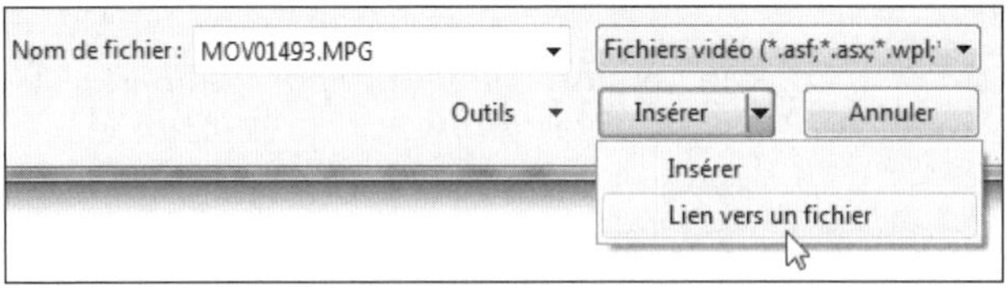

Figure 7.34 : Lier un fichier multimédia

Si au contraire vous décidez d'incorporer un fichier multimédia qui est seulement lié, ouvrez la boîte de dialogue **Liaisons** et cliquez sur le bouton **Rompre la liaison**. Le fichier sera automatiquement incorporé, et votre présentation pèsera plus lourd mais sera autonome.

Supprimer un fichier multimédia

Pour supprimer un son ou une vidéo de votre présentation, il suffit de sélectionner l'icône son ou l'objet vidéo et de le supprimer en appuyant sur la touche Suppr ou ⇤.

7.8. Exercices pratiques

Insérer un graphique Secteurs

Ouvrez la présentation *grèce.pptx* et insérez à la fin une nouvelle diapositive de disposition *Deux contenus*, dans laquelle vous allez créer un graphique qui représentera la production mondiale d'huile d'olive.

1 Saisissez le titre de la diapositive dans l'espace réservé au titre, `Production mondiale d'huile d'olive`, puis cliquez sur l'icône *Graphique* dans l'espace de contenu situé à droite.

2 Dans la boîte de dialogue **Insérer un graphique**, sous la rubrique *Secteurs*, sélectionnez le deuxième modèle, *Secteurs en 3D*, et cliquez sur OK.

3 Dans la feuille Excel, saisissez les données suivantes à la place des données existantes, puis fermez le classeur Excel sans sauvegarder.

	A	B	C	D
1		Production mondiale d'huile d'olive		
2	Espagne	1116000,00		
3	Italie	750000,00		
4	Grèce	530000,00		
5	Tunisie	230000,00		
6	Turquie	110000,00		
7	Autres pays	230000,00		

Figure 7.35 : Les données à saisir dans Excel

Revenez dans votre présentation : votre graphique est inséré.

4 Sélectionnez le graphique, puis, sous l'onglet **Outils de graphique /Création**, sélectionnez *Style 18* dans la galerie des styles de graphique.

5 Cliquez sur le bouton **Disposition rapide** dans le groupe *Dispositions du graphique* et choisissez *Mise en forme 1*, de façon à obtenir les étiquettes de données en pourcentage et directement dans le graphique.

6 Sous l'onglet **Outils de graphique/Disposition**, dans le groupe *Étiquettes*, cliquez sur le bouton **Titre du graphique**, puis sur *Aucun*, puisque vous avez déjà saisi le titre dans l'espace réservé au titre.

7 Cliquez sur le bouton **Étiquettes de données** puis sur l'option *Bord intérieur*, de manière que les étiquettes soient à l'intérieur de chaque secteur. Malheureusement, vous remarquez que le résultat obtenu n'est pas optimal en raison de certains secteurs trop petits. Vous allez y remédier en choisissant non plus *Bord intérieur*, mais *Ajuster*. Cette fonctionnalité est intéressante puisque PowerPoint se débrouille pour mettre les étiquettes au bon endroit en fonction de la taille de l'étiquette et du secteur.

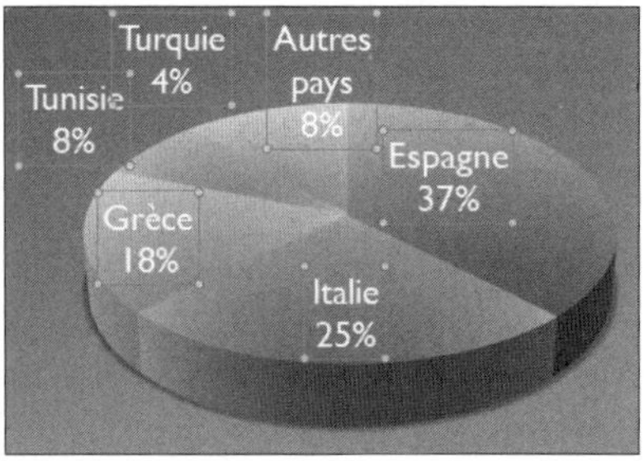

Figure 7.36 : Étiquettes de données ajustées automatiquement par PowerPoint

Vous allez maintenant faire subir une rotation au graphique et séparer la part du secteur qui vous intéresse, c'est-à-dire la Grèce :

8 Cliquez avec le bouton droit de la souris sur le pourtour du graphique et choisissez la commande **Format de la zone de graphique**.

9 Cliquez à gauche sur la commande **Rotation 3D**, puis cliquez autant de fois que nécessaire sur la flèche pour augmenter la valeur *X*, afin de faire tourner le graphique pour que la portion de la Grèce soit située plus en avant. Cliquez ensuite sur le bouton **Fermer** pour fermer la boîte de dialogue.

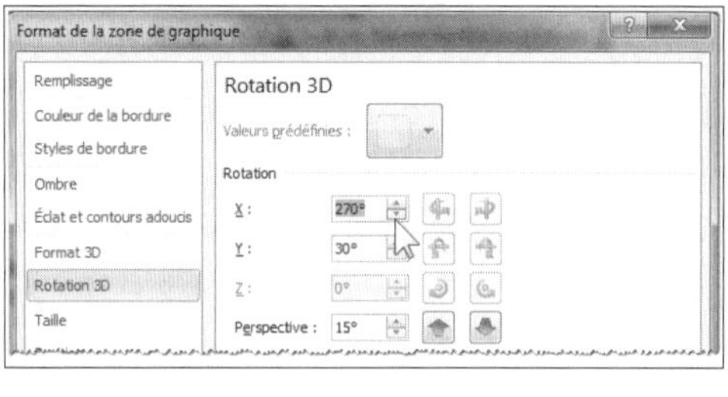

Figure 7.37 : Appliquer une rotation 3D au graphique

10 Il vous reste à séparer la part de la Grèce : cliquez sur le secteur de la Grèce deux fois afin que seule cette part soit sélectionnée, puis cliquez sur la part et glissez-la doucement vers l'extérieur.

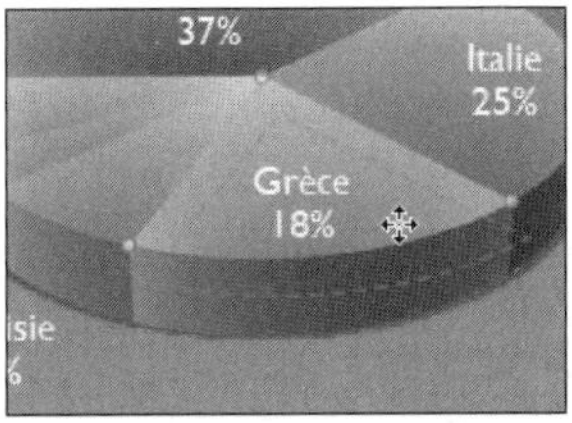

Figure 7.38 : Glisser la part vers l'extérieur

Votre graphique est terminé.

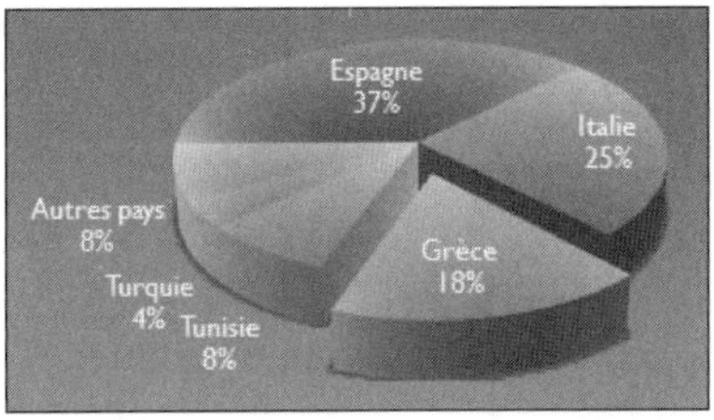

Figure 7.39 : Graphique secteurs 3D

Ayant choisi un format 16:9 pour cette présentation, vous pouvez élargir la taille de l'espace destiné au graphique et réduire la taille de l'espace à gauche, que vous utiliserez pour insérer une illustration.

Enregistrer et réutiliser un graphique comme modèle

Pour assurer l'homogénéité d'une présentation contenant plusieurs graphiques et pour ne pas avoir à reformater chaque graphique, nous vous conseillons d'enregistrer votre graphique en tant que modèle. Il sera ainsi réutilisable autant que vous le souhaiterez, aussi bien dans la présentation en cours que dans d'autres présentations.

Enregistrer le graphique en tant que modèle

Vous allez donc sauvegarder votre graphique en tant que modèle :

1 Sélectionnez le graphique mis en forme.

2 Sous l'onglet **Outils de graphique/Création**, dans le groupe *Type*, cliquez sur le bouton **Enregistrer comme modèle**.

3 Nommez votre modèle : il s'enregistre automatiquement dans le sous-dossier *Charts* de votre dossier *Templates*, avec une extension *.crtx*.

Réutiliser le modèle

Vous allez créer une nouvelle diapositive dans la présentation *grèce.pptx*, avec une disposition *Titre et contenu.*

1 Saisissez le titre de la diapositive `Population des principales Cyclades` dans l'espace réservé au titre, puis cliquez sur l'icône *Graphique* dans l'espace de contenu.

2 Dans la boîte de dialogue **Insérer un graphique**, cliquez sur le dossier *Modèles* situé en haut de la colonne de gauche. Vous devez trouver à droite votre modèle personnel. Sélectionnez-le, puis cliquez sur OK.

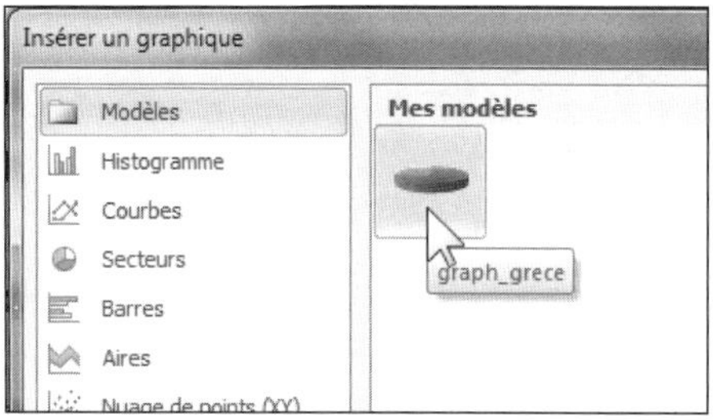

Figure 7.40 : Sélectionner un modèle personnel

ASTUCE

Définir comme graphique par défaut

Si vous cliquez sur le bouton **Définir comme graphique par défaut**, c'est ce type de graphique qui sera sélectionné par défaut. Bien entendu, rien ne vous empêche d'en choisir un autre.

3 Saisissez les données dans Excel, puis fermez le classeur Excel.

	A	B
1	Nom	Nombre d' habitants
2	Sýros	19 870
3	Náxos	14 840
4	Páros	9890
5	Andros	8700
6	Tínos	7740
7	Thira	7080
8	Mýkonos	6170

Figure 7.41 : Saisir les données dans Excel

Votre graphique est créé à l'image de votre modèle. Tout est respecté : le format 3D, les couleurs, les étiquettes en pourcentage, la partie séparée, etc.

Créer un graphique image

Vous en avez assez des sempiternelles barres des histogrammes ? Qu'à cela ne tienne, vous allez convertir ces barres en une image de votre choix.

Pour cet exercice, vous allez travailler sur le graphique qui vient d'être réalisé et qui concerne la population des Cyclades. Vous changerez totalement son aspect.

Tout d'abord, vous ne ferez figurer sur ce graphique que les cinq îles les plus peuplées. Vous le transformerez ensuite en histogramme et vous convertirez les barres en image :

1 Sélectionnez le graphique, puis, sous l'onglet **Outils de graphique /Création**, dans le groupe *Données*, cliquez sur le bouton **Sélectionner les données**.

2 Dans la boîte de dialogue **Sélectionner la source de données**, cliquez dans la zone de saisie *Plage de données du graphique* et sélectionnez la plage de cellules *A1:B5*, c'est-à-dire sans les données de Thira et Mykonos. Ces deux îles disparaissent de la rubrique *Étiquettes de l'axe horizontal*. Refermez ensuite la boîte de dialogue en cliquant sur le bouton OK.

   Vous remarquez que ces deux îles figurent toujours dans le tableau Excel.

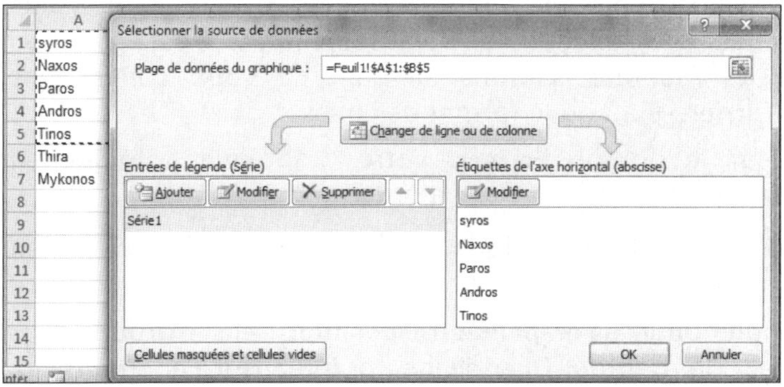

Figure 7.42 : Sélectionner les données

   Retournez dans votre présentation : il reste bien les cinq premières îles.

3 Vous allez à présent modifier le type de graphique : sous l'onglet **Outils de graphique/Création**, dans le groupe *Type*, cliquez sur le bouton **Modifier le type de graphique** et choisissez le premier histogramme, *Histogramme groupé*, puis cliquez sur OK.

4 Cliquez sur un élément de la série afin de sélectionner toute la série, puis, sous l'onglet **Outils de graphique/Disposition**, dans le groupe *Sélection active*, cliquez sur le bouton **Mise en forme de la sélection**.

5 Dans la boîte de dialogue **Mise en forme des séries de données**, sélectionnez à gauche la rubrique *Remplissage*.

Dans la partie droite de la boîte de dialogue sont affichés tous les types de remplissage possibles. Par défaut, le type de remplissage affecté à votre graphique est *Automatique*. Pour que chaque barre soit de couleur différente, il faudrait choisir l'option *Varier les couleurs par point*, mais pour ce graphique, vous utiliserez une image.

6 Cochez l'option *Remplissage avec image ou texture*.

7 Cliquez sur le bouton **Fichier**, ou sur le bouton **Clipart** si vous n'avez pas d'images personnelles, et sélectionnez un personnage soit dans vos fichiers, soit dans la bibliothèque multimédia. Dans cet exemple, lancez une recherche dans les cliparts avec le mot *Vénus* et choisissez la Vénus de Milo.

8 Une fois l'image sélectionnée, vous pouvez choisir entre les options *Étirer* ou *Empiler*. Un clic sur l'une ou l'autre affiche l'aperçu. Ici, choisissez *Étirer*.

9 Vous pouvez modifier l'objet sélectionné dans la liste déroulante située dans le groupe *Sélection active*. La boîte de dialogue restée ouverte change en fonction de l'objet sélectionné. Il est également possible de modifier d'autres éléments à votre convenance, comme l'arrière-plan ou le format des axes.

10 Cliquez sur le bouton **Fermer**. Votre graphique a totalement changé d'aspect. Vous pouvez y ajouter un fond.

Pour peaufiner votre graphique, vous pouvez supprimer le quadrillage horizontal et ajouter un quadrillage vertical :

11 Sous l'onglet **Outils de graphique/Disposition**, dans le groupe *Axes*, cliquez sur le bouton **Quadrillage**, pointez sur la commande **Quadrillage horizontal principal** et cliquez sur l'option *Aucun*. Cliquez à nouveau sur le bouton **Quadrillage**, pointez sur la commande **Quadrillage vertical principal** et cliquez sur l'option *Quadrillage principal*.

12 Dans le groupe *Étiquettes*, cliquez sur le bouton **Étiquettes de données**, puis sélectionnez l'option *Bord extérieur*.

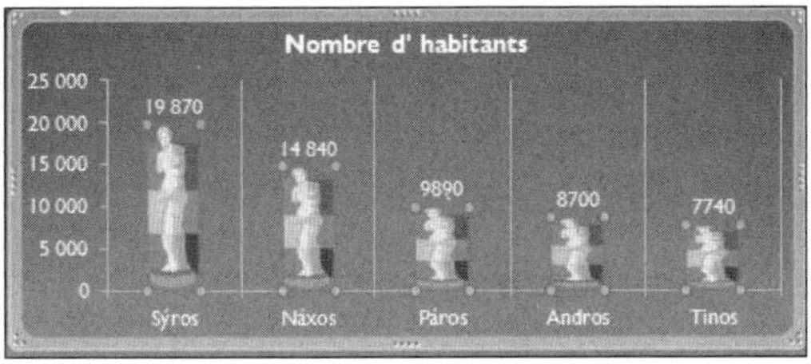

Figure 7.43 : Graphique image

Lier un document Word

Vous allez insérer dans votre présentation *grèce.pptx* un document Word lié, contenant un bulletin d'inscription pour un voyage dans les Cyclades.

1 Dans un premier temps, préparez votre document Word et enregistrez-le dans le dossier où se trouve votre présentation.

2 Sélectionnez la deuxième diapositive où se trouve la photo.

   Vous allez y ajouter le document Word :

3 Sous l'onglet **Insertion**, dans le groupe *Texte*, cliquez sur le bouton **Insérer un objet.**

4 Dans la boîte de dialogue **Insérer un objet**, cliquez sur l'option *À partir d'un fichier.*

5 Cliquez sur le bouton **Parcourir**, sélectionnez votre fichier Word et cliquez sur OK.

6 Dans la boîte de dialogue **Insérer un objet**, cochez l'option *Liaison* afin que le fichier soit seulement lié et non incorporé.

7 Cliquez sur le bouton OK. Votre fichier est bien visible dans votre diapositive.

Votre fichier étant même un peu trop visible, vous allez le convertir en icône :

1 Cliquez avec le bouton droit de la souris sur l'objet Word, pointez sur **Objet Document lié**, puis cliquez sur la commande **Convertir**.

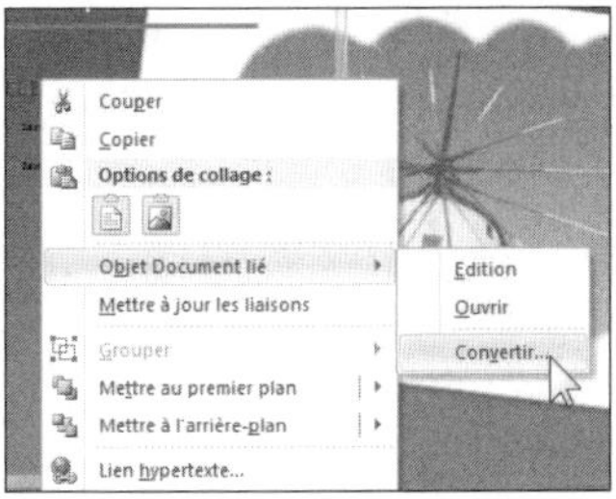

Figure 7.44 : Cliquer sur Convertir

2 Cochez l'option *Afficher sous forme d'icône*, puis cliquez sur le bouton **Changer d'icône**.

3 Sélectionnez la dernière icône de la liste, en forme de mémo, puis insérez la légende `Bulletin inscription`. Cliquez deux fois sur OK.

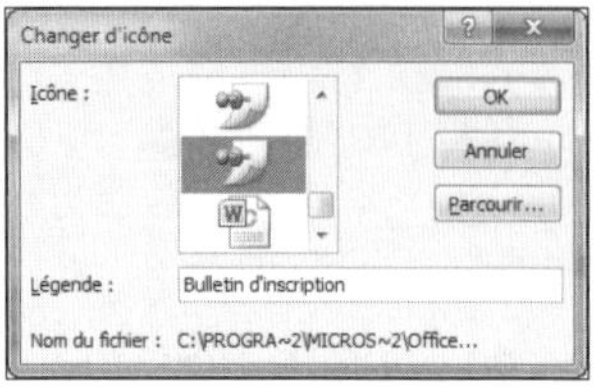

Figure 7.45 : Modifier l'icône et la légende associée à un objet lié

4 L'icône est bien ajoutée dans votre diapositive. Déplacez-la en bas à gauche de l'écran.

Vous allez maintenant la mettre en forme :

5 Cliquez avec le bouton droit de la souris sur l'icône et choisissez la commande **Format d'objet**. À la rubrique *Remplissage*, choisissez le dégradé prédéfini *Océan*, puis à la rubrique *Style de trait*, choisissez un contour plus épais. À la rubrique *Taille*, vérifiez que l'option *Proportionnelle* est bien cochée et entrez la valeur `130%` pour la hauteur. Cliquez sur OK.

L'icône est à présent plus lisible.

RENVOI

Vous verrez au chapitre *Préparer, configurer et projeter un diaporama* comment ouvrir le fichier Word pendant le diaporama.

Figure 7.46 : Icône d'un objet lié mise en forme

En attendant, vous pouvez double-cliquer sur l'icône en mode Normal afin d'apporter d'éventuelles corrections au fichier Word. Si une autre personne modifie ce fichier, les modifications seront automatiquement visibles depuis votre présentation PowerPoint.

ANIMATION

Vous avez appris à concevoir les diapositives de la présentation, en particulier comment insérer et gérer les différents objets que peut contenir une présentation. Il est temps maintenant d'étudier la manière dont on peut jongler avec tous ces objets, de voir comment on peut rendre une présentation plus vivante grâce à des transitions, des animations, et comment interagir avec les différents sons et les vidéos.

Dans une présentation PowerPoint, vous pouvez animer tous les objets d'une diapositive, que ce soit du texte, des objets graphiques, des objets son ou des films.

L'animation de tous les objets, y compris du texte, se fait toujours en mode Normal, depuis la diapositive. Chaque objet peut être animé, mais des animations particulières peuvent être appliquées sur certains objets comme les espaces de texte, les tableaux et les graphiques. Notez par ailleurs qu'un objet Flash ne pourra pas subir d'effets d'animation.

Dans ce chapitre, vous utiliserez l'onglet **Animations** afin de créer des animations simples, exploitant des effets prédéfinis. Nous verrons ensuite plus en détail les processus d'animation via le volet **Animation**.

8.1. Animer les objets texte et graphique

Animer rapidement un objet

Le principe d'animation est très simple :

1 Sélectionnez un objet quelconque, puis, sous l'onglet **Animations**, dans le groupe *Animations*, cliquez sur l'animation de votre choix dans la galerie qui propose quatre types d'animation.

REMARQUE

Bouton Styles d'animation

Si votre écran est trop petit pour afficher directement la galerie sur le Ruban, vous devrez cliquer sur le bouton **Styles d'animation**.

2 Si le choix des effets listés n'est pas suffisant, vous pouvez cliquer sur les commandes situées en bas de la galerie et qui proposent d'autres effets. Ces commandes ouvrent une boîte de dialogue qui vous offre de nombreux effets et vous permet d'obtenir un aperçu avant le choix définitif. Vous remarquerez par ailleurs que les

effets de chaque catégorie sont classés selon plusieurs critères : *De base, Discret, Modéré, Captivant.*

Notez que lorsque vous aurez choisi une animation à partir d'une de ces boîtes de dialogue, l'icône de cette animation sera directement dans la galerie.

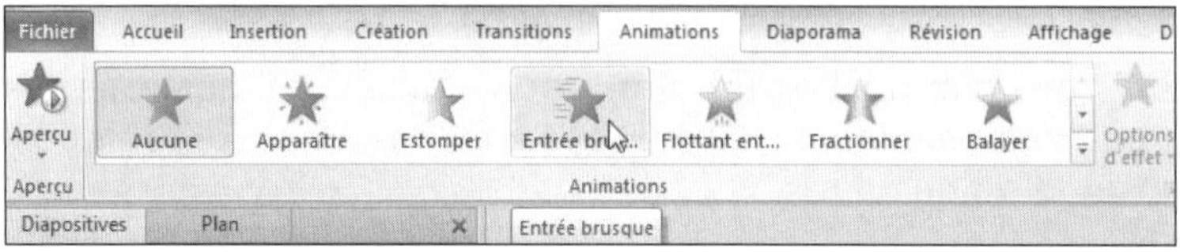

Figure 8.1 : Appliquer rapidement une animation

Les principaux types d'animation

Il existe quatre principaux types d'animation : les effets d'entrée représentés par des étoiles de couleur verte, les effets d'emphase représentés par des étoiles de couleur jaune, les effets de sortie représentés par des étoiles de couleur rouge, et les effets de trajectoire représentés par des formes de trajectoire à deux extrémités, l'une verte et l'autre rouge.

Tous les objets ne sont pas compatibles avec tous les effets d'animation. Lorsque l'effet n'est pas possible pour un objet, il est grisé.

REMARQUE

Obtenir un aperçu automatique de l'effet

Dans la boîte de dialogue **Ajouter un effet**, lorsque vous sélectionnez un effet, vous le voyez dans la diapositive à condition que l'option *Aperçu de l'effet*, située en bas à gauche, soit cochée.

Examinons plus en détail ces différents types d'effets.

Les effets d'entrée

Pour faire apparaître un objet avec un effet d'animation, utilisez les effets d'entrée. Tous ces effets permettent de faire arriver l'objet sur la diapositive d'une manière différente. Certains d'entre eux sont un peu particuliers...

- L'effet *Générique de fin*, comme son nom l'indique, fait défiler l'objet comme un générique de film, du bas vers le haut. Cet effet fait donc apparaître l'objet, mais le fait également disparaître.
- Les effets *Fouet, Dépôt, Retourner* ne fonctionnent que sur du texte. Ces effets sont indépendants des effets de niveaux de texte, mais

ils peuvent être complémentaires. Ils permettent de faire apparaître chaque lettre ou chaque mot d'une manière particulière.

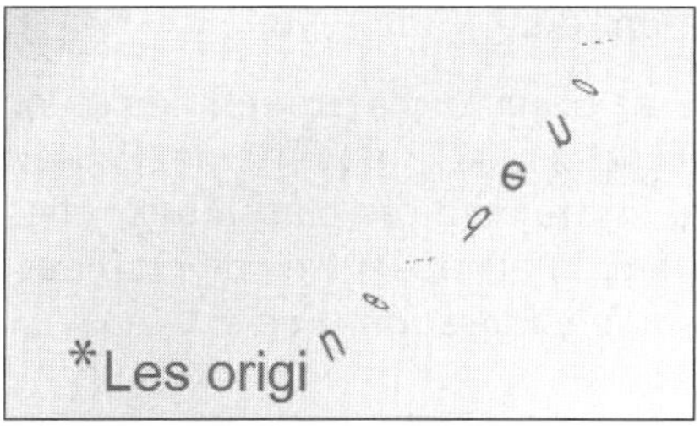

Figure 8.2 : Effet Retourner

Les effets d'emphase

Pour mettre en évidence un objet déjà affiché dans la diapositive à un moment particulier, utilisez les effets d'emphase. Certains de ces effets ne s'appliquent qu'au texte : *Couleur de police, Flash marqué, Souligné, Couleur de pinceau, Agrandir avec de la couleur, Miroiter, Faire ressortir le gras, Vague*. Vous verrez que ces effets particuliers peuvent être complémentaires des effets affectés aux paragraphes de texte.

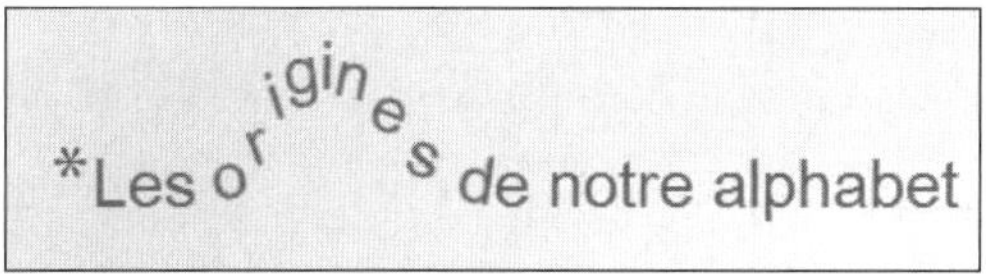

Figure 8.3 : Effet Vague

Les effets de sortie

Pour faire disparaître un objet de la diapositive avec un effet d'animation, utilisez les effets de sortie.

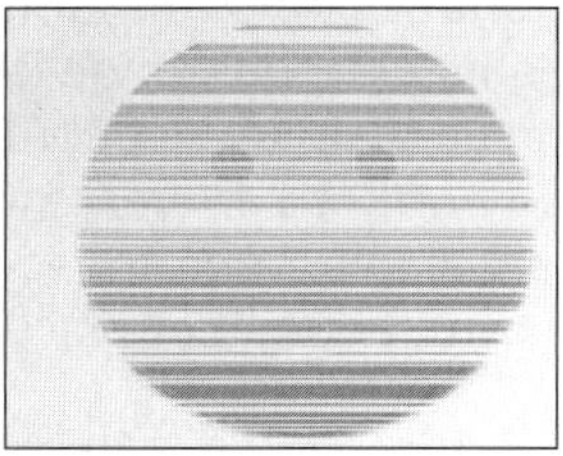

Figure 8.4 : Effet de sortie Barres aléatoires

Comme pour les effets d'entrée, les effets *Dépôt, Fouet* et *Retourner* sont spécifiques au texte. Ils fonctionnent de la même manière, mais en sens inverse, c'est-à-dire pour faire disparaître le texte. Le générique de fin, quant à lui, fait disparaître le texte en lui affectant un déplacement du haut vers le bas.

Les trajectoires

Les trajectoires permettent de déplacer l'objet d'un point à un autre sur la diapositive selon un mouvement déterminé.

Il existe deux types de trajectoires : les trajectoires prédéfinies et les trajectoires personnalisées que vous dessinerez vous-même. PowerPoint vous propose toute une série de trajectoires classiques telles que *Haut, Vers le bas, Arc à gauche*, etc., mais aussi très diversifiées, par exemple *Ressort, Neutron, Cacahuète, Pulsation, Haricot...*

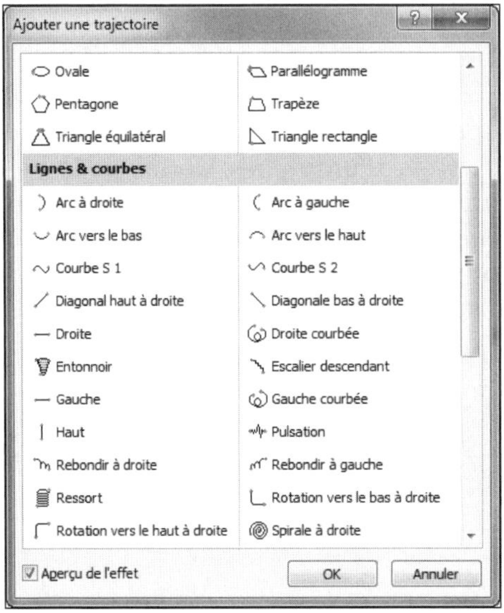

Figure 8.5 : Trajectoires prédéfinies

Les trajectoires prédéfinies

Pour utiliser une trajectoire prédéfinie, sélectionnez l'objet qui doit se déplacer et choisissez une trajectoire dans la liste. Le dessin de la trajectoire est automatiquement tracé sur votre diapositive. Le début de la trajectoire est représenté par un triangle vert, et l'arrivée est représentée par une pointe de flèche rouge s'il s'agit d'une trajectoire ouverte. Le début de la trajectoire est automatiquement placé au centre de l'objet.

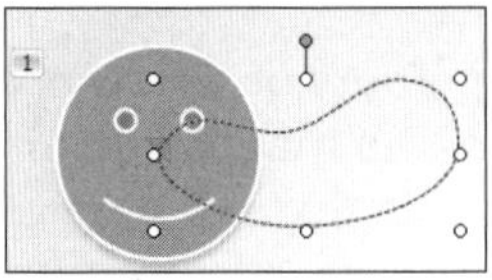

Figure 8.6 : Exemple de trajectoire fermée

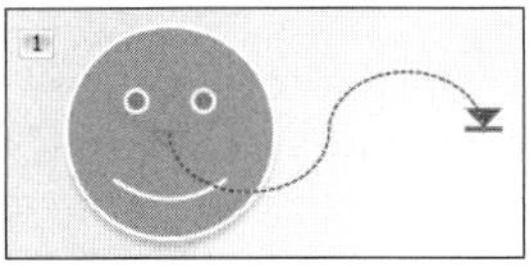

Figure 8.7 : Exemple de trajectoire ouverte

REMARQUE

Visibilité des trajectoires

Le tracé des trajectoires n'est visible que lorsque l'onglet **Animations** ou le volet **Animation** sont actifs.

Les trajectoires personnalisées

Pour créer une trajectoire personnalisée, choisissez l'outil **Chemin personnalisé** dans la galerie d'animation.

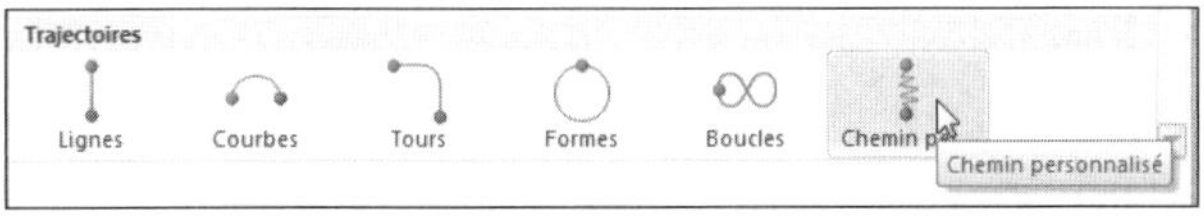

Figure 8.8 : Choisir l'outil Chemin personnalisé

L'outil **Chemin personnalisé** est un outil de dessin identique à l'outil de dessin **Forme libre**.

RENVOI

Vous avez vu l'utilisation de cet outil au chapitre *PowerPoint et les objets simples*, à la section *Utiliser les outils Ligne*.

Une fois l'outil sélectionné, tracez la trajectoire sur votre diapositive. En règle générale, vous devez commencer la trajectoire depuis le centre de l'objet afin qu'il ne fasse pas un saut depuis son emplacement original jusqu'au début de la trajectoire. Votre objet se déplacera le long de cette trajectoire.

Modifier une trajectoire

Que votre trajectoire soit prédéfinie ou qu'il s'agisse d'un chemin personnalisé, vous pouvez y apporter toutes les modifications voulues, et cela en utilisant les mêmes techniques que pour modifier une forme.

Pour redimensionner par exemple la trajectoire, sélectionnez l'objet, puis faites glisser la poignée de redimensionnement de la trajectoire dans la direction souhaitée.

Reportez-vous au chapitre *PowerPoint et les objets simples,* à la section *Modifier un dessin*, ainsi qu'à la section ci-dessous *Appliquer des options d'effet.*

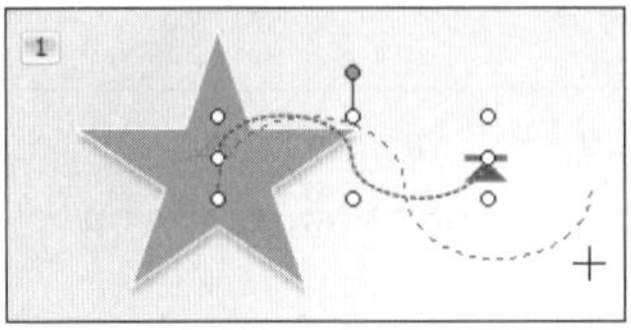

Figure 8.9 : Agrandir une trajectoire

Visualiser l'effet

Les effets d'animation peuvent être visualisés en dehors du diaporama, pendant le travail de conception, en cliquant sur le bouton **Aperçu**, situé sous l'onglet **Animations**, tout à fait à gauche du Ruban.

Pour stopper les animations avant la fin, cliquez à nouveau sur le bouton ou bien directement sur la diapositive.

L'affichage en mode Diaporama permet de lancer le diaporama à partir de la diapositive en cours. Nous reviendrons longuement sur l'affichage d'un diaporama, néanmoins, il est souvent nécessaire de lancer le diaporama en cours de travail pour pouvoir juger du rendu des animations. Le bouton **Lecture** diffuse toutes les animations les unes derrière les autres et permet de bien voir les enchaînements, mais il ne tient pas compte de la manière dont chaque animation débute, après un clic ou automatiquement.

Pour arrêter un diaporama, appuyez sur la touche [Échap].

Vous verrez tous les détails d'affichage d'un diaporama dans le chapitre *Préparer, configurer et projeter un diaporama.*

Ajouter plusieurs effets à un même objet

Vous pouvez affecter à un même objet autant d'effets d'animation que vous souhaitez :

1 Sélectionnez l'objet à animer.

2 Choisissez une première animation via la galerie des animations.

3 Ajoutez tour à tour toutes les animations souhaitées via le bouton **Ajouter une animation**, qui propose le même choix d'animations que la galerie.

Galerie Animations et bouton Ajouter une animation

REMARQUE

Pour une première animation à affecter à un objet, vous pouvez en fait utiliser n'importe laquelle de ces deux fonctions.

Vous avez pu remarquer que, après que vous avez appliqué un effet d'animation à un objet, un petit numéro s'affiche à côté de l'objet. Vous obtiendrez pour chaque objet autant de numéros que vous avez affecté d'animations. Ces petits numéros représentent l'ordre d'exécution des animations. Ils sont situés dans un petit carré orange lorsque l'objet est sélectionné, et bleu lorsque l'objet n'est pas sélectionné.

Visibilité de l'ordre des animations

REMARQUE

Les numéros représentant l'ordre des animations ne sont visibles que lorsque l'onglet **Animations** ou le volet **Animation** sont actifs.

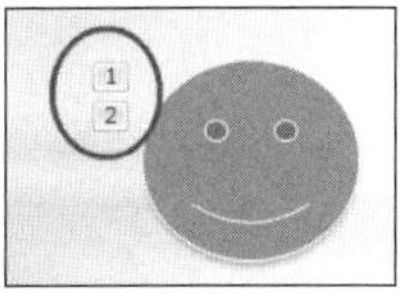

Figure 8.10 : Objet animé comportant deux animations

Sélection d'un objet comprenant plus d'une animation

REMARQUE

Lorsqu'un tel objet est sélectionné, l'animation dans la galerie est marquée comme "Multiple" et est représentée par trois étoiles bleues.

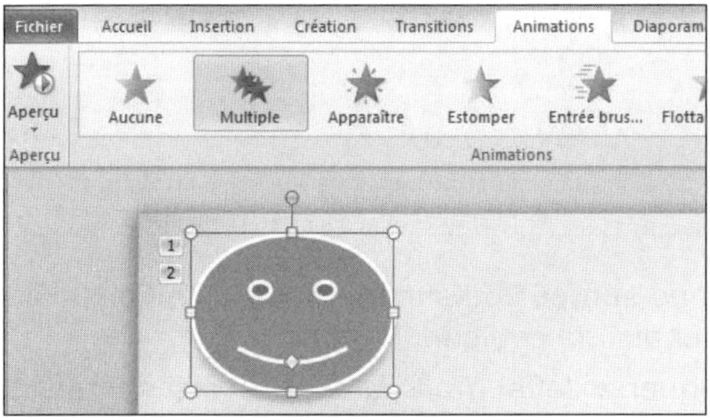

Figure 8.11 : Animation multiple pour un même objet

Appliquer des options d'effet

Une fois que l'effet est appliqué à l'objet, selon le type de l'effet et selon l'objet, vous pouvez modifier ou ajouter des options.

Pour cela, vous devez commencer par sélectionner l'animation. Si l'objet n'a qu'une seule animation, vous pouvez sélectionner l'objet lui-même. Par contre, si l'objet comporte plusieurs animations, vous devez sélectionner l'animation par elle-même. Il suffit de cliquer sur le numéro de l'animation. De cette façon, le nom de l'animation est sélectionné dans la galerie ; vous savez ainsi de quelle animation il s'agit.

Toujours dans le groupe *Animations*, cliquez sur le bouton **Options d'effet**. Vous accédez à une galerie des options qui va différer en fonction de l'animation et également en fonction de l'objet. Voici quelques exemples selon les effets choisis :

- Pour un effet qui génère un déplacement quelconque, vous pourrez par exemple choisir l'orientation du déplacement.

Figure 8.12 : Options pour un effet d'emphase Rotation

- Pour un effet qui joue sur les couleurs, le bouton **Options d'effet** vous permettra de choisir la couleur.
- Vous pourrez appliquer à l'effet *Transparence* diverses intensités (voir Figure 8.13).

Nous allons maintenant examiner de plus près ces options dans des cas plus particuliers.

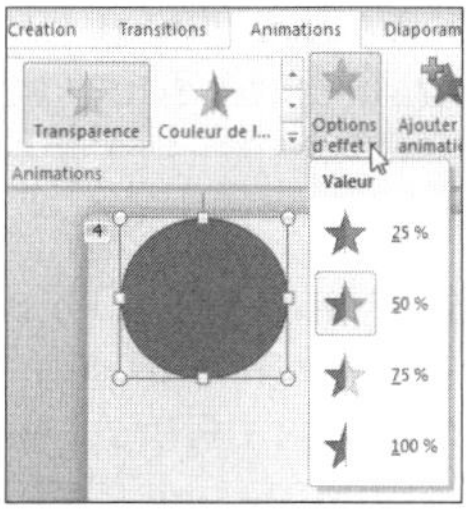

Figure 8.13 : Appliquer un pourcentage à l'effet Transparence

Options concernant les trajectoires

Nous avons vu qu'il était possible de modifier une trajectoire de la même manière qu'une forme quelconque. Cependant, le bouton **Options d'effet** vous propose des moyens plus spécifiques pour changer cette trajectoire :

- Le sens : selon la trajectoire choisie, vous pourrez en modifier la direction.

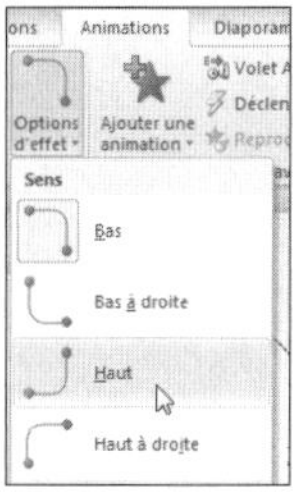

Figure 8.14 : Modifier la direction d'une trajectoire

- La forme : comme pour n'importe quelle forme tracée, vous pourrez modifier la forme de la trajectoire en affichant les points. Notez que vous pouvez également cliquer avec le bouton droit de la souris sur la trajectoire et choisir la commande **Modifier les points**.

RENVOI

Consultez à ce sujet la section *Modifier les points* du chapitre *PowerPoint et les objets simples*.

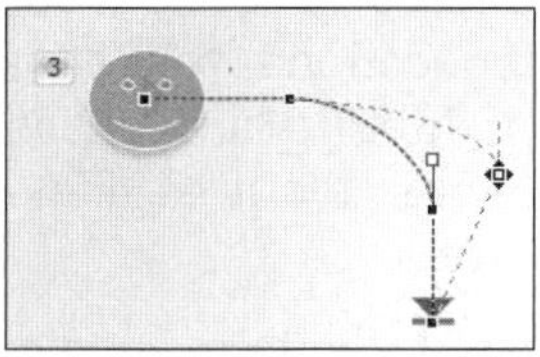

Figure 8.15 : Modifier les points d'une trajectoire

- Inverser la trajectoire : lorsque vous choisissez cette option pour une trajectoire ouverte, l'objet se retrouve automatiquement situé à la fin de la trajectoire. Pour éviter qu'il ne fasse un saut jusqu'au début de la trajectoire, verrouillez la trajectoire (voir ci-dessous) et déplacez l'objet. L'inversion de trajectoire sur une trajectoire fermée permet simplement à l'objet d'utiliser le sens inverse.

- L'origine : si vous déplacez la trajectoire, l'objet ne suit pas. Dans ce cas, ce dernier fera un saut depuis son emplacement d'origine avant de commencer sa trajectoire. Mais, dans le cas inverse, si vous déplacez l'objet, la trajectoire suit ce dernier par défaut. Cela vient du fait que par défaut une trajectoire est déverrouillée, ce qui signifie qu'elle se déplace en même temps que l'objet auquel elle est liée. Vous pouvez verrouiller la trajectoire de façon à la fixer à un endroit défini et à pouvoir positionner l'objet sans qu'elle le suive. Pour cela, sélectionnez l'option *Verrouillé* dans la liste *Options d'effet*, sous la rubrique *Origine*.

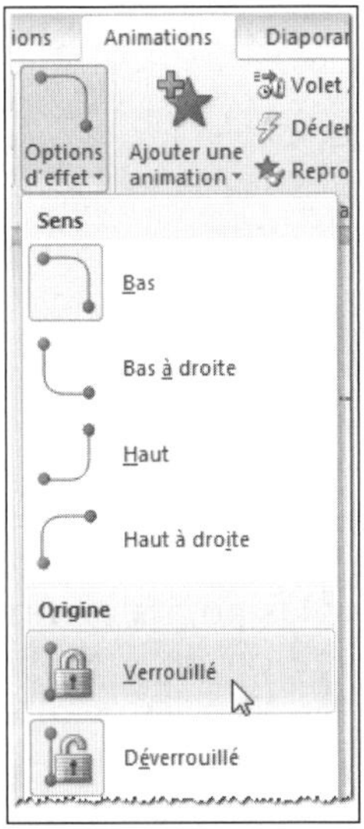

Figure 8.16 : Verrouiller une trajectoire

Options spécifiques au texte

Nous l'avons vu, il existe des animations particulières qui ne peuvent être appliquées qu'à du texte. En effet, ces applications, tel l'effet *Dépôt*, ou encore l'effet *Retourner*, permettent de faire arriver les lettres individuellement d'une manière particulière ; d'autres effets sont propres au souligné ou à la couleur des lettres.

Les particularités concernant le texte ne s'arrêtent pas là toutefois. En réalité, toutes les animations appliquées à du texte permettent des effets spécifiques, puisque systématiquement trois options sont proposées, indépendantes et complémentaires des animations que nous venons d'évoquer :

- *Comme un seul objet* : l'animation s'appliquera au conteneur du texte, zone de texte ou espace réservé.
- *Tout à la fois* : l'animation s'appliquera à tout le texte, en une seule fois.
- *Par paragraphe* : l'animation s'appliquera à tour de rôle à chaque paragraphe selon les niveaux, et par défaut pour le premier niveau de listes à puces, puis les autres niveaux regroupés. Ce qui signifie que le premier paragraphe de niveau 1 va s'animer, puis les sous-paragraphes, puis le deuxième paragraphe de niveau, suivi par les sous-paragraphes, etc.

ATTENTION

Différence entre les deux premières options

Il convient de bien faire la différence entre les deux premières options, même si elle n'est pas évidente au premier coup d'œil. Choisissez par exemple une animation propre au texte, telle que l'animation *Soulignement*. Si vous choisissez la première option, rien ne se passera pour la bonne raison qu'une zone de texte ne peut pas être soulignée. Si vous sélectionnez la deuxième option, tout le texte sera souligné d'un seul coup. Et enfin la troisième option permettra de souligner chaque paragraphe tour à tour.

RENVOI

Pour des animations avancées de paragraphe, voyez plus bas la section *Le volet Animation et les options avancées*.

Options spécifiques aux graphiques SmartArt

Les options propres aux SmartArts s'apparentent aux options spécifiques du texte puisqu'elles regroupent également, outre les options relevant du type d'animation, trois options du même type :

- *Comme un seul objet* : c'est l'ensemble du SmartArt qui sera animé, comme s'il s'agissait d'objets groupés et indissociables.
- *Tout à la fois* : chaque composant du graphique SmartArt sera animé, mais d'une manière synchrone, tous en même temps.
- *Un par un* : chaque composant du graphique SmartArt sera animé à tour de rôle.

Pour des SmartArts plus élaborés, vous aurez accès à deux options supplémentaires qui sont une déclinaison des branches. Prenons comme exemple le SmartArt *Liste hiérarchique* :

- *Niveau immédiatement* : le diagramme *Liste hiérarchique* est composé de deux niveaux. Les premiers niveaux s'affichent simultanément, ensuite ce sont les deuxièmes niveaux. Vous ne voyez donc que deux numéros, le numéro 1 pour les premiers niveaux, le numéro 2 pour les deuxièmes niveaux.

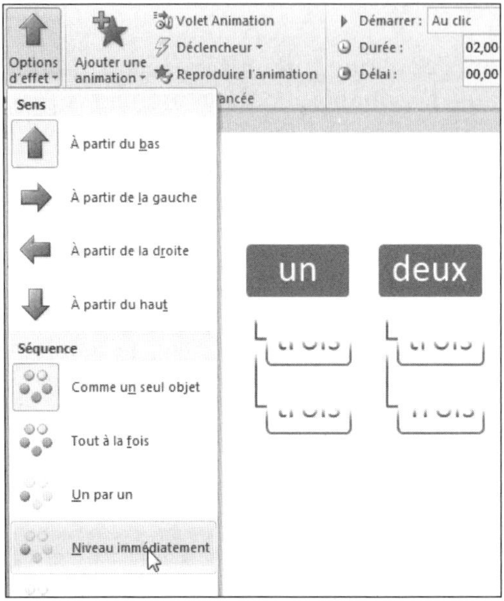

Figure 8.17 : Animation d'une liste hiérarchique par Niveau immédiatement

- *Niveau un à un* : comme pour l'option *Niveau immédiatement,* les premiers niveaux s'affichent avant les deuxièmes niveaux. Par contre, ils s'affichent un à un, c'est-à-dire le premier niveau de la première branche, suivi du premier niveau de la deuxième branche, puis, tour à tour, chacune des boîtes du second niveau de la première branche, et enfin, tour à tour, chacune des boîtes du second niveau de la seconde branche (voir Figure 8.18).

Tous les SmartArts ne peuvent pas être animés de cette façon. Citons par exemple les graphiques *Flux interactif, Matrice de cycle,* les graphiques de type radial (*Cycle radial, Radial simple, Radial convergent*) et, bien entendu, les graphiques de type hiérarchie.

Figure 8.18 : Animation d'une liste hiérarchique par Niveau un par un

Options spécifiques aux graphiques Excel

Le principe d'animation d'un graphique Excel est le même que pour un diagramme SmartArt.

Nous allons donc examiner les effets à appliquer pour quelques types de graphiques.

ATTENTION

Animation d'un graphique Excel

Pour qu'un graphique Excel puisse être animé dans PowerPoint, il doit être incorporé dans la présentation PowerPoint par le bouton **Graphique**, situé sous l'onglet **Insertion**, dans le groupe *Illustrations*, et non par le bouton **Objet**, situé dans le groupe *Texte*. Par ailleurs, un graphique lié peut également être animé, ce qui n'est pas vrai pour un graphique copié en tant qu'image.

Tous les effets ne sont pas adaptés à une animation de graphique. Vous pouvez choisir par exemple l'effet d'entrée *Balayer/À partir du bas* pour un histogramme, l'effet d'entrée *Développer* pour une courbe, l'effet d'entrée *Coin* pour un graphique en secteurs ou un radar...

ATTENTION

Animation inadéquate pour une animation graphique par série ou catégorie

Si vous avez choisi un type d'animation et si les options d'effet ne vous proposent que *Sous la forme d'un objet*, c'est que l'animation ne peut pas s'adapter au graphique.

RENVOI

L'arrière-plan d'un graphique est animé par défaut. Si vous ne souhaitez pas qu'il le soit, voyez la section *Modifier et perfectionner les animations.*

Animer un histogramme

Insérez un histogramme par incorporation dans une présentation et choisissez l'effet d'animation *Balayer* par exemple. Vous retrouvez, en sus des animations propres à l'effet *Balayer*, cinq options spécifiques aux histogrammes et à d'autres graphiques de ce type :

- *Comme un seul objet* : le graphique sera animé comme s'il s'agissait d'un objet simple.
- *Par série* : chaque série du graphique sera animée une par une, et par défaut, l'une après l'autre par un clic de souris.

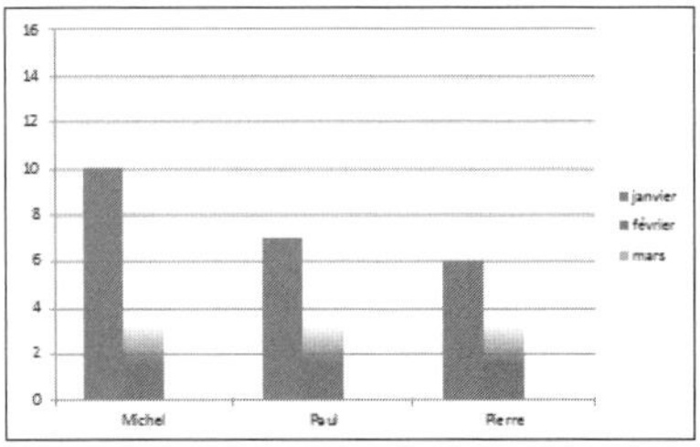

Figure 8.19 : Effet d'animation Balayer par série appliqué à un histogramme

- *Par catégorie* : chaque catégorie du graphique sera animée une par une, et par défaut, l'une après l'autre par un clic de souris.
- *Par élément de série* : chaque élément de chaque série du graphique sera animé un par un, et par défaut, l'un après l'autre par un clic de souris.
- *Par élément de catégorie* : chaque élément de chaque catégorie du graphique sera animé un par un, et par défaut, l'un après l'autre par un clic de souris.

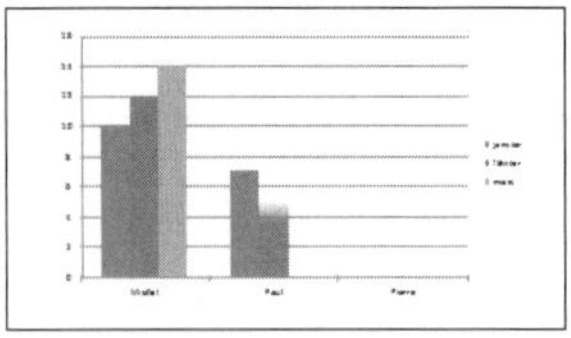

Figure 8.20 : Effet d'animation Balayer par élément de catégorie appliqué à un histogramme

Animer d'autres types de graphiques Excel

Un graphique en barres, un graphique en anneau ou un graphique boursier pourront s'animer de la même manière qu'un histogramme.

Pour un graphique en secteurs (plus communément appelé "camembert") ne contenant par défaut qu'une catégorie, les effets d'animation seront réduits par rapport à l'histogramme. Vous pourrez choisir entre les options *Sous la forme d'un objet* ou *Par catégorie*, c'est-à-dire par parts de camembert.

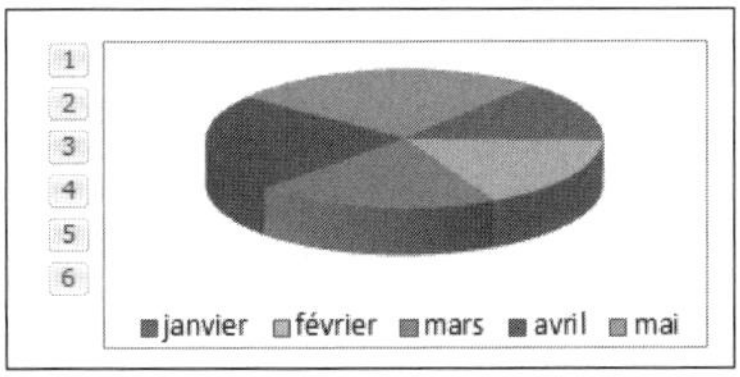

Figure 8.21 : Numéros d'ordre affichés pour un graphique en secteurs

Pour d'autres graphiques, vous pourrez choisir entre série et catégorie.

Un graphique de surface ne pourra, bien entendu, s'animer que sous la forme d'un objet.

Minuter l'animation

Une animation peut durer un temps défini. Toute animation a une durée par défaut, mais rien ne vous empêche de modifier cette durée qui va déterminer la vitesse à laquelle va s'effectuer l'animation.

Dans le groupe *Minutage*, modifiez la durée comme bon vous semble, avec un maximum de 59 minutes… de quoi endormir votre auditoire ! La plus petite unité quant à elle est de 25 centièmes de seconde. Plus la durée est élevée, plus l'animation se déroulera lentement.

Modifier l'ordre des animations

Dans le groupe *Minutage*, sous la rubrique *Réorganiser l'animation*, vous avez accès à deux boutons qui permettent de modifier l'ordre des animations en les déplaçant antérieurement ou ultérieurement. Sélectionnez l'animation en cliquant sur son numéro, puis cliquez sur l'un de ces boutons. Vous verrez les numéros se modifier.

Déclencher l'animation

Une animation peut se déclencher de diverses façons.

- Les numéros affichés à côté de chaque présentation indiquent l'ordre d'exécution de chaque animation. L'animation se déclenchera donc dans cet ordre. Pour modifier le type de déclenchement, sélectionnez le numéro, puis faites votre choix dans la liste déroulante *Démarrer*, située dans le groupe *Minutage* :

- *Au clic* : c'est le déclenchement par défaut. L'animation attend un clic de souris pour démarrer.
- *Avec la précédente* : l'animation démarrera en même temps que la précédente, ce qui permet d'obtenir plusieurs animations en même temps. Dans ce cas, le numéro deviendra le même que celui de l'animation précédente. Si vous cliquez sur le bouton **Déplacer ultérieurement**, le numéro changera à nouveau et deviendra celui de l'animation qui se trouvait juste après.

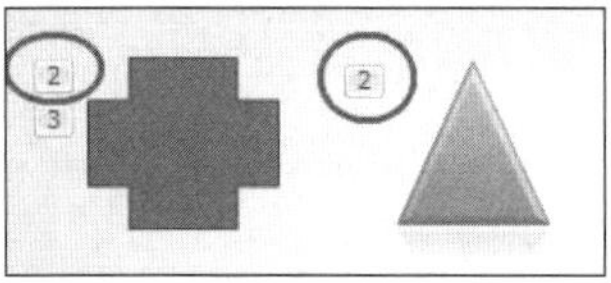

Figure 8.22 : L'animation du triangle démarrera en même temps que la première animation de la croix

S'il s'agit de la première animation de la diapositive, elle démarrera dès l'affichage de la diapositive lors du diaporama. Elle prendra alors le numéro 0.

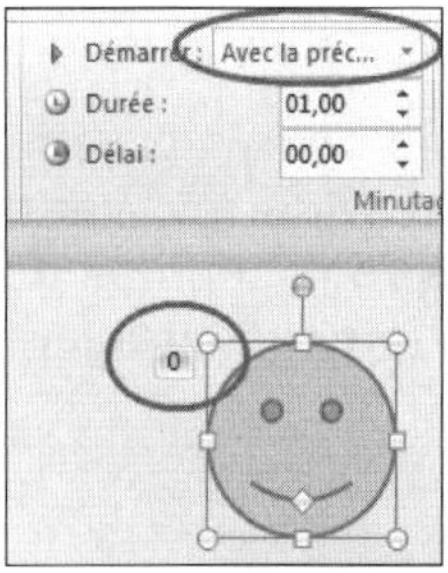

Figure 8.23 : Première animation qui démarrera dès l'affichage de la diapositive

Notez qu'il peut s'agir d'animations d'objets différents, mais aussi de plusieurs animations d'un seul et même objet. Imaginez par exemple une forme qui changerait de couleur pendant qu'elle suivrait une trajectoire.

- *Après la précédente* : c'est le même principe que l'option *Avec la précédente*, sauf que l'animation attendra que la précédente soit terminée pour démarrer automatiquement. La gestion des numéros est la même.

- Une animation peut également être déclenchée sur demande, et sans aucun ordre prédéfini. C'est vous qui décidez du moment opportun où déclencher l'animation, ce que vous pouvez faire autant de fois que vous le souhaitez. Pour cela, vous aurez besoin d'un déclencheur sur lequel cliquer. Ce déclencheur peut être de deux types : un autre objet quelconque, ou un signet précédemment inséré sur un clip audio ou vidéo.

RENVOI

Pour les signets, voyez le chapitre *PowerPoint et les objets OLE*, à la section *Gérer les options de lecture des sons et des vidéos.*

Sélectionnez le numéro de l'animation, puis, dans le groupe *Animation avancée*, choisissez le déclencheur.

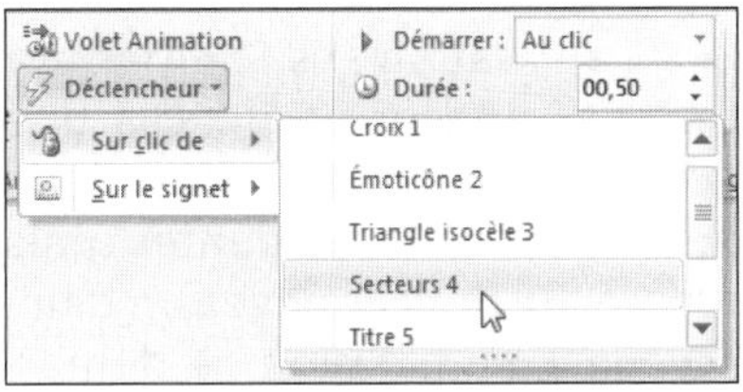

Figure 8.24 : Déclencher l'animation par un clic sur un objet

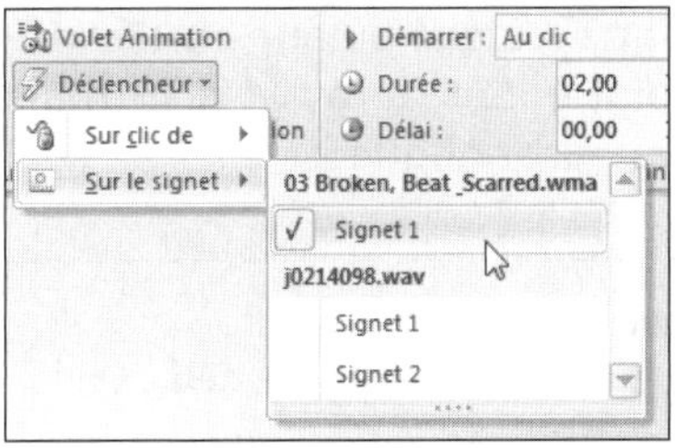

Figure 8.25 : Déclencher l'animation sur un signet d'un clip audio

Une animation qui démarre d'un clic sur un objet déclencheur perd son numéro d'ordre. Ce numéro est remplacé par une petite icône en forme d'éclair.

REMARQUE

Utiliser un signet comme déclencheur

Lorsque vous choisissez un signet comme déclencheur, vous n'avez pas besoin de cliquer. Cela signifie que l'animation se déclenchera automatiquement lorsque le clip vidéo ou audio aura atteint le signet.

Notez également que vous pouvez atteindre automatiquement les signets en appuyant sur les touches Ctrl+Fin pour arriver au signet suivant ou Ctrl+Home pour atteindre le signet précédent. Les signets atteints via ces touches déclencheront de la même façon l'animation prévue pour démarrer sur le signet.

Figure 8.26 : L'animation démarrera sur déclencheur

Une autre notion, concernant le déclenchement d'une animation, entre en ligne de compte. Il s'agit du délai. Quel que soit le déclenchement choisi, le délai pourra être modifié. Vous mettrez le temps de votre choix dans la zone *Délai*, située dans le groupe *Minutage*. L'unité est en secondes, et le pas d'incrémentation est de 25/100 de seconde, le maximum possible est de 59 secondes.

Lorsque vous optez pour un délai, l'animation ne démarrera qu'après ce délai. Vous pouvez tout à fait imposer un délai à une animation de type *Avec la précédente*, ce qui signifie que la deuxième animation ne démarrera pas réellement avec la précédente, mais x secondes après le début de la précédente. Si vous imposez un délai à une animation de type *Après la précédente*, l'animation ne démarrera que x secondes après la fin de l'animation précédente. Il en est de même pour une animation qui démarre au clic ou sur un déclencheur : elle ne s'exécutera pas immédiatement après le clic, mais après le délai imposé une fois que vous aurez cliqué.

ATTENTION

Sélectionner d'abord le paramètre de début

Sélectionnez en premier le paramètre de début et en second le délai. Dans le cas inverse, le délai serait remis à 0.

Changer d'animation

Vous avez le droit de changer d'avis et par là même de modifier l'animation d'un objet quelconque. Pour cela, sélectionnez l'objet auquel vous souhaitez affecter une autre animation. Si l'objet possède plusieurs animations, sélectionnez le numéro de l'animation concernée. Il vous suffit ensuite de choisir une autre animation dans la galerie. Attention, ne sélectionnez pas l'animation via le bouton **Ajouter une animation**, car comme son nom l'indique, vous ne feriez qu'ajouter une animation de plus.

REMARQUE

Changer d'objet mais conserver l'animation

Que ce soit une image, un dessin, un graphique, tous ces objets peuvent être modifiés ou remplacés par un autre : ils conserveront l'effet d'animation.

Supprimer une animation

Voici les méthodes pour supprimer une ou plusieurs animations :

- Pour supprimer toutes les animations d'un objet, sélectionnez cet objet, puis dans la galerie des animations, choisissez *Aucune*.
- Dans tous les cas et en particulier si vous souhaitez supprimer une animation dans un objet qui en compte plusieurs, sélectionnez le numéro de l'animation concernée, puis appuyez sur la touche [Suppr] ou [⇤]. Vous pouvez également cliquer sur *Aucune* dans la galerie des animations.
- Pour supprimer une animation de type *Trajectoire*, vous pouvez sélectionner la trajectoire et appuyer sur la touche [Suppr] ou [⇤].

Reproduire une animation

Vous avez créé une superbe animation et vous aimeriez l'affecter à un autre objet quel qu'il soit, situé sur la même diapositive ou sur n'importe quelle autre diapositive ? C'est très simple :

1 Sélectionnez l'objet animé.

2 Dans le groupe *Animation avancée*, cliquez sur le bouton **Reproduire l'animation**.

3 Rendez-vous dans la diapositive qui contient l'objet à animer et cliquez sur l'objet.

ASTUCE

Reproduire l'animation

Vous pouvez très bien reproduire l'animation d'un objet sur un autre objet situé dans une autre présentation. Il suffit pour cela que les deux présentations soient ouvertes.

8.2. Lire les sons et les films

Les clips audio et vidéo sont des objets particuliers car ils cumulent une double propriété : la propriété qui leur est propre, ces clips sont destinés à être lus, mais aussi la propriété qui appartient à tous les objets, puisque, nous l'avons vu dans le chapitre précédent, un clip peut être traité comme n'importe quel objet, graphiquement parlant.

Cela signifie que toute la première section de ce chapitre, *Animer les objets texte et graphique*, s'applique également aux clips audio et vidéo. Vous pouvez très bien faire apparaître ou disparaître le clip d'une manière particulière et animée. Seuls les effets d'emphase seront limités, ce qui paraît logique. Nous ne reviendrons donc pas sur cet aspect dans cette section.

Par contre, nous allons nous pencher sur la manière dont ces clips seront lus. S'il ne s'agit pas à proprement parler d'animation mais de lecture, le principe est néanmoins le même.

Pour cela, vous utiliserez l'onglet **Outils Vidéo/Lecture** ou **Outils Audio /Lecture**, selon le type de clip sélectionné, mais également l'onglet **Animations**.

Déclencher la lecture d'un son ou d'une vidéo

La lecture d'un clip audio ou vidéo peut se déclencher par clic ou automatiquement.

Lorsque vous insérez un son ou une vidéo, et sans autre précision de votre part, la lecture de ces objets est exécutée lorsque vous cliquez dessus. Pour le vérifier, affichez **Outils Vidéo/Lecture** ou **Outils Audio /Lecture**, selon le type de clip sélectionné, l'onglet **Animations**, et dans le groupe *Options vidéo* ou *Options audio*, constatez que *Au clic* est l'option activée par défaut dans la liste déroulante *Début*.

Affichez maintenant l'onglet **Animations**, et constatez également la présence d'une petite icône en forme d'éclair à côté du clip. Sélectionnez le clip, et dans le groupe *Animation avancée*, cliquez sur le bouton **Déclencheur**. Vous voyez que le clip s'exécute par un clic sur lui-même. Il est son propre déclencheur.

ATTENTION

Masquer un clip

Si vous avez opté pour l'option *Masquer en cas de non lecture* pour un clip vidéo, ou *Masquer pendant la présentation* pour un clip audio, vous aurez du mal à cliquer sur l'objet pour déclencher la lecture ! Dans ce cas, vous devez avoir un repère pour savoir où cliquer, ce qui n'est pas vraiment conseillé… Une autre solution bien plus efficace consiste à utiliser un autre objet déclencheur.

RENVOI

Reportez-vous plus haut à la section *Déclencher l'animation*.

Si vous préférez au contraire que le son ou la vidéo s'exécute à un moment précis dans un ordre prédéfini, affichez l'onglet **Outils Vidéo /Lecture** ou **Outils Audio/Lecture**, et dans le groupe *Options vidéo* ou

Options audio, sélectionnez l'option *Automatiquement* dans la liste déroulante *Début*, à la place de l'option *Au clic*.

ATTENTION

Démarrer : onglet Lecture ou onglet Animations ?

L'animation graphique du clip se gère sous l'onglet **Animations**, comme tous les autres objets, alors que la lecture par elle-même du clip se gère sous l'onglet **Lecture**. Ne perdez pas de vue qu'un objet audio ou vidéo peut être animé ET lu.

Rendez-vous à nouveau sous l'onglet **Animations**, et vous verrez que votre clip est maintenant affublé, lui aussi, de son petit numéro d'ordre. Le numéro dépend du moment où vous avez inséré votre clip et si d'autres objets étaient déjà animés.

En réalité, les allers-retours dans les deux onglets sont parfaitement inutiles quand il s'agit de régler le déclenchement d'un clip. En effet, dans le cas d'animations multiples et un peu complexes, tout peut très bien se gérer sous l'onglet **Animations**, et d'une manière générale, ce sera plus simple.

Lorsque vous sélectionnez un clip afin de lui affecter une animation via la galerie *Animations*, vous voyez de nouvelles animations qui n'existaient pas pour des objets ordinaires et qui sont classées sous la rubrique *Média*. Ces animations sont tout simplement : *Lecture, En pause, Arrêter* et *Recherche*.

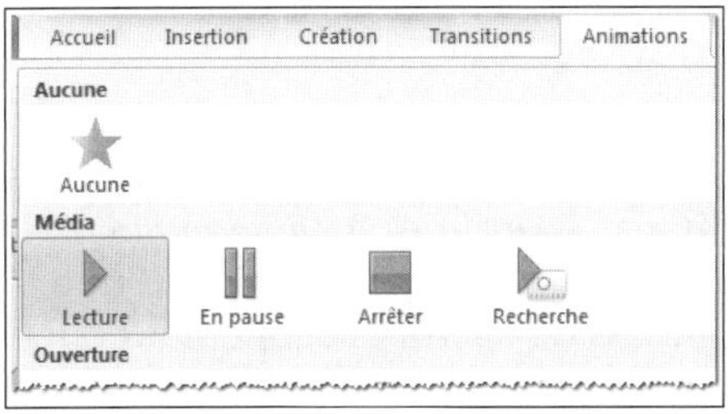

Figure 8.27 : Animations spécifiques aux objets médias dans la galerie des animations

Tous ces "effets" se comprennent d'eux-mêmes, sauf peut-être *Recherche*. Cette animation concerne en fait la recherche de signet d'un clip audio ou vidéo. Pour activer la recherche sur un signet précédemment inséré, cliquez sur le signet dans la bande du clip qui apparaît lorsque vous sélectionnez le clip, sélectionnez le signet, puis cliquez sur **Recherche**. Automatiquement, le petit numéro d'ordre s'affiche. Vous pouvez le modifier ou décider d'utiliser un déclencheur. En tout état de cause, la lecture ne débutera qu'à partir de ce signet.

ATTENTION

Commande Recherche

La commande **Recherche** ne restera pas sélectionnée dans les animations, car l'animation est en fait une lecture qui débute à un signet recherché.

RENVOI

Voyez à ce sujet la section *Le volet Animation et les options avancées.*

Vous comprenez maintenant qu'il vous suffira de rester sous l'onglet **Animations** pour gérer toutes les animations, y compris celles, particulières, des médias. Vous pourrez gérer les déclenchements, les ordres d'exécution, la durée, les délais. Vous pourrez par exemple démarrer une musique, puis la stopper au moment de l'animation d'un objet, ou au contraire démarrer une animation en même temps qu'une musique. Vous pourrez faire une pause sur un film pour laisser la place à un graphique qui s'affiche, puis repartir sur le film là où vous vous étiez arrêté. Vous pourrez choisir la durée de l'animation de façon qu'elle se cale sur la durée d'un son. Tout est possible.

Autres options concernant les clips

Retournons sous l'onglet **Lecture**, après avoir sélectionné un clip, pour découvrir quelques autres options très simples d'utilisation.

Exécuter une musique tant que la diapositive est à l'écran ou sur l'ensemble d'une présentation

Pour qu'une musique soit lue pendant toute la durée d'une présentation, choisissez l'option *Exécution sur l'ensemble des diapositives* dans la liste déroulante *Début*, dans le groupe *Options audio.* Prévoyez également de cocher l'option *Boucle jusqu'à l'arrêt* afin que le son ne se coupe pas avant la fin, au cas où sa durée serait plus courte que la durée de la présentation.

Si vous cochez uniquement l'option *Boucle jusqu'à l'arrêt* sans prévoir d'exécuter sur l'ensemble de la présentation, la musique bouclera jusqu'à l'affichage de la prochaine diapositive. Notez que cette option est également disponible pour un clip vidéo qui, ainsi, pourra s'exécuter aussi longtemps que la diapositive restera à l'écran.

Par ailleurs, l'option *Rembobiner après lecture* permettra d'afficher la première image d'un clip vidéo une fois la lecture terminée, plutôt que de rester sur la dernière image.

Volume de l'audio

Qu'il s'agisse d'un clip vidéo ou d'un clip audio, vous pouvez régler le volume via le volet **Lecture**. Quatre principales options sont disponibles : *Élevé, Moyen, Faible* ou *Muet*. Ces options peuvent se régler plus finement directement sur le clip. Bien entendu, le son délivré dépendra aussi du matériel utilisé et des options de Windows.

Créer un début ou une fin progressive

Les options de fondu, *Apparition en fondu* et *Disparition en fondu*, situées dans le groupe *Édition*, permettent d'augmenter et/ou de diminuer progressivement le volume du son d'un clip audio ou d'un clip vidéo. Les arrêts brutaux de son sont en général moins agréables.

Sélectionnez le clip et attribuez-lui une durée de fondu pour le début et/ou pour la fin. Vous pourrez même créer des fondus enchaînés de plusieurs musiques, en jonglant avec la durée et les délais.

Lire une vidéo en mode Plein écran

Cette option n'est bien entendu disponible que pour les clips vidéo. Si vous cochez l'option *Lire en mode Plein écran*, la vidéo remplira l'écran au moment de la lecture, quel que soit son emplacement dans la diapositive, puis elle reprendra sa taille d'origine une fois la lecture terminée.

8.3. Le volet Animation et les options avancées

Nous avons étudié en détail les onglets **Animations**, **Outils Vidéo /Lecture** et **Outils Audio/Lecture**. Ces trois onglets vous permettent de gérer la majeure partie des fonctions relatives aux animations.

Toutes ces fonctions peuvent également se gérer depuis un volet qui les regroupe toutes, ainsi que quelques autres qui sont moins utilisées mais qui ont pourtant leur intérêt. Il s'agit du volet **Animation** qui s'affiche par défaut à droite de votre écran, lorsque vous cliquez sur le bouton **Volet Animation** situé sous l'onglet **Animations**, dans le groupe *Animation avancée*.

Nous verrons par exemple qu'une animation peut être accompagnée d'un son, que les mots et les caractères d'un texte peuvent s'afficher de différentes manières, qu'une fois une animation terminée, l'objet peut changer d'aspect, etc.

Mais ne vous y trompez pas. Ce volet **Animation** qui peut vous paraître superflu est bien plus que cela : lorsqu'il y a beaucoup d'animations, il va se révéler extrêmement pratique car il est synthétique.

Liste des effets d'animation

Exit les numéros dans tous les sens ! Le volet **Animation** liste tous les effets d'animation contenus dans la diapositive active, objets graphiques, textes et médias confondus, selon l'ordre de leur apparition.

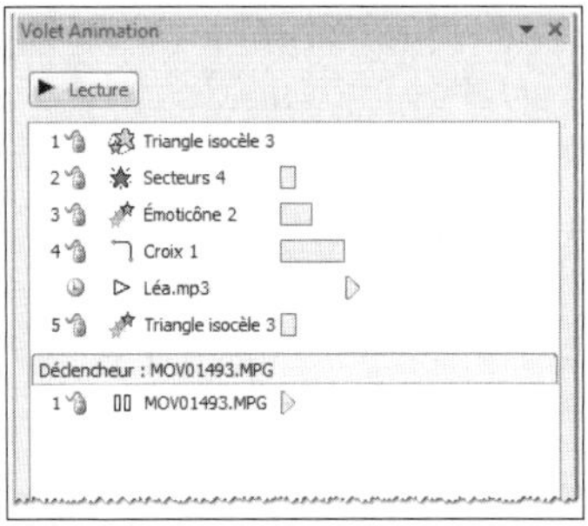

Figure 8.28 : Liste des animations dans le volet Animation

Dans la liste, l'animation est précédée d'un numéro d'ordre, ainsi que d'une icône représentant son type. Lorsque vous pointez sur une animation, une info-bulle affiche l'information sur celle-ci : le nom de l'objet, le type de démarrage, et le nom de l'animation.

Lorsque vous cliquez sur un élément de la liste, le petit carré bleu qui contient le numéro dans la diapositive devient orange ; on visualise immédiatement l'objet concerné dans la diapositive.

ASTUCE

Visualiser tous les effets d'animation d'un seul objet

Si vous cliquez sur un objet animé dans la diapositive, l'effet ou les effets dans la liste du volet **Animation** correspondant à cet objet sont également sélectionnés, ce qui est particulièrement pratique s'il y a de nombreux objets animés.

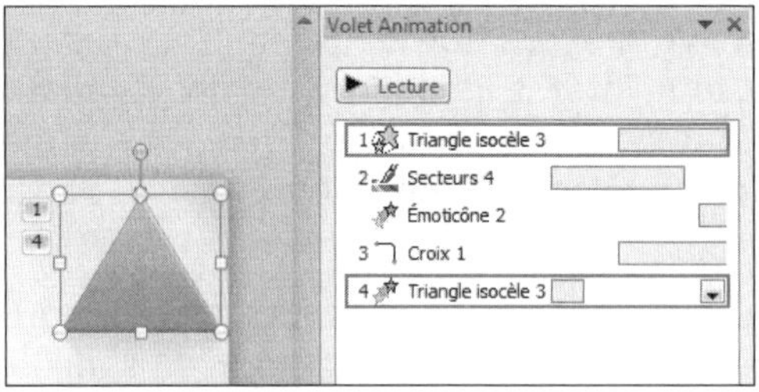

Figure 8.29 : Visualiser tous les effets d'animation d'un même objet

Lecture et chronologie avancée

En haut du volet **Animation** se trouve un bouton de lecture qui permet de tester les animations de la diapositive. Pendant la lecture, le bouton se transforme en bouton **Arrêter** pour permettre de stopper avant la fin.

Lorsque vous cliquez sur le bouton **Lecture** situé dans le volet **Animation** pour visionner et contrôler vos animations, vous voyez la chronologie de chaque animation comme sur un ban de montage vidéo. Lorsque l'effet est en cours de lecture, la barre de temps de cet effet devient orange foncé.

REMARQUE

Chronologie avancée

Si cet affichage vous gêne, cliquez sur un effet quelconque de la liste du volet **Animation** et choisissez la commande **Masquer la chronologie avancée**.

Lorsque vous cliquez sur un effet, vous visualisez sa chronologie à travers des barres de temps de couleur orange et un axe *Temps* situé en bas du volet et exprimé en secondes. Un clic sur le bouton **Secondes**, situé à gauche de l'axe, permet de zoomer en avant ou en arrière afin que l'échelle de temps soit plus ou moins importante. Vous pouvez également utiliser les flèches situées à droite et à gauche de l'axe de temps pour vous déplacer sur cet axe.

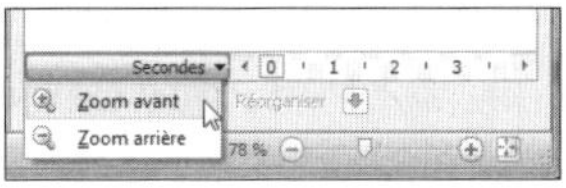

Figure 8.30 : Modifier l'échelle de l'axe du temps

Lorsque vous pointez sur la barre de temps de l'effet, une info-bulle indique le délai de démarrage de l'effet et sa durée. Vous pouvez modifier ces deux éléments en déplaçant la barre à l'aide de la souris. Il s'agit d'une méthode plus graphique que de passer par les options dans le groupe *Minutage* de l'onglet **Animations** :

- Si vous attrapez la barre par le bord droit ou gauche, vous modifiez la durée en même temps que le début ou la fin. Des animations peuvent ainsi se chevaucher.

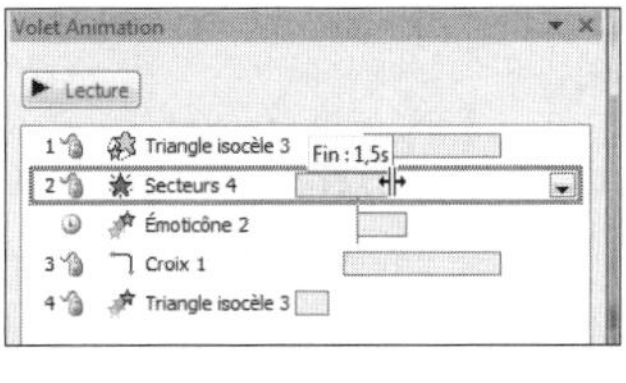

Figure 8.31 : Augmenter le temps d'affichage d'une animation en tirant sur son bord droit

- Si vous attrapez la barre par le milieu, vous modifiez uniquement le début et la fin. La durée reste la même.

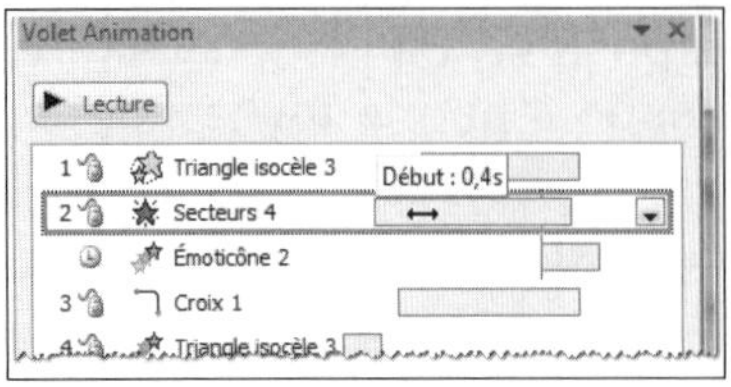

Figure 8.32 : Déplacer dans le temps l'affichage de l'animation sans pour autant en modifier la durée

REMARQUE

Superposer les animations à l'aide de la barre de temps

S'il est prévu de démarrer l'animation après la précédente, vous ne pourrez pas faire glisser la barre de temps vers la gauche pour la faire chevaucher avec la précédente. Vous devez auparavant modifier le paramètre de début et le régler sur l'option *Avec la précédente*. Il en va de même si vous souhaitez augmenter la durée de l'animation en repoussant sa fin : si l'animation suivante doit commencer après, il faut modifier son paramètre de début pour autoriser le chevauchement.

Réorganiser les effets d'animation

Modifier l'ordre

En bas du volet **Animation** se trouvent les flèches **Organiser**. Ces flèches permettent de réorganiser l'ordre des animations. Sélectionnez un effet d'animation dans la liste, puis cliquez sur l'une des deux flèches.

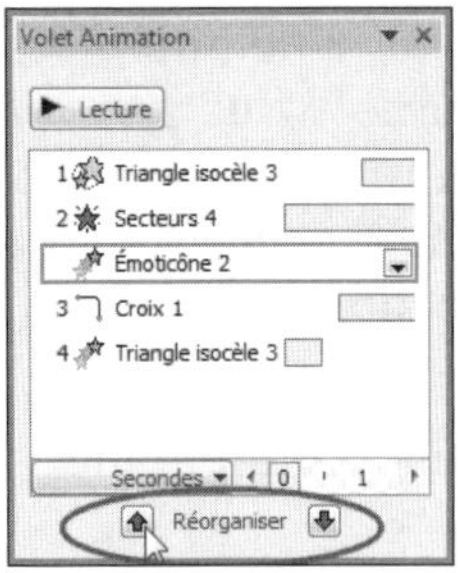

Figure 8.33 : Modifier l'ordre des animations

Réorganiser les animations prédéfinies

Nous avons vu comment animer rapidement un texte, des SmartArts et des graphiques Excel, simultanément, par niveaux de paragraphe, par branches, par séries ou par catégories.

Chacun de ces objets est en réalité constitué de plusieurs éléments : un texte contient des paragraphes, un graphique Excel contient des séries, des catégories et un arrière-plan, un SmartArt contient des zones de texte, des images, des formes... Chacun de ces éléments, appartenant au groupe objet, peut être traité individuellement. Maintenant que vous connaissez tous les détails des animations, vous pouvez effectivement reprendre et affiner une animation prédéfinie.

Lorsqu'un de ces objets est animé par type d'élément, une série de numéros d'ordre s'affichent sur la diapositive. Lorsque plusieurs éléments doivent s'animer simultanément, ils ont le même numéro. Par exemple, si vous avez décidé d'animer un texte par deuxièmes niveaux de paragraphe, les niveaux 1 et 2 auront des numéros d'ordre différents, et les paragraphes de niveau 3 et supérieurs auront le même numéro puisqu'ils s'animeront en même temps.

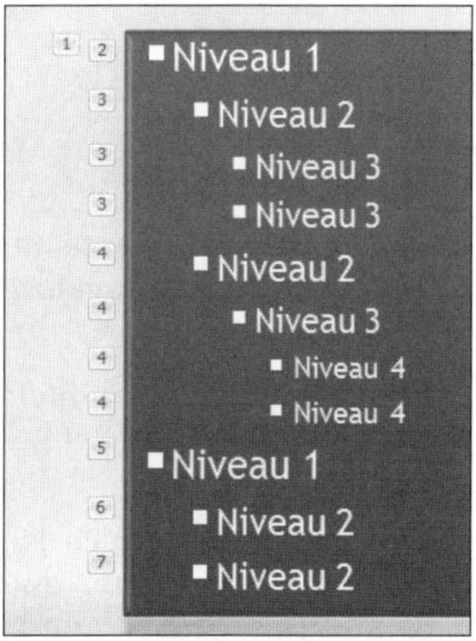

Figure 8.34 : Numéros d'ordre de paragraphes animés par deuxièmes niveaux de paragraphe

Dans le volet **Animation**, en dessous de l'objet, vous pouvez voir un chevron qui, lorsque vous pointez dessus, indique dans une infobulle le message "Cliquez pour développer le contenu". Si vous cliquez sur ce chevron, tous les éléments de l'objet s'affichent, comme sur la diapositive.

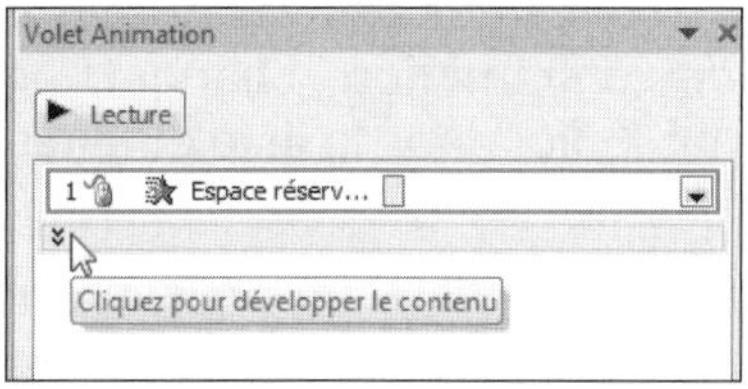

Figure 8.35 : Développer le contenu d'un espace réservé

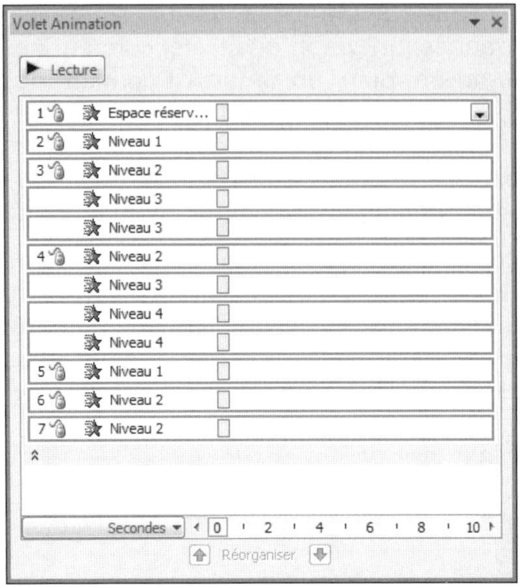

Figure 8.36 : Espace réservé développé

De manière générale, respectez simplement ces deux consignes :

- Pour modifier les effets de l'ensemble des paragraphes d'un texte, des éléments d'un SmartArt ou d'un graphique Excel, ne développez pas la liste dans le volet **Animation**.
- Pour modifier un seul paragraphe ou un seul élément, développez la liste en cliquant sur le chevron et sélectionnez l'élément à modifier.

Une fois que la liste est développée, si l'on reprend l'exemple des paragraphes animés par troisièmes niveaux, vous remarquez que certains éléments commencent au clic de souris et que d'autres commencent avec le précédent, ce qui est logique puisque les paragraphes 3 et supérieurs s'affichent simultanément.

Vous remarquerez également que l'arrière-plan d'un graphique est affiché en premier, ainsi que la forme associée à un texte, si toutefois vous avez décidé d'animer ces éléments.

Maintenant que tous les éléments sont listés, vous pouvez apporter des modifications individuelles à l'effet d'animation, changer les options d'effet par exemple. Sélectionnez l'effet dans la liste et faites la modification :

- Un arrière-plan d'histogramme peut par exemple apparaître tout simplement, sans bénéficier d'animations que vous réserverez aux barres du graphique.

- Vous pouvez choisir de modifier l'ordre d'apparition d'un élément de SmartArt dans la diapositive.
- Vous pouvez décider qu'un paragraphe important d'un texte apparaîtra avec un effet zoom, etc.
- Dans un diagramme SmartArt, rien ne vous empêche de faire arriver certains éléments du haut, de la gauche ou d'un angle par exemple, et dans l'ordre de votre choix. Vous remarquerez par ailleurs que la liste d'un objet SmartArt peut contenir non seulement des boîtes de texte, mais aussi des filets, des flèches, etc.

ASTUCE

Modifier les noms des objets

Dans le volet **Sélection et visibilité**, vous pouvez modifier le nom de vos objets. Ces noms seront bien entendu répercutés dans le volet **Personnaliser l'animation**, ce qui facilitera beaucoup la tâche.

ASTUCE

Modifier les options de plusieurs animations à la fois

Pour modifier les options de plusieurs animations à la fois, vous devez sélectionner ces animations dans la liste du volet **Personnaliser l'animation**. Utilisez la touche Maj pour une sélection contiguë et la touche Ctrl pour une sélection discontinue.

ATTENTION

Options d'effet

Lorsqu'un objet composé (comme un graphique SmartArt) fait l'objet de plusieurs animations, ne choisissez pas d'option d'effet via le bouton **Options d'effet**. Ce bouton ne fait pas de détail et appliquera l'effet choisi à toutes les animations ; vous risquez ainsi d'anéantir votre travail précédent !

Modifier et perfectionner les animations

Vous savez maintenant parfaitement comment modifier une animation en utilisant tous les outils accessibles sur le Ruban.

Nous allons découvrir qu'il est également possible de modifier les animations sans passer par le Ruban, et nous verrons qu'il existe encore quelques options cachées qui vont permettre d'améliorer ces animations.

Pour visualiser tous les aspects d'un effet d'animation, et pour pouvoir les modifier via le volet **Animation**, cliquez dans la liste du volet sur la flèche située en regard de chaque animation, et dans la liste déroulante, choisissez *Options d'effet* afin d'afficher la boîte de dialogue de l'effet.

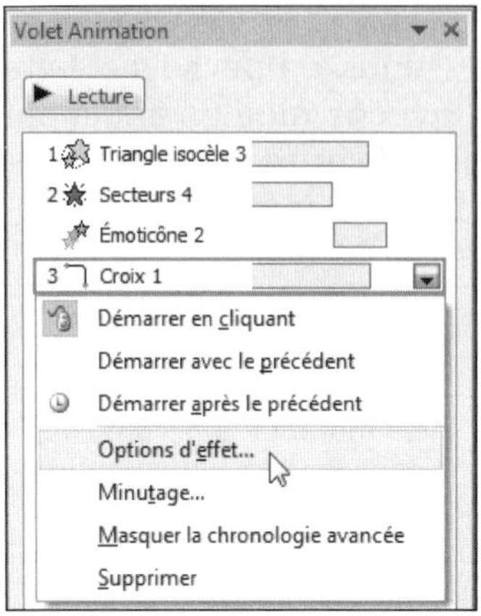

Figure 8.37 : Cliquer sur Options d'effet

La boîte de dialogue de l'effet est composée de trois onglets : **Effet**, **Minutage**, et un troisième onglet qui varie selon l'objet animé : **Animation Texte**, **Animation Graphique**, **Animation SmartArt**, **Paramètres Audio**, **Paramètres Vidéo**. Vous remarquerez également le nom de la boîte de dialogue qui reprend le nom de l'effet. Nous allons examiner ces différents onglets.

Onglet Effet

Vous retrouvez dans cet onglet les spécificités de l'effet. Le contenu de l'onglet est donc variable selon l'effet à modifier.

Il contient toujours une rubrique *Améliorations* qui permet :

- D'ajouter un son à une animation. Déroulez la liste déroulante *Son*, et choisissez le son qui vous convient.
- De choisir l'aspect de l'animation une fois celle-ci terminée : dans la liste déroulante *Après animation*, vous pourrez choisir d'estomper l'objet ou bien d'en modifier la couleur. Vous pourrez également préférer le masquer, soit directement une fois l'animation terminée, soit au prochain clic. Cette option est particulièrement utile avec le texte.
- D'animer le texte d'un objet, soit par mot, soit par caractère. Si vous optez pour l'animation de texte, vous pourrez choisir de plus le pourcentage de délai entre l'affichage des mots.

Cet onglet peut également contenir une rubrique *Paramètres* qui dépend du type d'animation et qui regroupe les options d'effet accessibles via le bouton **Options d'effet** de l'onglet **Animations**. Cette rubrique propose aussi des options avancées que vous ne trouverez pas sur le Ruban, comme :

- *Couleur* : les effets de modification de couleur, s'ils sont paramétrables comme les effets *Couleur de trait* et *Couleur de remplissage*, peuvent être retouchés. S'il est bien entendu possible de choisir la couleur de destination, on peut également choisir le moyen pour y arriver. Le passage d'un rouge vers un bleu par exemple peut induire des étapes différentes.
- *Démarrage et fin en douceur* : ces options concernent les effets qui impliquent un déplacement de l'objet, comme les trajectoires, mais aussi les entrées ou les sorties d'objet. Elles peuvent concerner également les effets de modification de couleur lorsque ceux-ci sont paramétrables (voir ci-dessus). Elles permettent d'éviter un démarrage et/ou un arrêt brusque de l'animation. Elles se règlent en centièmes de seconde à l'aide d'un curseur.
- *Rebondir fin* : cette option concerne uniquement les effets qui impliquent un déplacement et permet de donner un effet de rebondissement lorsque l'objet arrive en fin de trajectoire. Elle se règle également en centièmes de seconde à l'aide d'un curseur. La durée de rebondissement est prise sur la durée totale du déplacement. Par conséquent, si vous donnez à l'effet *Rebondir* la durée maximale, l'effet ne sera qu'un rebondissement.
- *Inversion automatique* : cette option concerne encore les effets qui impliquent un déplacement et également les effets de changement de couleur paramétrables. Elle ne s'applique pas aux effets d'entrée ou de sortie d'un objet. Elle permet à l'objet de revenir à sa place initiale, occupée avant le déplacement. L'objet fera donc un aller-retour. S'il s'agit de couleur, l'objet reprendra sa couleur initiale. Les effets du retour seront les mêmes que ceux de l'aller. La durée de l'animation sera donc multipliée par deux.
- *Effet de texte* : cette option s'applique uniquement à du texte et permet d'affecter cet effet mot après mot, ou lettre après lettre. Assorti au son *Machine à écrire*, vous donnerez un effet de machine à écrire.

ASTUCE

Animation de texte

Lorsque vous animez un objet comportant du texte, le bouton **Options d'effet** situé sous l'onglet **Animations** ne donne pas toujours tous les effets possibles concernant le texte, à savoir les animations par mot ou par lettre.

ASTUCE

Pensez donc à faire un tour dans la boîte de dialogue pour voir ce qui est possible.

Onglet Minutage

Cet onglet contient les mêmes options que le groupe *Minutage*, sous l'onglet **Animations**, concernant la durée et le délai.

ATTENTION

Paramètres et durée des effets d'animation

L'addition des durées de démarrage, de fin, et de rebondissement de fin ne pourra pas excéder la durée totale de l'animation.

Il propose deux options supplémentaires :

- *Répéter* : cette option permet de répéter l'animation autant de fois que vous le souhaitez. Il suffit d'indiquer un nombre dans la liste déroulante, en choisissant un item ou bien en saisissant vous-même le nombre. La liste déroulante propose également une répétition jusqu'au clic suivant, ce qui signifie que l'animation ne s'arrêtera pas tant que vous n'aurez pas cliqué, ainsi qu'une animation jusqu'à la fin de la diapositive, ce qui signifie que l'animation durera tant que vous ne serez pas passé à la diapositive suivante. Dans ce dernier cas, elle sera jouée en même temps que toutes les autres animations qui suivront.

  Nous vous conseillons de désactiver l'option *Démarrage et fin en douceur* lorsqu'une animation doit se répéter plusieurs fois, afin d'obtenir un effet de continuité, sans rupture de rythme.

REMARQUE

Option Répéter

L'option *Répéter* est visible sur la barre de chronologie.

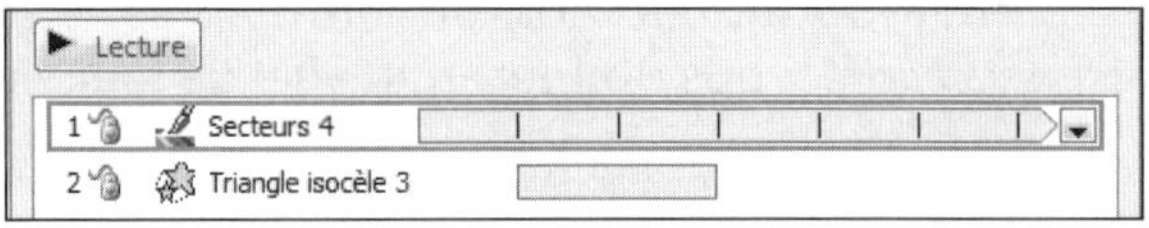

Figure 8.38 : Option Répéter et barre de chronologie

- *Revenir au début après lecture* : cette option permet à l'objet de revenir à son état initial après l'animation, et en particulier à son emplacement d'origine s'il s'agit d'un déplacement, ou à sa couleur première s'il s'agit d'une modification de couleur. Mais contrairement à l'option *Inversion automatique*, elle le fait d'une manière brutale et sans rejouer l'animation.

REMARQUE

Revenir au début après la lecture

Contrairement à l'effet *Inversion automatique*, cette option peut s'appliquer à des animations d'entrée ou de sortie d'un objet. Dans ce dernier cas, l'objet apparaîtra puis disparaîtra.

Onglets Animation Texte, Animation graphique et Animation SmartArt

Un troisième onglet pourra être affiché selon que l'effet a été appliqué à du texte (onglet **Animation Texte**), à un graphique Excel (onglet **Animation graphique**) ou à un SmartArt (onglet **Animation SmartArt**).

REMARQUE

Effets spécifiques aux paragraphes de texte, SmartArts, et graphiques Excel

Les effets sélectionnés sous ce troisième onglet s'appliquent obligatoirement à l'ensemble du texte ou à l'ensemble des graphiques, puisqu'il s'agit d'effets de groupage, et cela même si seul un élément est sélectionné.

- Onglet **Animation Texte**

  Cet onglet reprend les options d'effet situées sur le Ruban et appliquées à du texte. Via cet onglet, chaque paragraphe d'un texte pourra être animé séparément selon les niveaux de votre choix.

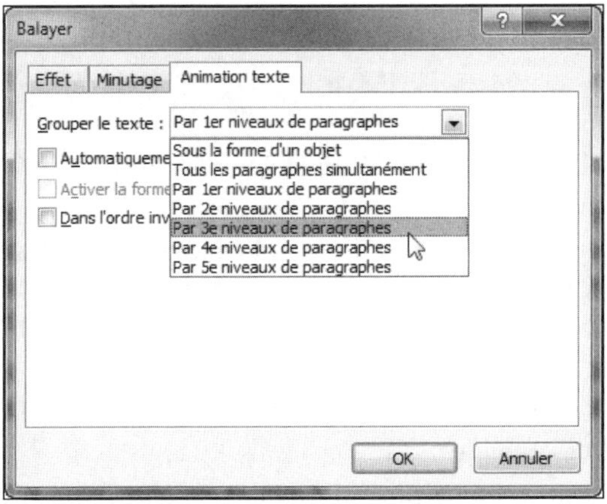

Figure 8.39 : Grouper par niveaux de paragraphe

L'option *Activer la forme attachée* permet d'activer également la forme qui sert de support au texte, que ce soit une zone de texte ou un espace réservé, à condition que ceux-ci aient un contour ou un remplissage. Évidemment, si la forme est totalement transparente, elle ne pourra pas être animée !

REMARQUE

Options d'animation du texte

L'animation qui permet de faire apparaître le texte par paragraphe est totalement indépendante et complémentaire des options texte situées sous l'onglet **Effet** et qui permettent de faire apparaître les mots ou les caractères un par un.

L'option *Dans l'ordre inverse* permet de faire apparaître les paragraphes de texte en commençant par le dernier.

- Onglet **Animation graphique**

  Si l'objet sélectionné est un graphique, vous pouvez choisir de démarrer l'animation en dessinant l'arrière-plan du graphique. Si cette option n'est pas cochée, l'arrière-plan du graphique sera fixe.

- Onglet **Animation SmartArt**

  Et enfin, si l'objet sélectionné est un SmartArt, vous pourrez choisir d'inverser l'ordre.

8.4. Exercices pratiques

Ouvrez la présentation *grèce.pptx* dans laquelle vous allez appliquer quelques animations.

Animer les titres

Vous allez animer le titre et le sous-titre de la première diapositive. Commencez par le titre :

1 Sélectionnez le titre *La Grèce*, puis, sous l'onglet **Animations**, dans le groupe *Animations*, cliquez sur la flèche déroulante de la galerie des effets d'animation et choisissez la commande **Autres effets d'entrée**.

2 Dans la boîte de dialogue, sélectionnez l'effet *Retourner* sous la rubrique *Captivant*, puis cliquez sur OK.

3 Affichez le volet **Animation** en cliquant sur le bouton du même nom situé dans le groupe *Animation avancée*.

4 Dans le volet **Animation**, cliquez sur la flèche située en regard de ce premier effet que vous venez de créer et sélectionnez la commande **Options d'effet**. Sous l'onglet **Effet**, l'option *Par lettre* est sélectionnée dans la liste déroulante *Animer le texte* ; vous voyez cependant que vous pourriez faire une animation par mot ou pour le texte tout entier. Entrez la valeur `20` dans la zone de saisie *% de délai entre les lettres* pour obtenir une animation un peu moins rapide. Cliquez sur OK.

Vous allez à présent animer le sous-titre qui devra démarrer avec le titre :

5 Sélectionnez le sous-titre *Les Cyclades*, puis, sous l'onglet **Animations**, dans le groupe *Animations*, cliquez sur la flèche déroulante de la galerie des effets d'animation et choisissez la commande **Autres effets d'entrée**.

6 Dans la boîte de dialogue, sélectionnez l'effet *Retourner* sous la rubrique *Captivant*, sélectionnez l'effet *Spirale*, puis cliquez sur OK.

7 Dans le volet **Animation**, cliquez maintenant sur le deuxième effet de la liste, celui du sous-titre, cliquez sur la flèche déroulante située en regard et sélectionnez la commande **Options d'effet**.

8 Sous l'onglet **Effet**, choisissez l'option *Par lettre* dans la liste déroulante *Animer le texte* et entrez la valeur `10` dans la zone de saisie *% de délai entre les lettres*. Cliquez sur OK.

9 Sous l'onglet **Minutage**, sélectionnez *Après la précédente* dans la liste déroulante *Début*. Cliquez sur OK.

Réglez maintenant la vitesse des animations :

10 Sous l'onglet **Animations**, dans le groupe *Minutage*, choisissez *00,50* pour le titre et *01,50* pour le sous-titre.

Il vous reste à vérifier si les animations vous conviennent :

11 Cliquez sur le bouton **Aperçu** situé sur le Ruban à gauche, sous l'onglet **Animations**.

Compliquer à souhait l'animation d'un SmartArt

Vous avez vu dans ce chapitre que presque tout était possible en matière d'animation. Vous allez le tester en compliquant le graphique SmartArt *Groupe d'hexagones* de la septième diapositive.

Vous allez dans un premier temps afficher chaque élément du diagramme tour à tour : d'abord l'image, puis le texte associé. Dans un deuxième temps, l'image devra grossir et la boîte de texte au contraire se réduire et disparaître. Les images devront enfin enchaîner un déplacement afin de prendre toute la place sur la diapositive.

1 Commencez par choisir une animation générale du diagramme que vous allez ensuite peaufiner : sélectionnez le diagramme, puis, sous l'onglet **Animations**, dans le groupe *Animations*, choisissez par exemple l'effet *Dissolution interne* dans la galerie des effets d'animation.

2 Cliquez ensuite sur le bouton **Options d'effet** et choisissez *Un par un*.

   À ce stade, vous allez observer le résultat de cette animation. Cliquez sur le bouton **Aperçu** de l'onglet **Animations**. Vous voyez que tout d'abord la première boîte de texte (*Santorin* dans notre exemple) s'affiche, puis simultanément l'image associée au premier texte, avec une deuxième boîte de texte, et ainsi de suite. Cette animation n'est pas vraiment logique ; nous allons la modifier de façon à faire bien apparaître deux objets à la fois : le texte et la photo associée. Pour cela, commencez par ouvrir le volet **Animation** en cliquant sur le bouton du même nom.

3 Dans le volet **Animation**, vous voyez pour l'instant un seul élément, nommé *Espace réservé du contenu* car le SmartArt a été inséré dans un espace de contenu. Sous cet élément se trouve une flèche chevron sur laquelle vous allez cliquer pour développer l'animation et en faire apparaître tous les éléments.

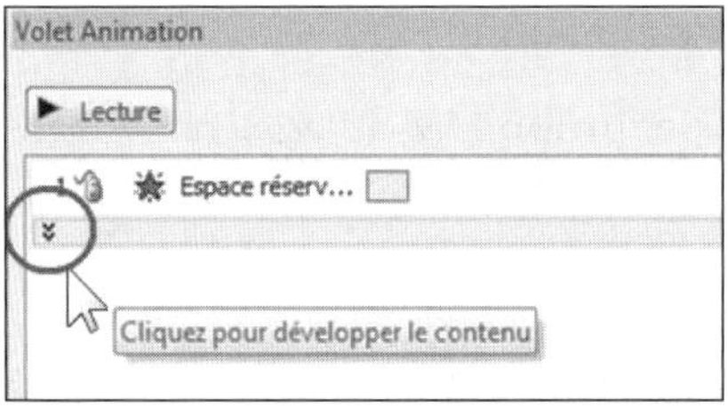

Figure 8.40 : Cliquer sur la flèche chevron pour faire apparaître toutes les animations

   Observez de près chaque hexagone du SmartArt. Vous remarquez qu'ils ont tous un petit hexagone blanc supplémentaire indiquant l'association entre le texte et l'image. Seize lignes sont donc apparues (huit grands hexagones et huit petits), et il n'est pas facile de s'y retrouver car certaines formes s'affichent avec d'autres.

4 Pour simplifier et pour vous y retrouver, vous allez commencer par appliquer l'animation individuellement à chaque élément :

- Sélectionnez tous les éléments dans le volet **Animation** : cliquez sur le premier, appuyez sur la touche [Maj] et cliquez sur le dernier.
- Dans le groupe *Minutage*, dans la zone déroulante *Démarrer*, sélectionnez la commande **Au clic** : chaque élément doit être numéroté à présent de 1 à 16 puisqu'ils sont tous indépendants.

Cliquez sur le bouton **Aperçu**. Vous constatez que l'ordre des animations est le suivant : petit hexagone blanc, texte, petit hexagone blanc, image, et ainsi de suite. Notre projet devient très simple puisque nous allons procéder à une animation pour ces quatre éléments à la fois.

5 Sélectionnez, toujours à l'aide de la touche [Maj], les éléments numérotés de 2 à 4, puis, dans le groupe *Minutage*, choisissez la commande **Avec la précédente** dans la liste déroulante *Démarrer*. La numérotation ayant en conséquence été modifiée, recommencez pour les éléments maintenant renumérotés de 3 à 5, puis de 4 à 6, et enfin de 5 à 7.

Cliquez sur le bouton **Aperçu**. Vous voyez maintenant que l'animation est plus logique et que les images et le texte correspondant s'affichent bien ensemble. La première animation est terminée, cliquez sur la flèche chevron pour en masquer les étapes.

Vous allez maintenant créer la deuxième animation qui permettra d'agrandir les images et de faire disparaître les textes :

6 Sélectionnez à nouveau le diagramme, et, cette fois, dans le groupe *Animation avancée*, cliquez sur le bouton **Ajouter une animation**. Dans la liste des effets, choisissez l'effet *Zoom* sous la rubrique des effets de sortie.

ATTENTION

Ajout d'une animation

Passez bien par le bouton **Ajouter une animation** et non par la galerie du groupe *Animations*, car sinon votre "seconde" animation effacerait la première.

7 Dans le volet **Animation**, déroulez le deuxième effet de la liste en cliquant sur la flèche chevron située en dessous, de façon à voir apparaître les seize éléments. La numérotation débute à 6, c'est-à-dire après les cinq éléments de la première animation.

8 Toujours à l'aide de la touche [Maj], sélectionnez tous les éléments de cette seconde animation, sauf le premier, puis sous l'onglet **Minutage**, choisissez la commande **Avec la précédente** dans la liste déroulante *Démarrer*.

9 Vous connaissez à présent l'ordre des éléments de ce diagramme. Vous pouvez donc sélectionner les seuls éléments correspondant aux images, les seuls qui vont rester et que l'on va agrandir, c'est-à-dire un élément sur quatre, en commençant par le troisième. Aidez-vous de la touche [Ctrl] pour les multisélections.

10 Les éléments image étant sélectionnés, sous l'onglet **Animations**, dans le groupe *Animations*, choisissez l'effet *Agrandir/Rétrécir* sous la rubrique *Accentuation*.

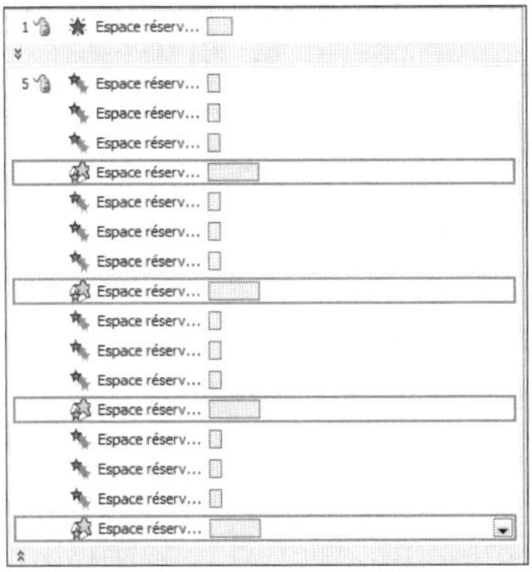

Figure 8.41 : Sélectionner un élément sur quatre et lui affecter l'animation Agrandir/Rétrécir

11 Gardez ces éléments sélectionnés, puis à l'aide du bouton droit, cliquez sur l'un d'eux et choisissez la commande **Options d'effet**. Dans la liste déroulante *Taille*, sélectionnez l'option *Personnalisée*, tapez la valeur `150%`, appuyez sur [↵] puis sur le bouton OK.

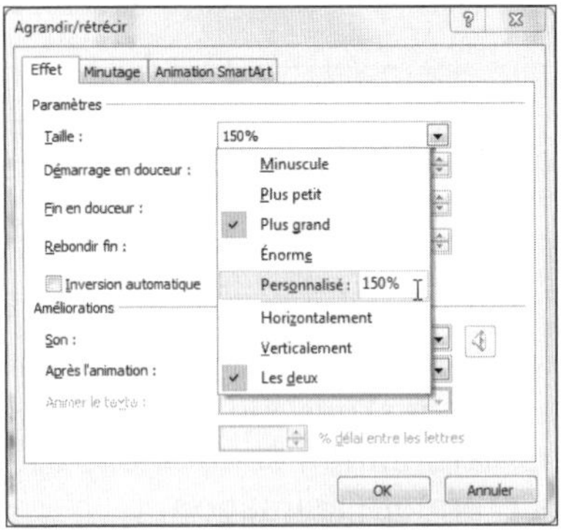

Figure 8.42 : Affecter la valeur 150 % d'agrandissement aux images du diagramme

Lancez le diaporama pour visualiser les effets. Le texte s'en va peut-être trop vite, vous allez affecter la même vitesse à tous les éléments :

12 Sélectionnez de nouveau à l'aide de la touche [Maj] tous les éléments de la liste de l'animation, puis sous l'onglet **Animations**, dans le groupe *Minutage*, affectez la valeur *02,00* pour la durée.

13 Le travail sur cette animation étant terminé, cliquez sur la flèche chevron pour en masquer les éléments.

Il vous reste à affecter une dernière animation pour que les images se positionnent correctement sur la diapositive, ce qui n'est pas tout à fait le cas.

En réalité, une seule image pose problème, la deuxième. Comme on ne peut malheureusement pas affecter une animation à un seul élément du diagramme, vous allez appliquer l'animation supplémentaire à tous les éléments du diagramme, et vous n'en garderez qu'une :

14 Cliquez dans le diagramme, puis, sous l'onglet **Animations**, dans le groupe *Animation avancée*, choisissez une animation de trajectoire *À gauche* via le bouton **Ajouter une animation**.

15 Cliquez sur la flèche chevron située sous l'effet numéroté 6 afin d'en afficher tous les éléments.

16 Sélectionnez à l'aide de la touche [Ctrl] tous les éléments, sauf le huitième du groupe, celui qui correspond à la deuxième image, puis appuyez sur la touche [Suppr] pour les supprimer.

17 Faites une lecture de l'animation et corrigez à la souris la longueur de la trajectoire, qui, dans cet exemple, est particulière puisqu'elle tient compte du diagramme entier.

Figure 8.43 : Position des images une fois l'animation terminée

Quand tout est fait, enregistrez votre présentation et éventuellement testez d'autres options.

Animer un graphique

Vous avez créé un graphique sur la dernière diapositive de la présentation *grèce.pptx*. Vous allez affecter une animation à ce graphique de façon que les statues paraissent grandir à l'affichage.

1 Sélectionnez le graphique, puis, sous l'onglet **Animations**, dans le groupe *Animations*, sélectionnez l'animation *Balayer* dans la galerie des animations, sous la rubrique *Effets d'entrée*.

2 Cliquez ensuite sur le bouton **Options d'effet**, vérifiez que l'option *À partir du bas* est bien sélectionnée sous la rubrique *Sens*, et choisissez l'option *Par catégorie* sous la rubrique *Séquence*.

L'animation est faite, mais vous souhaitez que l'arrière-plan du graphique ne soit pas animé :

3 Affichez le volet **Personnaliser l'animation**, cliquez sur la flèche déroulante de l'effet, puis choisissez **Options d'effet**. Sous l'onglet **Animation d'un graphique** de la boîte de dialogue **Balayer**, décochez l'option *Démarrer l'animation en dessinant l'arrière-plan du graphique*.

4 Profitez-en pour choisir, sous l'onglet **Minutage**, l'option *Après la précédente* dans la liste déroulante *Début*.

Insérer un film et une musique

1 Insérez une nouvelle diapositive de disposition *Vide* après la cinquième diapositive.

2 Sous l'onglet **Insertion**, dans le groupe *Médias*, cliquez sur le bouton **Vidéo** et choisissez la commande **Vidéo depuis un fichier**. Sélectionnez une vidéo et cliquez sur OK.

3 Agrandissez l'objet vidéo au maximum en tirant sur l'un des coins à l'aide de la souris.

4 Sous l'onglet **Outils Vidéo/Lecture**, dans le groupe *Options vidéo*, via le bouton **Début**, choisissez *Automatiquement*.

5 Dans le groupe *Édition*, indiquez *00,50* pour les options d'apparition et de disparition en fondu.

Revenez sur la première diapositive, dans laquelle vous allez insérer une musique qui devra démarrer automatiquement et se terminer avant le film :

6 Sous l'onglet **Insertion**, dans le groupe *Médias*, cliquez sur le bouton **Audio** et choisissez la commande **Audio depuis un fichier**. Sélectionnez une musique et cliquez sur OK.

7 Sélectionnez l'objet sur la diapositive, puis affichez l'onglet **Animations**. Vous voyez que le son est affublé de l'icône *Déclencheur* en forme d'éclair.

8 Affichez le volet **Animation**. Puis, dans le groupe *Minutage*, cliquez sur le bouton **Déplacer antérieurement** à plusieurs reprises pour que le son possède le numéro 1. Puis, via le bouton **Démarrer**, sélectionnez *Avec la précédente* : le son prend le numéro 0, il démarrera en même temps que le diaporama.

9 L'icône du son doit rester invisible pendant le diaporama. Conservez le son sélectionné, affichez l'onglet **Outils Audio/Lecture**, puis dans le groupe *Outils Audio/Lecture*, cochez l'option *Masquer pendant la présentation*.

Il faut maintenant indiquer que le son va s'arrêter après la cinquième diapositive :

10 Affichez le volet **Animation** et dans la liste des animations, cliquez sur la flèche déroulante située en regard du son et choisissez la commande **Options d'effet**. Sous l'onglet **Effet**, cliquez sur l'option *Après* sous la rubrique *Interrompre la lecture*, et saisissez la valeur `5`.

11 Profitez-en pour faire disparaître le son en fondu : dans le groupe *Édition*, indiquez *01,50* pour l'option de *Disparition en fondu*.

Testez votre diaporama et enregistrez votre fichier.

Faire apparaître un texte sur un film à un moment précis

Restez sur la diapositive qui contient le film. Vous allez faire apparaître un texte à un endroit précis du film, par exemple un titre et un générique de fin.

Créez deux zones de texte. La première sera seulement un titre : *Les Cyclades*. Le second titre sera plus long, vous saisirez le texte d'un générique de fin.

La première zone de texte sera positionnée au milieu du film et la seconde en haut.

Pour que les textes s'affichent à des moments précis, vous devez commencer par indiquer ces moments. Dans ce but, vous allez poser des signets :

1 Sélectionnez le film et affichez l'onglet **Outils Vidéo/Lecture**.
2 Cliquez sur la bande de lecture qui apparaît en dessous du film, afin de sélectionner l'endroit précis où vous souhaitez afficher le titre, c'est-à-dire dans les premières images du film. Lorsque l'endroit vous convient, cliquez sur le bouton **Ajouter un signet**, situé dans le groupe *Signets*.
3 Le titre ne devra pas rester tout le long du film. Vous allez donc ajouter un deuxième signet à l'endroit où il devra disparaître.
4 Vous allez faire de même pour indiquer l'endroit précis, sur les dernières images du film, où devra s'afficher la deuxième zone de texte, à savoir le générique de fin.

Vous devez maintenant visualiser trois petits ronds sur la bande de lecture, indiquant la position des signets. Vous allez à présent vous occuper de l'animation des deux zones de texte :

5 Sélectionnez la première zone de texte et affichez l'onglet **Animations**.
6 Via la galerie des animations située dans le groupe *Animations*, sélectionnez l'animation *Zoom* dans les effets d'entrée.
7 Dans le groupe *Animation avancée*, cliquez sur le bouton **Déclencheur**, pointez sur *Sur le signet* et cliquez sur *Signet1*.

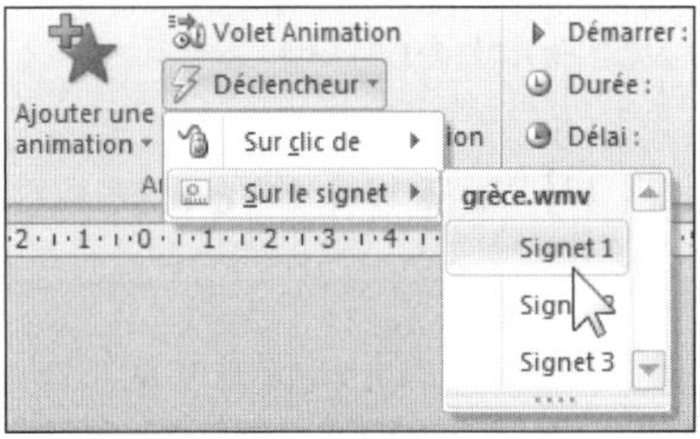

Figure 8.44 : Faire démarrer une application sur un signet

8 Conservez cette première zone de texte sélectionnée, et cette fois, affectez-lui l'animation *Flottant sortant* dans les effets de sortie. Pensez pour cela à bien cliquer sur le bouton **Ajouter une animation** afin de ne pas effacer la première animation.
9 Toujours dans le groupe *Animation avancée*, cliquez sur le bouton **Déclencheur**, pointez sur *Sur le signet* et cliquez sur *Signet2*.
10 Sélectionnez à présent la seconde zone de texte et choisissez l'animation *Générique de fin* dans les effets d'entrée.

11 Cliquez sur le bouton **Déclencheur**, pointez sur *Sur le signet* et cliquez sur *Signet3*.

> ATTENTION
>
> **Signet et plein écran**
>
> L'affichage Plein écran est incompatible avec l'utilisation de signets déclencheurs. Préférez donc l'agrandissement manuel de l'objet vidéo, si nécessaire.

Il ne vous reste plus qu'à enregistrer votre fichier et à admirer le résultat !

8.5. Créer un fondu enchaîné du noir et blanc vers la couleur pour donner un effet de colorisation

Ajoutez une nouvelle diapositive à votre présentation *grèce.pptx* dans laquelle vous insérerez une photo. Cette photo devra apparaître en noir et blanc, et grâce à une animation, vous obtiendrez un effet de colorisation.

Il va falloir utiliser deux versions de la photo, l'une en couleurs et l'autre en noir et blanc :

1 Insérez votre image en couleurs et dupliquez-la. Vous pouvez pour cela utiliser le bouton **Dupliquer** situé sous l'onglet **Accueil** dans le groupe *Presse-papiers*.

> ASTUCE
>
> **Ajustement d'une photo de format classique 3x4 à un écran 10:9**
>
> Pour que la photo remplisse l'écran, vous devez la rogner avec un format qui correspond à l'écran. Sélectionnez la photo, puis sous l'onglet **Outils Image/Format**, groupe *Taille*, cliquez sur la flèche déroulante *Rogner*, pointez sur la commande **Rapport Hauteur/Largeur**, et cliquez sur l'option *16:9*. Ajustez éventuellement manuellement. Si l'image ne remplit pas l'écran, il suffira de l'agrandir en tirant sur une poignée d'angle afin qu'elle conserve ses proportions.

2 Sélectionnez l'une des deux images que vous allez transformer en noir et blanc, avec un effet croquis : sous l'onglet **Outils Image /Format**, dans le groupe *Ajuster*, cliquez sur le bouton **Effets artistiques** et choisissez l'effet *Crayon-croquis*.

Il s'agit maintenant de créer une animation pour passer de la photo effet croquis à la photo en couleurs :

3 Sélectionnez la photo en couleurs et affichez l'onglet **Animations**.

4 Dans le groupe *Animations*, galerie des effets d'animation, choisissez l'effet *Estomper* dans les effets d'ouverture.

5 Dans le groupe *Minutage*, choisissez une durée de 7 secondes.

6 Placez la photo en couleurs au premier plan et superposez vos deux photos exactement. Pour cela, sélectionnez-les toutes les deux et utilisez les options d'alignement : sous l'onglet **Outils Image/Format**, dans le groupe *Organiser*, cliquez sur le bouton **Aligner**, puis sur la commande **Aligner au milieu** et à nouveau sur la commande **Centrer**.

7 Votre animation est terminée. Sauvegardez et admirez !

Créer un dessin animé

PowerPoint n'est pas destiné à la création de dessins animés, bien évidemment. Cela dit, rien ne vous empêche d'utiliser de petites animations pour votre plaisir et celui de votre entourage !

Voici donc un exercice d'animation qui vous permettra de jongler avec les enchaînements. Le scénario : une cigogne porteuse d'un bébé va traverser l'écran de droite à gauche, en même temps que des nuages arrivent de gauche à droite. La cigogne disparaît alors derrière un nuage, le bébé tombe et continue son chemin à quatre pattes vers la droite.

1 Créez une nouvelle présentation vierge et enregistrez-la sous le nom *dessin animé.pptx*.

Vous allez commencer par rechercher les éléments nécessaires parmi les cliparts. Pour l'oiseau et le bébé, vous allez utiliser des GIF animés.

2 Sous l'onglet **Insertion**, dans le groupe *Images*, cliquez sur le bouton **Images Clipart**.

3 Pour réduire le champ de recherche aux GIF animés, sélectionnez uniquement *Vidéos* dans la liste déroulante *Les résultats devraient être*. Recherchez une image de cigogne et une image de bébé qui marche à quatre pattes et insérez les deux dans votre diapositive.

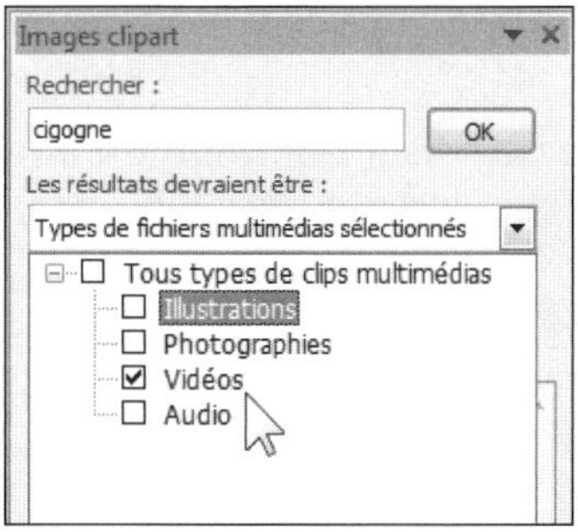

Figure 8.45 : Rechercher uniquement les GIF animés dans la bibliothèque multimédia

4 Parmi les illustrations (fixes), lancez une recherche sur le mot *nuage* et insérez un nuage pluvieux dans votre diapositive.

Vous allez à présent procéder à l'animation de la cigogne.

5 Réduisez le zoom de façon à visualiser les espaces autour de la diapositive, et placez la cigogne à droite, à l'extérieur de votre diapositive.

6 Affichez l'onglet **Animations**, et dans le groupe *Animations*, choisissez *Chemin personnalisé* dans la galerie des animations, sous la rubrique *Trajectoire*.

7 Sélectionnez l'image de la cigogne, puis, sous l'onglet **Personnalisation de l'animation**, cliquez sur le bouton **Ajouter un effet** et choisissez la trajectoire personnalisée. Tracez une trajectoire vers la gauche et qui s'arrêtera environ au 4/5 de l'écran.

ASTUCE

Éviter les trajectoires saccadées

Rappelez-vous que les dessins de trajectoire se traitent exactement comme les dessins insérés via le bouton **Formes**. Vous pouvez donc en modifier les points afin d'obtenir des points lisses.

RENVOI

Voyez à ce sujet le chapitre *PowerPoint et les objets simples*, la section *Modifier un dessin*.

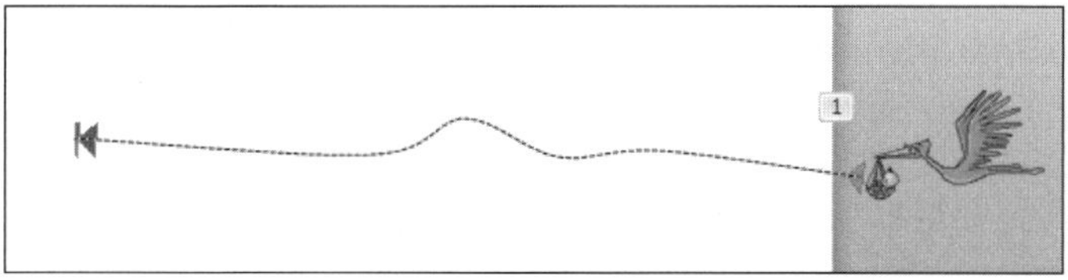

Figure 8.46 : Tracer une trajectoire personnalisée de droite à gauche pour la cigogne

Occupez-vous à présent de l'animation des nuages. Vous avez inséré un nuage pluvieux.

8 Dupliquez-le pour en obtenir deux et agrandissez la taille de l'un des deux, puis placez les deux nuages à l'extérieur, à gauche de la diapositive.

9 Appliquez une animation *Trajectoire personnalisée* au plus gros des deux nuages de façon que sa trajectoire arrive au même endroit que la trajectoire de la cigogne.

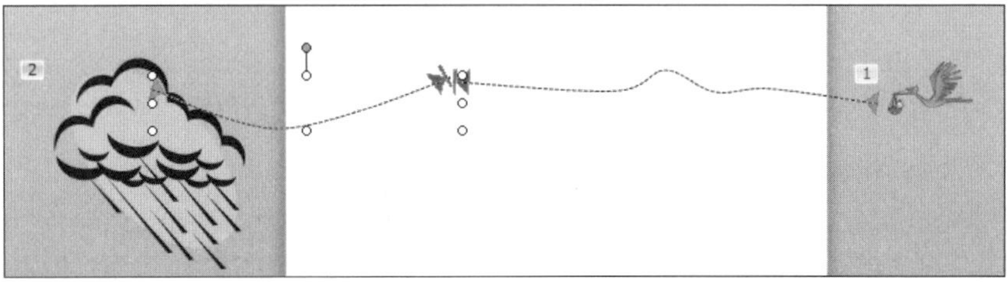

Figure 8.47 : Faire coïncider le point d'arrivée de deux trajectoires

ASTUCE

Masquer les éléments gênants

Utilisez à bon escient le volet **Sélection et visibilité**, accessible par le bouton **Sélectionner** sous l'onglet **Accueil** et dans le groupe *Modification*, afin de masquer momentanément les éléments gênant votre travail.

10 Appliquez également une animation *Trajectoire personnalisée* au deuxième nuage et faites-le arriver au 2/3 de la diapositive.

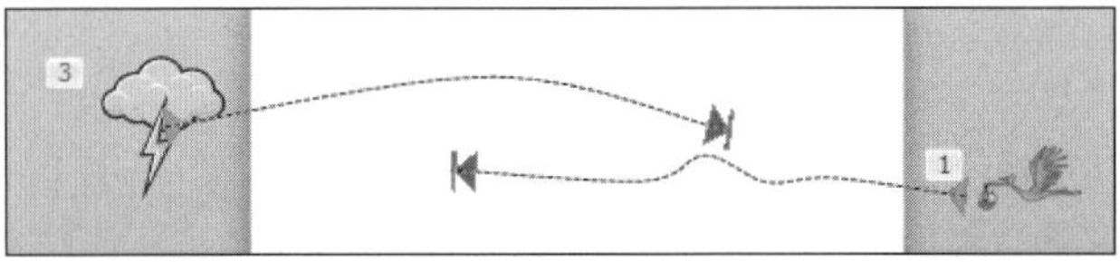

Figure 8.48 : Faire traverser le petit nuage jusqu'au 2/3 de la diapositive

Passez à présent à l'animation du bébé. Vous avez besoin de trois animations.

11 Commencez par réduire la taille de l'image du bébé, qui est trop grande, en faisant glisser l'une des poignées d'agrandissement situées à un angle de l'image.

12 Placez le bébé à la fin de la trajectoire de la cigogne.

13 Le bébé ne devant pas être visible dès le début du diaporama, affectez-lui l'effet d'animation *Apparaître* sous la rubrique *Ouverture*.

14 Appliquez ensuite à ce bébé une trajectoire *Ressort*, modifiez-la pour qu'elle soit plus étroite et faites-la pivoter vers la droite à l'aide de la poignée de rotation.

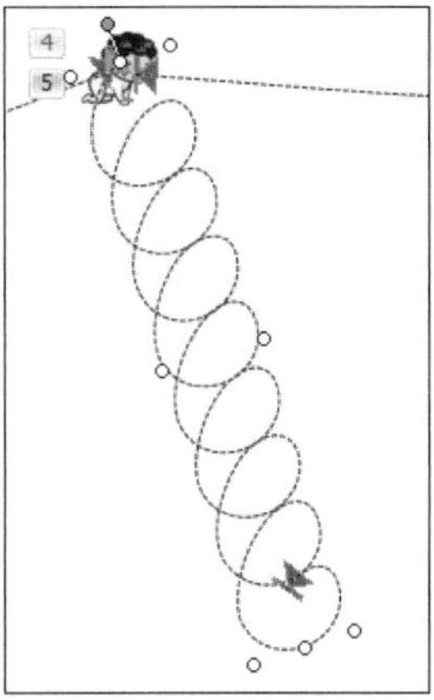

Figure 8.49 : Modifier une trajectoire existante

15 Appliquez enfin une troisième animation qui sera une trajectoire vers la droite, que vous agrandirez jusqu'à sortir de l'écran.

16 Déplacez cette trajectoire pour qu'elle démarre depuis la fin de la trajectoire *Ressort*, puisque le bébé se trouvera à cet emplacement.

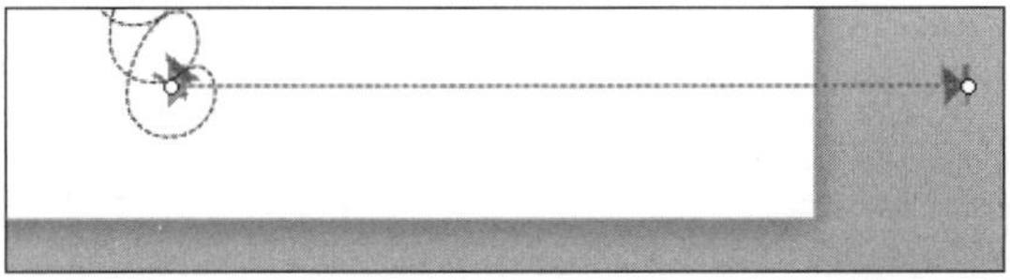

Figure 8.50 : Tracer une trajectoire simple permettant à l'objet de sortir de la diapositive

Tous les déplacements étant maintenant créés, vous allez gérer les plans de chaque objet :

17 Placez à l'arrière-plan le bébé qui doit tomber, ainsi que le petit nuage. Placez au premier plan le gros nuage.

Avec ces deux réglages, la cigogne passe devant le petit nuage et derrière le gros nuage.

Voyez à présent la gestion des enchaînements. La cigogne doit démarrer en même temps que les nuages, le bébé qui tombe doit apparaître après l'affichage du nuage, et les trois animations doivent s'enchaîner :

18 Pour vous y retrouver plus facilement, renommez chaque objet avec des noms significatifs dans le volet **Sélection et visibilité**.

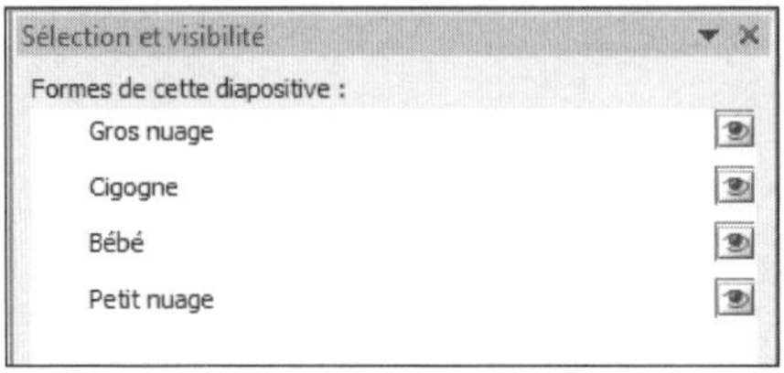

Figure 8.51 : Donner des noms significatifs aux objets dans le volet Sélection et visibilité

19 Affichez le volet **Animation**, puis dans la liste des effets du volet, sélectionnez les trois premiers effets et choisissez l'option *Avec la précédente* dans la liste déroulante *Démarrer*, située sous l'onglet **Animations**, dans le groupe *Minutage*.

20 Sélectionnez les trois effets affectés au bébé et choisissez l'option *Après la précédente* dans la liste déroulante *Démarrer*.

Comme toutes les animations s'enchaînent et que la première démarre aussi automatiquement, le seul numéro d'ordre est le numéro 0 et il est affecté à la première animation.

21 Réglez également la vitesse de chaque animation via le bouton **Durée**, dans le groupe *Minutage*. Choisissez la valeur *09,00* pour la cigogne qui est trop rapide.

22 Choisissez la valeur *04,00* pour les deux nuages, *03,00* pour l'effet *Ressort* affecté au bébé, et la valeur *00,08* pour l'effet de trajectoire *Droite* du bébé qui marche.

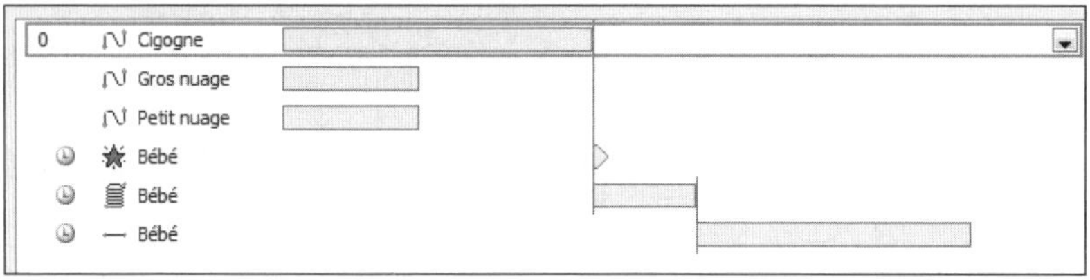

Figure 8.52 : Liste de tous les effets d'animation avec affichage de la chronologie

23 Placez à présent un arrière-plan : une photo de plage par exemple. Sous l'onglet **Création**, dans le groupe *Arrière-plan*, cliquez sur le bouton **Styles d'arrière-plan**, puis sur la commande **Mise en forme de l'arrière-plan**. Cochez l'option *Remplissage avec image ou texture*, puis cliquez sur le bouton **Fichier** et sélectionnez une photo de plage.

Il reste à mettre quelques sons sur votre animation :

24 Commencez par la chute du bébé : affichez la boîte de dialogue de l'effet *Ressort* et, sous l'onglet **Effet**, sélectionnez le son *Explosion* sous la rubrique *Améliorations*. Associez également un bruitage de vent aux deux nuages.

Pour terminer, vous allez ajouter un bruitage d'enfant : ce bruitage devant être continu pendant toute la trajectoire de l'enfant, vous ne l'affecterez donc pas à l'animation existante :

25 Insérez ce son via le bouton **Audio** situé sous l'onglet **Insertion**, dans le groupe *Médias*. Dans le volet **Animation**, le son doit être placé en dernier. Sélectionnez-le et sous l'onglet **Animations**, dans le groupe *Minutage*, choisissez l'option *Avec la précédente* dans la liste déroulante *Démarrer*. Puis, sous l'onglet **Outils Audio/Lecture**, dans le groupe *Options audio*, cochez les options *Masquer pendant la présentation* et *Boucle jusqu'à l'arrêt.*

Tout est enfin terminé ! Il ne vous reste plus qu'à sauvegarder et à admirer votre œuvre en lançant le diaporama !

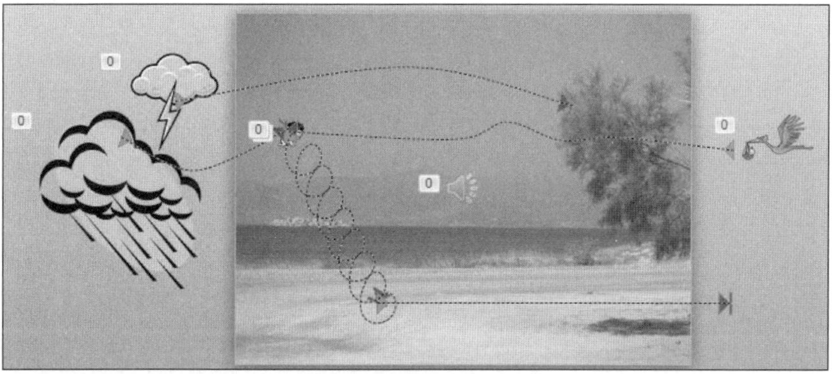

Figure 8.53 : Diapositive avec toutes ses animations

PRÉPARER, CONFIGURER ET PROJETER UN DIAPORAMA

9.1. Préparer le diaporama

Votre présentation est maintenant terminée... ou presque. Vous avez travaillé votre texte, vous avez choisi vos illustrations, inséré des graphiques et des tableaux explicatifs, vous avez même créé des effets visuels et ajouté du son. Néanmoins, il reste à régler l'interactivité, de façon à pouvoir naviguer facilement à l'intérieur de la présentation, mais aussi à pouvoir accéder éventuellement à des liens externes. Vous pourrez également choisir des effets de transition pour le passage d'une diapositive à l'autre. Et enfin, s'il s'agit d'une présentation automatique, sans présence humaine, il restera à enregistrer le minutage et peut-être à ajouter une narration.

Créer des diaporamas personnalisés

Un diaporama peut être divisé en plusieurs parties. Chaque partie peut être considérée comme un petit diaporama à elle seule ; chaque partie peut contenir par exemple des diapositives destinées à un public particulier ou présentant un sujet spécifique. Vous pouvez, par exemple, prévoir une présentation courte et une présentation plus détaillée en fonction du temps imparti et du public.

Ces parties se nomment des diaporamas personnalisés.

ATTENTION

Sections et diaporamas personnalisés

Ne confondez pas ces deux notions. Elles permettent toutes les deux de diviser une présentation en plusieurs parties. La notion de section ne s'applique qu'à la partie création de la présentation, alors que le diaporama personnalisé est spécifique, comme son nom l'indique, au diaporama.

Voici comment créer un diaporama personnalisé :

1 Sous l'onglet **Diaporama**, dans le groupe *Démarrage du diaporama*, cliquez sur le bouton **Diaporama personnalisé**, puis sur la commande **Diaporamas personnalisés**.

Figure 9.1 : Le bouton Diaporama personnalisé

2 Dans la boîte de dialogue **Diaporamas personnalisés**, cliquez sur le bouton **Nouveau**.

3 En haut de la boîte de dialogue **Définir un diaporama personnalisé** qui s'ouvre, nommez votre diaporama dans la zone de saisie *Nom du diaporama*. Donnez-lui de préférence un nom significatif qui vous permettra de vous y retrouver par la suite.

4 Dans la partie gauche de la boîte de dialogue sont listées toutes les diapositives de votre présentation. Sélectionnez les diapositives qui doivent composer ce nouveau diaporama personnalisé, puis cliquez sur le bouton **Ajouter**. Vous pouvez les ajouter une à une ; vous pouvez également utiliser les touches [Maj] et/ou [Ctrl] pour des sélections continues et/ou discontinues.

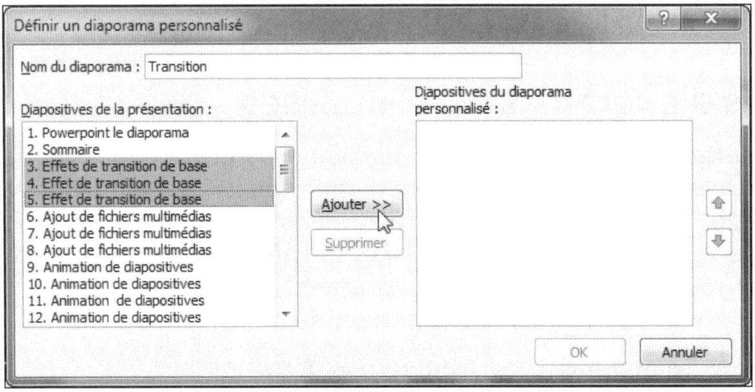

Figure 9.2 : Ajouter des diapositives pour créer un diaporama personnalisé

5 Les diapositives ajoutées sont listées dans la partie droite. Vous pouvez éventuellement les réorganiser à l'aide des flèches situées à droite de la liste.

6 Cliquez sur OK. Le diaporama personnalisé est généré, et son nom figure maintenant dans la liste de la boîte de dialogue **Diaporamas personnalisés.**

7 Recommencez pour créer autant de diaporamas personnalisés que nécessaire.

8 Cliquez sur **Fermer** une fois que vous avez terminé.

9 Pour modifier un diaporama personnalisé, affichez la boîte de dialogue **Diaporamas personnalisés**, sélectionnez le diaporama qui vous intéresse, puis cliquez sur le bouton **Modifier**. Vous pouvez alors ajouter ou supprimer des diapositives, et en modifier l'ordre.

Vous pouvez également copier un diaporama personnalisé déjà créé pour le personnaliser ensuite : sélectionnez le diaporama personnalisé et cliquez sur le bouton **Copier**. Il vous reste à sélectionner ce nouveau diaporama et à le modifier en cliquant sur le bouton **Modifier**.

Pour supprimer un diaporama personnalisé, sélectionnez-le dans la boîte de dialogue **Diaporamas personnalisés** et cliquez sur le bouton **Supprimer**.

Vous verrez plus loin dans ce chapitre comment utiliser les diaporamas personnalisés.

Créer l'interactivité

Généralités sur les actions et les liens hypertextes

Pour créer de l'interactivité, que ce soit grâce à des liens permettant de naviguer plus aisément à l'intérieur de la présentation, ou à des liens externes permettant d'ouvrir d'autres fichiers créés avec diverses applications ou permettant de vous rendre sur des sites web par exemple, vous utiliserez les deux boutons situés sous l'onglet **Insertion**, dans le groupe *Liens* : le bouton **Lien hypertexte** et le bouton **Action**.

- Le bouton **Lien hypertexte** permet simplement d'affecter à un objet quelconque un lien qui pointera vers un emplacement dans la présentation, un fichier ou encore une adresse URL.
- Le bouton **Action**, quant à lui, permet de déclencher une action, comme l'exécution d'un programme ou d'une macro. La boîte de dialogue **Paramètre des actions** se décline en deux onglets : le premier onglet permet de déclencher l'action en cliquant avec la souris, le second en pointant avec la souris. Nous ne parlerons que de l'action déclenchée grâce à un clic de souris, car pointer avec la souris n'est pas commode. Sachez simplement que c'est possible si vous y tenez absolument. Le procédé est le même, il suffit de changer d'onglet.

RENVOI

Les macros sont abordées en détail au chapitre *PowerPoint et le VBA*.

Figure 9.3 : L'action peut être déclenchée en cliquant ou en pointant

Le bouton **Action** fait presque double emploi avec le bouton **Lien hypertexte**, car il permet également de créer des liens hypertextes. D'ailleurs, selon les objets sélectionnés, le fait de cliquer sur le bouton **Lien hypertexte** ouvrira la boîte de dialogue **Paramètres des actions** ! Vous verrez néanmoins que certaines actions ne sont possibles qu'en utilisant le bouton **Lien hypertexte**.

La boîte de dialogue **Paramètres des actions** permet aussi, quant à elle, d'activer rapidement un son et d'animer, sans plus de choix, l'objet au clic (ou lorsqu'il est pointé).

Utiliser les boutons d'action

Une action ou un lien hypertexte peuvent être affectés à n'importe quel objet : une zone de texte, un objet OLE, un graphique, une image, une forme dessinée... Il existe également des boutons pour lesquels des actions sont prédéfinies : il s'agit des boutons d'action. Ces derniers se présentent sous la forme de symboles reconnus par tous et permettant entre autres de revenir à la page d'accueil, d'atteindre la dernière diapositive, ou la précédente, etc. Ils seront particulièrement bienvenus dans un diaporama diffusé sans présentateur.

Les boutons d'action sont accessibles dans la galerie des formes automatiques et se tracent de la même manière qu'une forme automatique.

RENVOI

À ce sujet, reportez-vous au chapitre *PowerPoint et les objets simples*.

1 Sous l'onglet **Accueil**, dans le groupe *Dessin*, ou bien sous l'onglet **Insertion**, dans le groupe *Illustrations*, cliquez sur le bouton **Formes** et, tout en bas de la galerie des formes automatiques, choisissez un bouton de la catégorie *Boutons d'action*. Lorsque vous pointez sur le bouton, une info-bulle indique à quelle action il est prédestiné.

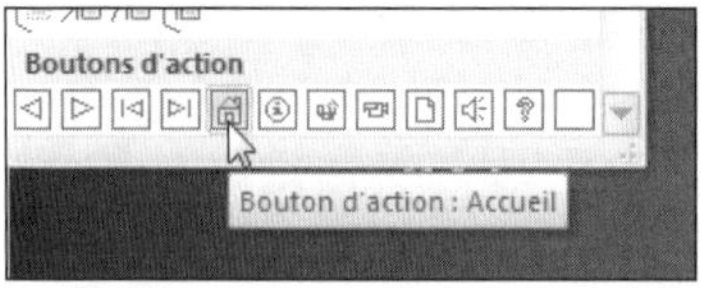

Figure 9.4 : Choisir un bouton d'action

2 Cliquez sur le bouton souhaité, puis tracez-le sur la diapositive à l'aide de la souris.

Dès que vous relâchez le bouton de la souris, le bouton est tracé et la boîte de dialogue **Action** s'ouvre. Pour certains boutons, une action est déjà sélectionnée : vous pouvez l'accepter ou en sélectionner une autre.

Tableau 9.1 : Les boutons d'action prédéfinis

Bouton d'action	Action prédéfinie	Commentaires
	Lien vers la diapositive précédente	Peu utiles en dehors d'un diaporama à exécution automatique car le retour à la diapositive précédente ou l'affichage de la diapositive suivante peuvent se faire au clavier ou à la souris. Ces boutons peuvent être détournés pour accéder par exemple à un diaporama personnalisé.
	Lien vers la diapositive suivante	
	Lien vers la première diapositive	Ces deux boutons ont la même finalité. On peut par exemple utiliser le premier pour revenir réellement sur la première diapositive, et le second pour revenir au sommaire qui n'est pas forcément situé sur la première diapositive. Ces boutons sont intéressants lorsqu'ils sont situés dans le masque des diapositives, afin d'y avoir accès depuis n'importe quelle diapositive (voir le chapitre *Créer des thèmes et des modèles*).
	Accueil : lien vers la première diapositive	
	Lien vers la dernière diapositive	Pas très utile, sauf si la dernière diapositive contient des éléments particuliers.
	Info : aucune action prédéfinie	On peut utiliser ce bouton pour accéder par exemple à une diapositive cachée ou bien à une page web sur laquelle figure une information.
	Retour : lien vers la dernière diapositive affichée	Ce bouton est très intéressant ; il est justement placé dans le masque afin d'être accessible depuis n'importe quelle diapositive (voir le chapitre *Créer des thèmes et des modèles*).
	Vidéo : aucune action prédéfinie	Ce bouton est prévu pour déclencher une vidéo via un lien hypertexte vers un fichier film. Il évite d'insérer un objet vidéo dans la diapositive.
	Document : exécution d'un programme	Ce bouton est prévu pour afficher un document. Vous pouvez choisir d'activer un programme comme Word, mais aussi de créer un lien vers un document existant.
	Activation d'un son de la liste par défaut	Ce bouton est prévu pour déclencher un fichier audio via un lien hypertexte. Il fait double emploi avec l'insertion d'un clip audio, dans le groupe *Médias* sous l'onglet **Insertion**.
	Aide : aucune action prédéfinie	Comme pour le bouton **Info**, on peut utiliser ce bouton pour accéder par exemple à une diapositive cachée ou bien à une page web sur laquelle figure une aide.

Tableau 9.1 : Les boutons d'action prédéfinis

Bouton d'action	Action prédéfinie	Commentaires
	À personnaliser : aucune action prédéfinie	Ce bouton a juste le mérite d'exister. N'importe quelle autre forme automatique pourrait faire l'affaire si ce n'est qu'il faudrait en plus cliquer sur le bouton **Action** !

Notez par ailleurs qu'un bouton d'action se met en forme et se paramètre comme n'importe quelle forme automatique.

Créer des liens hypertextes

Un lien hypertexte peut être interne, vers une diapositive de la présentation en cours, ou bien pointer vers une adresse externe, une URL, une adresse électronique, un fichier quelconque…

Pour créer le lien hypertexte, sélectionnez l'objet, puis cliquez sur l'un des boutons **Action** ou **Lien hypertexte**, situés sous l'onglet **Insertion**, dans le groupe *Liens*. Vous pouvez également cliquer avec le bouton droit de la souris sur l'objet et choisir la commande **Lien hypertexte**. Comme vous venez de le voir, un lien hypertexte peut être affecté à un bouton d'action. Dans ce cas, la boîte de dialogue **Paramètres des actions** s'ouvre automatiquement.

Insérer un lien hypertexte dans la boîte de dialogue Paramètres des actions

1 Sélectionnez l'objet.

2 Cochez l'option *Créer un lien hypertexte vers*.

- Pour un lien interne à la présentation, optez pour une diapositive par rapport à sa position (*Suivante, Précédente, Première, Dernière*, etc.) ou bien par rapport à son titre en choisissant l'option *Diapositive*, puis en sélectionnant une diapositive dans la liste qui s'affiche.

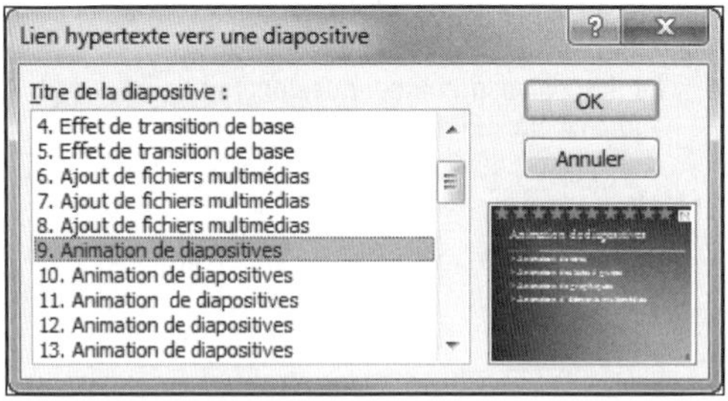

Figure 9.5 : Créer un lien vers une diapositive précise de la présentation en cours

— Pour un lien interne vers un diaporama personnalisé, choisissez l'option *Diaporama personnalisé*, puis cliquez sur le diaporama personnalisé de votre choix.

ASTUCE

Utiliser un diaporama personnalisé

Cliquez sur le bouton **Afficher et revenir** pour, une fois le diaporama affiché dans sa totalité, revenir à votre point de départ, c'est-à-dire sur la diapositive où se trouve le lien vers le diaporama personnalisé.

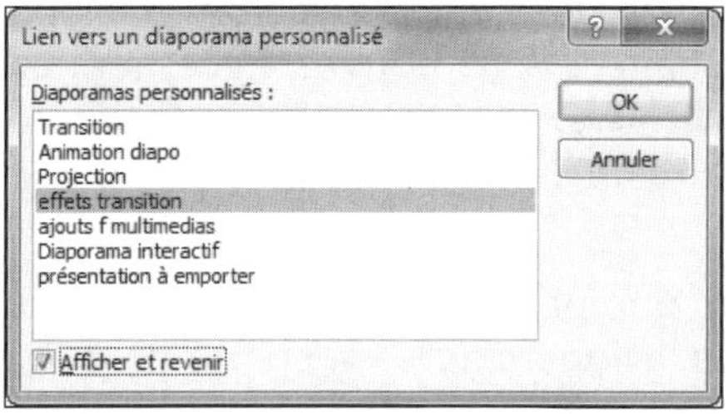

Figure 9.6 : Créer un lien vers un diaporama personnalisé via la boîte de dialogue Action

— Pour créer un lien vers un site web, sélectionnez l'option *URL*, puis saisissez l'adresse du site dans la zone de saisie *URL*. Si l'adresse est longue, vous pouvez la copier puis la coller.

— Pour créer un lien vers une autre présentation, choisissez l'option *Autre présentation PowerPoint*, sélectionnez la présentation en question, puis choisissez éventuellement une diapositive si vous souhaitez démarrer le diaporama à un endroit particulier, ou même un diaporama personnalisé faisant partie de cette présentation. Si vous voulez afficher tout le diaporama, choisissez la première diapositive.

Lorsque l'affichage de la présentation appelée par le lien hypertexte sera terminé, le fichier sera automatiquement fermé et la présentation en cours continuera là où elle s'était arrêtée.

— Pour créer un lien vers un autre fichier, quel qu'il soit, choisissez l'option *Autre fichier*, puis sélectionnez le fichier en question. Bien entendu, ce fichier s'ouvrira dans son application par défaut.

3 Cliquez sur OK.

REMARQUE

Créer un lien hypertexte ou exécuter le programme

Si vous souhaitez lancer un programme exécutable, n'importe laquelle de ces deux options fera l'affaire.

Insérer un lien hypertexte avec la boîte de dialogue Insérer un lien hypertexte

Dans la boîte de dialogue **Insérer un lien hypertexte**, vous pouvez choisir le type de liaison dans la partie gauche. La partie centrale de la boîte de dialogue varie en fonction de ce choix.

- *Fichier ou page Web existante* : vous pouvez sélectionner n'importe quel fichier ou n'importe quel dossier situé sur votre ordinateur. Aidez-vous de la liste déroulante *Regarder dans* pour sélectionner ce que vous souhaitez. Vous pouvez également utiliser le bouton **Rechercher les fichiers**, si nécessaire. Attention toutefois, ce bouton permet de faire un lien vers un fichier, et non vers un dossier.

  Pour insérer un lien vers une page web, vous pouvez copier l'adresse et la coller dans la ligne d'adresse en bas de la boîte de dialogue. Vous pouvez également utiliser la liste déroulante *Adresse* qui affiche les dernières adresses employées. Vous avez enfin la possibilité de cliquer sur le bouton **Naviguer sur le Web**, de vous connecter au site via votre navigateur, puis de cliquer sur le bouton OK de la boîte de dialogue **Insérer un lien hypertexte** afin d'afficher automatiquement l'adresse du site en question.

- *Emplacement dans ce document* : il s'agit de créer un lien vers une diapositive de la présentation active, dont les diaporamas personnalisés qui sont affichés en fin de liste.

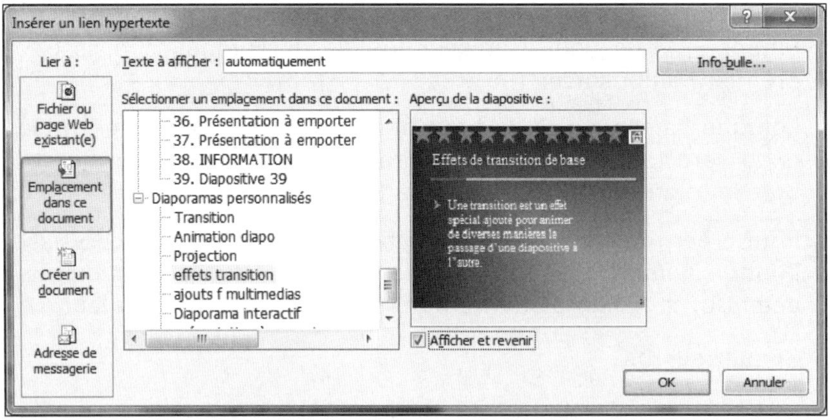

Figure 9.7 : Créer un lien vers un diaporama personnalisé via la boîte de dialogue Insérer un lien hypertexte

- *Adresse de messagerie* : ce lien qui s'affichera sous forme de *mailto:* permettra, lorsque vous cliquerez dessus, d'ouvrir le logiciel de messagerie déclaré, et créera un message électronique dont l'adresse du destinataire sera celle que vous allez indiquer dans la zone de saisie *Adresse de messagerie*. Une autre zone de saisie permet d'y ajouter un objet par défaut.

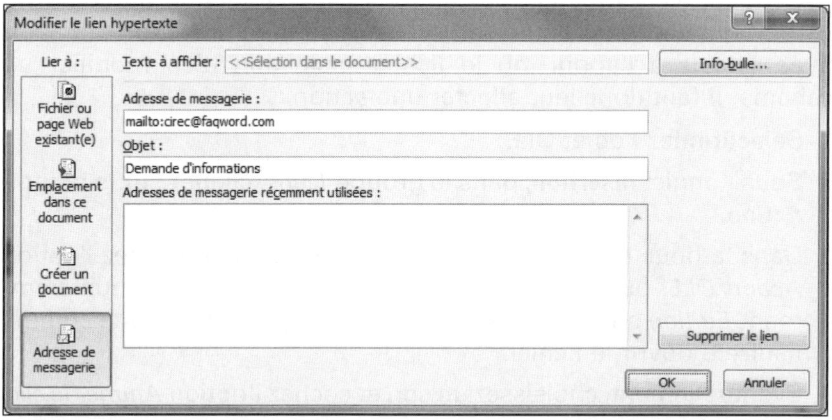

Figure 9.8 : Créer un lien vers une adresse électronique

Vous avez pu constater que la boîte de dialogue **Insérer un lien hypertexte** permet d'ajouter des liens vers une adresse électronique, ce que ne permet pas directement le bouton **Action**.

Cette boîte de dialogue vous permet, en outre, d'être plus précis sur le lien. Par exemple, si vous souhaitez que le lien pointe sur un signet d'un fichier Word, ou bien vers une feuille, sur une cellule précise d'un fichier Excel, ou sur une plage de cellules nommées, cela n'est possible qu'avec le bouton **Lien hypertexte**. Il vous suffira d'ajouter à la fin du lien, dans la zone d'adresse située en bas de la boîte de dialogue, le signe `#` suivi du nom du signet ou de la page.

Par exemple :

- `C:\Documents and Settings\marymany\Mes documents\rapport.doc#mon_signet` permet d'afficher le fichier Word *rapport.doc* à l'endroit où se trouve le signet nommé *mon_signet*.
- `C:\Documents and Settings\marymany\Mes documents\bilan.xls##Feuil2!F8` permet d'afficher la cellule *F8* de la feuille **Feuil2** du classeur *bilan.xls*.

Déclencher une action OLE

Vous avez inséré dans votre présentation des objets liés ou incorporés provenant d'autres applications, comme un tableau Excel, un schéma Visio, etc.

Vous avez vu dans le chapitre *PowerPoint et les objets OLE* comment ouvrir et modifier des objets.

Cependant, cela ne suffit pas si vous avez l'intention au cours du diaporama d'afficher la feuille Excel afin de faire une démonstration avec calculs à l'appui, ou le fichier Visio afin d'en modifier un schéma. Il faut donc leur affecter une action :

1 Sélectionnez l'objet OLE.

2 Sous l'onglet **Insertion**, dans le groupe *Liens*, cliquez sur le bouton **Action**.

3 Dans la boîte de dialogue **Paramètres des actions**, cochez l'option *Action OLE*, puis, dans la liste déroulante, choisissez indifféremment *Édition* ou *Ouvrir*, ces deux actions permettant l'une comme l'autre d'ouvrir le fichier.

4 Éventuellement, choisissez un son et cochez l'option *Animer le clic*, puis cliquez sur OK.

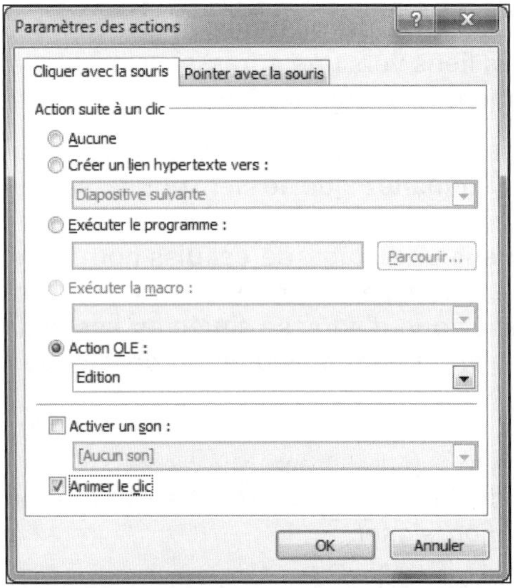

Figure 9.9 : Déclencher une action OLE

En cours de diaporama, lorsque vous cliquerez sur ce tableau Excel par exemple, Excel s'ouvrira pour afficher le tableau. Vous pourrez faire une démonstration, et même modifier et enregistrer le tableau. Vous fermerez ensuite Excel en cliquant sur sa case de fermeture pour retourner à votre diapositive.

> **REMARQUE**
>
> **Les graphiques**
>
> Curieusement, les graphiques, bien que créés avec Excel, ne sont pas tout à fait considérés comme des objets OLE, probablement parce qu'ils sont créés via un module interne à PowerPoint. Si un graphique est créé à l'aide du bouton **Objet** sous l'onglet **Insertion**, l'action OLE pourra être déclenchée.

Supprimer les actions et les liens hypertextes

1 Pour supprimer une action ou un lien hypertexte, sélectionnez l'objet auquel sont affectés l'action ou le lien, puis affichez la boîte de dialogue **Action** et cochez l'option *Aucun*.

2 S'il s'agit d'un lien hypertexte, ouvrez la boîte de dialogue **Lien hypertexte** et cliquez sur le bouton **Supprimer le lien**. Cependant, le plus simple est sans aucun doute de cliquer avec le bouton droit de la souris sur l'objet et de choisir la commande **Supprimer le lien hypertexte**.

Afficher un diaporama composé de plusieurs présentations

Tout d'abord, pourquoi avoir plusieurs présentations ?

Si votre fichier est trop lourd, vous pouvez le couper en morceaux. Par ailleurs, si vous souhaitez créer des diapositives en format portrait dans une présentation en format paysage (ou inversement), le mélange de formats n'étant pas autorisé, vous devrez afficher plusieurs présentations.

Nous allons dans cette section résumer les deux solutions qui permettront de diffuser un diaporama composé de plusieurs présentations PowerPoint. Placez-vous tout d'abord dans la diapositive depuis laquelle une deuxième présentation existante doit être lancée.

- Insertion d'un objet :

  Sous l'onglet **Insertion**, dans le groupe *Texte*, cliquez sur le bouton **Objet**. Cochez l'option *À partir d'un fichier*. Cliquez sur le bouton **Parcourir** pour sélectionner le fichier. Si le fichier est de taille importante, il vaut mieux le lier. Dans ce cas, cochez l'option *Liaison*. Le fichier sera lié et non incorporé. Si, au contraire, le fichier n'est pas trop important, par exemple dans le cas d'une présentation d'une ou de quelques diapositives orientées différemment, ce que PowerPoint n'autorise pas, vous pouvez laisser le fichier incorporé. Cliquez ensuite sur OK.

Avec cette solution, vous obtiendrez une image représentant la première diapositive de la présentation. Cette image peut être réduite ou agrandie à votre goût. Durant la projection du diaporama, il suffira de cliquer dessus pour afficher en pleine page la présentation en question. Lorsque vous serez arrivé à la fin de cette présentation, elle se fermera automatiquement pour revenir sur la présentation active, là où vous vous étiez arrêté.

Si vous préférez obtenir une icône plutôt qu'une miniature de la première page de la présentation, cochez l'option *Insérer sous forme d'icône* dans la boîte de dialogue **Insérer un objet**. Vous pouvez ensuite, si vous le souhaitez, choisir votre propre icône et votre propre légende avec le bouton **Changer d'icône**. Si l'objet est déjà inséré, cliquez dessus avec le bouton droit de la souris, pointez sur la commande **Objet Présentation** et choisissez **Convertir**.

Si vous ne souhaitez pas du tout afficher de miniature (ou d'icône), déplacez-la en dehors de la diapositive. Dans ce cas, dans le volet **Personnaliser l'animation**, choisissez l'effet *Afficher* sous la rubrique *Actions de l'objet*, de la liste déroulante *Ajouter un effet*, et utilisez un objet déclencheur pour l'activer.

RENVOI

Pour plus de détails, reportez-vous au chapitre *Animation*.

- Utilisation d'un lien hypertexte :

  Vous pouvez utiliser un lien hypertexte avec les boutons **Action** ou **Lien hypertexte** : ce lien devra être affecté à un objet quelconque, image, texte... Vous pourrez dans un cas comme dans l'autre sélectionner le point de départ, ou même choisir un diaporama personnalisé, contrairement à l'insertion directe de l'objet.

Utiliser les diaporamas personnalisés

Vous l'avez vu, la fonction **Diaporamas personnalisés** permet de découper une présentation en plusieurs parties. Vous pouvez ensuite choisir de diffuser votre présentation dans sa totalité ou par morceaux.

Vous pouvez imaginer une présentation courte pour un auditoire particulier, et la même présentation plus détaillée, donc complétée par d'autres diapositives, et destinée à un autre public.

Vous pouvez également décider de la diffuser par morceaux. Après avoir divisé votre présentation en diaporamas personnalisés, créez un sommaire reprenant les titres de vos différents diaporamas, puis insérez sur chacun de ces titres un lien vers le diaporama personnalisé correspondant. En cochant l'option *Afficher et revenir*, vous reviendrez automatiquement à votre table des matières une fois la diffusion du diaporama personnalisé terminée.

Par ailleurs, l'utilisation d'un diaporama personnalisé est une bonne alternative pour rejouer toutes les animations d'une diapositive. Vous pouvez créer un diaporama personnalisé composé de cette seule diapositive et créer dans la même diapositive un bouton affecté à un lien hypertexte permettant d'afficher ce diaporama personnalisé. N'oubliez pas de cocher l'option *Afficher et revenir*. À chaque clic sur ce bouton, les animations de la diapositive recommenceront depuis le début.

Avec le bouton **Diaporama personnalisé**, vous pourrez lancer manuellement et directement un diaporama personnalisé depuis l'onglet **Diaporama**, dans le groupe *Démarrage du diaporama*.

Masquer des diapositives

Vous avez la possibilité de masquer certaines diapositives que vous ne voulez pas afficher pendant le diaporama. Ces diapositives renferment peut-être des données qui n'ont pas à être diffusées publiquement, ou alors elles ne doivent être affichées que sur condition. Une diapositive masquée pourra néanmoins être affichée si un lien hypertexte pointant vers elle a été prévu.

Pour masquer une ou plusieurs diapositives, sélectionnez la ou les diapositives, soit en mode Normal, soit en mode Trieuse de diapositives, puis cliquez avec le bouton droit de la souris et choisissez la commande **Masquer la diapositive**. Vous pouvez également utiliser le bouton **Masquer**, accessible sous l'onglet **Diaporama**, dans le groupe *Configuration*.

Une diapositive masquée se repère à son numéro encadré et rayé, à côté de la diapositive miniature en mode Normal, ou sous la diapositive miniature en mode Trieuse de diapositives.

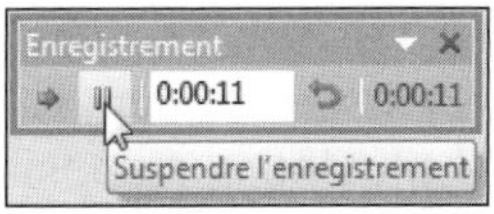

Figure 9.10 : Diapositive masquée

Pour afficher une diapositive masquée, utilisez les mêmes méthodes que pour la masquer.

Les effets de transition

La présentation que vous avez conçue peut être d'une grande simplicité, sans aucune animation d'objets. Il serait alors bienvenu d'animer le passage d'une diapositive à l'autre afin d'obtenir une présentation un peu plus dynamique : il s'agit des effets de transition.

Les transitions ne sont pas incompatibles avec les effets d'animation sur les objets, elles peuvent être utilisées seules ou en complément.

Les effets de transition entre chaque diapositive peuvent être créés indifféremment en mode Normal ou en mode Trieuse de diapositives.

Affecter un effet de transition

Pour affecter un effet de transition à une diapositive, sélectionnez-la puis cliquez sur l'un des effets de la galerie, située sous l'onglet **Transitions**, dans le groupe *Accès à cette diapositive*. Vous remarquerez que la galerie est divisée en trois catégories : *Discret*, *Captivant*, *Contenu dynamique*.

Vous visualiserez l'effet en cliquant sur le bouton **Aperçu** situé à gauche de l'onglet **Transitions**.

Selon la transition choisie, vous pourrez ajouter des options d'effet que vous sélectionnerez dans la galerie accessible via le bouton **Options d'effet**.

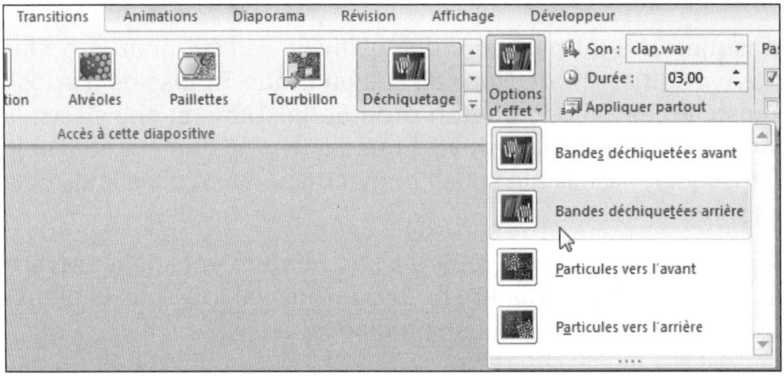

Figure 9.11 : Options d'effet propres à l'effet Déchiquetage

Pour appliquer en une seule fois le même effet à plusieurs diapositives, vous ferez des multisélections à l'aide de la touche Ctrl pour une sélection discontinue, ou de la touche Maj pour une sélection continue, soit sur les miniatures en mode Normal, soit en mode Trieuse de diapositives.

Pour affecter le même effet à toute la présentation, choisissez un effet pour une diapositive, puis cliquez sur le bouton **Appliquer partout** situé dans le groupe *Minutage*.

Rien ne vous empêche ensuite, histoire de varier, de choisir des options d'effet différentes.

Pour supprimer un effet de transition dans une ou plusieurs diapositives, sélectionnez les diapositives et cliquez sur le premier bouton de la galerie intitulé **Aucune**. Pour supprimer tous les effets de transition de la présentation, cliquez ensuite sur le bouton **Appliquer partout**.

Régler la vitesse d'exécution de la transition

Vous pouvez régler la vitesse d'exécution de la transition grâce au bouton **Durée**. La durée se règle en secondes et centièmes de seconde, de 0,01 seconde à 59 secondes. Vous pourrez obtenir de jolis effets si vous choisissez une transition de 59 secondes... mais votre auditoire risque de se lasser !

Ajouter un son à la transition

Vous pouvez par ailleurs ajouter un son au format Wave à l'effet visuel, via le bouton **Son** situé sous l'onglet **Minutage**.

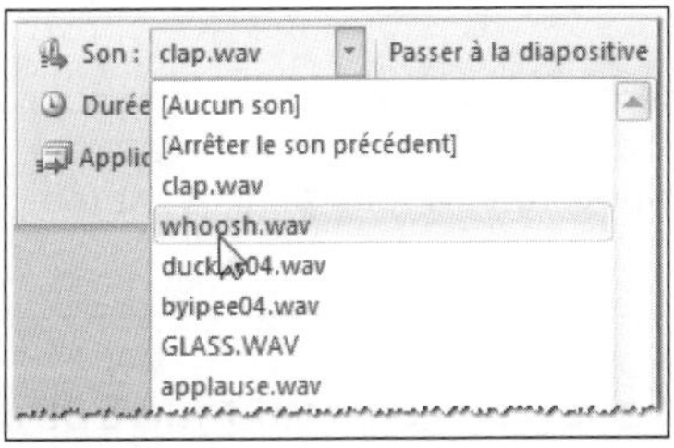

Figure 9.12 : Ajout d'un son à l'effet visuel de transition

Pour supprimer un son, sélectionnez une diapositive et choisissez *Aucun son* dans la galerie des sons. Pour ôter tous les sons de transition dans le diaporama, sélectionnez toutes les diapositives avant de choisir l'option *Aucun son*.

9.2. Préparer un diaporama automatique

Un diaporama automatique est diffusé sans aucune intervention sur une borne, à l'occasion d'un salon par exemple, dans une vitrine. Pour le faire défiler automatiquement, vous devez régler le minutage. Pour cela, vous avez deux solutions :

- Vous créez des transitions à affichage automatique après un temps précis.
- Vous utilisez la fonction de vérification du minutage afin d'enregistrer le visionnage du diaporama en temps réel.

Utiliser des transitions à affichage automatique

Sous l'onglet **Transitions**, dans le groupe *Minutage*, réglez la manière dont vont s'afficher la ou les diapositives sélectionnées. Cette option, qui est en fait indépendante de l'effet de transition, permet d'afficher la diapositive manuellement, ou bien automatiquement après un temps que vous déterminez. Par défaut, l'option cochée est *Manuellement*. Pour que le diaporama soit automatique, vous devez donc cocher l'option *Après* et entrer une durée en minutes, secondes et centièmes de seconde dans la liste déroulante, le maximum étant de 23 minutes, 59 secondes et 59 centièmes.

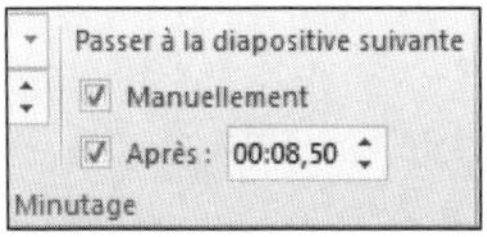

Figure 9.13 : Transition automatique après 8 secondes et 50 centièmes

REMARQUE

Options Manuellement et Après

Ces deux options peuvent paradoxalement être cochées. L'une n'annule pas l'autre. Si elles sont cochées toutes les deux, la transition se fera automatiquement après le temps indiqué, mais pourra être faite plus avant manuellement, sans attendre.

Si la présentation comporte des animations, elles devront toutes être activées également selon un minutage précis, et bien évidemment pas sur un clic de souris.

RENVOI

Voyez à ce sujet la section *Déclencher l'animation*, au chapitre *Animation*.

Vérifier le minutage

L'autre solution consiste à vérifier le minutage. Cette solution est plus concrète car vous allez vous-même regarder le diaporama et juger du temps nécessaire pour le visionner. Cliquez sur le bouton **Vérification du minutage**, situé sous l'onglet **Diaporama**, dans le groupe *Configuration* ; peu importe la diapositive active, la vérification démarrera sur la première.

Le diaporama se lance. Visualisez-le en vous mettant à la place du public : prenez le temps de lire ce qui est à l'écran, cliquez sur les liens lorsque c'est nécessaire, cliquez sur les objets animés aux moments appropriés.

> REMARQUE
>
> **Objets animés**
>
> Si vous avez prévu des objets animés automatiquement après un temps précis, ils s'animeront selon l'indication donnée. Il est sans doute préférable, dans ce type de diaporama automatique, que toutes les activations se fassent à la souris.

Une minibarre d'outils apparaît à l'écran, qui compte le temps d'affichage de la diapositive en cours et cumule le temps du diaporama dans sa totalité. La partie gauche de la barre présente la durée d'affichage de la diapositive en cours, et la partie droite la durée d'affichage cumulée. Elle propose par ailleurs trois boutons :

- Le premier bouton permet de passer à la diapositive suivante. Un clic n'importe où vous permet également de passer à la diapositive suivante.
- Le bouton **Suspendre** permet d'arrêter momentanément l'enregistrement, un autre clic permet de le reprendre.

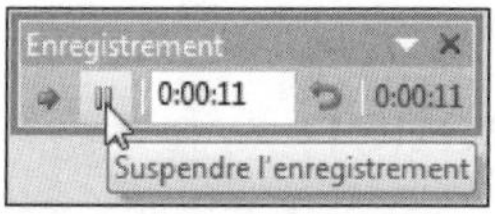

Figure 9.14 : Suspendre l'enregistrement

> REMARQUE
>
> **Suspendre l'enregistrement**
>
> Un clic droit dans la diapositive affiche un menu dans lequel vous pouvez cliquer sur le bouton **Suspendre l'enregistrement**.

- Le bouton **Répéter** permet de recommencer l'enregistrement de la diapositive en cours.

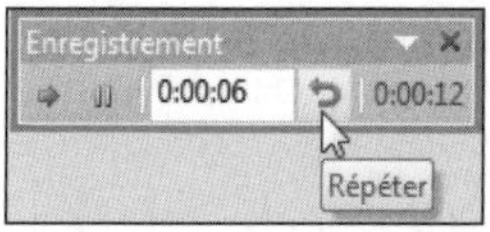

Figure 9.15 : Recommencer l'enregistrement d'une diapositive depuis le début

Lorsque vous avez terminé l'enregistrement, PowerPoint vous demande si vous souhaitez le conserver. Cliquez sur **Oui** si vous êtes satisfait de l'enregistrement ou sur **Non** pour tout effacer et recommencer.

REMARQUE

Stopper l'enregistrement avant la fin

Vous pouvez arrêter l'enregistrement avant la fin en appuyant sur la touche [Échap], ou en cliquant sur la croix de fermeture de la minibarre d'outils.

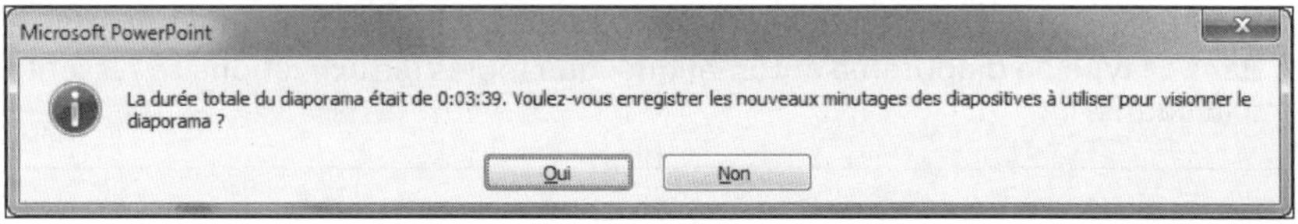

Figure 9.16 : PowerPoint demande si vous souhaitez conserver le minutage

Si vous avez accepté l'enregistrement, le mode Trieuse de diapositives est activé et affiche la durée d'affichage de chaque diapositive de votre présentation.

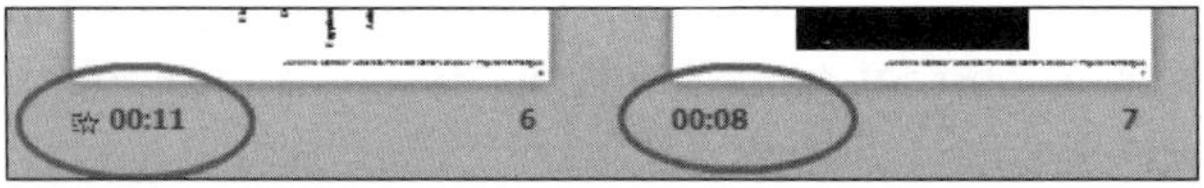

Figure 9.17 : La durée de chaque diapositive est affichée en mode Trieuse de diapositives

Il vous reste à passer en mode Diaporama afin de tester votre enregistrement.

Vérifier le minutage et créer une narration

Il est possible d'ajouter une narration à votre présentation en enregistrant automatiquement le minutage des diapositives. Il s'agit en fait d'enregistrer des commentaires sur chaque diapositive. Mais comme pour la vérification du minutage, l'enregistrement de la voix sera fait en temps réel, en diffusant le diaporama, et vous passerez d'une diapositive à l'autre selon une durée dont vous serez seul juge.

Votre ordinateur doit bien entendu être équipé d'une carte son, d'un micro et de haut-parleurs, ou d'un casque audio.

1 Sous l'onglet **Diaporama**, dans le groupe *Configuration*, cliquez sur le bouton **Enregistrer le diaporama**. La boîte de dialogue **Enregistrer la narration** s'affiche.

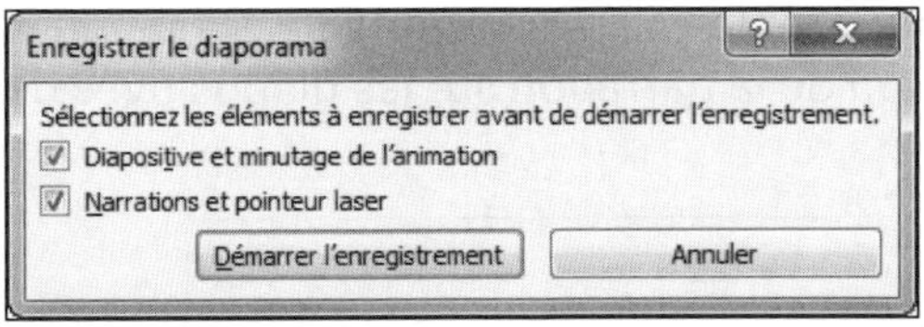

Figure 9.18 : Boîte de dialogue Enregistrer le diaporama

La seconde option permet d'enregistrer la narration et les mouvements du pointeur laser, si toutefois vous utilisez ce type de dispositif. Si vous décochez cette option, cela revient à utiliser le bouton **Vérification du minutage**.

Si, au lieu de cliquer directement sur le bouton, vous cliquez sur la flèche déroulante située en dessous, vous pourrez choisir de commencer à la diapositive en cours, ou bien depuis le début.

2 Commencez votre narration en cliquant sur le bouton **Démarrer l'enregistrement**. Enregistrez votre narration en pensant au public qui écoute, et comme le minutage se fait en même temps, cliquez sur les liens lorsque c'est nécessaire, puis activez les animations aux moments appropriés.

REMARQUE

Faire une pause dans votre narration

Comme pour la vérification simple du minutage, vous pouvez suspendre l'enregistrement, et également recommencer depuis le début d'une diapositive.

3 Lorsque vous avez terminé la narration, le mode Trieuse de diapositives est activé et affiche la durée d'affichage de chaque diapositive de votre présentation.

En mode Normal, vous remarquez une icône son ajoutée sur chaque diapositive, en bas à droite, et qui est masquée par défaut pour le diaporama. Votre narration est en effet découpée par diapositive. Libre à vous de toutes les garder ou d'en supprimer certaines.

Figure 9.19 : Une icône son est affichée sur chaque page

Pour supprimer certaines parties de votre narration, cliquez sur la flèche déroulante du bouton **Enregistrer le diaporama**, pointez sur **Effacer**, puis cliquez sur l'option qui vous convient. Vous pourrez dissocier le minutage et la narration (sachant que le temps de minutage sera au minimum le temps de narration) en sélectionnant la suppression du minutage et/ou de la narration sur les diapositives de votre choix.

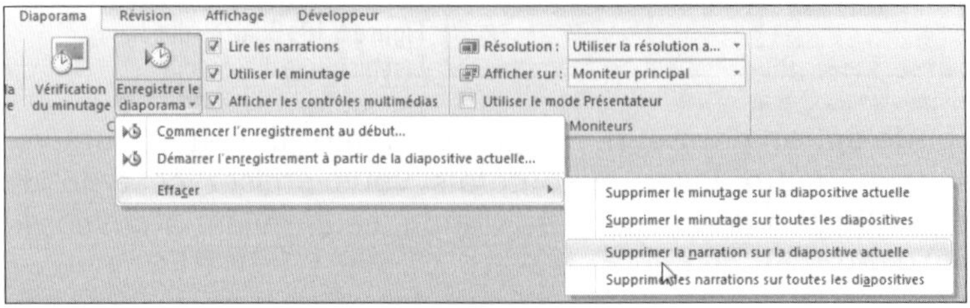

Figure 9.20 : Supprimer la narration sur une diapositive

Pour effacer la narration d'une diapositive, vous pouvez également et simplement supprimer l'icône son.

Il vous reste à passer en mode Diaporama afin de tester votre enregistrement.

Si nécessaire, vous pouvez corriger l'enregistrement de la narration pour certaines diapositives : il vous suffit de recommencer en précisant de démarrer sur la diapositive en cours (voir ci-dessus).

REMARQUE

Lecture de plusieurs sons en cours de diaporama

Si votre présentation comportait déjà des sons, activés automatiquement ou par un clic de souris, ces sons peuvent chevaucher la narration. C'est à vous d'en gérer l'ordre. Notez que vous pouvez très bien obtenir un fond musical tout au long de votre présentation par l'insertion d'un son sur la première diapositive : vous le programmez pour être diffusé tout au long du diaporama et vous enregistrez votre narration par-dessus.

ASTUCE

Sons et commentaires écrits

De préférence, ne comptez pas sur la narration seule pour expliquer et commenter vos diapositives. Pensez aux malentendants ou aux étrangers qui ne maîtrisent pas forcément votre langue, au bruit environnant, aux problèmes d'inattention et de fatigue. Des commentaires écrits seront toujours bienvenus s'ils sont associés intelligemment aux commentaires oraux.

Utiliser la vérification du minutage

Pour que le minutage que vous avez enregistré fonctionne, l'option *Utiliser le minutage* située sous l'onglet **Diaporama**, dans le groupe

Configuration, doit être cochée. Et de la même façon, si vous souhaitez entendre la narration, l'option *Lire les narrations* doit être cochée.

Cette option permet seulement d'activer ou de désactiver le minutage, mais ne l'efface en aucun cas.

Et, enfin, l'option *Afficher les contrôles multimédias* donne à l'utilisateur le moyen de gérer l'objet multimédia. Il pourra par exemple démarrer une vidéo quand il le souhaitera, l'arrêter, ou la mettre sur pause. Si l'option est désactivée, l'utilisateur subira la volonté du concepteur !

9.3. Configurer le diaporama

Cette fois, tout est en ordre, il vous reste juste à configurer votre diaporama. Tous les réglages sont accessibles dans la boîte de dialogue **Paramètres du diaporama** que vous affichez en cliquant sur le bouton **Configurer le diaporama**, sous l'onglet **Diaporama**, dans le groupe *Configuration*. Nous allons l'étudier plus en détail.

Choisir le type de diaporama

- Le type par défaut est *Présenté par un présentateur (plein écran)*. C'est le diaporama classique du présentateur animant une réunion et utilisant un diaporama PowerPoint.
- Le type *Visionné par une personne (fenêtre)* est prévu pour visionner le diaporama depuis un disque dur ou un serveur. La barre des tâches de Windows est toujours visible et accessible. L'option *Afficher la barre de défilement* permet à la personne de faire défiler le diaporama à son rythme via la barre de défilement. L'utilisation de la souris est également possible avec ce type de diaporama, ainsi que les touches fléchées droite et gauche.
- Le type *Visionné sur une borne (plein écran)* est un diaporama particulier, prévu pour être visionné en boucle et automatiquement, par exemple lors d'un salon. Une fois qu'il est lancé, vous pouvez supprimer le clavier et la souris. Attention, il ne fonctionne qu'associé à l'option *Utiliser la vérification du minutage*, située sous l'onglet **Diaporama**, dans le groupe *Configuration*. Vous devrez également activer le visionnage en boucle (voir ci-après).

Les options du diaporama

Vous pouvez choisir les options du diaporama :

- L'option *Exécuter comme continu jusqu'à ECHAP* permet de diffuser en boucle des diaporamas automatiques, sans nécessiter d'intervention.
- L'option *Diaporama sans narration* permet de désactiver la narration. Elle n'empêche pas par contre d'utiliser la vérification du minutage. Elle n'empêche pas non plus les autres sons du diaporama, quels qu'ils soient.
- L'option *Diaporama sans animation* désactive toutes les animations. Elle permet de vérifier rapidement le contenu d'un diaporama, en se concentrant sur le fond et non sur la forme. Elle peut également être utile pour un diaporama à diffuser sur un ordinateur manquant de ressources.

REMARQUE

Un diaporama se termine par une diapositive noire

Un diaporama se termine par défaut par une diapositive noire. Cette option évite, une fois le diaporama terminé, d'afficher votre fond d'écran s'il s'agit d'un fichier *.ppsx* ou la présentation en mode Normal, s'il s'agit d'un fichier *.pptx*.

Vous pouvez éventuellement désactiver cette option :

1 Passez en mode Backstage et cliquez sur **Options**.

2 Choisissez la commande **Options avancées**.

3 Sous la rubrique *Diaporama*, décochez l'option *Terminer par une diapositive noire*.

Choisir les diapositives à afficher

Vous pouvez choisir de n'afficher que certaines diapositives ou qu'un diaporama personnalisé. Cette option peut être également pratique pour vérifier le contenu d'une partie d'une présentation.

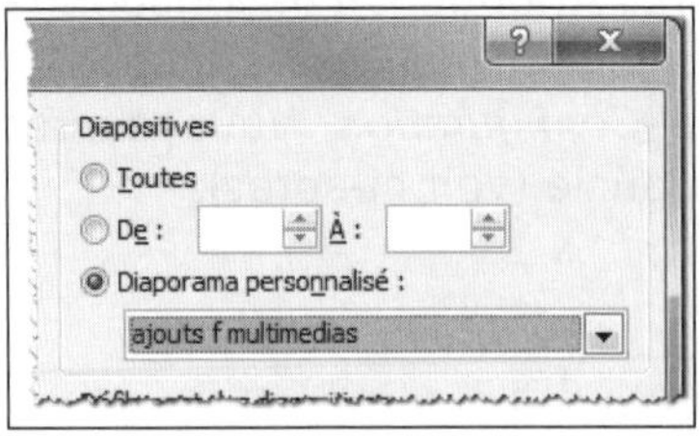

Figure 9.21 : Afficher uniquement un diaporama personnalisé

Choisir le type de défilement des diapositives

Vous avez le choix entre le défilement manuel et l'utilisation du minutage existant. Ce choix peut également être fait depuis le Ruban, avec l'option *Utiliser la vérification du minutage*. Si vous cochez l'option *Manuel*, l'option *Utiliser la vérification du minutage* sur le Ruban sera automatiquement décochée.

> ATTENTION
>
> **Défilement manuel et Transition automatique**
>
> Ces deux options sont incompatibles. Si vous les avez cochées toutes les deux, la première dans la boîte de dialogue **Paramètres du diaporama**, et la seconde sous l'onglet **Transitions**, vous ne pourrez pas faire défiler vos diapositives.

Utiliser plusieurs moniteurs et le mode Présentateur

Si plusieurs moniteurs sont connectés à votre ordinateur, vous pouvez choisir le moniteur sur lequel vous souhaitez diffuser votre diaporama. Ces options sont également disponibles sur le Ruban, sous l'onglet **Diaporama**, dans le groupe *Moniteurs*.

Parallèlement, vous pouvez activer l'option *Présentateur*. Le mode Présentateur permet d'obtenir sur un moniteur le diaporama lui-même et sur un autre moniteur un écran qui vous aide dans votre présentation. Le mode Présentateur affiche la diapositive courante avec les différents outils de navigation, les commentaires pour éviter les trous de mémoire (!), que vous pouvez même zoomer, le numéro de la diapositive et la durée d'affichage pour chaque diapositive, ainsi que le temps écoulé depuis le début du diaporama.

> ATTENTION
>
> **Mode Présentateur**
>
> Pour pouvoir utiliser le mode Présentateur, il est nécessaire que la carte graphique de votre ordinateur prenne en charge deux moniteurs, afin d'obtenir non pas un affichage cloné, mais un affichage étendu. La plupart des ordinateurs portables ont cette fonctionnalité intégrée.

Les miniatures situées en bas de l'écran vous permettent de sauter facilement d'une diapositive à l'autre. De plus, un bouton d'aide vous rappelle, si nécessaire, toutes les manipulations possibles au cours d'un diaporama.

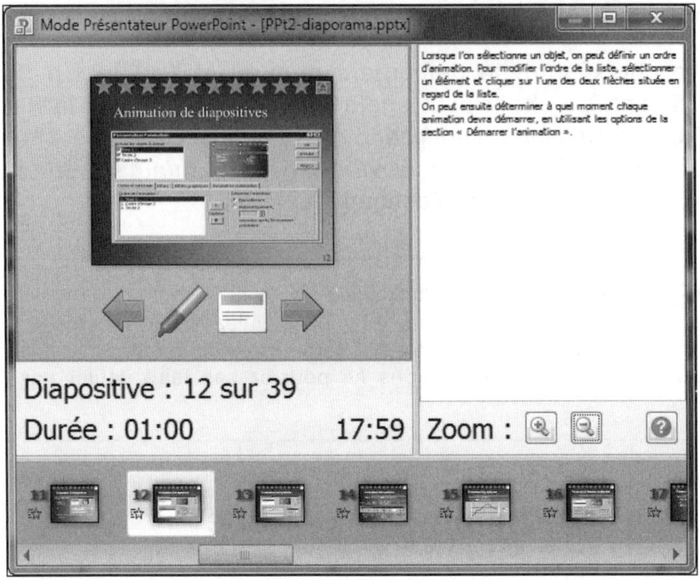

Figure 9.22 : Mode Présentateur

Parallèlement, en mode Diapositive, vous avez accès à toutes les applications de votre ordinateur. L'assistance ne verra pas que vous êtes en train de faire un calcul sur Excel, alors que vous présentez une diapositive PowerPoint ! Vous pouvez en effet rétrécir la fenêtre du Présentateur de la même manière que la fenêtre de n'importe quelle application Windows.

9.4. Projeter le diaporama

Projeter via le mode Création

Vous avez vu qu'il existe plusieurs méthodes pour lancer le diaporama. Elles sont résumées dans ce tableau…

Tableau 9.2 : Toutes les méthodes permettant de visualiser le diaporama

Méthode de lancement du diaporama	Résultat
Un clic sur le bouton **Diaporama** situé en bas à droite de la fenêtre PowerPoint, sur la barre d'état	Lance le diaporama à partir de la diapositive active.
Un clic sur le bouton **Mode lecture** situé sous l'onglet **Affichage**, dans le groupe *Affichages des présentations*	Lance le diaporama à partir de la première diapositive.
Le raccourci clavier [F5]	Lance le diaporama à partir de la première diapositive.

Tableau 9.2 : Toutes les méthodes permettant de visualiser le diaporama

Méthode de lancement du diaporama	Résultat
Le raccourci clavier [Maj]+[F5]	Lance le diaporama à partir de la diapositive active.
Un clic sur le bouton **À partir du début** situé sous l'onglet **Diaporama**, dans le groupe *Démarrage du diaporama*	Lance le diaporama à partir de la première diapositive.
Un clic sur le bouton **À partir de la diapositive actuelle** sous l'onglet **Diaporama**, dans le groupe *Démarrage du diaporama*	Lance le diaporama à partir de la diapositive active.
Un clic sur le bouton **Diaporama personnalisé**, puis sur le diaporama personnalisé	Affiche uniquement le diaporama personnalisé sélectionné.

Enregistrer en tant que diaporama

La présentation que vous avez sauvegardée au fur et à mesure possède l'extension par défaut *.pptx*. Si vous souhaitez que cette présentation s'ouvre directement en mode Diaporama lorsque vous cliquez sur le fichier, vous devez l'enregistrer en format Diaporama, avec l'extension *.ppsx*. L'enregistrement sous ce format est d'autant plus nécessaire s'il s'agit d'une présentation à diffuser.

RENVOI

Pour modifier le format de votre présentation, voyez le chapitre *Partager et imprimer*, à la section *Enregistrer sous d'autres formats*.

Contrôler le diaporama

Pendant un diaporama, un certain nombre d'actions sont possibles, soit en cliquant avec le bouton droit de la souris, soit en exploitant les raccourcis clavier, soit en utilisant les boutons semi-invisibles situés en bas à gauche du diaporama. En mode Présentateur, toutes ces actions sont visibles à l'écran, et vous pouvez y accéder d'une manière plus pratique et plus discrète.

Figure 9.23 : Boutons situés en bas à gauche du diaporama

ASTUCE

Menu contextuel

Au cas où vous n'auriez pas de souris, vous pouvez employer le raccourci clavier [Maj]+[F10] pour faire apparaître le menu contextuel, puis utiliser les touches correspondant aux lettres soulignées pour atteindre les commandes. La touche [Échap] permet de revenir en arrière.

Naviguer à l'intérieur du diaporama

Il existe de nombreuses méthodes pour naviguer à l'intérieur d'un diaporama. Elles sont toutes listées dans le tableau suivant. Notez qu'il est préférable de connaître les raccourcis clavier plutôt que d'afficher des menus qui donnent un effet nettement moins professionnel !

Tableau 9.3 : Toutes les méthodes pour naviguer à l'intérieur d'un diaporama

Méthode	Navigation
Clic de souris Appui sur la [Barre d'espace] Appui sur la touche [↵] Touches du clavier [→] ou [↑] Appui sur la touche [S] (comme "suivant") Clic sur le bouton fléché vers la droite situé en bas à gauche de l'écran Clic sur le troisième bouton, puis sur la commande **Suivant**	Avancer de diapositive en diapositive ou d'animation en animation.
Touches du clavier [←] ou [↓] Appui sur la touche [P] (comme "précédent") Menu contextuel, puis bouton **Précédent** Clic sur le bouton fléché vers la gauche situé en bas à gauche de l'écran Clic sur le troisième bouton, puis sur la commande **Précédent**	Revenir en arrière de diapositive en diapositive ou d'animation en animation.
Saisie du numéro de la diapo, puis appui sur la touche [↵]	Se déplacer sur une diapositive dont on connaît le numéro.
Clic sur le troisième bouton situé en bas à gauche, puis sur la commande **Aller à** Menu contextuel, puis commande **Aller à** Raccourci clavier [Ctrl]+[S]	Se déplacer sur une diapositive sans en connaître le numéro.
Appui sur la touche [M] du clavier	Se déplacer sur la diapositive suivante masquée.
Appui sur les deux boutons de la souris pendant 2 secondes	Retourner à la première diapositive.
Menu contextuel, puis commande **Affichage précédent** Clic sur le troisième bouton, puis sur la commande **Affichage précédent**	Retourner à la dernière diapositive affichée.

Tableau 9.3 : Toutes les méthodes pour naviguer à l'intérieur d'un diaporama

Méthode	Navigation
Touches [Tab] et [Maj]+[Tab]	Accéder au prochain lien hypertexte de la diapositive ou revenir au lien hypertexte précédent (la touche [Entrée] permet d'activer le lien hypertexte).

Contrôler les objets multimédias

Les médias peuvent se piloter à l'aide du clavier, et en particulier si vous avez décoché l'option *Afficher les contrôles multimédias*.

Tableau 9.4 : Raccourcis clavier permettant de piloter les médias

Raccourci clavier	Action
[Alt]+[C]	Lecture/Pause.
[Alt]+[Q]	Stopper la lecture.
[Alt]+[Home]	Permet d'atteindre le signet précédent.
[Alt]+[Fin]	Permet d'atteindre le signet suivant.
[Alt]+[↓] ou [Alt]+[↑]	Monter ou descendre le volume.
[Alt]+[Maj] gauche et [Alt]+[Maj] droite	Retour/avance rapide.
[Alt]+[U]	Désactiver et réactiver le son.

Utiliser différents pointeurs

En cours de diaporama, vous pouvez utiliser différents pointeurs- comme le stylet pointe bille, le stylet feutre, le surligneur et la gomme, le pointeur par défaut étant la flèche.

Pour changer de pointeur, vous pouvez vous servir soit des raccourcis clavier, soit du bouton **Stylet** situé en bas à gauche du diaporama, soit du menu contextuel. Les raccourcis clavier ne permettent pas de choisir entre la pointe bille, le surligneur ou le feutre, ni d'en modifier la couleur. Cette couleur peut également être sélectionnée avant de lancer le diaporama, via la boîte de dialogue **Paramètres du diaporama**.

REMARQUE

Menus et barre d'outils contextuels

Le menu contextuel et la barre d'outils contextuels sont optionnels en cours de diaporama : cliquez sur le bouton **Office**, puis sur le bouton **Options PowerPoint**. Choisissez à gauche **Options avancées**, puis, à droite, cochez ou décochez ces options sous la rubrique *Diaporama*.

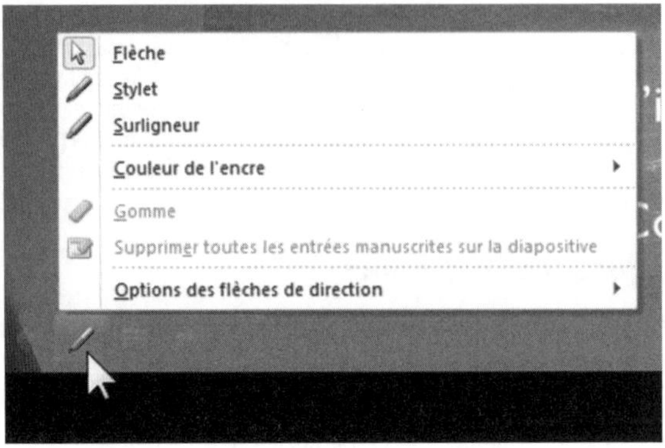

Figure 9.24 : Changer de pointeur à l'aide du bouton

Les raccourcis clavier sont les suivants :

Raccourcis clavier	Pointeur
Ctrl+A	Pointeur flèche.
Ctrl+P	Pointeur stylet.
Ctrl+E	Pointeur gomme.
Ctrl+M	Masque le pointeur et le bouton.
E	Efface les dessins à l'écran.

Lors du diaporama, vous avez remarqué que le pointeur se masque automatiquement après 3 secondes d'inactivité et s'affiche à nouveau lorsque vous déplacez la souris. Vous pouvez décider d'afficher en permanence le pointeur ou, au contraire, de le rendre totalement invisible. Au cours du diaporama, utilisez le bouton **Stylet** situé en bas à gauche, pointez sur la commande **Options des flèches de direction** et choisissez l'une des trois options : *Automatique* (par défaut), *Visible* ou *Masquer toujours*. Ces options sont également accessibles via le menu contextuel, commande **Options du pointeur**.

Avec les pointeurs stylets, vous pouvez écrire, dessiner ou surligner dans votre diaporama, en maintenant le bouton gauche de la souris enfoncé. Le pointeur gomme permet de gommer morceau par morceau. Un appui sur la touche E efface tout. Le menu contextuel permet d'afficher ou de masquer ces notes manuscrites.

Lorsque vous quittez le diaporama, PowerPoint vous demande si vous souhaitez conserver vos annotations manuscrites. Si vous cliquez sur **Conserver**, toutes vos annotations seront transformées en dessin et seront modifiables. Si vous sélectionnez l'une de ces annotations manuscrites, en mode Normal, un nouvel onglet apparaît, l'onglet **Outils Encre**, avec le groupe *Stylets*. Cet onglet est normalement prévu pour ceux qui utilisent une tablette graphique. Vous pouvez vous en servir pour modifier les annotations manuscrites. Vous pouvez également utiliser les outils situés sous l'onglet **Accueil**, dans le groupe *Dessin*.

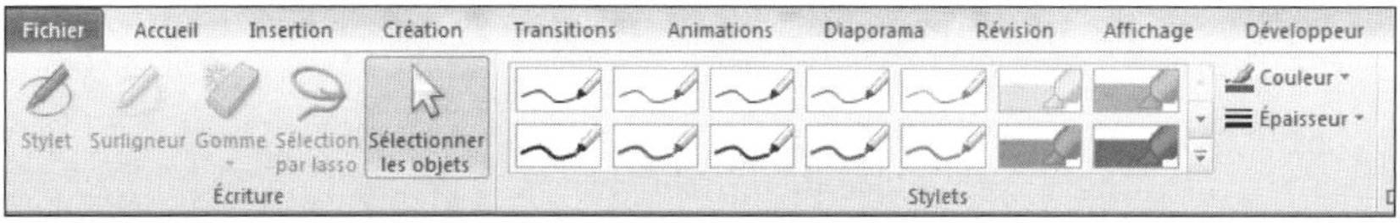

Figure 9.25 : Onglet Outils Encre

Obtenir de l'aide en cours de diaporama

Si vous êtes perdu et que vous ne savez plus quels raccourcis clavier utiliser, appuyez sur la touche F1. Vous pouvez également cliquer sur le troisième bouton situé en bas du diaporama, ou encore utiliser le menu contextuel et choisir la commande **Aide**. PowerPoint affiche un résumé de toutes les opérations possibles au clavier.

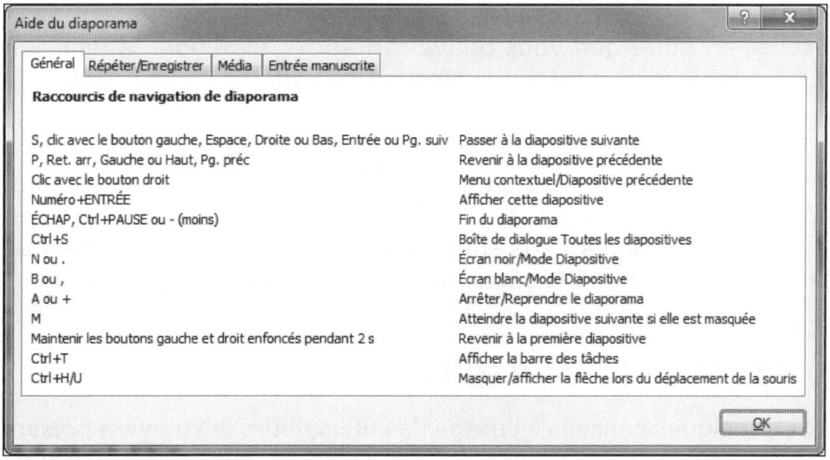

Figure 9.26 : Aide en cours de diaporama

Afficher la barre des tâches de Windows

En cours de diaporama, il peut arriver que vous ayez besoin d'accéder à une fonction ou à un document situé sur votre ordinateur, que vous n'avez pas prévu d'atteindre depuis le diaporama. Sans quitter le diaporama, il est possible d'afficher la barre des tâches Windows.

Pour cela, utilisez le menu contextuel ou le troisième bouton situé en bas à gauche du diaporama, pointez sur la commande **Écran**, puis sélectionnez l'option *Basculer entre les programmes*.

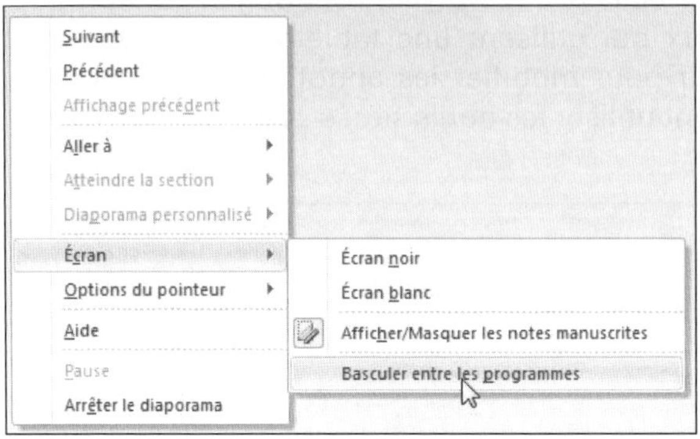

Figure 9.27 : Afficher la barre des tâches Windows sans quitter le diaporama

Interrompre momentanément le diaporama

Appuyez sur la touche B (comme "blanc") pour faire apparaître un écran blanc, ou si vous préférez le noir, appuyez sur la touche N (comme "noir"). Ces commandes sont également accessibles par le menu contextuel ou le troisième bouton situé en bas du diaporama et la commande **Écran**.

Sachez en outre que vous pouvez arrêter et reprendre la diffusion d'un diaporama automatique en appuyant sur les touches A ou +.

Quitter le diaporama

Il y a plusieurs façons de quitter un diaporama, le plus simple étant sous doute d'appuyer sur la touche Échap. Les touches - et Ctrl+Pause permettent également de quitter le diaporama, ainsi que la commande **Arrêter le diaporama** du menu contextuel.

9.5. Quelques conseils

Voici quelques conseils à l'usage des utilisateurs qui doivent présenter un diaporama en public, dans le cadre de leur travail. Pour une présentation à vocation familiale, il est bien évident que vous pouvez vous permettre beaucoup plus de fantaisie.

Conception du diaporama

- Exprimez une seule idée par diapositive.
- Utilisez les listes à puces avec des phrases courtes.

- Ne développez pas plus de six ou sept points par diapositive.
- N'affichez pas plus de dix lignes par diapositive.
- Ne descendez pas en dessous d'un corps de police de 24 points.
- Privilégiez les minuscules.
- Évitez les soulignements.
- Évitez les sigles et abréviations.
- Intercalez texte, schémas et graphiques afin de maintenir l'attention.
- Restez sobre, et n'abusez pas des couleurs et des animations, des fonds d'écran.
- N'utilisez pas plus de deux polices de caractères.
- Utilisez des polices de caractères classiques comme l'Arial et le Times New Roman.
- Évitez les sons inutiles.

Le matériel

- Si c'est possible, testez toujours le diaporama avec le rétroprojecteur avant la présentation publique.
- Soyez prudent avec les couleurs utilisées ; pensez à tester le rétroprojecteur, il y a souvent de mauvaises surprises.
- Si vous devez présenter votre diaporama à partir d'un ordinateur qui n'est pas le vôtre, prévoyez d'apporter une copie de votre présentation sur clé USB et sur CD-Rom (package CD-Rom) avec la visionneuse.
- Si vous avez utilisé des polices exotiques (bien que ce ne soit pas conseillé), apportez-les pour éviter toute surprise désagréable ; pensez en particulier aux polices de caractères spéciales... Des touches de clavier peuvent par exemple se transformer en signes astrologiques !
- Prévoyez, si vous n'êtes pas sûr de vous, des commentaires imprimés en gros caractères pour pouvoir les lire de loin.
- Prévoyez d'imprimer un support pour le public.
- Désactivez l'économiseur d'écran qui risque de se mettre en marche de façon impromptue.
- Fermez les messageries e-mail et instantanée si vous ne voulez pas faire profiter tout l'auditoire de vos messages personnels !

Vous et le public

- Commencez toujours par présenter le sujet et le sommaire.
- Distribuez aussitôt le support papier au public, de façon qu'il puisse prendre des notes.
- Évitez les répétitions entre le diaporama projeté et vos explications : le diaporama ne doit être qu'un support à la présentation de vos idées.
- Ne lisez pas le diaporama.
- Regardez l'auditoire et non l'écran.
- Faites participer le public : posez des questions, intéressez-vous à lui.
- Si c'est possible, déplacez-vous dans la salle sans oublier les spectateurs du fond.
- Utilisez l'écran noir ou blanc pendant les pauses consacrées aux questions.
- Rappelez-vous que l'humour n'est pas interdit.

9.6. Exercices pratiques

Créer un quiz à l'aide des boutons d'action

Ouvrez votre présentation PowerPoint *grèce.pptx*. Vous allez ajouter un quiz à la fin de cette présentation.

1 Insérez à la fin une diapositive dotée d'une disposition *Titre de section*. Saisissez le titre `quiz` dans l'espace réservé au titre. Insérez éventuellement un sous-titre. Ajoutez une image afin de rendre la diapositive plus attractive.

2 Ajoutez ensuite trois diapositives : l'une avec juste un espace de titre, et les deux autres entièrement vides.

3 Sélectionnez la nouvelle diapositive qui comporte juste un espace réservé au titre. Saisissez dans cet espace la première question du quiz, par exemple `Quelle est la capitale des Cyclades ?`.

4 Sur la même diapositive, insérez deux objets WordArt, l'un avec la bonne réponse et l'autre avec la mauvaise réponse. Pour insérer l'objet WordArt, cliquez sur le bouton **WordArt** situé sous l'onglet **Insertion**, dans le groupe *Illustrations*, et tapez `Syros` et `Naxos`. Incluez une image pour agrémenter la diapositive.

5 Sur la diapositive suivante qui est vide, insérez un objet WordArt et tapez `Faux !`. Augmentez la taille de ce WordArt pour que le texte s'étale bien sur la largeur de la diapositive et donnez-lui la couleur rouge, sans choisir, exceptionnellement, parmi les couleurs du thème. En effet, nous voulons que ce texte reste rouge même si vous changez le thème.

6 Ajoutez ensuite à cette diapositive un bouton d'action de retour à la dernière diapositive affichée : sous l'onglet **Accueil**, dans le groupe *Dessin* (ou sous l'onglet **Insertion**, dans le groupe *Illustrations*), cliquez sur le bouton **Formes** et sélectionnez le bouton d'action **Retour**. Cliquez sur OK dans la boîte de dialogue **Paramètres des actions** pour accepter l'affichage de la dernière diapositive.

7 Sur la dernière diapositive, faites exactement la même chose que sur la précédente, mais cette fois avec le texte `Bravo, bonne réponse !`. Le texte sera cette fois de couleur verte. N'oubliez pas le bouton **Retour**.

8 Sélectionnez ces deux dernières diapositives et affectez-leur la propriété *Masqué*, en cliquant avec le bouton droit de la souris sur les miniatures du volet **Diapositives**. Ces diapositives ne seront affichées que lorsque l'utilisateur aura cliqué soit sur la bonne réponse, soit sur la mauvaise réponse.

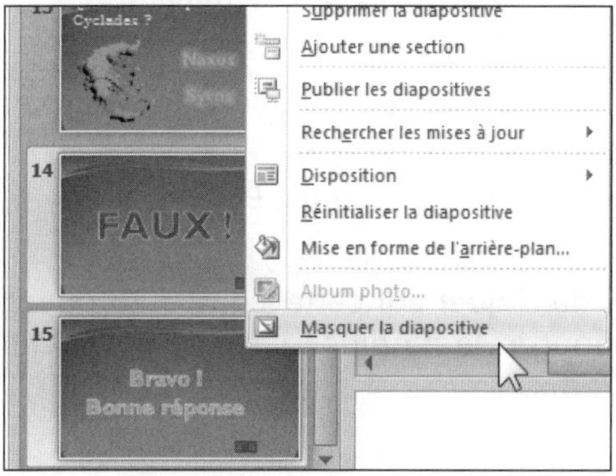

Figure 9.28 : Masquer les deux diapositives

9 Revenez sur la diapositive contenant la question du quiz. Sélectionnez la zone de texte contenant la réponse fausse, *Naxos*, en cliquant sur le pourtour de la zone, puis, sous l'onglet **Insertion**, dans le groupe *Liens*, cliquez sur le bouton **Action**.

10 Cochez l'option *Créer un lien hypertexte vers*. Dans la liste déroulante, cliquez sur *Diapositives*, puis sur la diapositive contenant le texte *Faux !*. Cliquez sur OK.

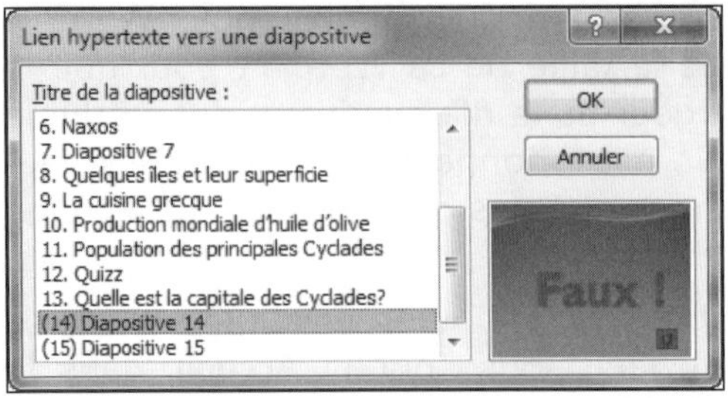

Figure 9.29 : Créer un lien vers la diapositive devant s'afficher

11 Sélectionnez à présent la zone de texte contenant la bonne réponse, puis créez un lien, mais cette fois vers la diapositive contenant le texte *Bravo ! Bonne réponse !*.

La première diapositive du quiz est terminée, ainsi que les réponses. Vous pouvez créer autant de diapositives de quiz avec des doubles réponses que vous le souhaitez.

12 Enregistrez votre présentation et testez votre quiz.

Ouvrir un fichier Word lié en cours de diaporama

Affichez dans la présentation *grèce.pptx* la deuxième diapositive qui contient l'objet Word lié. Vous souhaitez que le fichier Word s'affiche lors d'un clic sur ce bouton, pour l'imprimer par exemple.

1 Sélectionnez l'objet Word converti en icône.

2 Sous l'onglet **Insertion**, dans le groupe *Liens*, cliquez sur le bouton **Action**.

3 Cochez l'option *Action OLE*. Peu importe le choix, *Édition* ou *Ouvrir*, le résultat sera le même.

Durant le diaporama, il suffira de cliquer sur cette icône pour ouvrir votre document Word. Vous pourrez le modifier, l'imprimer, puis le fermer pour revenir au diaporama.

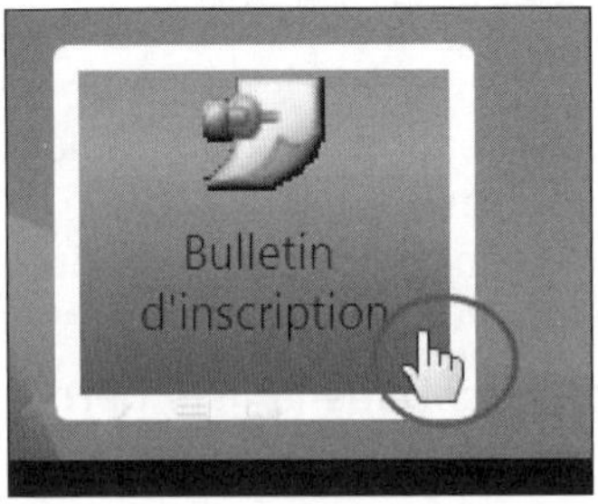

Figure 9.30 : L'icône Word est cliquable

Créer des diaporamas personnalisés et un sommaire pour y accéder

Toujours dans la présentation *grèce.pptx*, vous allez maintenant créer plusieurs diaporamas personnalisés, puis vous créerez un sommaire avec des liens hypertextes pour un accès plus rapide.

Commencez par la création des diaporamas personnalisés :

1 Sous l'onglet **Diaporama**, dans le groupe *Démarrage du diaporama*, cliquez sur le bouton **Diaporama personnalisé**, puis sur la commande **Diaporamas personnalisés**.

2 Dans la boîte de dialogue **Diaporamas personnalisés**, cliquez sur le bouton **Nouveau** pour créer le premier diaporama personnalisé, puis :

   – Nommez votre diaporama `Généralités`. Dans la colonne des diapositives de la présentation, sélectionnez les diapositives, de 2 à 6 et la 7, puis cliquez sur le bouton **Ajouter**.

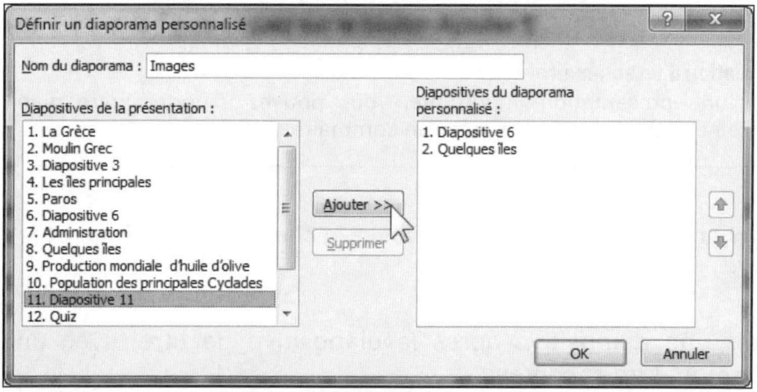

Figure 9.31 : Ajouter des diapositives au diaporama personnalisé

   – Cliquez sur OK pour revenir à la boîte de dialogue précédente.

3 Créez un deuxième diaporama personnalisé en suivant la méthode précédente, donnez-lui le nom `Graphiques` et ajoutez-lui les deux diapositives de graphique.

4 Créez un troisième diaporama personnalisé, que vous nommerez `Images`, et ajoutez la diapositive où se trouve le SmartArt, celle où se trouve le film, et enfin celle où se trouve l'image qui se transforme en couleur.

5 Créez un dernier diaporama personnalisé, donnez-lui le nom `Quiz` et ajoutez les diapositives du quiz, sans y mettre les diapositives masquées.

6 Vos quatre diaporamas personnalisés doivent maintenant figurer dans la boîte de dialogue **Diaporamas personnalisés**. Cliquez sur le bouton **Fermer**.

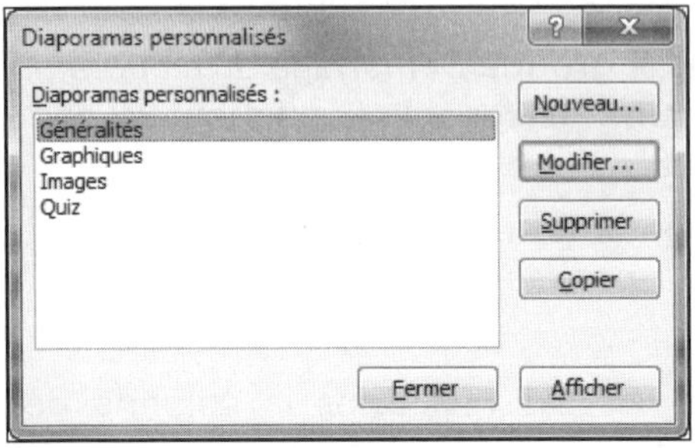

Figure 9.32 : Liste des diaporamas personnalisés

Vous allez créer à présent la diapositive du sommaire.

ASTUCE

Création d'un sommaire

Pour une présentation importante, vous pouvez exporter votre plan PowerPoint vers Word afin d'y créer un sommaire.

RENVOI

Pour en savoir plus à ce sujet, voyez le chapitre *PowerPoint et le texte*.

7 Insérez une diapositive après la diapositive de titre, avec une disposition *Titre et contenu*.

8 Dans l'espace réservé au titre, saisissez le titre `Sommaire`.

9 Dans l'espace réservé au texte, saisissez le sommaire correspondant à nos quatre diaporamas personnalisés : `Généralités`, `Des images`, `Quelques chiffres`, `Quiz`. Ce texte étant court, vous pouvez en augmenter la casse.

Il reste à présent à créer des liens hypertextes sur chaque élément du sommaire :

10 Sélectionnez le mot *Généralités*, cliquez avec le bouton droit de la souris et choisissez la commande **Lien hypertexte**. Dans la boîte de dialogue **Insérer un lien hypertexte**, sélectionnez à gauche l'option *Emplacement dans ce document*. En fin de liste se trouvent les

diaporamas personnalisés : cliquez sur le premier, *Généralités*, cochez l'option *Afficher et revenir*, puis cliquez sur OK.

11 Sélectionnez ensuite les mots *Des images*, et suivez la méthode ci-dessus pour affecter un lien au deuxième diaporama personnalisé, *Images*.

12 Recommencez pour le troisième et le dernier élément du sommaire, le quiz dont le lien devra pointer vers le diaporama personnalisé correspondant.

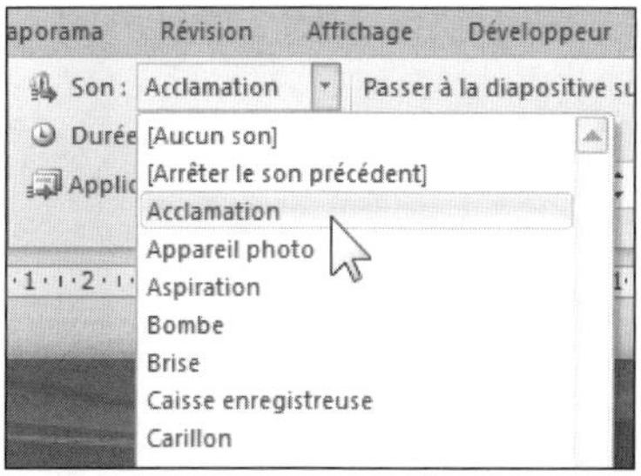

Figure 9.33 : Créer un lien vers le troisième diaporama personnalisé

Le sommaire est terminé. Chaque élément est souligné parce qu'il est associé à un lien hypertexte. La couleur est celle prévue dans le thème pour les liens hypertextes.

Testez votre sommaire. Lancez le diaporama puis cliquez sur un des éléments ; il doit vous conduire directement au diaporama personnalisé. Puis, une fois le diaporama visualisé, vous revenez au sommaire.

Créer des effets de transition

Affichez la présentation *grèce.pptx* en mode Trieuse de diapositives, ainsi que l'onglet **Transitions**.

Vous allez affecter des transitions de votre choix aux diapositives, en fonction du contenu par exemple.

La première diapositive ne nécessite pas d'animation de transition car les titres sont déjà animés, et c'est suffisant.

Pour la diapositive annonçant le quiz, sélectionnez la transition *Flash*.

Pour la diapositive du quiz ainsi que les deux diapositives masquées, choisissez la transition *Couper* pour obtenir une transition plus rapide.

Amusez-vous pour les autres diapositives avec les nouvelles transitions, et n'oubliez pas le bouton d'options d'effet qui peut amener des modifications de transition.

Enfin, affectez un son différent à chacune des deux diapositives masquées, par exemple le son *Acclamations* pour le bon résultat et le son *Explosion* pour le mauvais résultat. Pour cela, sélectionnez la diapositive et choisissez un son dans la liste déroulante *Son* située dans le groupe *Minutage*.

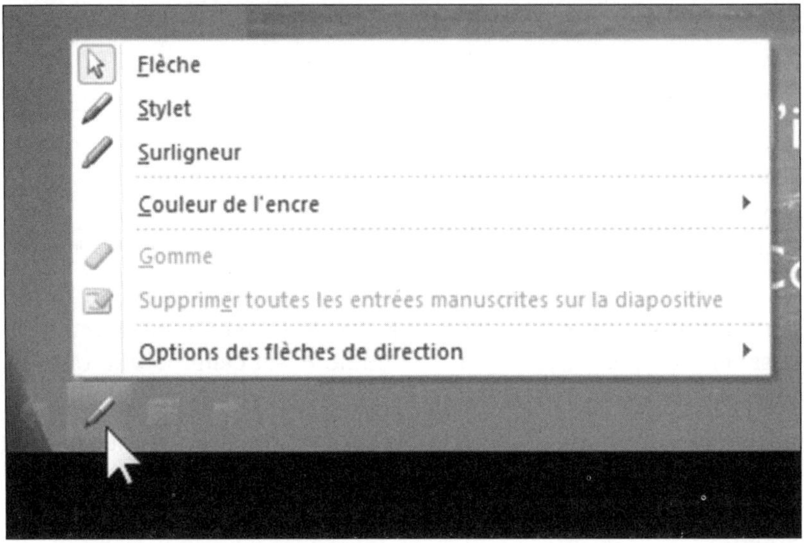

Figure 9.34 : Affecter un son d'acclamation à la diapositive Bonne réponse

Créer un diaporama en boucle avec une musique en continu

Vous avez créé un diaporama qui doit tourner en boucle sur une borne, accompagné d'une musique qui devra également être jouée en boucle tout au long du diaporama. Le problème c'est que, lorsque le diaporama va revenir à la première diapositive, la musique va s'interrompre et recommencer depuis le début, à moins que sa durée soit exactement la même que celle de la présentation, ce qui est peu probable. Or, c'est justement ce que nous souhaitons éviter. Vous allez donc faire preuve d'ingéniosité afin de tromper PowerPoint !

Pour cet exercice, vous pouvez utiliser *Présentation de PowerPoint 2010*.

1 Ajoutez au début de la présentation une diapositive vierge. Insérez-y votre fichier audio. Sélectionnez l'objet audio, puis sous

l'onglet **Outils Son/Lecture**, dans le groupe *Options audio*, cochez l'option *Boucle jusqu'à l'arrêt* et sélectionnez l'option *Exécution sur l'ensemble des diapositives* dans la liste déroulante *Début*.

2 Lancez la vérification du minutage afin d'obtenir un diaporama automatique : sous l'onglet **Diaporama**, dans le groupe *Configuration*, cliquez sur le bouton **Vérification du minutage** et enregistrez le temps de diffusion de votre diaporama.

3 Lorsque l'enregistrement est terminé et que vous avez répondu **Oui** afin de conserver ce minutage, l'affichage est en mode Trieuse de diapositives. Sélectionnez la première diapositive qui contient le fichier audio et cliquez sur le bouton **Masquer la diapositive** sous l'onglet **Diaporama**, dans le groupe *Configuration*.

4 Cliquez sur le bouton **Configurer le diaporama** et dans la fenêtre **Paramètres du diaporama**, cochez l'option *Exécuter en continu jusqu'à ECHAP*.

5 Enregistrez votre fichier.

Pour exécuter le diaporama automatique, sélectionnez la première diapositive, celle qui est masquée et qui contient le son, et lancez le diaporama par l'icône *Diaporama* située en bas à droite de votre écran, ou bien en cliquant sur le bouton **À partir de la diapositive actuelle** sous l'onglet **Diaporama**, dans le groupe *Démarrage du diaporama*.

La diapositive masquée s'affiche et le son est automatiquement joué. Lorsque le diaporama arrive à la fin et qu'il recommence, la diapositive masquée ne s'affiche pas et, de ce fait, le son ne recommence pas. Par contre, comme vous avez coché l'option *Boucle jusqu'à l'arrêt*, le son continue bien en boucle et s'arrêtera lorsque vous mettrez fin volontairement au diaporama.

PARTAGER ET IMPRIMER

Vous avez déjà vu comment enregistrer votre fichier. Dans ce chapitre, vous allez découvrir les différents formats possibles avec PowerPoint, ainsi que les différentes options d'enregistrement. Nous verrons également comment partager des diaporamas via Internet, et nous étudierons les diverses méthodes pour imprimer une présentation.

10.1. Préparer en vue du partage

Avant de distribuer votre présentation, quelques vérifications s'imposent.

Passez en mode Backstage et cliquez sur **Informations**. La rubrique *Préparer pour le partage* liste les éléments que peut contenir le document actif et qui peuvent poser problème : révisions, nom de l'auteur, accessibilité, compatibilité.

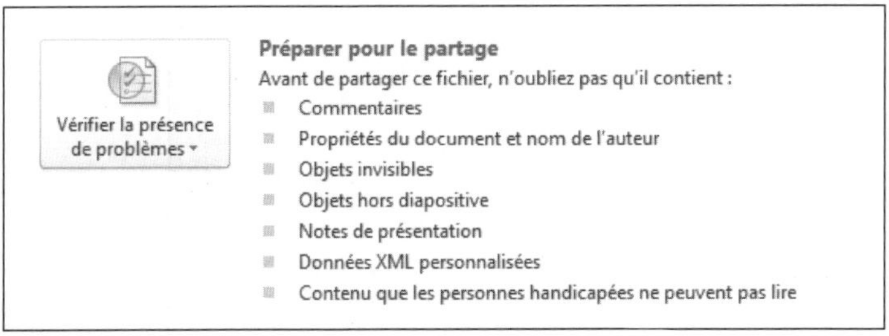

Figure 10.1 : Liste des éléments pouvant poser problème

Utiliser l'Inspecteur de document

Parce qu'on n'est jamais assez prudent, l'Inspecteur de document va permettre de vérifier qu'un document ne contient plus aucune marque (annotations, informations personnelles, objets situés hors de la diapositive, objets invisibles, etc.) et que vous pouvez le transmettre à votre client, votre employeur, etc. la conscience tranquille !

1 Cliquez sur le bouton **Vérifier la présence de problèmes**, puis sur la commande **Inspecter le document**.

2 Dans la boîte de dialogue **Inspecteur de document**, cochez les options qui vous intéressent, puis cliquez sur le bouton **Inspecter**.

ATTENTION

Notes du présentateur, commentaires et annotations

Ne confondez pas les notes du présentateur avec les commentaires et annotations. Les notes du présentateur sont celles que vous entrez dans le volet **Commentaires** ! Elles sont en principe réservées au présentateur, mais elles peuvent aussi être destinées à l'assistance.

Les commentaires et annotations sont les marques de révision qui permettent par exemple d'échanger avec un relecteur.

3 Examinez les résultats de l'inspection. Pour chaque option, si l'Inspecteur de document a trouvé des marques, vous pouvez les supprimer en cliquant sur le bouton **Supprimer tout**.

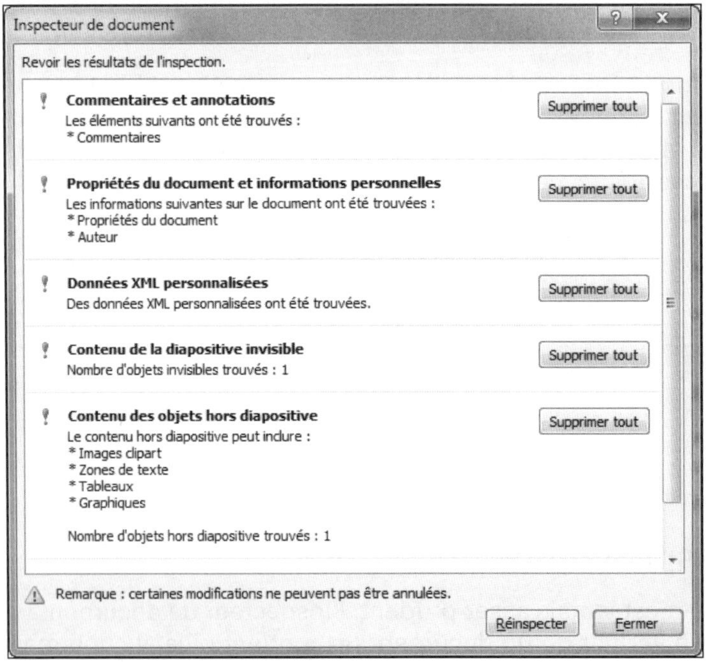

Figure 10.2 : Résultats de l'inspection

Bouton Supprimer tout

L'Inspecteur de document ne fait pas de détail…

Cliquer sur **Supprimer tout** pour les objets hors diapositive ou pour les objets invisibles trouvés revient à supprimer tous ces éléments.

Ce n'est pas forcément ce que vous souhaitez obtenir. Aussi, avant de cliquer sur le bouton **Supprimer tout**, prenez le temps de réfléchir !

4 Une fois votre inspection terminée, cliquez sur le bouton **Réinspecter** pour une dernière vérification, ou bien sur le bouton **Fermer**.

Vérifier l'accessibilité

Selon les personnes à qui vous destinez votre présentation, vous devrez peut-être en vérifier l'accessibilité. Si vous êtes sensibilisé aux problèmes de handicap, vous savez déjà ce qu'il est nécessaire de faire pour que le document soit accessible. Parmi les problèmes que PowerPoint peut déceler, citons par exemple les objets graphiques sans texte de remplacement, des diapositives sans titre, etc.

1 Cliquez sur le bouton **Vérifier la présence de problèmes**, puis sur la commande **Vérifier l'accessibilité**.

2 Le volet **Vérificateur d'accessibilité** s'affiche à droite de votre document, avec éventuellement les problèmes à corriger. Ce volet est divisé en deux parties : en haut, la liste des problèmes, en bas les informations permettant de corriger le problème.

   La première partie peut être elle-même divisée en trois sous-parties : résultats de l'inspection, avertissements, et conseils. Chacune liste les problèmes éventuels. Pour atteindre l'élément concerné, cliquez sur l'item dans le volet.

3 Pour répondre aux problèmes, suivez les informations complémentaires du volet **Vérificateur d'accessibilité**.

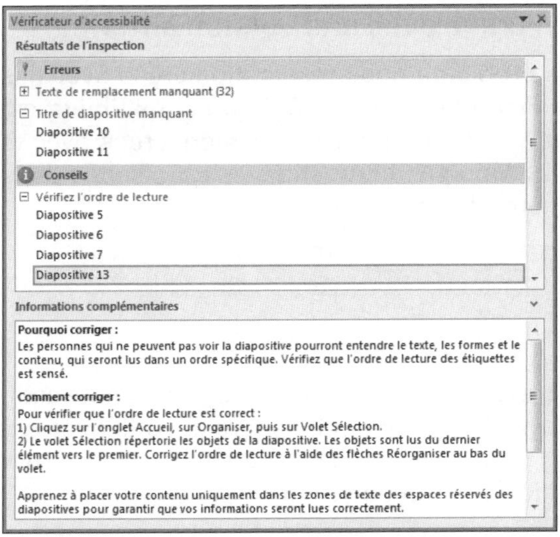

Figure 10.3 : Vérifier l'accessibilité

Assurer la compatibilité avec les versions antérieures

Généralités sur les formats

Le format de fichier est basé sur le langage XML et la technologie ZIP. Il existe sept extensions pour les noms de fichier PowerPoint :

- *.pptx* pour une présentation.
- *.pptm* pour une présentation contenant des macros.
- *.potx* pour un modèle.
- *potm* pour un modèle contenant des macros.
- *.ppsx* pour un diaporama.
- *.ppxm* pour un diaporama contenant des macros.
- *.ppam* pour un complément PowerPoint.

Ces formats présentent de nombreux avantages. Un fichier de ce format aura une taille très inférieure comparé au même document enregistré avec une version antérieure, car il sera automatiquement compressé à l'enregistrement grâce à la technologie de compression ZIP. Il sera automatiquement décompressé à l'ouverture. Par ailleurs, la récupération des fichiers endommagés est améliorée, du fait de la structure modulaire qui permet de séparer les différents composants de données des fichiers. Un autre avantage est de pouvoir repérer tout de suite (grâce à l'extension) si le document contient des macros, afin de pister tout code malveillant.

Lire une présentation créée avec une version antérieure

Vous pouvez ouvrir sans problème une présentation créée avec des versions antérieures de PowerPoint. Le mode de compatibilité est automatiquement activé, y compris pour des fichiers créés avec la version 2007. La mention "Mode de compatibilité" est affichée dans la barre de titre de la fenêtre de PowerPoint.

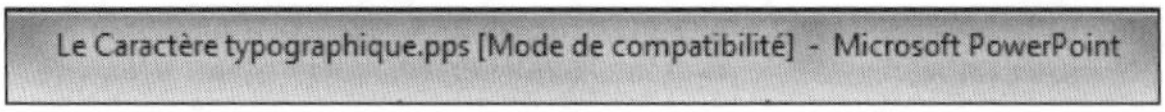

Figure 10.4 : Mode de compatibilité

Deux solutions s'offrent à vous :

- Soit vous continuez à travailler avec le mode de compatibilité actif. À l'enregistrement, PowerPoint vous préviendra si vous avez utilisé des fonctionnalités propres à PowerPoint 2010 et qui ne seront pas modifiables avec une version antérieure.

RENVOI

Voyez néanmoins les particularités dans la section suivante *Enregistrer une présentation sous un format antérieur.*

- Soit vous convertissez votre présentation dans la version 2010 : passez en mode Backstage, cliquez sur **Informations**, puis sur le bouton **Convertir**. La boîte de dialogue **Enregistrer sous** s'ouvre ; le format 2010 est automatiquement sélectionné. Cette action enregistre une nouvelle présentation avec le format 2010, elle n'écrase pas l'ancienne présentation.

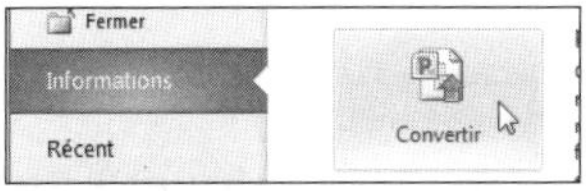

Figure 10.5 : Convertir une présentation

Enregistrer une présentation sous un format antérieur

Si vous travaillez avec des personnes utilisant des versions antérieures à la version 2007, vous devez enregistrer vos fichiers dans un mode compatible : dans la boîte de dialogue **Enregistrer sous**, choisissez le format *97-2003* dans la liste déroulante *Type*.

ASTUCE

Choix d'un format par défaut

Vous pouvez choisir un autre format par défaut. Dans les options d'enregistrement, sélectionnez le format de votre choix dans la liste déroulante *Enregistrer les fichiers dans ce format.*

Lorsque vous enregistrez le fichier, le vérificateur de compatibilité se met en marche et vous indique les incompatibilités rencontrées dans votre fichier. Vous pouvez soit choisir de continuer, soit annuler l'action. Si ce message finit par vous lasser, vous pourrez le désactiver en décochant la case située en bas du message.

Figure 10.6 : Compatibilité vérifiée

Convertir sous un format antérieur

Il existe deux types d'incompatibilités qui seront précisées lors de l'enregistrement, si des problèmes d'incompatibilité sont détectés par PowerPoint : soit les éléments mis en cause ne seront pas modifiables avec une version antérieure, mais ils seront récupérables avec la version 2010, soit certaines fonctionnalités seront définitivement supprimées.

Par exemple, un graphique SmartArt ne sera pas modifiable sous une version antérieure, mais il récupérera ses propriétés de SmartArt dès que le fichier sera ouvert avec la version 2010. Par contre, un clip vidéo inséré se transformera en image et ne sera pas récupéré. Moins grave, un effet de transition actuel ne sera pas non plus récupéré.

Par ailleurs, en mode Backstage, vous verrez dans la rubrique *Informations* que vous êtes en mode de compatibilité et que certaines fonctionnalités sont désactivées pour assurer une meilleure compatibilité avec les versions précédentes. Méfiez-vous toutefois, certaines fonctionnalités, bien que toujours accessibles, seront définitivement perdues lorsque le fichier sera ouvert en version 97-2003.

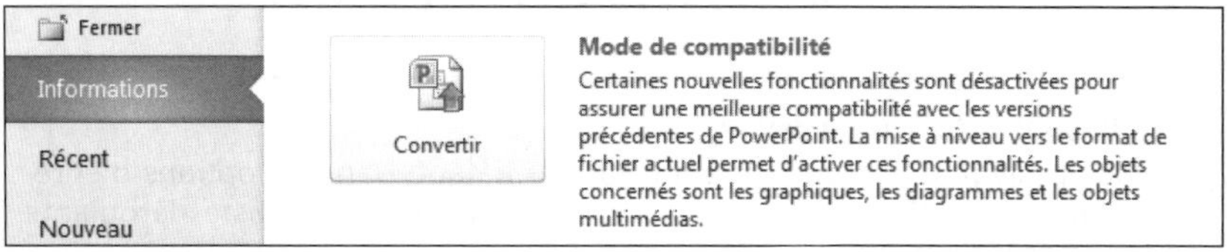

Figure 10.7 : Mode Backstage

Sauvegarde dans un format antérieur

Si vous devez sauvegarder une présentation sous un format antérieur, conservez d'abord une version 2010. Ainsi vous pourrez toujours récupérer ce qui a été perdu à la conversion.

Module de compatibilité

Si vous n'avez pas converti le document au format 97-2003, l'utilisateur d'une version antérieure peut télécharger sur le site de Microsoft un utilitaire permettant de faire la conversion : **www.microsoft.com/downloads/details.aspx?FamilyID=941b3470-3ae9-4aee-8f43-c6bb74cd1466&DisplayLang=fr.**

Utiliser le vérificateur de compatibilité

À tout moment, vous pouvez passer le vérificateur de compatibilité afin de contrôler la compatibilité si la présentation est enregistrée sous un format antérieur :

1 Passez en mode Backstage, puis cliquez sur **Informations**.

2 Cliquez sur le bouton **Vérifier la présence de problèmes**, puis sur la commande **Vérifier la compatibilité**.

3 La boîte de dialogue **Vérificateur de compatibilité** s'affiche et vous renseigne sur tous les éléments incompatibles.

RENVOI

À ce sujet, voyez la section précédente.

Assurer la compatibilité des médias

Si vous avez inséré des clips vidéo ou audio dans votre présentation, il se peut que la rubrique *Optimiser la compatibilité du média* s'affiche en mode Backstage, dans **Informations**.

Cela vient peut-être du fait que vous avez ouvert une présentation créée avec une version précédente et dans laquelle se trouve un média, ou bien que le média que vous avez inséré est lié et non incorporé, ou encore que vous ne disposez pas des codecs nécessaires pour lire ce média (en particulier si la présentation a été créée par un tiers).

Les médias incriminés sont répertoriés ci-après, ainsi que le moyen d'y remédier.

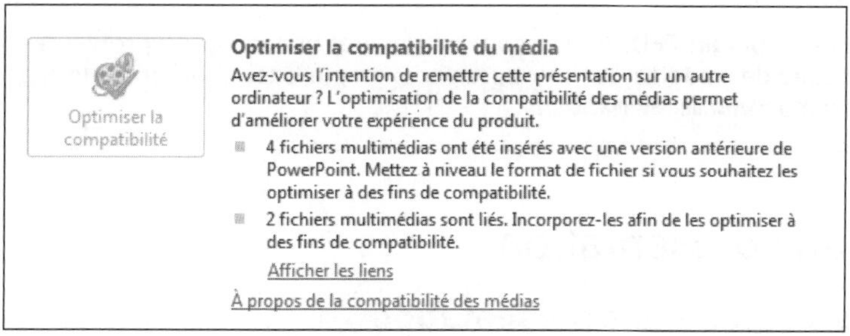

Figure 10.8 : Optimiser la compatibilité du média

- S'il s'agit d'une présentation créée avec une version antérieure, le simple fait de la convertir au format 2010 incorporera automatiquement ce média. Il vous restera peut-être ensuite à améliorer la performance en fonction de la taille du média.

RENVOI

Voyez le chapitre *PowerPoint et les objets OLE*, à la section *Insérer des fichiers multimédias*.

ATTENTION

Sauvegarde en version antérieure à 2010

Si vous incorporez un média et que vous avez l'intention d'enregistrer à nouveau le fichier dans une version antérieure, le média sera converti en image et ne sera pas récupérable !

- Si le clip a été intentionnellement lié, PowerPoint vous propose de l'incorporer. Si vous acceptez, cliquez sur *Afficher les liens* afin d'ouvrir la boîte de dialogue **Liaisons**, sélectionnez le média incriminé, et cliquez sur le bouton **Rompre la liaison**.
- S'il s'agit d'un problème de lecture, l'auteur de la présentation devra lui-même optimiser la compatibilité. Si le problème persiste, vous devrez probablement installer sur votre PC des codecs supplémentaires.

DEFINITION

Codec

Codec signifie Codage-DECodage. Il s'agit d'un composant qui permet de compresser et de décompresser des fichiers multimédias.

INTERNET

Fichiers médias et codec

Vous trouverez beaucoup d'informations claires sur le sujet, sur le site www.windows-media.net/.

Par ailleurs, le plugin FFDShow résout en général beaucoup de problèmes liés à la lecture des médias. Vous pouvez par exemple le télécharger sur le site de Numerama : www.numerama.com/.

Protéger une présentation

Protéger l'accès à une présentation

Vous allez enregistrer votre présentation et la protéger par un mot de passe en lecture et/ou un mot de passe en écriture. Les utilisateurs devront détenir le premier mot de passe pour pouvoir ouvrir la présentation, et le second mot de passe pour pouvoir la modifier.

1 Dans la boîte de dialogue **Enregistrer sous**, cliquez sur le bouton **Outils**, situé en bas à droite, puis sur la commande **Options générales.**

2 Complétez la boîte de dialogue en saisissant les mots de passe selon la protection souhaitée.

3 Cliquez sur le bouton OK : PowerPoint vous demande de confirmer le ou les mots de passe.

4 Enregistrez votre présentation.

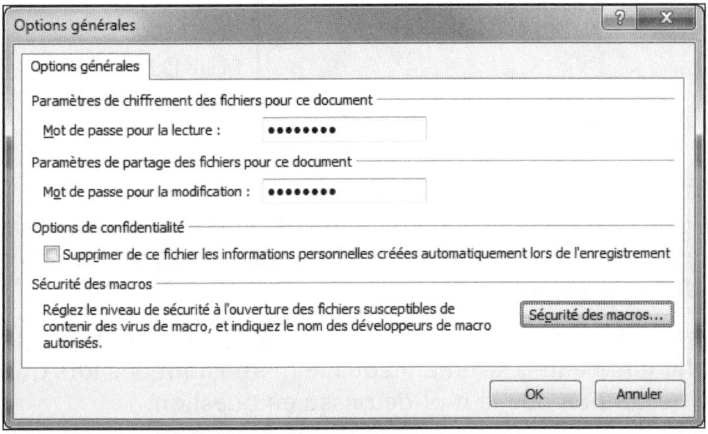

Figure 10.9 : Protéger l'accès à la présentation par un mot de passe

Si vous avez protégé votre présentation uniquement en lecture, le mot de passe sera demandé à l'ouverture du document.

Si vous avez choisi les deux protections, les deux mots de passe seront demandés à l'ouverture du document. La protection contre la lecture masque la visualisation du fichier dans la boîte de dialogue **Ouvrir**.

REMARQUE

Supprimer les données personnelles

L'option *Supprimer de ce fichier les informations personnelles créées automatiquement lors de l'enregistrement* est une mesure de sécurité empêchant le destinataire de visualiser en particulier le nom de l'auteur.

Pour protéger votre document en lecture, vous pouvez également utiliser la méthode suivante :

1 Passez en mode Backstage et cliquez sur **Informations.**

2 Cliquez sur le bouton **Protéger la présentation** puis sur la commande **Chiffrer avec mot de passe**. Il s'agit exactement de la même protection que celle décrite précédemment.

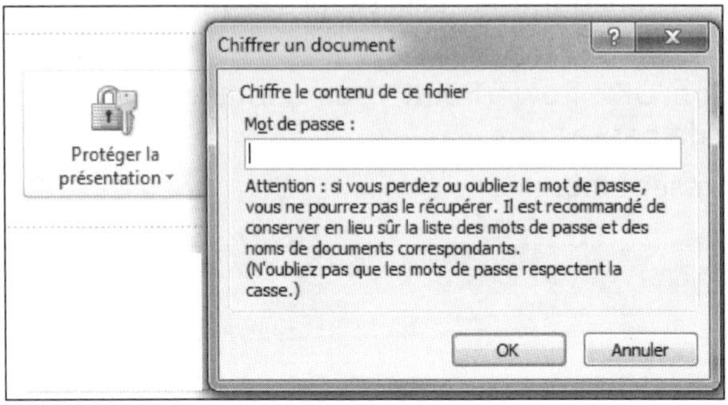

Figure 10.10 : Protéger l'accès à la présentation via la commande Chiffrer

Imposer la lecture seule

Il ne s'agit pas ici d'assurer la confidentialité d'un document, mais plutôt de se protéger contre des erreurs de manipulation qui pourraient être dommageables.

Vous pouvez définir un mot de passe pour la modification, ce qui bloque totalement l'enregistrement sous le même nom dès lors que l'utilisateur ne connaît pas le mot de passe en question.

Une autre solution consiste à protéger le fichier contre les erreurs de manipulation une fois le document terminé :

1 Passez en mode Backstage et cliquez sur **Informations**.

2 Cliquez sur le bouton **Protéger la présentation** puis sur la commande **Marquer comme Final**.

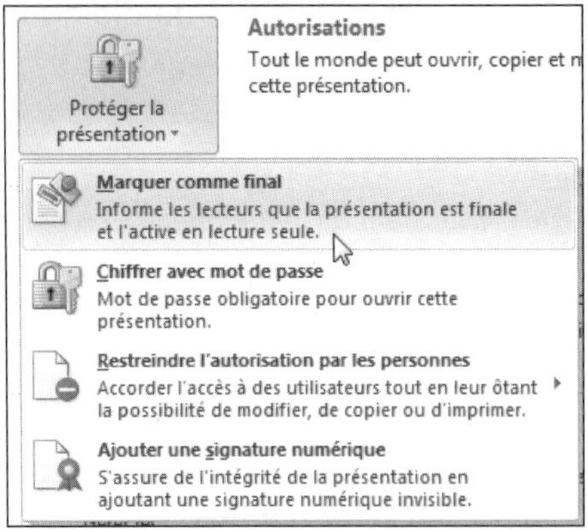

Figure 10.11 : Marquer comme Final

Cette action verrouille et enregistre la présentation.

À présent, le clavier est bloqué, et l'enregistrement est impossible. Vous pouvez toutefois l'enregistrer sous un autre nom. Par ailleurs, la propriété de document *État* est marquée à *Final*.

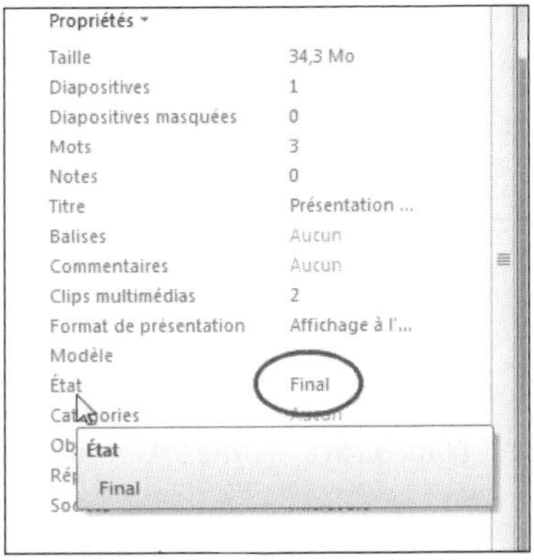

Figure 10.12 : État Final dans les propriétés

Un document marqué comme *Final* se repère aisément :

- Il ne s'ouvre qu'en mode Plein écran.
- En mode Backstage, une bande jaune en haut du document signale clairement l'état *Final*.

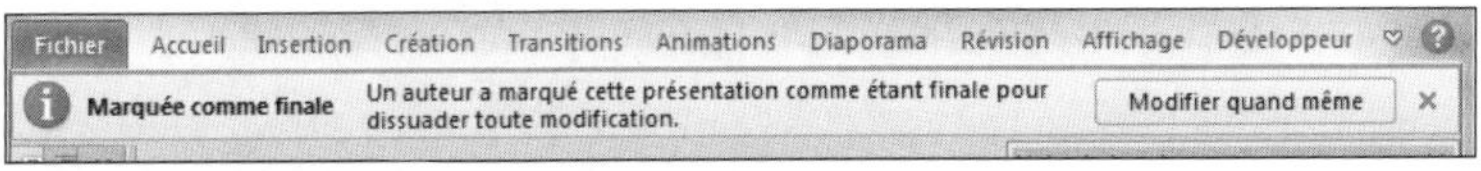

Figure 10.13 : Une bande jaune signale l'état Final

Pour annuler cette action, cliquez sur le bouton **Fichier**, puis cliquez sur le bouton jaune **Modifier quand même**.

REMARQUE

Enregistrer une nouvelle version d'un document

Si vous enregistrez un document final sous un autre nom, la propriété *Final* est conservée.

Ajouter une signature numérique

DEFINITION

Signature numérique

Une signature numérique est en quelque sorte un label chiffré et électronique qui authentifie la provenance d'un fichier, et qui confirme que ce fichier n'a pas été modifié par une personne autre que le signataire.

Vous pouvez obtenir votre propre signature numérique via des organismes AC (autorités de certification). Beaucoup de sociétés délivrent également leur propre signature numérique.

INTERNET

Autorités de certification

Microsoft tient une liste des AC sur son site MSDN : **http://msdn2.microsoft.com/en-us/library/ms995347.aspx.**

Pour une utilisation personnelle, vous pouvez créer vous-même votre propre signature :

1 Cliquez sur le bouton **Démarrer**, puis cliquez sur **Tous les programmes/Microsoft Office/Outils Microsoft Office/Certificat numérique pour les projets VBA**.

2 Dans la boîte de dialogue **Créer un certificat numérique**, entrez un nom dans la zone de saisie *Le nom de votre certificat*, puis cliquez sur OK. Un message vous avertit que le certificat est créé.

REMARQUE

Certificat personnel

Un certificat personnel n'est pas considéré comme une signature valide puisqu'il ne pourra pas être vérifié si votre présentation est appelée à "voyager".

Lorsque vous êtes en possession d'un certificat numérique, vous pouvez signer vos présentations :

1 Passez en mode Backstage et cliquez sur **Informations**.

2 Cliquez sur le bouton **Protéger la présentation** puis sur la commande **Ajouter une signature numérique**.

3 Après le message qui vous explique brièvement ce qu'est une signature numérique, cliquez sur OK afin d'afficher la boîte de dialogue **Signature**.

4 Dans la boîte de dialogue **Signature**, saisissez si nécessaire l'objectif de la signature, cliquez éventuellement sur **Modifier** si vous possédez plusieurs signatures afin d'en choisir une autre, puis cliquez sur le bouton **Signer**.

5 Un message vous confirme votre signature. Il vous prévient également que si la présentation est modifiée, la signature ne sera plus valide. Vous devrez donc, après chaque enregistrement, signer votre présentation pour que la signature reste valide.

Formation en SSI

Le gouvernement français propose, sur son site web, des formations en ligne gratuites, dont un module consacré à la signature numérique : www.securite-informatique.gouv.fr/autoformations/ signature_elec.

Une présentation signée est automatiquement marquée comme finale. Vous pouvez bien entendu la modifier ; dans ce cas, elle perdra sa signature et vous devrez la remettre une fois les modifications terminées.

Vous pouvez afficher les certificats numériques. Pour cela, cliquez sur le bouton **Office**, pointez sur la commande **Préparer**, puis cliquez sur **Afficher les signatures numériques**. La ou les signatures s'affichent dans le volet **Office**, à droite de votre écran.

10.2. Enregistrer sous d'autres formats

Dans la boîte de dialogue **Enregistrer sous**, vous trouverez toute une série d'extensions dans la liste déroulante *Type de fichier* située en bas de la fenêtre.

Cela étant, il est plus facile, via le mode Backstage, de cliquer sur **Enregistrer et envoyer** pour obtenir des solutions plus concrètes relatives aux différents formats proposés. Voyons plus en détail quels sont ces types de fichiers.

Formats spécifiques PowerPoint

Les différents formats s'affichent après que vous avez cliqué sur le bouton **Modifier le type de fichier**.

- *Diaporama PowerPoint (*.ppsx)* : enregistrez sous ce format pour que la présentation PowerPoint s'ouvre directement en mode Diaporama. Les utilisateurs qui ne possèdent pas PowerPoint pourront employer la visionneuse.
- *Modèle (*.potx)* : il s'agit du format modèle qui servira de base à de nouvelles présentations.

À ce sujet voyez le chapitre *Créer des thèmes et des modèles.*

- *Présentation de l'image PowerPoint (*.pptx)* : il s'agit d'un format classique PowerPoint, comme l'indique son extension, qui pourra donc être visualisé en tant que diaporama, mais toutes les diapositives seront converties en image.

Le premier avantage de ce type de fichier est qu'on obtient un fichier plus léger. Attention, vous conservez les transitions, mais vous perdez tout fichier média et toute animation. Notez que par mesure de sécurité vous ne pourrez pas, avec ce type de format, enregistrer sous le même nom un fichier existant afin de le remplacer.

Le deuxième avantage concerne la sécurité de vos données : il devient en effet impossible de modifier l'agencement de vos diapositives. Vous êtes également assuré de ne pas laisser de fichiers incorporés, comme des classeurs Excel qui pourraient contenir des données confidentielles. Les tableaux de chiffres, les graphiques, etc., sont devenus des morceaux d'image.

Gardez à l'esprit cependant que toutes ces images continuent à former une présentation et que rien ne vous empêche ensuite d'ajouter d'autres éléments si vous le souhaitez, une musique par exemple.

Autres formats

Format Open Office

Cliquez sur le bouton **Modifier le type de fichier** et choisissez le format *Présentation OpenDocument (*odp)*.

Enregistrez sous ce format si le diaporama est destiné à être lu avec Impress, de la suite bureautique Open Office.

Format Image

Cliquez sur le bouton **Modifier le type de fichier** et choisissez l'un des deux formats Image, soit *.png*, soit *.jpg*.

Ces formats permettent d'enregistrer chaque diapositive de votre présentation ou bien une partie choisie des diapositives en tant qu'image. Vous obtiendrez donc autant de fichiers image (soit *.png*, soit *.jpg*) que de diapositives. Contrairement au format *Présentation de l'image PowerPoint* évoqué ci-dessus, ces images ne sont plus regroupées dans une présentation.

Le format *.png* est de meilleure qualité mais plus lourd que le format *.jpg*, voilà pourquoi le premier est conseillé pour l'impression et le second pour le Web.

.pdf et .xps

L'avantage de ces formats est qu'ils sont universels, en particulier le format *.pdf*. Ils sont plus sécurisés dans le sens où il sera difficile de les modifier. Par contre, vous perdrez les animations, transitions, vidéos et sons.

Cliquez sur le bouton **Créer un document PDF/XPS**, puis cliquez sur le bouton **Créer PDF/XPS**. Dans la boîte de dialogue **Enregistrer sous** qui s'est ouverte, vous choisirez dans la liste déroulante *Type de fichier* soit le format *.pdf*, soit le format *.xps*.

DEFINITION

PDF, XPS

PDF (*Portable Document Format*) est un format d'impression qui préserve la mise en forme et qui se lit avec Acrobat Reader (téléchargement gratuit sur le site d'Adobe).

XPS (*XML Paper Specification*) est un format électronique qui préserve la mise en forme du document et qui se lit avec une visionneuse (à télécharger sur le site de Microsoft).

Comme il s'agit en réalité de formats d'impression, vous pouvez, en cliquant sur le bouton **Options**, choisir ce que vous souhaitez publier : diapositives, commentaires, document, etc.

RENVOI

Voyez également la section *Imprimer une présentation*, plus bas dans ce chapitre.

Enregistrer en image

Chaque diapositive peut être enregistrée individuellement en tant qu'image ; la présentation entière peut être enregistrée en autant d'images qu'il y a de diapositives.

1 Affichez la boîte de dialogue **Enregistrer sous**, puis, dans la liste déroulante *Type de fichier*, choisissez un format d'image tel que *.jpeg* ou *.png*. PowerPoint affiche une boîte de dialogue vous demandant si vous souhaitez exporter toutes les diapositives de la présentation ou seulement la diapositive en cours.

2 Choisissez une option. PowerPoint vous avertit par un message une fois l'enregistrement terminé.

Notez par ailleurs que n'importe quel objet dans PowerPoint (espace de texte, tableau, graphique, etc.) peut être enregistré individuellement en tant qu'image :

1 Cliquez avec le bouton droit de la souris sur l'objet et choisissez la commande **Enregistrer en tant qu'image**.

2 Nommez l'image, sélectionnez un format dans la liste déroulante *Type de fichier*, choisissez un emplacement et cliquez sur le bouton **Enregistrer**.

ASTUCE

Enregistrement d'un objet en format Image

Choisissez de préférence le format *.png* qui est capable de gérer les transparences, sinon le résultat risque d'être décevant.

Figure 10.14 : La même image est enregistrée sous deux formats différents, puis insérée sur un fond noir : à gauche, le format .jpeg ; à droite, le format .png

Créer une vidéo

Il s'agit d'une fonctionnalité entièrement nouvelle et qui répond à l'attente de nombreux utilisateurs qui souhaitent obtenir un film à la place d'un fichier vidéo.

Vous obtiendrez un fichier à extension *.wmv*, qui rassemblera tout ce que contient votre présentation PowerPoint, à savoir les transitions ainsi que les animations, et les clips vidéo et audio à condition qu'ils soient bien incorporés. Vous avez ainsi l'assurance de ne rien oublier, puisque vous n'aurez qu'un seul fichier à gérer.

Toujours en mode Backstage, après avoir cliqué sur **Enregistrer et envoyer**, cliquez sur le bouton **Créer une vidéo**.

La partie droite de la fenêtre vous donne une explication détaillée de la procédure. Notez en particulier que vous pouvez choisir d'utiliser ou non le minutage existant. Si vous décidez de ne pas l'employer, ou si tout simplement vous n'en avez pas prévu, vous fixerez alors le temps à passer sur chaque diapositive, avec un maximum de 16 minutes et 40 secondes.

Vous devrez également choisir la qualité de votre vidéo parmi les trois qualités proposées : *HD & Ordinateur, Internet et DVD, Appareils mobiles*. Les différences de taille de fichiers sont très significatives, selon les formats. À titre d'exemple, un petit fichier HD contenant une petite vidéo peut peser de 10 à 100 Mo selon le format ! Il est donc inutile de choisir un format HD pour le visionner sur votre téléphone mobile !

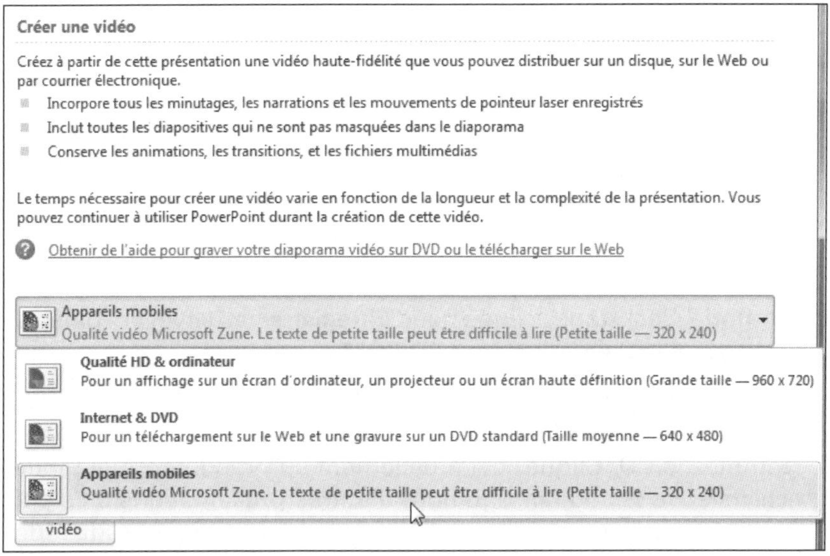

Figure 10.15 : Créer une vidéo

ATTENTION

Lecteur DVD de salon

Notez qu'un lecteur DVD de salon n'est que rarement équipé pour lire des fichiers *.wmv*. Si le but est de visionner votre diaporama sur un téléviseur, vous devrez passer par une nouvelle conversion, vers un format *.DivX* si votre lecteur lit les DivX, ou encore vers un format *.mpeg* ou *.avi*. Les logiciels de conversion ne manquent pas. Vous pourrez utiliser par exemple FormatFactory qui a l'avantage d'être très simple d'utilisation, et qui est gratuit.

Créer un package pour CD-Rom

Vous souhaitez graver votre présentation sur un CD-Rom ou un DVD afin de pouvoir l'emporter, la diffuser sur un autre PC, la transmettre à d'autres personnes. Vous pouvez pour cela utiliser l'assistant de création de package pour CD-Rom, afin que votre présentation soit complète.

Cette solution est utile, particulièrement dans le cas d'une présentation qui comprend des fichiers liés. Elle vous donne l'assurance que rien ne manquera au diaporama. Cela étant, s'il s'agit de diffuser une présentation, privilégiez la solution vidéo lorsque cela est possible.

ASTUCE

Créer un dossier sur un serveur ou à transmettre par messagerie

Bien que cet assistant se nomme Package pour CD-ROM, rien ne vous empêche de l'utiliser pour créer un dossier sur votre disque dur, que vous pourrez ensuite déplacer sur un serveur ou compresser pour le transmettre à un tiers par messagerie, ou diffuser sur une clé USB. C'est une solution adaptée si le but est de continuer à travailler sur les fichiers.

Pour créer un CD-Rom ou un dossier avec la présentation active :

1 En mode Backstage, cliquez sur **Enregistrer et envoyer**, puis sur **Package de présentation pour CD-ROM**.

2 Cliquez sur le bouton **Package pour CD-ROM** dans la partie droite de la fenêtre.

3 Nommez le CD. Cliquez éventuellement sur le bouton **Ajouter des fichiers** si vous souhaitez joindre d'autres présentations à ce package. Les présentations s'affichent les unes en dessous des autres ; vous pouvez en modifier l'ordre de lecture en cliquant sur les flèches situées à gauche de la boîte de dialogue.

4 Cliquez sur le bouton **Options** afin :

- De sélectionner les fichiers à insérer. Par défaut, les fichiers liés sont inclus. Ajoutez éventuellement les polices TrueType incorporées afin de ne pas avoir de mauvaises surprises à l'affichage.
- D'entrer un mot de passe pour ouvrir et/ou modifier chaque présentation. Vous pouvez aussi supprimer les informations personnelles.
- D'inspecter les présentations à la recherche d'informations inappropriées ou confidentielles (voir l'Inspecteur de document).

Une fois les options choisies, cliquez sur OK.

5 Il ne vous reste plus qu'à copier dans un dossier ou sur le CD-Rom en cliquant sur le bouton correspondant :

- Pour un CD, après un message d'information concernant la sécurité, l'assistant entreprend la gravure. Si vous n'aviez pas inséré de CD dans votre graveur, celui-ci s'ouvre et un message vous invite à placer le CD vierge dans le graveur. Insérez le CD et cliquez sur **Réessayer**.
- Pour un dossier, la boîte de dialogue **Copier dans un fichier** s'affiche, vous demandant le nom du dossier (par défaut, le nom donné au CD dans la boîte de dialogue **Créer un package pour**

CD-ROM est repris) et son emplacement. Cliquez sur le bouton **Parcourir** pour choisir l'emplacement, puis cliquez sur OK. Après un message d'information concernant la sécurité et les fichiers liés, l'assistant entreprend la création du dossier.

6 Si vous avez coché l'option *Inspecter les présentations à la recherche d'informations inappropriées ou confidentielles*, l'Inspecteur de document se lance pour chaque présentation.

7 Lorsque tout est copié ou gravé, cliquez sur le bouton **Fermer** si vous n'avez pas besoin de créer d'autres packages.

Étant donné que le package contient un fichier *Autorun.inf*, la lecture du CD se lancera toute seule et une page HTML s'ouvrira automatiquement, dans laquelle sera affichée la liste des fichiers PowerPoint, sur lesquels il suffira de cliquer pour les ouvrir. Par ailleurs, un bouton permettra de télécharger directement la visionneuse PowerPoint au cas où le PC ne serait pas équipé de PowerPoint.

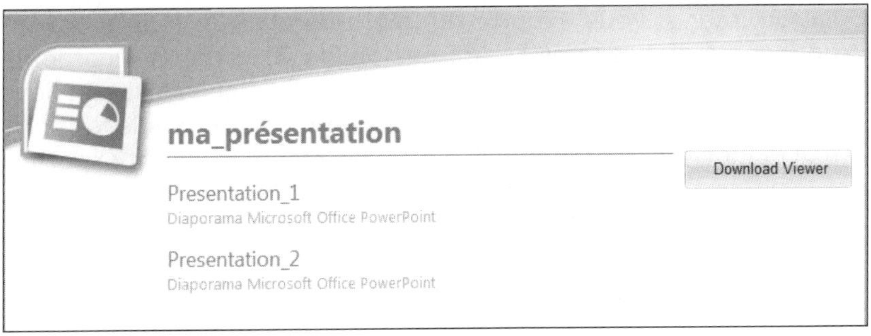

Figure 10.16 : Le CD s'exécute automatiquement et affiche la liste des fichiers

Exporter vers Word

La dernière option dans les types de fichiers permet d'exporter la présentation PowerPoint vers un document Word et selon plusieurs modes d'affichage. Cette fonction vous permettra de mettre en forme un document Word réalisé avec les diapositives de votre présentation, par exemple en vue d'une impression papier spécifique.

1 En mode Backstage, cliquez sur **Enregistrer et envoyer**, puis sous la rubrique *Type de fichiers*, cliquez sur **Créer des documents**.

2 Dans la partie droite de la fenêtre, cliquez sur le bouton **Créer des documents**.

3 Une boîte de dialogue s'affiche, vous proposant différents modes d'affichage, dont le plan uniquement. Cochez l'option de votre choix.

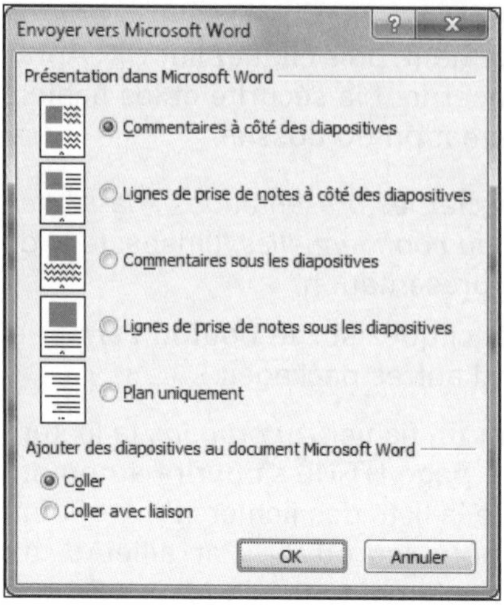

Figure 10.17 : Exporter une présentation vers Word

4 Cliquez ensuite sur l'un des deux boutons **Coller** ou **Coller avec liaison**, sauf si vous exportez en tant que plan. Avec la première option, les diapositives seront des objets PowerPoint incorporés dans Word, alors qu'avec la seconde, les diapositives seront liées à la présentation. Si vous avez choisi l'option *Plan*, seuls les titres des diapositives et le texte des espaces réservés seront exportés.

5 Cliquez sur OK : Word s'ouvre et un document est créé. Vous pouvez si nécessaire modifier la mise en forme et la mise en page de ce document Word, soit manuellement, soit à l'aide d'une macro.

10.3. PowerPoint et Internet

PowerPoint est ouvert sur Internet. Dans cette partie, vous allez étudier de quelle manière vous pouvez partager votre présentation sur le Web, envoyer la présentation active par e-mail, ou encore partager en direct votre présentation.

Envoyer la présentation en cours par messagerie

PowerPoint est en relation directe avec votre client de messagerie, et en particulier Outlook qui fait partie de la suite Office.

Vous souhaitez envoyer la présentation en cours à l'un de vos correspondants. Pour cela, il est inutile de sortir de PowerPoint :

1 Passez en mode Backstage et cliquez sur **Enregistrer et envoyer**.

2 Cliquez sur le bouton **Envoyer à l'aide de la messagerie**.

3 Vous pouvez maintenant choisir le format auquel vous souhaitez envoyer votre présentation. Vous voyez qu'il n'est pas nécessaire de l'enregistrer auparavant sous le format souhaité, PowerPoint s'en chargera au moment de l'envoi. Cela évite de stocker sur votre disque dur un fichier qui vous serait inutile. Quant à l'option *Envoyer un lien*, elle sous-entend que votre fichier se trouve sur un serveur ou sur un disque partagé.

RENVOI

Voyez à ce sujet la section suivante Utiliser SkyDrive et les Office Web Apps.

4 Après que vous avez cliqué sur le bouton de votre choix, PowerPoint fait la conversion si nécessaire et ouvre un message électronique prêt à être envoyé. Vous pouvez voir votre document affiché dans la zone *Pièces jointes*.

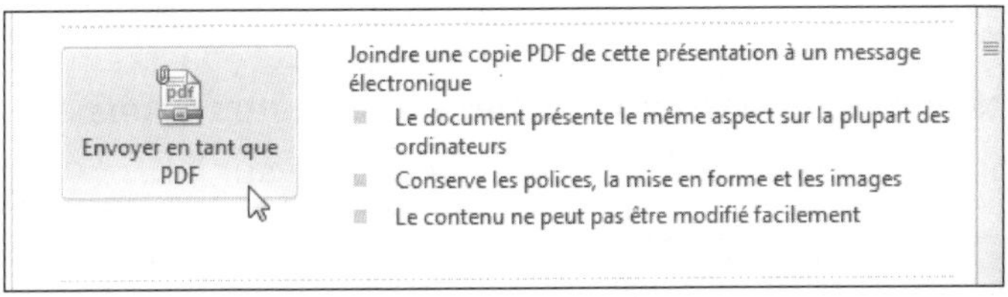

Figure 10.18 : Envoyer la présentation en cours par courrier électronique, au format .pdf

5 Il vous reste à compléter normalement cette fenêtre avec l'adresse de votre ou de vos correspondants, l'objet et le message lui-même, puis à envoyer l'e-mail.

ASTUCE

Ajout de la fonction d'envoi par courrier électronique sur la barre d'outils Accès rapide

Si vous utilisez souvent cette fonctionnalité, vous pouvez l'ajouter sur la barre d'outils *Accès rapide* : cliquez sur la flèche déroulante située sur la barre d'outils *Accès rapide* puis sur la commande **Courrier électronique**. Le bouton **Courrier électronique** se trouve maintenant sur la barre d'outils *Accès rapide*.

Utiliser SkyDrive et les Office Web Apps

Grâce au service SkyDrive, vous pourrez stocker et partager vos documents sur Windows Live.

Les Office Web Apps vous permettront de travailler en ligne : création, visualisation et modification des documents Office, dont PowerPoint. Il s'agit d'un service gratuit, et il n'est nul besoin de posséder Office. Il vous suffira d'une connexion Internet pour y accéder depuis n'importe quel PC, ou même depuis un téléphone. Vous devrez simplement être équipé d'un navigateur web, Internet Explorer, Firefox ou Safari.

Vous pourrez ainsi partager vos documents avec des personnes qui ne possèdent pas Office.

Enregistrer un document sur le serveur SkyDrive

1 Passez en mode Backstage et cliquez sur **Enregistrer et envoyer**.

2 Cliquez sur la commande **Enregistrer dans le site Web**.

DEFINITION

SkyDrive

SkyDrive est le service de stockage en ligne de Windows Live. Il vous permet de stocker des fichiers sur Internet et d'y accéder via votre navigateur web.

3 Dans la partie droite de la fenêtre, cliquez sur le bouton **Connexion**.

4 Entrez vos identifiants Windows Live ID et cliquez sur OK.

Figure 10.19 : Connexion au service SkyDrive

REMARQUE

Identifiant Windows Live ID

L'identifiant Windows Live ID est celui avec lequel vous vous connectez à Hotmail, Messenger, ou encore Xbox Live. Si vous n'en possédez pas encore, vous pouvez le créer directement depuis Word, en cliquant sur la commande **S'inscrire à un Windows Live**.

REMARQUE

Figure 10.20 : Formulaire de création d'un identifiant Windows Live ID

5 Toujours dans PowerPoint, une fois que vous êtes connecté, les dossiers de votre SkyDrive s'affichent, et par défaut les dossiers *Public* et *Mes documents*.

6 Sélectionnez le dossier dans lequel vous souhaitez enregistrer votre document et cliquez sur le bouton **Enregistrer sous**.

Pour ouvrir votre document depuis PowerPoint, vous trouverez dans la fenêtre **Ouvrir** l'emplacement de SkyDrive avec vos dossiers et vos fichiers.

Par ailleurs, directement depuis votre navigateur Internet, vous pourrez créer des dossiers et y ajouter des fichiers.

Et bien entendu, vous pourrez partager ces fichiers ou des dossiers entiers avec d'autres utilisateurs, qu'ils fassent partie de vos contacts ou qu'ils soient extérieurs. Pour ces derniers, il suffira de connaître leur adresse mail.

Figure 10.21 : Partager un dossier avec un utilisateur via SkyDrive

Informer du partage

Une fois que votre document est enregistré sur votre SkyDrive, vous devez le faire savoir à vos correspondants. Ces derniers pourront alors accéder soit en visualisation, soit en modification, selon les droits que vous aurez accordés.

Le document partagé étant ouvert dans PowerPoint, passez en mode Backstage, cliquez sur **Enregistrer et envoyer**, puis sur le bouton **Envoyer un lien**. Un nouveau mail Outlook est créé avec le lien. Il vous suffira d'indiquer la ou les adresses mail des destinataires et d'envoyer le mail.

Si l'un des utilisateurs autorisés apporte des modifications au fichier, vous en serez averti.

Accéder à un document via les Web Apps

DEFINITION

Les Web Apps (Web Applications)

Les Web Apps sont des extensions d'Office. Il s'agit de versions limitées qui ne vous donneront pas accès à toutes les commandes, mais qui seront suffisantes pour apporter certaines corrections aux documents. Par ailleurs,

DEFINITION

l'interface Ruban est la même, et la fidélité du document original est garantie. Les données sont lues en format natif et donc sans aucune conversion.

Vous avez un PC avec une connexion Internet, mais PowerPoint ne se trouve pas sur ce PC.

1 Rendez-vous à l'adresse http://skydrive.live.com et connectez-vous via votre identifiant Windows Live ID.
2 Vos dossiers et vos fichiers sont affichés : sélectionnez un fichier et cliquez sur l'option de votre choix :
   - *Afficher* pour visualiser le fichier.
   - *Modifier* pour modifier le fichier.
   - *Télécharger* pour récupérer le fichier sur votre disque dur.
   - *Supprimer*.
   - *Déplacer* pour déplacer le fichier dans un autre dossier du SkyDrive.
   - Et enfin *Copier et renommer le fichier*.

Un document partagé pourra bien entendu être ouvert de la même façon par les utilisateurs autorisés.

Broadcasting ou diffuser un diaporama en direct

DEFINITION

Broadcasting

Le broadcasting est une technologie permettant de diffuser des données à plusieurs machines en même temps.

Nous sommes à l'ère de la communication instantanée, PowerPoint n'y échappe pas. Vous avez créé une présentation dont vous voulez faire profiter votre entourage en direct ? C'est très simple à réaliser et cela ne nécessite qu'une connexion Internet, et pour vous, un compte Windows Live ID.

1 Ouvrez la présentation à diffuser en direct, puis sous l'onglet **Diaporama**, dans le groupe *Démarrage du diaporama*, cliquez sur le bouton **Diffuser le diaporama**.

REMARQUE

Diffuser le diaporama

Vous pouvez également démarrer la diffusion depuis le mode Backstage : cliquez sur **Enregistrer et envoyer**, puis sur **Diffuser le diaporama**, et enfin sur le bouton du même nom.

2 Dans la boîte de dialogue **Diffuser le diaporama**, cliquez sur le bouton **Démarrer la diffusion**.

3 Si vous n'étiez pas déjà connecté aux services Windows Live, une boîte de dialogue vous demande vos identifiants.

4 Une fois la présentation chargée sur le serveur de Microsoft, la boîte de dialogue **Diffuser le diaporama** vous indique le lien à partager avec vos correspondants.

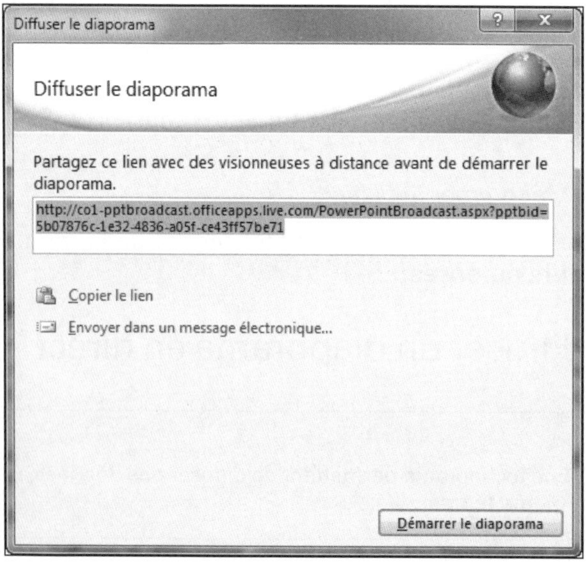

Figure 10.22 : Le diaporama est prêt à être diffusé

Votre présentation est en mode Diffusion. Un bandeau jaune vous rappelle que la présentation est en mode Diffusion et que vous ne pouvez pas y apporter des modifications.

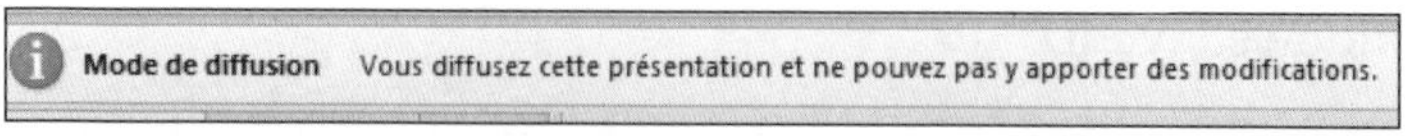

Figure 10.23 : Diaporama en mode Diffusion

5 Vous pouvez distribuer le lien indiqué dans la boîte de dialogue **Diffusion** soit par messagerie instantanée (MSN), soit par mail en cliquant sur le lien *Envoyer dans un message électronique*.

6 Lorsque tous vos correspondants ont reçu le lien, ils doivent le coller dans la barre d'adresse de leur navigateur et se tenir prêts derrière leurs écrans. Faites-le également pour pouvoir contrôler le début de la diffusion. Lorsque le message "En attente du début de la diffusion" apparaît, il est temps de cliquer sur le bouton **Démarrer le diaporama** pour que chaque personne puisse visualiser sur son PC votre diaporama. C'est vous qui dirigez le diaporama.

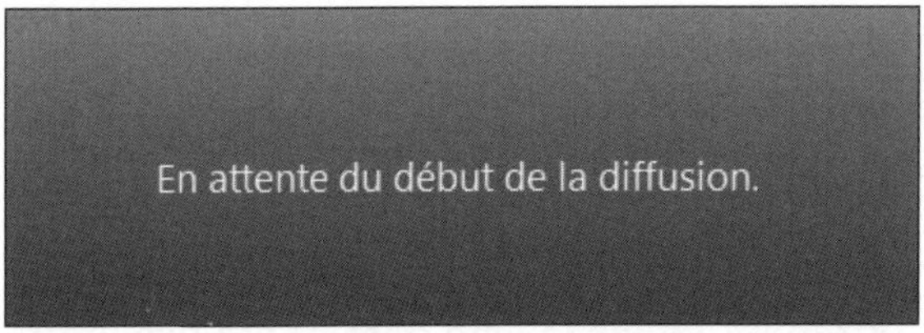

Figure 10.24 : Le navigateur est prêt pour le diaporama en direct

7 Lorsque le diaporama est terminé, cliquez sur le bouton **Fin de la diffusion**, situé sur le bandeau jaune de votre présentation, afin d'avoir à nouveau la main sur la présentation. Une boîte de dialogue vous informe que tous les correspondants sont déconnectés et vous demande de confirmer l'arrêt de la diffusion.

10.4. Imprimer une présentation

L'impression rapide

Un bouton **Impression rapide** peut être installé sur la barre d'outils *Accès rapide* : cliquez sur la flèche située à l'extrémité de cette barre, puis sur la commande **Impression rapide**. Un bouton du même nom est maintenant installé sur votre barre d'outils et il est en service. Il suffit de cliquer dessus pour imprimer la présentation active avec les paramètres par défaut.

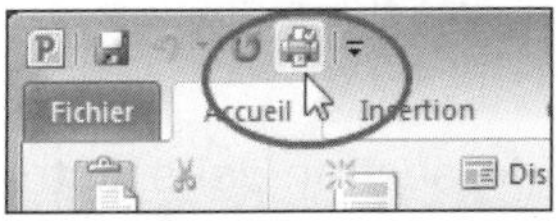

Figure 10.25 : Cliquer sur le bouton Impression rapide de la barre d'outils Accès rapide

Imprimer via la boîte de dialogue Imprimer

Si toutefois vous souhaitez avoir le choix entre diverses imprimantes et sélectionner d'autres options, affichez la boîte de dialogue **Imprimer** : passez en mode Backstage, pointez sur la commande **Imprimer**, puis cliquez sur le bouton **Imprimer**.

Quelle que soit la façon dont vous allez imprimer votre présentation, il est préférable de prévisualiser à l'écran ce que cela va donner sur le papier. L'Aperçu avant impression permet souvent de faire des économies d'encre et de papier !

Cette fenêtre affiche automatiquement l'aperçu de votre présentation telle qu'elle sera imprimée. Vous pouvez faire défiler les pages à l'aide des flèches situées en bas de la fenêtre. Vous pouvez également utiliser la barre de zoom afin d'afficher votre présentation comme vous l'entendez.

Différentes options d'impression sont disponibles, qui seront automatiquement répercutées dans l'aperçu.

Choix de l'imprimante

Optez pour une autre imprimante dans la liste déroulante des imprimantes, et gérez les propriétés spécifiques à votre imprimante via le lien *Propriétés de l'imprimante*.

Paramètres d'impression

Choix des pages à imprimer

Choisissez les pages à imprimer via le premier bouton situé sous la rubrique *Paramètres*. Si vous souhaitez imprimer uniquement certaines diapositives, choisissez l'option *Plage personnalisée* et dans la zone de saisie *Diapositives*, tapez les numéros des diapositives à imprimer : séparez les numéros par un point-virgule pour des diapositives dont les numéros ne se suivent pas, ou par un tiret lorsqu'il s'agit d'une série de diapositives qui se suivent.

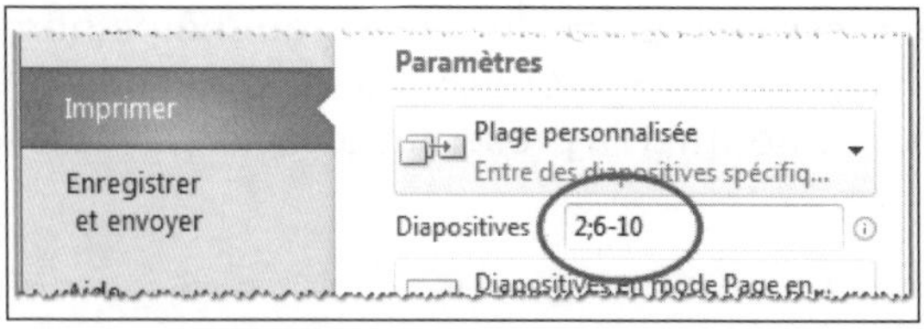

Figure 10.26 : Exemple d'impression pour la diapositive numéro 2 et les diapositives numérotées de 6 à 10

Par ailleurs, si vous avez utilisé la fonction de section dans votre présentation, vous pourrez sélectionner les sections à imprimer.

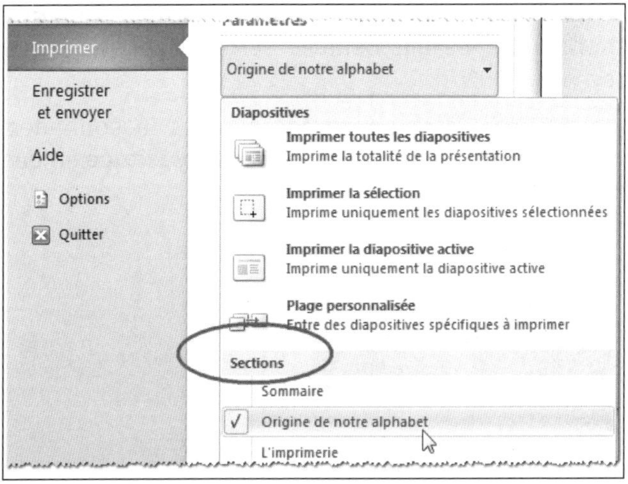

Figure 10.27 : Choix d'une section à imprimer

Choix du type d'impression

La deuxième liste déroulante située sous la rubrique *Paramètres* vous permet de choisir la forme sous laquelle sera imprimée votre présentation. Vous avez le choix entre l'impression des diapositives elles-mêmes, l'impression simplement du plan de votre présentation, l'impression des commentaires ou l'impression sous forme de document.

- Imprimer en pages de commentaires

  Si vous avez inséré des commentaires, que ce soit pour le présentateur ou pour l'assemblée, vous apprécierez de pouvoir les imprimer. Chaque page contiendra l'image de la diapositive plus la page de commentaires associée.

  Vous pouvez paramétrer le format des pages de commentaires via le masque des pages de commentaires.

RENVOI

Voyez à ce sujet le chapitre *Créer des thèmes et des modèles*.

- Imprimer en documents

  Un document peut comporter 1, 2, 3, 4, 6 ou 9 diapositives par page. Si vous choisissez d'imprimer 4, 6 ou 9 diapositives par page, vous aurez le choix entre *Horizontal* et *Vertical*. Attention, il ne s'agit pas de l'orientation du papier qui se gère à part, mais de l'ordre des diapositives sur la page. Pour le choix vertical, les diapositives seront disposées sous forme de colonnes, alors que pour le choix horizontal, les diapositives seront disposées sous forme de lignes.

Ces diapositives pourront être encadrées si vous le souhaitez. Cochez dans ce cas l'option *Encadrer les diapositives*, située en bas de la liste déroulante.

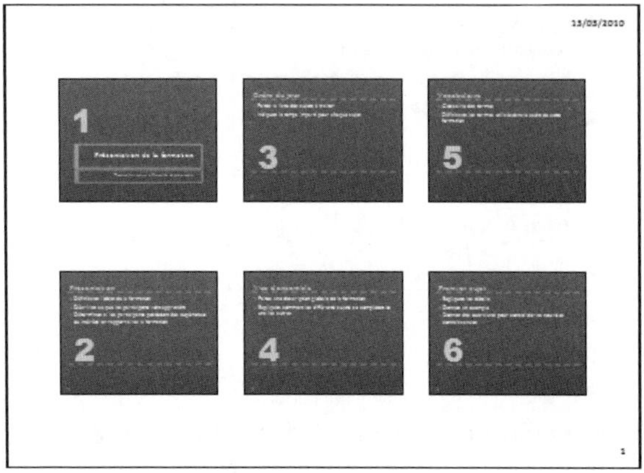

Figure 10.28 : Aperçu avant impression d'une présentation sous forme de document, en disposition verticale

- Imprimer le plan

  Il peut être intéressant d'imprimer le plan de la présentation, comme document de travail ou même pour le distribuer à l'assemblée.

RENVOI

Pour paramétrer la mise en page et la mise en forme du plan, référez-vous à la section *Appréhender les masques de commentaires et de document*, du chapitre *Créer des thèmes et des modèles*.

Notez par ailleurs que le format de votre présentation, qui a peut-être été choisi en fonction de la taille d'un écran, n'est pas forcément optimisé pour une sortie papier. Un coup d'œil suffit pour vous rendre compte du résultat. Vous pourrez si nécessaire cocher l'option *Mettre à l'échelle de la feuille*, afin d'obtenir un résultat plus proche de votre format papier.

REMARQUE

Marges

N'espérez pas imprimer tout près du bord du papier. La plupart des imprimantes, hormis quelques imprimantes professionnelles, ont besoin d'une marge. Lorsque vous choisissez une mise en page A4 par exemple, vous voyez dans la boîte de dialogue **Mise en page** que les mesures utiles sélectionnées par défaut sont inférieures aux mesures réelles d'un format A4.

REMARQUE

Selon votre imprimante, vous pouvez éventuellement modifier ces mesures utiles. Faites des tests auparavant et utilisez l'Aperçu avant impression pour éviter de gaspiller du papier.

Recto verso

La liste déroulante suivante permet de choisir d'imprimer ou non en recto verso. Évidemment, il faut que votre imprimante gère le recto verso.

Assemblage

L'assemblage est à utiliser lorsque vous imprimez la présentation en plusieurs exemplaires.

Orientation

L'orientation dépend du choix du format d'impression : si vous imprimez le plan ou bien les pages de commentaires, vous pouvez choisir l'orientation *Paysage*. Notez que pour une impression *Document*, vous devrez sélectionner l'orientation qui convient. Il ne suffit pas de sélectionner une impression document disposée en vertical, il faut également choisir l'orientation *Portrait*.

Imprimer en noir et blanc ou en nuances de gris

Une présentation est en général prévue pour être affichée en couleurs ; il n'en est pas forcément de même pour l'impression. Si vous ne souhaitez pas gaspiller vos cartouches de toner couleur pour des fonds qui n'apporteront rien au document papier, si vous ne possédez pas d'imprimante couleur, PowerPoint vous permet d'imprimer facilement soit en nuances de gris, soit en noir et blanc intégral.

Après avoir choisi l'option dans la liste déroulante, vous pouvez vérifier le rendu en Aperçu avant impression. Si vous n'êtes pas entièrement satisfait, vous pouvez modifier les paramètres.

Sous l'onglet **Affichage**, dans le groupe *Couleur/nuances de gris*, cliquez sur la commande de votre choix, en fonction de votre imprimante et du résultat souhaité, **Nuances de gris** ou **Noir et blanc intégral**.

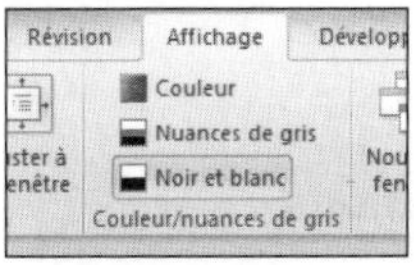

Figure 10.29 : Sélectionner l'affichage Nuance de gris pour en vérifier les paramètres

Après que vous avez cliqué sur l'une ou l'autre des options, un nouvel onglet s'affiche : l'onglet **Noir et blanc** ou **Nuances de gris** selon le choix que vous avez fait.

Vous pouvez faire défiler votre présentation pour vérifier le résultat sans couleurs. Il est possible que certains objets ne s'affichent pas comme vous le souhaitez. Dans ce cas, sélectionnez l'objet, puis sous l'onglet **Noir et blanc** ou **Nuances de gris**, dans le groupe *Modifier l'objet sélectionné*, cliquez sur l'un des boutons qui permettra de changer l'aspect de l'objet.

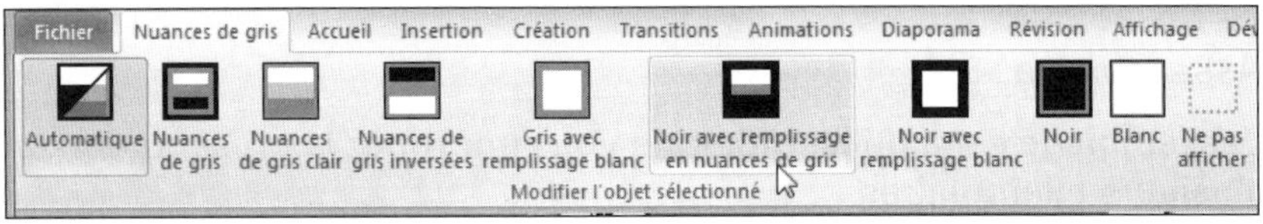

Figure 10.30 : Modifier l'objet sélectionné si l'affichage ne convient pas

REMARQUE

Noir et blanc ou nuances de gris

Les manipulations que vous ferez concernant les affichages en noir et blanc ou en nuances de gris n'auront aucune incidence sur les couleurs de la présentation.

Lorsque le résultat vous convient, vous pouvez lancer l'impression sans oublier d'afficher votre choix dans les paramètres d'impression.

Pour revenir en mode Couleur, cliquez sur le bouton **Retour au mode couleur** sous l'onglet **Nuances de gris** ou **Noir et blanc**, dans le groupe *Fermer*, ou bien cliquez sur le bouton **Couleur** sous l'onglet **Affichage**, dans le groupe *Couleur/nuances de gris*.

10.5. Exercices pratiques

Vérifier la présence de problèmes

Continuons avec la présentation *grèce.pptx* qui contient beaucoup de choses différentes. Vous allez vérifier si ce fichier présente des problèmes et voir comment les corriger.

Inspecter le document

1 Passez en mode Backstage et cliquez sur **Informations**.

2 Cliquez sur le bouton **Vérifier la présence de problèmes**, puis sur la commande **Inspecter le document**.

3 Dans la boîte de dialogue **Inspecteur de document**, cochez toutes les options, puis cliquez sur le bouton **Inspecter**.

4 Des informations personnelles ont dû être trouvées : cliquez sur le bouton **Supprimer tout**. Corrigez éventuellement les autres problèmes, puis cliquez sur le bouton **Réinspecter** pour une dernière vérification.

5 Fermez l'Inspecteur de document.

Vérifier l'accessibilité

1 Toujours en mode Backstage, cliquez à nouveau sur le bouton **Vérifier la présence de problèmes**, puis sur la commande **Vérifier l'accessibilité**.

2 Cette fois, PowerPoint a dû trouver beaucoup de problèmes puisque nous ne nous sommes pas intéressés à la question du handicap en créant cette présentation. Vous voyez qu'il n'est pas trop tard : le résultat de l'inspection est affiché dans le volet **Vérificateur d'accessibilité**, situé à droite de la fenêtre PowerPoint vous permettant de modifier votre présentation, si celle-ci peut être potentiellement consultée par une personne handicapée.

Les problèmes sont classés selon différents critères. Il peut y avoir jusqu'à trois niveaux, du plus grave au moins grave : *Erreurs*, *Conseils* et *Avertissements*.

Il est bien évident que cette présentation, dans laquelle il y a peu de texte, contient beaucoup d'erreurs car nous avons omis de mettre des textes de remplacement. Pour insérer un texte de remplacement pour une image ou une photo, cliquez sur l'objet et choisissez **Format de l'image**. À la rubrique *Texte de remplacement*, ajoutez un titre et une description. Ce texte et cette description pourront être entendus par des personnes déficientes visuelles (voir Figure 10.31).

3 Prenez soin de lire les informations complémentaires situées en bas du volet **Vérificateur d'accessibilité**, qui vous expliquent quoi faire pour que la présentation soit accessible à tous.

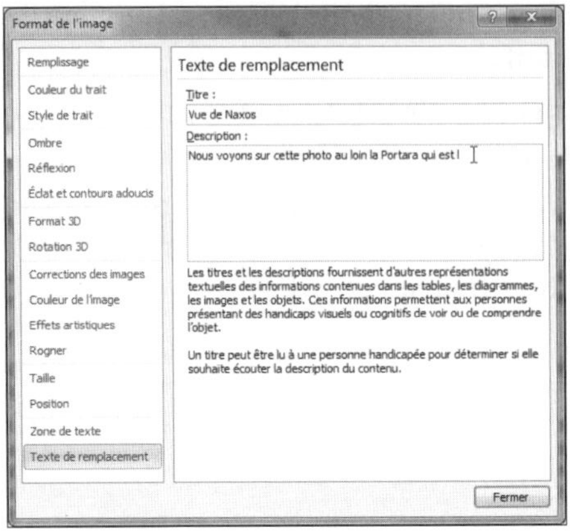

Figure 10.31 : Ajouter un texte de remplacement à une image

Vérifier la compatibilité

1 Toujours en mode Backstage, cliquez à nouveau sur le bouton **Vérifier la présence de problèmes**, puis sur la commande **Vérifier la compatibilité**.

2 Nous avons travaillé sur ce projet en utilisant beaucoup de nouvelles fonctionnalités proposées par PowerPoint 2010. Il est donc normal qu'un certain nombre de problèmes soient détectés !

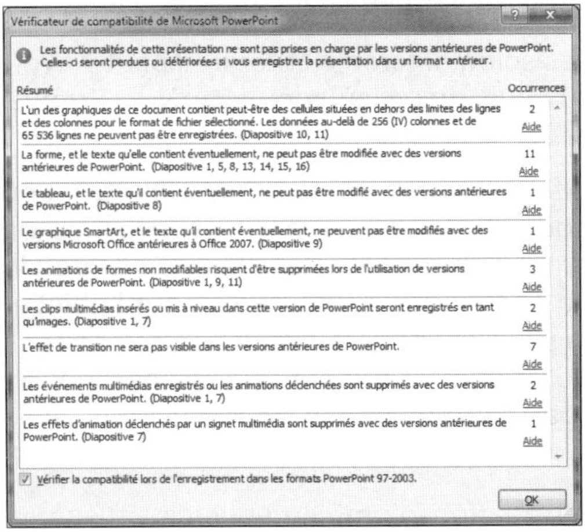

Figure 10.32 : Problèmes de compatibilité

Il est bien évident que si vous travaillez avec des personnes utilisant des versions antérieures de PowerPoint, c'est vous qui devrez vous adapter.

Pour partager un fichier à visualiser, le plus simple sera de l'enregistrer en format vidéo, si toutefois le fichier n'est pas trop lourd.

CRÉER DES THÈMES ET DES MODÈLES

Si vous avez étudié ce livre jusqu'ici, vous savez créer une présentation PowerPoint en utilisant toutes les fonctionnalités existantes.

Par contre, vous ne savez pas encore créer vos propres thèmes et vos propres modèles, avec vos personnalisations, vos images, vos dispositions, vos jeux de couleurs, etc. C'est ce que nous allons découvrir dans ce chapitre.

Un modèle PowerPoint est un fichier à extension *.potx* ou *.potm*. Un *modèle.potm* peut contenir des macros.

Un thème est un fichier à extension *.thmx*.

Vous l'avez vu au chapitre *Créer une présentation*, un modèle, comme un thème, sert de base à de nouvelles présentations qui seront créées à son image, avec toutes les personnalisations qu'il contient. Un modèle ou un thème incluent un ou plusieurs masques de diapositive, ils incluent également le format et l'orientation de la présentation, ainsi que la langue.

C'est dans le masque des diapositives que se trouvent toutes les personnalisations d'un modèle ou d'un thème, les couleurs et les objets mis en arrière-plan, les styles et les tailles des polices, les types de puces. Un masque est décliné en plusieurs dispositions. Une disposition contient la mise en page des objets dans la diapositive. Par défaut, un masque comprend onze dispositions.

Quelle est donc la différence entre un modèle et un thème ?

- Une mise en page peut être affectée uniquement à un modèle, à savoir la dimension (largeur et hauteur) et l'orientation (paysage ou portrait).
- Un modèle peut déjà contenir plusieurs diapositives avec des objets insérés. Il sera dans ce cas défini comme un modèle de contenu.
- Bien entendu, un modèle peut contenir également des macros, ce qui est impossible pour un thème.
- Enfin un thème, contrairement au modèle, peut être appliqué à n'importe quelle présentation existante.

REMARQUE

Les thèmes dans Office et dans PowerPoint

La notion de thème, en matière de choix de couleurs, de polices et d'effets, s'applique aux différentes applications Office. Les thèmes sont conçus pour fournir des documents homogènes quelle que soit l'application qui a servi à

REMARQUE

les créer. Mais dans PowerPoint, les thèmes vont bien au-delà de ces notions et se rapprochent fortement des modèles.

Dans un premier temps, vous allez apprendre à créer un thème dans sa version Office ; puis, dans un deuxième temps, vous verrez comment aller plus loin dans la conception d'un thème, comment créer un modèle et utiliser plusieurs thèmes dans un même modèle.

11.1. Homogénéité des couleurs et des polices

Vous savez modifier les polices dans une présentation PowerPoint et choisir des couleurs particulières. Que se passera-t-il si vous imposez dans votre présentation des polices de caractères et des couleurs ne faisant pas partie du thème ? À chaque modification du thème, les couleurs et les polices resteront telles que vous les avez choisies, et perdront ainsi leur harmonie avec le reste du document.

Les jeux de couleurs permettent de modifier l'ensemble de l'aspect d'une présentation afin que tout soit homogène et harmonieux ; il en est de même pour les jeux de police.

Voici donc comment procéder pour que vos couleurs et vos polices de caractères restent toujours homogènes avec le reste de la présentation, quel que soit le thème choisi :

- Que ce soient les couleurs de la police, des bordures, des motifs, etc., sélectionnez une des teintes du camaïeu de couleurs, soit dans les couleurs dites d'arrière-plan, de texte, soit dans les accentuations. Les couleurs sont divisées en dix colonnes de six teintes.

RENVOI

Vous en trouverez le détail dans la section *Créer un jeu de couleurs*.

Figure 11.1 : Utiliser les couleurs du thème

- Pour les polices de caractères, utilisez les deux polices constituant un jeu de polices. Ces deux polices principales sont listées au début de la liste déroulante *Police* avec la mention *(En-têtes)* qui indique en réalité qu'il s'agit de la police affectée aux titres (texte des diapositives de titre, titre des autres diapositives), et l'indication *(Corps)* qui indique qu'il s'agit de la police affectée au corps du texte (c'est-à-dire tout le texte d'une présentation hormis les titres).

Vous pouvez néanmoins créer vos propres jeux de couleurs et de polices qui seront ensuite disponibles sur les listes déroulantes des couleurs et des polices.

11.2. Créer un thème Office

Créer un jeu de couleurs

Le mieux est tout d'abord de sélectionner le jeu de couleurs le plus proche de ce que vous souhaitez obtenir, car la création d'un jeu de couleurs part obligatoirement d'un jeu existant. Ce jeu se sélectionne via le bouton **Couleurs** sous l'onglet **Création**, groupe *Thèmes*. Cliquez à nouveau sur le bouton **Couleurs** puis sur la commande **Nouvelles couleurs de thème**.

1 Dans la boîte de dialogue **Créer de nouvelles couleurs de thème**, choisissez vos propres couleurs :

- Douze couleurs sont à définir : les dix premières couleurs correspondent aux dix colonnes des camaïeux de couleurs proposés dans les différents menus. Chacune des dix couleurs que vous définirez ici sera ensuite déclinée en un camaïeu de six teintes. Parmi ces dix couleurs, quatre sont prévues pour le texte et les arrière-plans, texte clair sur arrière-plan sombre et inversement, les six autres pour les différents objets. Il reste deux couleurs fixes qui sont destinées aux liens hypertextes et aux liens hypertextes suivis.
- Au fur et à mesure que vous modifiez les couleurs, deux aperçus s'affichent dans la boîte de dialogue, l'un pour un arrière-plan foncé et l'autre pour un arrière-plan clair, et vous indiquent en particulier les couleurs qui seront utilisées par défaut lors de l'élaboration d'un graphique. Il ne s'agit bien entendu que des couleurs par défaut, que vous pourrez modifier sans problème tant que vous resterez dans les couleurs du thème.

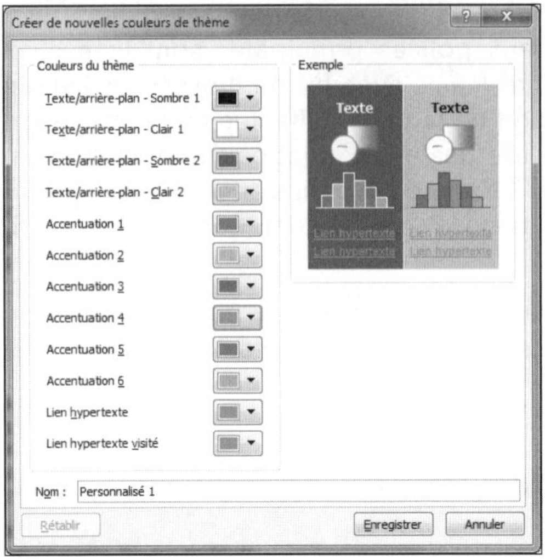

Figure 11.2 : Créer de nouvelles couleurs de thème

2 Donnez un nom à votre jeu de couleurs et enregistrez-le via le bouton **Enregistrer**.

ASTUCE

Couleurs actives

Les couleurs du bouton **Couleurs** sous l'onglet **Création**, groupe *Thèmes*, sont composées des quatre couleurs de texte et d'arrière-plan actives.

Créer un jeu de polices

1 Sous l'onglet **Création**, groupe *Thèmes*, cliquez sur le bouton **Polices**, puis sur la commande **Nouvelles polices de thème.**

2 Dans la boîte de dialogue **Créer de nouvelles polices de thème**, choisissez votre propre jeu de polices, une police pour les titres et une pour le corps du texte. Utilisez les flèches situées à droite de l'exemple pour visualiser le rendu dans d'autres langues. Donnez un nom à ce nouveau jeu de polices et enregistrez-le.

Figure 11.3 : Créer de nouvelles polices de thème

Enregistrer un thème

Si vous souhaitez de plus créer un thème à partir de vos propres jeux de couleurs et de polices, commencez par sélectionner vos deux jeux personnalisés ainsi qu'un jeu d'effets graphiques, puis sous l'onglet **Création**, groupe *Thèmes*, cliquez sur le bouton fléché permettant de dérouler la galerie des thèmes, puis sur la commande **Enregistrer le thème actif**. Donnez un nom à votre thème, et cliquez sur le bouton **Enregistrer**. Ce thème sera accessible dans la galerie des thèmes.

Vous pouvez aussi créer de nouveaux thèmes en alliant n'importe quel jeu de polices avec n'importe quel jeu de couleurs, qu'ils soient prédéfinis ou personnalisés. Le nombre de thèmes que vous pouvez créer n'a donc pas de limite ! Comme pour les jeux de couleurs et de polices, ces thèmes seront également accessibles depuis les autres applications Office.

Gérer les thèmes et les jeux de couleurs et de polices

Un thème est enregistré sous la forme d'un fichier à extension **.thmx* et est stocké par défaut dans le sous-dossier *Document Themes* du dossier *Templates*. Les jeux de couleurs et de polices quant à eux sont des fichiers **.xml* stockés respectivement par défaut dans les sous-dossiers *Theme Colors* et *Theme Fonts* du dossier *Document Themes*.

Vous pouvez le copier pour le distribuer à d'autres personnes en vous rendant dans ce dossier.

Modifier un jeu de couleurs ou un jeu de polices personnalisés

1 Pour modifier un jeu de couleurs ou un jeu de polices, sélectionnez le jeu dans la liste déroulante *Couleur* ou *Police*, cliquez avec le bouton droit dessus, puis cliquez sur la commande **Modifier** du menu contextuel.

2 Faites les changements nécessaires, puis sauvegardez vos modifications via le bouton **Enregistrer**.

Supprimer un jeu de couleurs ou un jeu de polices personnalisés

Pour supprimer un jeu de couleurs ou un jeu de polices, sélectionnez le jeu dans la liste déroulante *Couleur* ou *Police*, cliquez avec le bouton droit dessus, puis cliquez sur la commande **Supprimer** du menu contextuel.

Vous pouvez également ouvrir les sous-dossiers *Theme Colors* et *Theme Fonts* de votre disque dur et supprimer les fichiers *.xml*.

Modifier et supprimer un thème personnalisé

Modifiez votre thème en choisissant éventuellement d'autres jeux de couleurs, de polices ou d'effets, puis utilisez la méthode d'enregistrement d'un thème en lui donnant le même nom. PowerPoint vous avertit que ce nom existe déjà et vous demande si vous voulez le remplacer. Cliquez sur **Oui**.

Pour supprimer un thème, cliquez du bouton droit dessus, dans la galerie des thèmes, et choisissez la commande **Supprimer** du menu contextuel.

Vous pouvez également supprimer le fichier *.thmx* situé dans le sous-dossier *Document Themes*.

11.3. Appréhender les masques des diapositives

Nous allons dans cette partie plonger au cœur des personnalisations des thèmes et des modèles.

Vous l'avez vu tout au long de ce livre, toutes les modifications de mise en forme sont possibles au cours de la création même de la présentation, mais ne sont conseillées que ponctuellement, sur un texte en particulier, ou sur une diapositive, etc. Dans le masque, vous allez pouvoir définir tout ce qui sera standard dans la présentation. Si vous décidez par exemple, alors que la présentation est en cours ou terminée, de modifier la couleur des titres ou de déplacer le pied de page, c'est dans le masque que vous interviendrez pour que ces changements soient pris en compte sur toutes les diapositives concernées.

Tout ce qui est expliqué dans les différents chapitres de ce livre peut être appliqué de la même façon en mode Masque des diapositives, que ce soit au niveau de la mise en forme que des animations, mais ce sera généralisé à toute la présentation.

Créez une nouvelle présentation vierge, puis, sous l'onglet **Affichage**, groupe *Affichages des présentations*, cliquez sur le bouton **Masque des diapositives**.

ASTUCE

Passer en mode Masque des diapositives

Pour passer en mode Masque des diapositives, vous pouvez cliquer sur l'icône du mode Normal située en bas à droite de la fenêtre PowerPoint, tout en maintenant la touche [Maj] enfoncée.

Un volet s'affiche à gauche : il s'agit du volet des masques. Sa largeur peut être modifiée comme pour tout volet, en faisant glisser sa barre de fractionnement à l'aide de la souris.

En mode Masque des diapositives, vous remarquez que l'onglet **Création** n'est plus accessible. Néanmoins, le groupe *Modifier le thème*, sous l'onglet **Masque des diapositives**, permet d'utiliser et de personnaliser les thèmes existants.

Par défaut, une présentation vierge contient un masque. Ce masque est décliné en onze dispositions. Vous pourrez en supprimer ou en ajouter autant que nécessaire.

Un thème ou un modèle peuvent contenir plusieurs masques à configurer indépendamment.

ATTENTION

Format et orientation

Le choix de la mise en page *Format et orientation des diapositives* ne peut être appliqué qu'à l'ensemble d'une présentation. Il n'est pas possible de définir une mise en page par masque, ni bien entendu par disposition. D'ailleurs, seul un modèle, et non un thème, peut contenir ce type d'information.

Néanmoins, vous devrez penser à l'utilisation qui sera faite, en particulier par rapport aux images. En effet, une image insérée dans un masque prévu en format 4/3 sera déformée pour une utilisation en 16/9.

REMARQUE

Utilisation de plusieurs thèmes différents

Plusieurs thèmes peuvent coexister, mais l'ensemble d'un masque ne peut contenir qu'un seul thème. Pour utiliser plusieurs thèmes, vous devrez avoir plusieurs masques. Par ailleurs, l'enregistrement en tant que thème et non en tant que modèle n'empêche pas l'utilisation de plusieurs thèmes.

Dans le volet des masques, vous pouvez donc voir douze miniatures : la miniature du masque lui-même, légèrement plus grande et placée en tête de liste, et ses onze dispositions associées, autant de mises en page différentes, placées dessous. Le masque porte le numéro 1. Vous pourrez créer d'autres masques qui seront numérotés à sa suite.

Figure 11.4 : Le masque et ses dispositions

Toutes les personnalisations que vous allez apporter au masque vont se répercuter à l'ensemble des dispositions, que ce soit au niveau de l'arrière-plan, de la police de caractères - choix de la police, de la couleur, de la taille -, de la mise en forme des espaces réservés, etc.

Vous verrez ensuite que chaque disposition pourra posséder sa propre personnalisation.

Personnaliser le masque

Cliquez sur la diapositive du masque et créez les personnalisations qui doivent se répercuter dans toutes les dispositions.

Commencez par choisir ou créer le jeu de couleurs, le jeu de polices et le jeu d'effets, ou un thème de votre conception, que vous allez parfaire dans le masque, ou encore, si l'imagination vous manque, choisissez un thème parmi ceux qui sont livrés avec PowerPoint.

REMARQUE

Choix des éléments d'un thème

Comme pour le thème lui-même, les jeux de couleurs, de polices et d'effets sont communs à l'ensemble du masque. Vous ne pourrez pas par exemple avoir une police spécifique à chaque disposition.

ATTENTION

Choix d'un thème existant

Vous pouvez choisir un thème existant via l'onglet **Masque des diapositives**, dans le groupe *Modifier le thème*, en cliquant sur le bouton **Thèmes**. Si aucune miniature n'est sélectionnée, si le curseur se trouve entre deux miniatures ou à la fin, cette action va créer un nouveau masque et ne va pas s'appliquer au masque existant.

Créer un arrière-plan personnalisé

Choisissez l'arrière-plan qui devra figurer dans la majorité des dispositions. Vous interviendrez ensuite sur les arrière-plans spécifiques à certaines dispositions. La pratique habituelle consiste à choisir un arrière-plan différent pour les diapositives de titre et les autres diapositives.

Pour l'arrière-plan, cliquez sur la flèche déroulante du bouton **Styles d'arrière-plan** situé dans le groupe *Masque des diapositives*, groupe *Arrière-plan*, et sélectionnez une couleur de thème, ou cliquez sur la commande **Mise en forme de l'arrière-plan** afin d'imposer un arrière-plan de votre cru, plus original, agrémenté d'une photo, d'un dégradé personnalisé ou d'une texture.

Si par exemple vous souhaitez mettre une image en arrière-plan, dans la boîte de dialogue **Mise en forme de l'arrière-plan**, à la rubrique *Remplissage*, cochez l'option *Remplissage avec image ou texture*, puis cliquez sur le bouton **Fichier** afin de choisir une photo. Vous pouvez ensuite jouer sur la transparence de l'arrière-plan en bougeant le curseur *Transparence* situé en bas de la boîte de dialogue. Vous pouvez également passer la photo en filigrane via la rubrique *Couleur de l'image*, et jouer sur la luminosité et le contraste de la photo via la rubrique *Corrections des images*.

ATTENTION

Modification de l'arrière-plan

Contrairement à ce qui est expliqué dans le chapitre *Créer une présentation* concernant les modifications d'arrière-plan, la rectification que vous faites ici fera bien partie du thème et ne s'apparente en rien à une modification ponctuelle.

Ajouter des éléments graphiques

Indépendamment de l'arrière-plan, vous pouvez ajouter dans le masque tous les éléments graphiques de votre choix, le logo de votre société par exemple.

Cela peut être également, comme nous l'avons évoqué dans le chapitre *Préparer, configurer et projeter un diaporama*, des boutons d'action qui seront accessibles, lors du diaporama, pour revenir par exemple au sommaire ou à la dernière diapositive affichée, etc. Vous pouvez aussi y mettre des objets son qui se déclencheront en cliquant dessus. Placer de tels objets dans le masque présente l'intérêt de faciliter leur accessibilité à tout moment.

Sachez par ailleurs que tous les éléments insérés dans le masque peuvent être animés, même s'il n'est pas recommandé d'en abuser ! Si vous souhaitez par exemple que les titres s'affichent tous d'une certaine manière, par une animation progressive, celle-ci se fera dans le masque.

Gérer la mise en forme et la mise en page des espaces réservés au texte

Concernant le choix de la police, utilisez un des jeux de polices. Ne spécifiez une police particulière que si vous avez besoin d'utiliser une police supplémentaire par rapport au jeu, dans un endroit bien défini, une zone de texte ajoutée par exemple.

Le choix d'un arrière-plan parmi les couleurs du thème entraîne automatiquement le choix de la couleur de la police qui lui est associée. Il n'en est pas de même si vous avez opté pour une image. Quoi qu'il en soit, vous pouvez choisir la couleur de police qui convient, parmi les couleurs du thème.

Vous devrez également sélectionner la taille standard pour le titre ainsi que pour le corps du texte, même s'il est toujours possible pendant la création de la présentation de modifier la taille.

N'oubliez pas de mettre en forme les puces et les retraits par défaut. Cliquez sur chaque paragraphe de l'espace réservé au texte et choisissez le retrait et la puce.

Vous pouvez également encadrer et mettre un fond aux espaces réservés ; la personnalisation d'un masque s'arrête là où finit votre imagination...

Choisir l'emplacement des informations de bas de page

Par défaut, en bas de page se trouvent trois zones destinées à contenir la date, un pied de page et le numéro de la diapositive.

- Il est possible de modifier l'emplacement de ces trois éléments. Notez que vous pouvez déplacer le pied de page en haut de la diapositive, mais il ne changera pas de nom pour autant !

- Vous pouvez préremplir ces trois zones. Dans ce cas, utilisez le bouton **En-tête et pied de page**, sous l'onglet **Insertion**, afin que les options soient cochées. En effet, cela ne sert à rien de saisir le texte directement dans la zone de texte. Par ailleurs, dans la boîte de dialogue **En-tête et pied de page**, vous pouvez cliquer indifféremment sur le bouton **Appliquer partout** ou **Appliquer** : une modification dans le masque est répercutée de toute manière sur toutes les dispositions (sauf personnalisation).
- Vous pouvez également supprimer toutes ou l'une de ces trois zones : sélectionnez la zone concernée et appuyez sur la touche [Suppr]. Pour rétablir une zone supprimée, cliquez sur le bouton **Mise en page du masque**, situé dans le groupe du même nom, et cochez les cases correspondant aux zones à rétablir.

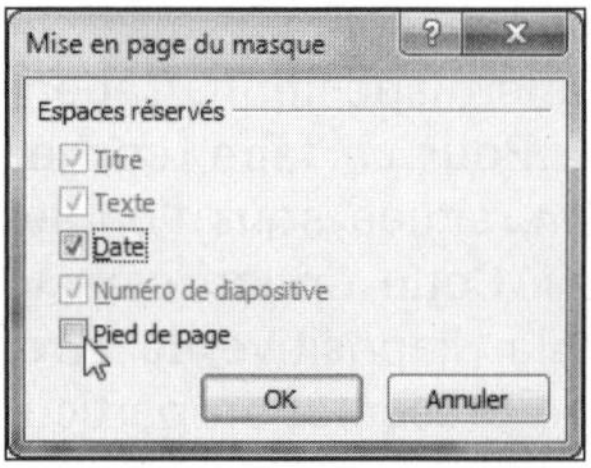

Figure 11.5 : Rétablir les espaces réservés supprimés

Nommer le masque

Le masque a un nom. Il prend par défaut le nom du thème si vous lui avez appliqué un thème existant. Le masque vierge est nommé par défaut *Thème Office*.

1 Pour donner un nom spécifique à votre masque, cliquez avec le bouton droit sur la miniature du masque et choisissez la commande **Renommer le masque**.

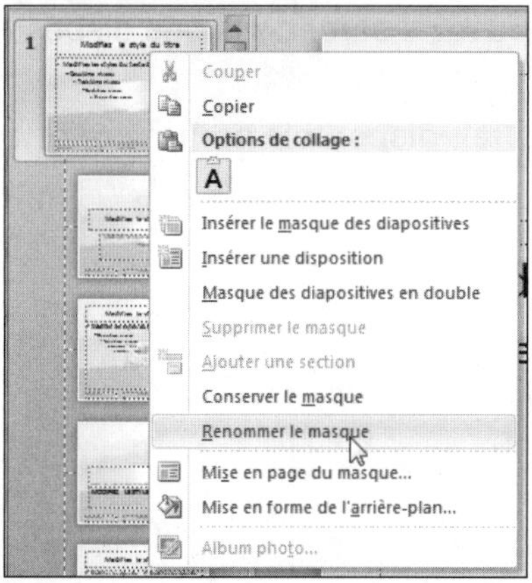

Figure 11.6 : Renommer le masque

2 Saisissez le nom de votre choix dans la boîte de dialogue.

Créer et personnaliser les dispositions

Personnaliser une disposition

Un masque contient par défaut onze dispositions que vous pouvez personnaliser. Ces dispositions sont accessibles en cours de création d'une présentation via les boutons **Nouvelle diapositive** et **Disposition**, sous l'onglet **Accueil**.

Pour personnaliser une disposition, cliquez sur la miniature correspondante dans le volet du masque. Vous devez y retrouver toutes les personnalisations que vous avez faites au niveau du masque maître.

Les objets qui ont été insérés depuis le masque ne sont pas accessibles et ne sont donc pas modifiables dans une disposition. Cependant, vous pouvez décider de les masquer. Pour ce faire, cochez l'option *Masquer les graphiques d'arrière-plan*, située sous l'onglet **Masque des diapositives**, groupe *Arrière-plan*. Cette option sera le plus souvent utilisée pour la disposition de la diapositive de titre, pour laquelle il est intéressant de définir une présentation particulière.

Par contre, chaque disposition peut avoir son propre arrière-plan. Et, bien entendu, puisque c'est le but, les espaces réservés sont tous personnalisables, y compris les espaces de pied de page.

Gérer les espaces réservés

Les dispositions comprennent des espaces réservés destinés à accueillir du texte et différents contenus. Les dispositions définissent l'emplacement et la mise en forme de ces espaces réservés. Voici les types d'espaces réservés que vous pouvez insérer dans une disposition :

- Contenu (cet espace réservé est en fait disponible pour n'importe quel contenu).
- Texte.
- Image.
- Graphique.
- Tableau.
- Diagramme SmartArt.
- Clip multimédia.
- Clipart.

Dans une disposition, l'utilisateur peut supprimer et ajouter des espaces réservés, et en changer le positionnement. Par contre, il ne peut pas modifier la destination d'un espace réservé existant.

1 Pour supprimer un espace réservé, cliquez sur son pourtour et appuyez sur les touches [Suppr] ou [⇤].

2 Pour ajouter un espace réservé, cliquez sur le bouton **Insérer un espace réservé**, situé sous l'onglet **Masque des diapositives**, groupe *Mise en page du masque*, et sélectionnez l'espace de votre choix.

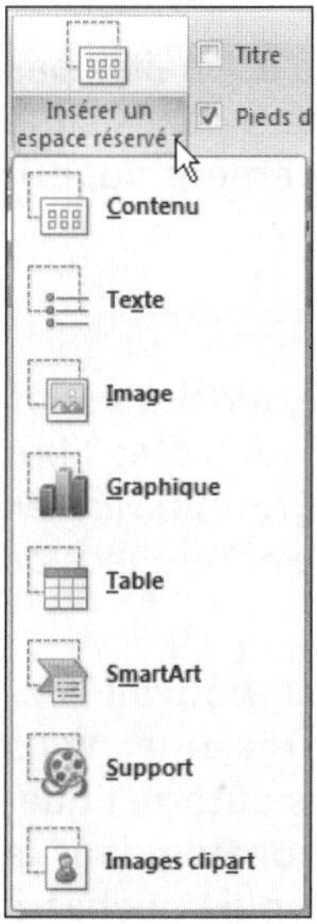

Figure 11.7 : Insérer un espace réservé

3 Tracez ensuite l'espace dans la diapositive à l'emplacement et à la taille que vous souhaitez. Vous pouvez mettre en forme cet espace comme n'importe quelle forme automatique, via les outils de l'onglet **Outils de dessin/Format**. S'il est possible de spécifier une forme quelconque pour un espace réservé à une image, il n'est bien entendu pas conseillé d'attribuer une forme exotique à un espace réservé à un graphique !

La mise en forme par défaut des espaces réservés - format police, format paragraphe, couleurs, bordures, etc. - découle directement de la mise en forme du masque. Vous pouvez personnaliser cette mise en forme pour chaque disposition, si nécessaire.

Un espace réservé possède en son centre une icône symbolisant à quoi il est destiné. L'espace de contenu contient quant à lui toutes les icônes. Un espace réservé possède en outre un texte d'indication pour l'utilisateur. Ce texte peut être modifié : saisissez directement un texte dans l'espace. Ce texte disparaîtra automatiquement dès que l'utilisateur aura cliqué dans l'espace pour le compléter.

Figure 11.8 : Espace réservé à un graphique, dont le texte d'indication a été modifié

Si vous créez une zone de texte pour laquelle vous ne souhaitez pas de listes à puces, désactivez simplement l'outil de liste à puces situé sous l'onglet **Accueil**. Les retraits seront automatiquement supprimés.

Gérer les titres et les éléments du pied de page

Une disposition contient par défaut au moins un titre, ainsi que des éléments de pied de page. Pour chaque disposition, vous êtes libre de choisir d'y mettre ou non ces éléments : dans le groupe *Mise en page du masque*, cochez ou décochez les options *Titre* et/ou *Pieds de page*.

Vous avez vu précédemment dans ce chapitre que l'on pouvait supprimer un des éléments de pied de page dans le masque. Vous remarquez cependant que cette suppression n'est pas automatiquement répercutée dans les dispositions. Pour que le choix fait dans le masque soit appliqué dans la disposition, décochez puis cochez à nouveau l'option *Pieds de page*, située dans le groupe *Mise en page du masque*.

Notez par ailleurs que l'emplacement de ces éléments peut éventuellement être modifié indépendamment dans chaque disposition.

Ajouter et supprimer une disposition

Pour ajouter une disposition, cliquez dans le volet du masque à l'emplacement prévu pour l'accueillir, puis, dans le groupe *Modifier la forme de base*, sous l'onglet **Masque des diapositives**, cliquez sur le bouton **Insérer une disposition**.

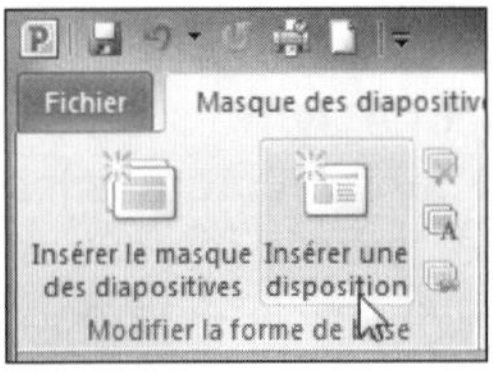

Figure 11.9 : Ajouter une disposition

Vous pouvez également cliquer du bouton droit et choisir la commande **Insérer une disposition**.

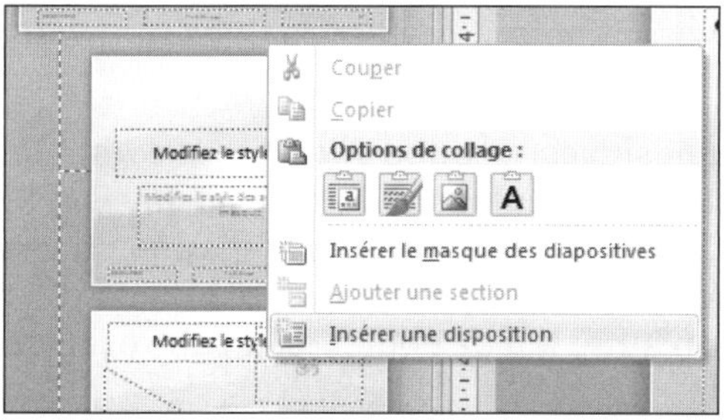

Figure 11.10 : Ajouter une disposition via le menu contextuel

Grâce au menu contextuel, vous pouvez également couper, copier, coller et dupliquer une disposition.

Pour supprimer une disposition, cliquez sur la miniature qui la symbolise et appuyez sur la touche Suppr, ou bien utilisez le menu contextuel.

REMARQUE

Suppression de dispositions

Si votre présentation contient déjà des diapositives, vous ne pourrez en aucun cas supprimer les dispositions du masque sur lequel s'appuient ces diapositives.

Renommer les dispositions

Chaque disposition possède un nom par défaut que vous pouvez visualiser dans une info-bulle en cliquant sur sa miniature dans le volet des masques. Une nouvelle disposition se nomme par défaut *Disposition personnalisée*. Vous pouvez modifier le nom de chacune des dispositions : pour cela, cliquez avec le bouton droit sur la miniature et choisissez la commande **Renommer la disposition**, entrez un nom et cliquez sur le bouton **Renommer**.

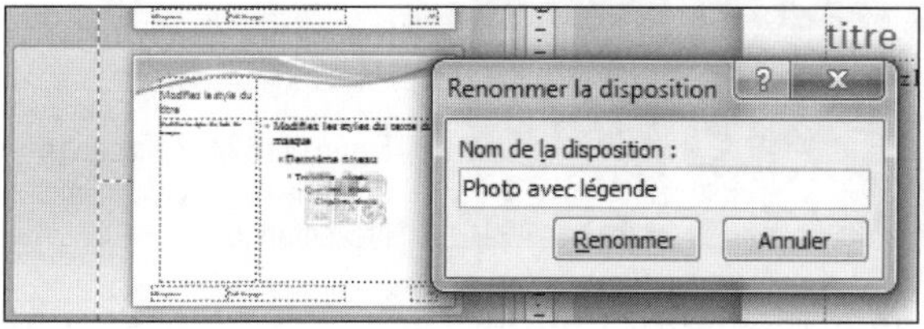

Figure 11.11 : Renommer une disposition

Ajouter de nouveaux masques

Dans un modèle ou un thème plus sophistiqué, vous pouvez ajouter d'autres masques qui contiendront autant de dispositions que vous le souhaitez.

Sous l'onglet **Masque des diapositives**, groupe *Modifier la forme de base*, cliquez sur le bouton **Insérer le masque des diapositives**. Un nouveau masque s'insère à la suite du premier, accompagné de ses dispositions. Vous pouvez mettre ce masque en forme à l'aide d'un nouveau thème comprenant un autre jeu de couleurs, un autre jeu de polices et un autre jeu d'effets.

Une autre méthode consiste à insérer un masque en choisissant tout de suite un thème : cliquez sur le bouton **Thèmes** situé sous l'onglet **Masque des diapositives**, groupe *Modifier le thème*, puis cliquez avec le bouton droit sur le thème de votre choix et choisissez la commande **Ajouter un masque de diapositives**.

L'utilisateur d'un tel modèle aura le choix entre deux thèmes pour la même présentation.

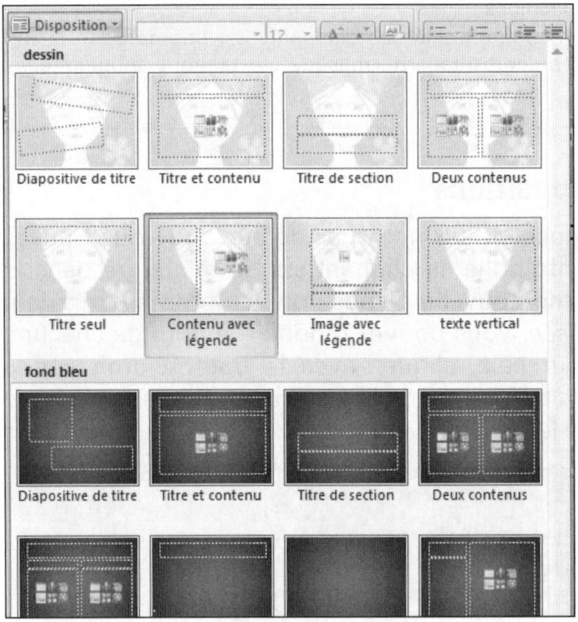

Figure 11.12 : Choisir entre deux thèmes pour la même présentation

Bien qu'elles contiennent plusieurs thèmes, ces personnalisations peuvent être enregistrées en format thème. Un thème peut en effet être composé de plusieurs sous-thèmes ! En cas d'utilisation dans les autres applications Office, seul le premier thème sera pris en compte.

Protéger les masques contre la suppression automatique

Dans une présentation qui comporte plusieurs masques, PowerPoint peut supprimer automatiquement un masque dans deux cas précis :

- Si vous avez effacé toutes les diapositives créées à partir de ce masque.
- Si vous avez affecté un autre masque à toutes les diapositives définies à partir de ce masque.

Un masque protégé est signalé par une icône en forme d'épingle située en dessous de son numéro, à gauche. S'il n'est pas protégé, et pour éviter toute suppression intempestive, cliquez avec le bouton droit sur la miniature du masque et cochez l'option *Conserver le masque*.

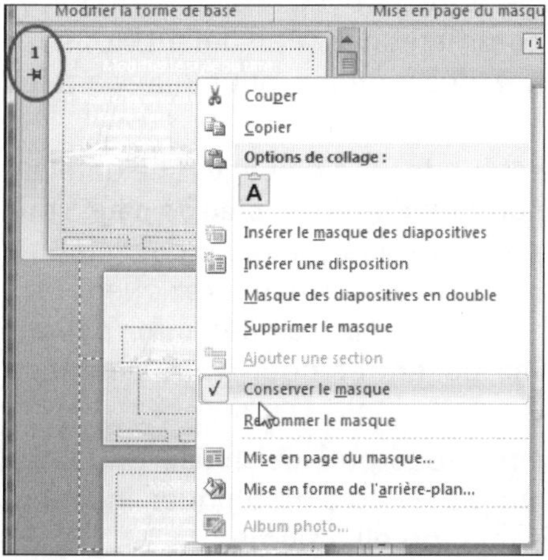

Figure 11.13 : Masque protégé via l'option Conserver le masque

Si au contraire vous acceptez que PowerPoint supprime un masque qui n'est plus utilisé, décochez cette option.

ATTENTION

Protection et suppression de masque

Le fait de "protéger" un masque en cochant l'option *Conserver le masque* n'empêche aucunement de le supprimer via la commande **Supprimer le masque**.

11.4. Appréhender les masques de commentaires et de document

Vous avez vu dans le chapitre *Partager et imprimer* qu'il était également possible de configurer l'impression de la présentation en mode Commentaires et en mode Document. Ces configurations passent par des masques qui sont spécifiques à ces deux modes.

Paramétrer le format des pages de commentaires

Le paramétrage d'une page de commentaires se fait dans le masque des pages de commentaires. Pour afficher le masque, cliquez sur le bouton **Masque des pages de notes**, sous l'onglet **Affichage**, groupe *Affichages des présentations*.

Une fois que le masque est affiché à l'écran, vous pouvez le modifier via les boutons situés sous l'onglet **Masque des pages de notes** :

- Dans le groupe *Mise en page*, vous pouvez modifier la taille et l'orientation.
- Dans le groupe *Espaces réservés*, vous pouvez choisir les espaces à afficher dans les pages de commentaires. Par défaut, tous les espaces sont affichés. Décochez des options pour que certains espaces n'apparaissent plus.
- Pour insérer un texte d'en-tête et/ou de pied de page, une date, un numéro de page, cliquez sur le bouton **En-tête et pied de page** sous l'onglet **Insertion**, groupe *Texte*, et complétez la boîte de dialogue, onglet **Commentaires et documents**. Vous remarquerez que toutes ces informations sont totalement dépendantes des informations du même ordre que vous avez pu entrer pour la présentation elle-même, sur les diapositives.
- Dans le groupe *Modifier le thème*, vous pouvez choisir un jeu de couleurs, un jeu de polices et un jeu d'effets graphiques indépendamment des styles de la présentation elle-même.

RENVOI

Pour toutes ces options, vous pouvez vous référer au chapitre *Créer une présentation*.

- Dans le groupe *Arrière-plan*, vous pouvez modifier les styles d'arrière-plan. Encore une fois, ce choix est indépendant de celui qui concerne la présentation.

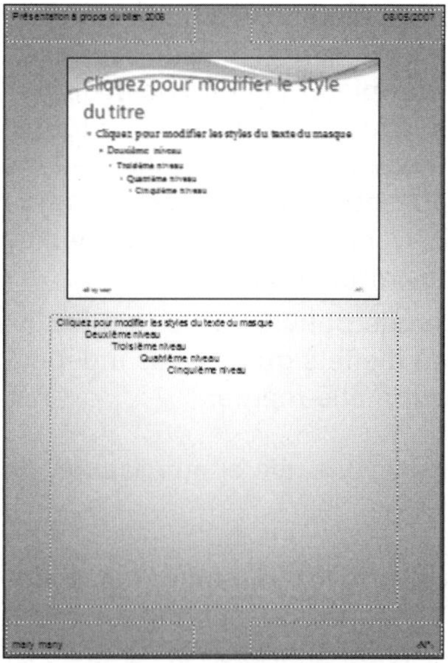

Figure 11.14 : Masque des pages de commentaires

Vous pouvez également placer dans le masque des objets graphiques, logo ou image quelconque.

Paramétrer le format Document

Le paramétrage d'un document se fait dans le masque du document. Pour afficher le masque, cliquez sur le bouton **Masque du document**, sous l'onglet **Affichage**, groupe *Affichages des présentations*.

ASTUCE

Passer en mode Masque du document

Pour passer en mode Masque du document, vous pouvez cliquer sur l'icône du mode Trieuse de diapositives, située en bas à droite de la fenêtre PowerPoint, tout en maintenant la touche [Maj] enfoncée.

Une fois que le masque apparaît à l'écran, vous pouvez le modifier via les boutons situés sous l'onglet **Masque du document** :

- Dans le groupe *Mise en page*, vous pouvez modifier la taille et l'orientation. Vous avez la possibilité également de choisir le nombre de diapositives par page via le bouton **Diapositives par page**.
- Dans le groupe *Espaces réservés*, vous pouvez choisir les espaces à afficher dans le document. Par défaut, tous les espaces sont affichés. Décochez des options pour que certains espaces n'apparaissent plus.

- Pour insérer un texte d'en-tête et/ou de pied de page, une date, un numéro de page, cliquez sur le bouton **En-tête et pied de page** sous l'onglet **Insertion**, groupe *Texte*, et complétez la boîte de dialogue, onglet **Commentaires et documents**. Vous remarquerez que toutes ces informations sont totalement dépendantes des informations du même ordre que vous avez pu entrer pour la présentation elle-même, sur les diapositives. Par contre, ce sont les mêmes informations que pour les pages de commentaires.
- Dans le groupe *Modifier le thème*, vous pouvez choisir un jeu de couleurs, un jeu de polices et un jeu d'effets graphiques indépendamment des styles de la présentation elle-même.

RENVOI

Pour toutes ces options, vous pouvez vous référer au chapitre *Créer une présentation*.

- Dans le groupe *Arrière-plan*, vous pouvez modifier les styles d'arrière-plan. Encore une fois, ce choix est indépendant du choix qui concerne la présentation.

Vous pouvez également placer dans le masque des objets graphiques, logo ou image quelconque. Ces éléments graphiques se positionneront à l'arrière-plan, c'est-à-dire en dessous des diapositives, même si ce n'est pas visible sur le masque.

11.5. Quitter un mode Masque

Pour quitter un mode Masque, quel qu'il soit, cliquez sur le bouton **Désactiver le mode Masque**, situé sous l'onglet **Masque** (diapositive, document ou commentaires), groupe *Fermer*. Vous pouvez également cliquer directement sur une icône d'affichage, située en bas à droite de votre écran PowerPoint.

11.6. Enregistrer et utiliser un modèle ou un thème

Toutes ces personnalisations peuvent être enregistrées sous deux formats :

- Le format thème (*.thmx*) : le fichier sera stocké dans le dossier *Document Themes*. Cliquez sur le bouton **Thèmes** dans le groupe *Modifier le thème*, puis cliquez sur la commande **Enregistrer le thème actif**.

- Le format *.potx* : le fichier sera stocké dans le dossier *Templates*. Si vous choisissez le format *.potx*, vous pourrez ajouter à votre présentation des diapositives de contenu. Cliquez sur le bouton **Office**, puis sur la commande **Enregistrer sous**. Choisissez le type de fichier *Modèle PowerPoint (*.potx)* et donnez un nom à votre modèle.

Pour modifier un modèle, ouvrez le fichier *.potx*, apportez les modifications et sauvegardez.

Pour modifier un thème, créez une nouvelle présentation avec ce thème, apportez les modifications et réenregistrez le thème en écrasant le précédent.

RENVOI

Pour savoir comment utiliser un modèle ou un thème, reportez-vous au chapitre *Créer une présentation*.

En résumé :

- Pour utiliser un modèle, cliquez sur le bouton **Office** puis sur la commande **Nouveau**. Sélectionnez ensuite le dossier *Mes modèles* ou *Modèles installés* et choisissez le modèle de votre choix.
- Pour utiliser un thème, cliquez sur le bouton **Office** puis sur la commande **Nouveau**. Sélectionnez ensuite le dossier *Thèmes installés* et choisissez un thème. Ou bien créez une nouvelle présentation vierge ou ouvrez une présentation existante, puis sous l'onglet **Création**, groupe *Thèmes*, sélectionnez un thème dans la galerie des thèmes.

11.7. Définir un modèle ou un thème par défaut

Choisir un thème par défaut

Lorsque vous créez une nouvelle présentation (Ctrl+N), celle-ci est soumise au thème par défaut. Ce thème se nomme *Office*. Il a un arrière-plan blanc et des couleurs foncées.

Vous pouvez modifier ce thème afin que toute nouvelle présentation soit créée par défaut sur la base du thème de votre choix :

1 Sous l'onglet **Création**, groupe *Thèmes*, choisissez le thème qui vous convient, puis cliquez dessus du bouton droit et sélectionnez l'option *Définir comme thème par défaut*. Cette option restera cochée.

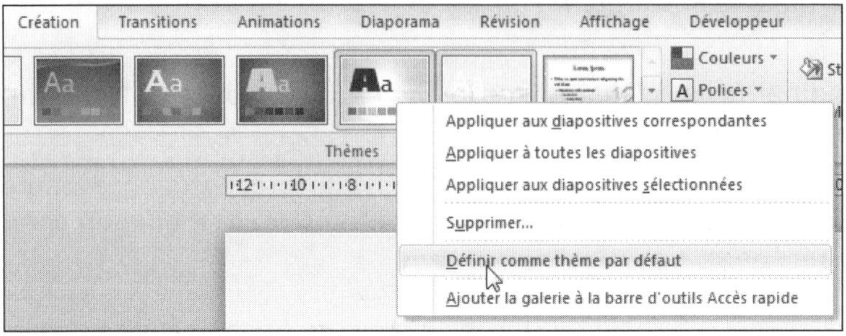

Figure 11.15 : Choisir un thème par défaut

2 Pour annuler le choix du thème par défaut, cliquez à nouveau sur l'option *Définir comme thème par défaut*.

Vous pourrez à tout moment modifier le thème par défaut en recommençant l'opération.

Choisir un modèle par défaut

Si vous souhaitez utiliser un modèle par défaut, donnez-lui le nom *blank.potx* et placez-le dans votre dossier personnel *Templates*. Toute nouvelle présentation (Ctrl+N) sera automatiquement et par défaut fondée sur ce modèle.

REMARQUE

Modèle ou thème par défaut

Si un thème par défaut a déjà été choisi, il est prioritaire par rapport au modèle. Pour privilégier le modèle, désactivez le thème par défaut (voir ci-dessus).

11.8. Exercices pratiques

Créer un thème de diplôme

Créez une nouvelle présentation vierge, puis, sous l'onglet **Création**, groupe *Mise en page*, cliquez sur le bouton **Mise en page** et choisissez le format A4. En effet, le diplôme est prévu pour l'impression et non pour la visualisation à l'écran.

REMARQUE

Format A4
En fonction de l'imprimante que vous avez, vous pouvez agrandir la hauteur et la largeur du papier pour éviter les marges trop grandes.

RENVOI

Voyez à ce sujet la section *Imprimer une présentation*, au chapitre *Partager et imprimer*.

Vous mettrez dans le masque de la diapositive tout ce qui ne doit pas être modifié, en particulier les illustrations. Vous positionnerez correctement les espaces réservés au texte dans la disposition du masque.

1 Affichez le masque en cliquant sur l'icône du mode Normal avec la touche [Maj] enfoncée, ou bien via le Ruban : onglet **Affichage**, groupe *Modes Masque*, bouton **Masque des diapositives**.

Ce thème sera défini uniquement pour une page de diplôme, il est inutile de garder toutes les dispositions existantes. Vous allez donc les supprimer toutes, sauf la première.

2 Sélectionnez la deuxième disposition, déplacez-vous tout en bas du volet des dispositions, appuyez sur la touche [Maj] et cliquez sur la dernière disposition, enfin appuyez sur la touche [Suppr]. En conséquence, seule la disposition de titre sera utilisée. L'utilisateur pourra d'ailleurs créer une présentation avec autant de diplômes qu'il le souhaitera, il ne sera pas forcément utile de créer une présentation par diplôme.

3 Sélectionnez maintenant le masque lui-même, c'est-à-dire la plus grande miniature placée en premier, afin de modifier la mise en forme générale. Supprimez éventuellement les espaces réservés qui sont inutiles ici, puis :

- Insérez une image en fond, via la fonction d'insertion image, plutôt qu'en arrière-plan.

ASTUCE

Image insérée via la fonction d'arrière-plan ou via la fonction d'insertion d'image
Si vous utilisez la fonctionnalité d'arrière-plan pour insérer une image, l'utilisateur pourra modifier cet arrière-plan en mode Création, alors que si vous insérez une image en fond via la fonction d'insertion d'image, cette

ASTUCE

dernière se mettra devant l'arrière-plan, ce qui fait que si une modification de l'arrière-plan reste possible, elle sera invisible !

Ajoutez une image personnelle ou une image clipart via l'onglet **Insertion**, groupe *Images*. Dans notre exemple, nous avons choisi une image de planisphère trouvée par le biais des cliparts, avec une transparence à 80 %. Si vous préférez opter classiquement pour un cadre, et si l'intérieur de ce cadre est transparent, vous devrez choisir la couleur d'arrière-plan, qui sera donc modifiable par l'utilisateur.

Cliquez ensuite avec le bouton droit sur l'image, pointez sur la commande **Mettre à l'arrière-plan**, puis cliquez sur l'option *Mettre à l'arrière-plan*.

ATTENTION

Histoire d'arrière-plan

Ne confondez pas la fonctionnalité d'arrière-plan et l'attribut d'arrière-plan affecté à un objet dans un masque ou une diapositive.

Figure 11.16 : Masque avec image insérée via la fonction d'insertion d'image

- Ajoutez si nécessaire d'autres objets graphiques, tels que le logo de l'entreprise, et positionnez-les aux endroits souhaités. Insérez le nom et les coordonnées de l'entreprise.

4 Passez à présent à la personnalisation de la disposition. Cliquez donc sur la seule disposition existante, qui est une disposition de titre.

– Désactivez les pieds de page qui ne nous intéressent pas dans ce cas précis : sous l'onglet **Masque des diapositives**, dans le groupe *Mise en page du masque*, décochez l'option *Pieds de page*.

– Insérez des zones de texte pour le texte générique du diplôme : en effet, une zone réservée peut être modifiée par l'utilisateur. Ici nous avons besoin de placer des textes qui ne devront jamais être modifiés, comme le titre du diplôme : `Diplôme décerné à…`, etc. Complétez ces zones de texte, formatez-les et positionnez-les.

– Dans l'espace réservé au titre, tapez le texte : `Saisissez le nom du diplômé`. C'est l'indication que verra l'utilisateur. Vous pouvez également prévoir l'espace du sous-titre pour un autre texte personnalisable par l'utilisateur.

– Pour ajouter la date, insérez une zone de texte dans laquelle vous taperez : `Fait à Paris le`, puis, sous l'onglet **Insertion**, groupe *Texte*, cliquez sur le bouton **Date et heure** afin d'ouvrir la boîte de dialogue du même nom. Sélectionnez le format avec le mois en toutes lettres et cochez l'option *Mise à jour automatique*. Cliquez sur OK.

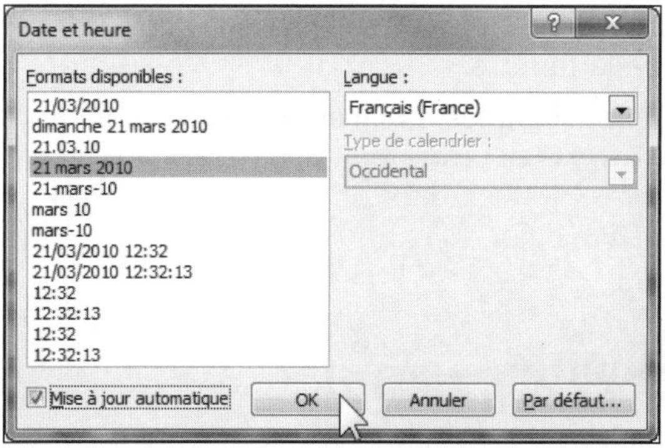

Figure 11.17 : Insérer une date automatique dans une zone de texte

ASTUCE

Penser aux outils d'alignement

Que ce soit pour aligner les zones de texte horizontalement ou pour les centrer verticalement, pensez à utiliser les outils d'alignement accessibles via le bouton **Aligner** et situés sous l'onglet **Outils de dessin/Format**, groupe *Organiser*. Aidez-vous également des repères.

RENVOI Voyez à ce sujet la section *Organiser les images et les dessins*, au chapitre *PowerPoint et les objets simples*.

Votre disposition étant à présent terminée, vous allez la tester, puis enregistrer le thème.

Figure 11.18 : Disposition terminée pour le diplôme

1 Désactivez le mode Masque en cliquant sur le bouton du même nom situé dans le groupe *Fermer*, sous l'onglet **Masque des diapositives**, ou plus simplement en cliquant sur l'icône *Mode Normal* située en bas à droite de la fenêtre.

2 Créez un diplôme en remplissant les espaces réservés au texte.

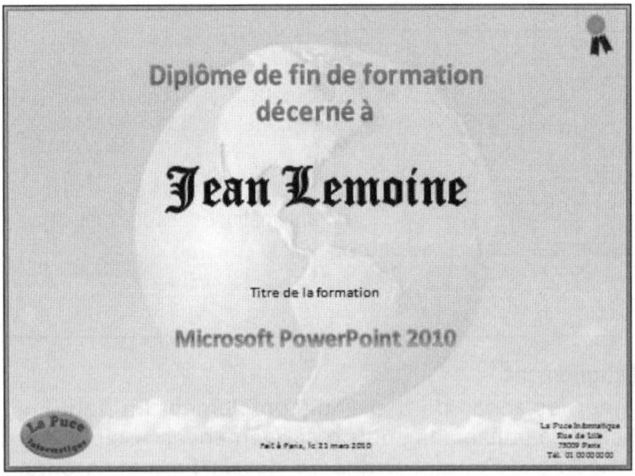

Figure 11.19 : Tester en complétant les espaces réservés au texte

3 Si tout va bien, enregistrez le thème : sous l'onglet **Création**, groupe *Thèmes*, cliquez sur la flèche déroulante des styles de thèmes et choisissez la commande **Enregistrer le thème actif**. Donnez un nom et cliquez sur le bouton **Enregistrer**.

Vous pouvez fermer la présentation en cours sans l'enregistrer, puis tester votre thème : créez une nouvelle présentation vierge, puis sous l'onglet **Création**, groupe *Thèmes*, recherchez votre thème qui doit se trouver dans la galerie. Cliquez dessus et complétez le diplôme.

Figure 11.20 : Utiliser le nouveau thème

REMARQUE

Mise en page

N'oubliez pas que le thème ne reprend pas la mise en page (format). Donc, avant d'appliquer le thème, pensez à choisir votre format de mise en page, A4 dans cet exemple.

Créer un thème avec une animation sur les pages de titre et des boutons d'action dans le masque

Nous voulons créer un nouveau thème qui sera en rapport avec le golf.

1 Créez une nouvelle présentation vierge, puis, sous l'onglet **Création**, groupe *Thèmes*, cliquez sur le bouton **Couleurs** et choisissez le jeu de couleurs *Fonderie*, que vous allez modifier.

2 Cliquez à nouveau sur le bouton **Couleurs** et sélectionnez la commande **Nouvelles couleurs du thème**.

- Modifiez en particulier les deux couleurs *Texte/arrière-plan sombre* et choisissez le même vert foncé (couleurs RVB : 0, 100, 0). Changez également la couleur des liens hypertextes pour du gris.
- Donnez-lui le nom `Golf` et cliquez sur le bouton **Enregistrer**.
- Vérifiez dans la galerie des couleurs que votre jeu de couleurs y figure bien.

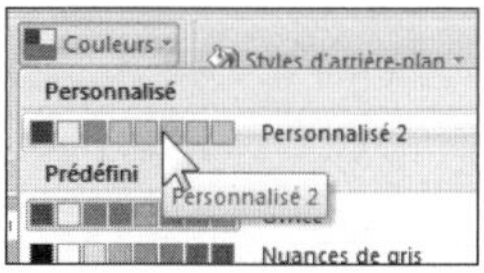

Figure 11.21 : Jeu de couleurs personnalisé

3 Créez ensuite votre propre jeu de polices : sous l'onglet **Création**, groupe *Thèmes*, cliquez sur le bouton **Polices**, puis sur la commande **Nouvelles polices du thème**.

– Sélectionnez *Arial Rounded MT Bold* pour la police de titre, puis *Georgia* pour la police de corps. Si vous ne possédez pas ces polices, choisissez une police sans empattements pour la police de titre et une police avec empattements pour la police de corps.

DEFINITION

Empattements

En typographie, les empattements sont les petits traits décoratifs situés aux extrémités des lettres. On utilise également les termes anglais serif ou sans serif.

– Nommez votre jeu de polices `Golf`, puis cliquez sur le bouton **Enregistrer**.

Vous allez à présent vous occuper du masque :

4 Appuyez sur la touche [Maj], puis cliquez sur l'icône *Mode Normal* située en bas à droite de l'écran.

5 Cliquez sur la miniature du masque, puis, sous l'onglet **Masque des diapositives**, groupe *Arrière-plan*, cliquez sur la flèche du bouton **Styles d'arrière-plan**, et optez pour *Style 11*.

Appliquons tout d'abord les modifications générales au masque. Sélectionnez donc la miniature du masque, située en tête de liste et plus grande que les autres.

6 Commencez par modifier le style des puces :

– Dans l'espace réservé au texte, cliquez sur le premier niveau de la liste à puces, puis, sous l'onglet **Accueil**, groupe *Paragraphe*, cliquez sur la flèche déroulante du bouton **Puces**, puis sur la commande **Puces et numéros**. Cliquez sur le bouton **Image**. Dans la zone de recherche, tapez les mots `balle de golf` et cliquez sur le bouton **Rechercher**. Si vous avez une image personnelle de ce type, vous pouvez utiliser le bouton **Importer**. Sélectionnez un dessin de balle de golf et cliquez sur OK. Retournez dans la boîte de dialogue **Puces** pour en augmenter la taille à 150 % (voir Figure 11.22).

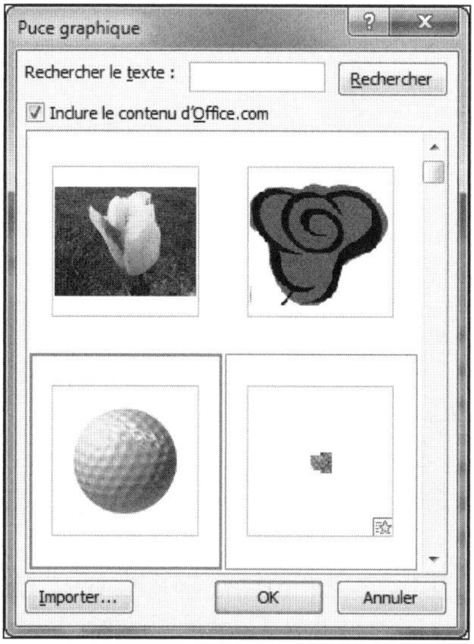

Figure 11.22 : Sélectionner un dessin de balle de golf pour en faire une puce

— Cliquez ensuite sur le second niveau de la liste à puces, puis, sous l'onglet **Accueil**, groupe *Paragraphe*, cliquez sur la flèche déroulante du bouton **Puces**, puis sur la commande **Puces et numéros**. Sélectionnez les puces circulaires et augmentez leur taille également à 150 %.

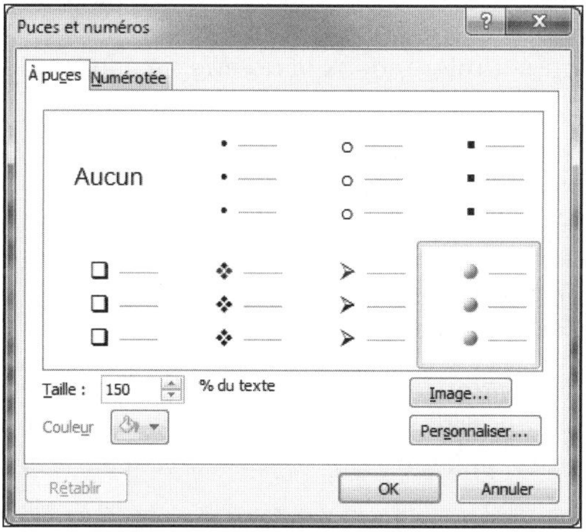

Figure 11.23 : Choix de la puce image et de la taille

— La taille des puces étant plus grande, il est devenu nécessaire de modifier la valeur des retraits : cliquez dans le premier niveau de la liste à puces et, à l'aide de la souris, faites glisser le retrait à 2 cm. Modifiez en conséquence les marges et les retraits des niveaux suivants.

Figure 11.24 : Modifier les retraits en fonction de la taille des puces

Toujours sur le masque, vous allez insérer des boutons de navigation qui seront utiles au présentateur :

7 Avant tout, diminuez la taille de l'espace réservé à la numérotation, situé en bas à droite de la diapositive, pour laisser de la place aux boutons.

8 À l'aide du bouton **Formes** situé sous l'onglet **Insertion**, groupe *Illustrations*, ou sous l'onglet **Accueil**, groupe *Dessin*, insérez les boutons d'action **Accueil** et **Retour**. Acceptez les deux propositions de la boîte de dialogue **Action**. Formatez ces deux boutons d'une manière identique. Pour ce faire, sélectionnez-les tous les deux à l'aide de la touche Ctrl, puis :

- Définissez une taille de 1 cm x 1 cm en tapant les valeurs dans les zones de saisie situées dans le groupe *Taille*, sous l'onglet **Outils de dessin/Format**. Dans le même groupe, choisissez le second style des contours lumière, dans la galerie des styles de formes.
- Déplacez ensuite ces deux boutons en bas du masque. Vous les alignerez avec les éléments de bas de page.

Figure 11.25 : Ajouter et aligner les boutons d'action en bas de la diapositive de masque

Passez à présent à la disposition de titre qui vous intéresse en particulier, puisque vous souhaitez y insérer une animation. Vous ferez venir rapidement trois balles de golf qui se placeront à un endroit défini.

9 Choisissez un alignement gauche pour le titre et le sous-titre, et alignez les deux espaces sur la gauche.

10 Augmentez la place située entre le titre et le sous-titre et ajoutez une ligne droite, couleur vert clair, entre les deux. Cette ligne sera

alignée sur le bord gauche et sur la bordure droite de l'espace réservé au titre.

11 Insérez une image de balle de golf et dupliquez-la deux fois afin d'en avoir trois en tout. Placez chacune de ces balles à l'extérieur de la diapositive, l'une en haut à droite, une autre à droite, et la dernière en bas à gauche.

12 Affectez à chacune de ces trois balles une animation trajectoire :

- La première située en haut viendra se placer sur le trait à gauche, avec, pour l'option *Démarrer*, le choix *Avec la précédente*.
- La deuxième viendra de la droite et se placera à droite de la première, et la troisième viendra du bas et se placera à droite de la deuxième. Toutes les deux auront pour options *Démarrer, Après la précédente*.

ASTUCE

Aligner les destinations des trajectoires des balles

Utilisez les repères magnétiques pour pouvoir aligner aisément les points d'arrivée des balles.

- Vous choisirez pour les trois animations la vitesse *00,50*.

13 Pour terminer, en bas, à droite, vous pouvez ajouter une image de golfeur afin d'équilibrer la diapositive.

Figure 11.26 : Disposition de titre avec animation

14 Terminez par la mise en forme des autres dispositions, si nécessaire, puis enregistrez votre thème sous le nom *golf.thmx*. Testez votre thème en particulier en diaporama pour visualiser l'animation de la page de titre.

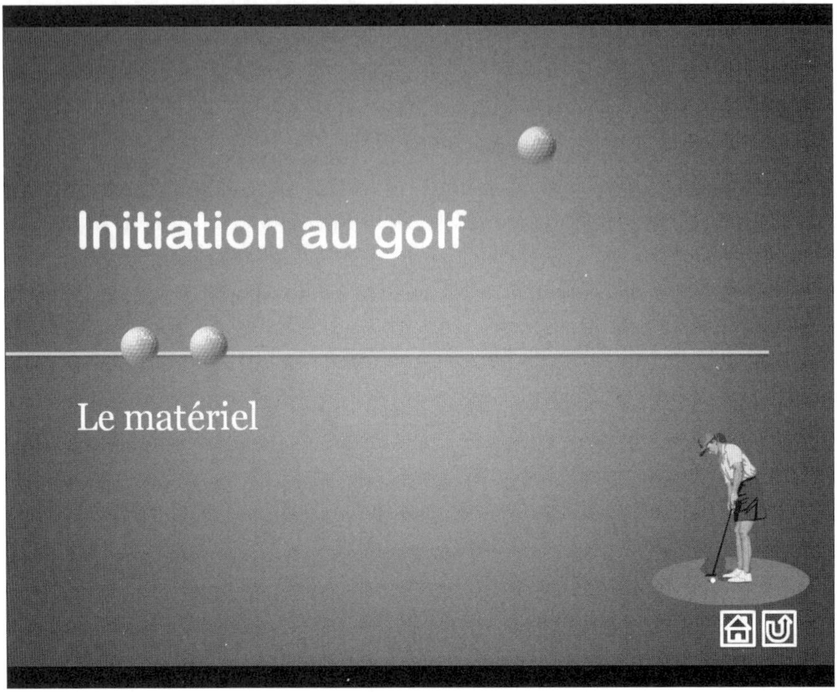

Figure 11.27 : Page du titre en cours d'animation pendant le diaporama

Créer un modèle de contenu

Si vous souhaitez que votre modèle contienne déjà des diapositives préconçues, vous devez créer un modèle (*.potx* ou *.potm*) et non un thème (*.thmx*).

Nous allons donc imaginer une entreprise qui réunit ses salariés tous les trimestres pour présenter les résultats du trimestre écoulé à l'aide d'une présentation type à remplir rapidement.

Cette présentation type contiendra une diapositive de titre, une pour le sommaire et une pour chaque point énoncé dans le sommaire.

1 Créez une nouvelle présentation vierge, puis affichez le masque.
2 Positionnez-vous sur la diapositive du masque, la première située dans le volet des dispositions, puis formatez-la en fonction de la charte graphique de l'entreprise : choisissez un jeu de couleurs et un jeu de polices (créez-en un si nécessaire), choisissez un arrière-

plan ou créez-le de toutes pièces, et ajoutez-y les éléments graphiques que vous souhaitez afficher sur toutes les diapositives.

3 Dans la disposition de la diapositive de titre, formatez et disposez correctement les espaces réservés au titre et au sous-titre, puis, dans l'espace réservé au sous-titre, saisissez le texte d'information destiné à l'utilisateur : `Spécifiez le trimestre et l'année`.

Figure 11.28 : Disposition de la page du titre mise en forme dans le masque

4 Vous allez à présent supprimer toutes les dispositions jugées inutiles : outre la diapositive de titre, conservez uniquement les dispositions *Titre et contenu* et *Comparaison*.

5 Ajoutez deux dispositions, l'une avec un espace réservé à un graphique et l'autre avec un espace réservé à un tableau :

- Cliquez sur le bouton **Insérer une disposition** sous l'onglet **Masque des diapositives**, dans le groupe *Modifier la forme de base*.
- Cliquez sur le bouton **Insérer un espace réservé**, situé dans le groupe *Mise en page du masque*, et sélectionnez le type d'espace. Tracez ensuite l'espace dans la diapositive.
- Modifiez les noms de ces deux dispositions : nommez la première `Graphique` et la seconde `Tableau`.

Figure 11.29 : Masque personnalisé

La définition de votre masque avec ses dispositions étant maintenant terminée, quittez le mode Masque des diapositives. Vous allez à présent créer quelques diapositives qui feront partie du modèle.

6 Dans la diapositive de titre, saisissez le titre `Bilan des actions`. L'utilisateur devra compléter par le numéro du trimestre et l'année.

7 Insérez une diapositive de disposition *Titre et contenu* et tapez l'ordre du jour, par exemple `Faits marquants, Résultats des ventes, Comparatif avec le trimestre précédent...`

8 Vous pouvez ensuite insérer une ou deux pages de tableau, avec les titres déjà entrés, une ou deux pages de graphique, avec les graphiques faits : il ne restera plus qu'à modifier les chiffres. Insérez une page de comparaison pour comparer par exemple les deux derniers trimestres, une page pour les actions à entreprendre, une page de conclusion, etc.

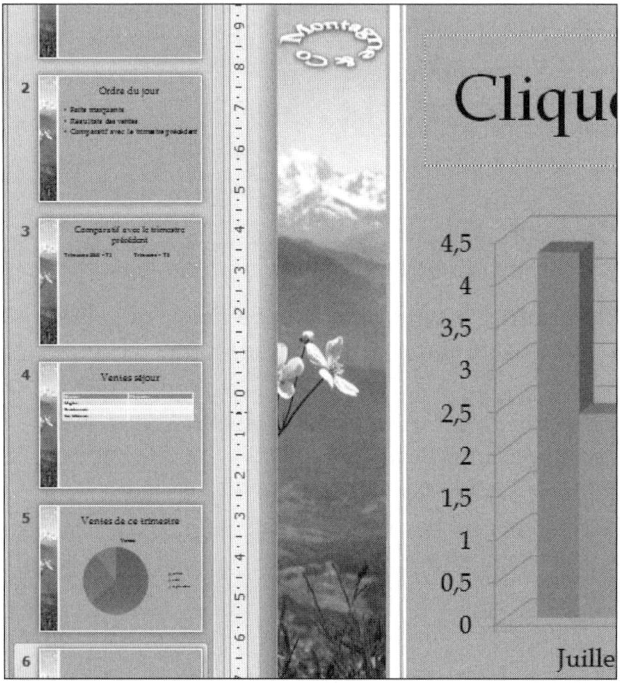

Figure 11.30 : Insérer toutes les diapositives nécessaires à ce type de présentation récurrente

Enregistrez votre modèle en format *.potx* :

9 Cliquez sur le bouton **Office**, puis sur la commande **Enregistrer sous**. Dans la boîte de dialogue **Enregistrer sous**, sélectionnez le type de fichier *Modèle PowerPoint (*.potx)* et tapez le nom à donner à ce modèle (ou gardez le nom suggéré).

10 Cliquez sur le bouton **Enregistrer**. Votre modèle s'enregistre par défaut dans le dossier *Templates*. Vous pouvez fermer ce modèle qui pourra être distribué aux utilisateurs ; ceux-ci devront également le mettre dans leur dossier *Templates*.

Pour utiliser le modèle :

11 Passez en mode Backstage, puis cliquez sur **Nouveau**. À la rubrique *Modèles et thèmes disponibles*, cliquez sur *Mes modèles*, où vous devez trouver votre modèle. Sélectionnez-le et cliquez sur OK. La présentation est déjà à moitié faite, il suffit de compléter !

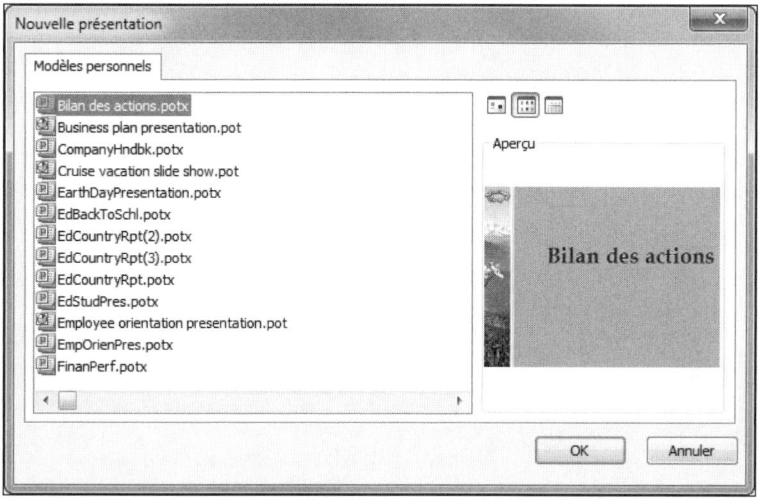

Figure 11.31 : Utiliser le nouveau modèle

POWERPOINT ET LE VBA

Ce chapitre est réservé aux lecteurs qui souhaitent aller plus loin et découvrir des horizons nouveaux grâce à la programmation.

DEFINITION

Macro

Macro (pour "macrocommande") désigne à l'origine une commande regroupant plusieurs commandes.

PowerPoint est un logiciel programmable. Les commandes et fonctions déclenchées au clavier ou à la souris par l'utilisateur peuvent, pour la plupart, être exécutées de façon automatisée par une macro. D'autres actions plus élaborées ont besoin d'être programmées pour fonctionner.

Pour programmer sous PowerPoint, vous disposez du langage VBA (Visual Basic pour applications), proche de Visual Basic et commun à un grand nombre d'applications, en particulier celles du pack Office, comme Word, Excel ou Access. Il s'agit d'un langage orienté objet.

Toutefois, contrairement à Word ou Excel, PowerPoint 2010 n'est pas doté d'un enregistreur de macros. Aussi, si vous n'êtes pas programmeur, et si vous ne connaissez pas le langage VBA, il sera difficile de vous lancer dans la création de macros sans une formation solide. Par contre, si vous possédez déjà quelques connaissances en langage de programmation, en particulier en Visual Basic, débuter avec le VBA vous paraîtra plus accessible.

Ce livre n'a pas pour but de vous enseigner le VBA ; il existe de nombreux ouvrages sur le sujet, dans lesquels vous trouverez toutes les informations utiles. Aussi, nous nous limiterons ici à vous indiquer par où commencer, comment lancer une macro et comment gérer les problèmes de sécurité. Nous vous donnerons également plusieurs exemples de code qui pourront être un point de départ vers des développements plus avancés.

12.1. Découvrir le VBE

Au préalable, si ce n'est pas déjà fait, affichez l'onglet **Développeur** qui n'est pas présent par défaut.

RENVOI

Voyez à ce sujet le premier chapitre de ce guide, *Découvrir PowerPoint 2010*, à la section *Personnaliser le Ruban*.

En VBA, le texte des macros est édité dans VBE (*Visual Basic Editor*). Bien plus qu'un éditeur de macros, VBE est en fait tout l'environnement de travail de VBA.

Pour passer de la fenêtre principale de la présentation en cours à la fenêtre VBE afin d'écrire le code, appuyez sur les touches Alt+F11. Autre solution : sous l'onglet **Développeur**, groupe *Code*, cliquez sur le bouton **Visual Basic**.

La fenêtre VBE est composée par défaut de trois fenêtres :

- L'Explorateur de projet, en haut à gauche, affiche les présentations ouvertes, ainsi que les macros (jeu de modules) contenues dans ces présentations.
- La fenêtre **Propriétés** affiche les propriétés du projet sélectionné dans l'Explorateur de projet.
- La fenêtre **Code** affiche le code. C'est dans cette fenêtre que vous écrirez vos macros.

Via le menu **Affichage**, vous pouvez accéder à d'autres fenêtres, en particulier à l'Explorateur d'objets, qui est le grand index de tous les éléments disponibles dans l'environnement VBA. Il permet de se retrouver dans les arcanes du langage. Vous pouvez également l'afficher en appuyant sur la touche F2.

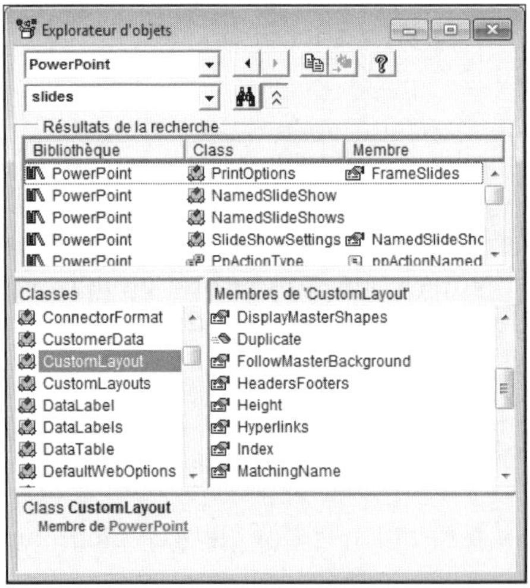

Figure 12.1 : Explorateur d'objets VBA

Pour chercher un objet dans l'Explorateur d'objets, tapez son nom dans la zone de recherche et cliquez sur le bouton en forme de jumelles. L'Explorateur affiche alors la classe et tous les membres de l'objet.

12.2. Notions de base pour comprendre le code VBA

VBA reprend à l'identique toutes les caractéristiques de Visual Basic, un langage orienté objet. Les notions essentielles sont les suivantes.

Objet

Le langage manipule des objets. Une présentation PowerPoint, une diapositive, un thème sont des exemples d'objets. Un objet se caractérise par sa classe. La classe définit les propriétés de l'objet et les méthodes utilisées pour déterminer le comportement de ce dernier. Dès qu'un objet existe (on parle d'instance), il hérite de toutes les caractéristiques de sa classe.

Propriété

La propriété est une donnée interne propre à un objet. Ainsi, les objets de la classe `Presentation` possèdent un nom `Name`, des diapositives `Slides`... On accède à la valeur d'une propriété d'un objet particulier en écrivant `Objet.propriété` avec un point comme délimiteur : `ActivePresentation.Name` est le nom de la présentation active. Pour lire ou modifier une propriété, il faut décliner toute la suite des objets et propriétés qui sont ses parents.

Par exemple, l'instruction suivante applique la couleur verte au texte du titre de la troisième diapositive :

```
ActivePresentation.Slides(3).Shapes.Title.TextFrame
✂ .TextRange.Font.Color = RGB(0, 255, 0)
```

Méthode

Une méthode est une commande propre à un objet. Tous les objets de la classe `Presentation` peuvent recevoir l'ordre d'enregistrer via la méthode `Save`, d'imprimer via `PrintOut`, de vérifier l'orthographe via `CheckSpelling`, etc. La syntaxe est la même que pour une propriété : on écrit le nom de l'objet suivi d'un point, suivi du nom de la méthode à activer : `ActivePresentation.Save` enregistre la présentation en cours. Une méthode a souvent une série d'arguments qui précisent les modalités de la commande. Certains peuvent être facultatifs. Les arguments sont placés après la méthode, soit entre parenthèses, soit nommément avec l'opérateur d'affectation `:=`. Par exemple, les deux instructions suivantes, qui sauvegardent la présentation active sous le nom *Essai.pptx*, sont équivalentes :

```
ActivePresentation.SaveAs FileName:="essai.pptx"
ActivePresentation.SaveAs ("essai.pptx")
```

Nommer les arguments présente l'avantage de ne pas devoir obligatoirement respecter un certain ordre lorsqu'il y a plusieurs arguments possibles, et également de s'y retrouver plus facilement.

Collection

Une collection est un objet qui regroupe des objets d'une même classe. L'objet `slides` désigne la collection des diapositives `slide` d'une présentation. Ne confondez pas "collection" avec "classe" ou "objet" : les propriétés et les méthodes de `slides` ne sont pas celles d'une diapositive. Par exemple, `slides.Count` est la propriété du nombre de diapositives contenues dans la collection `slides`, et `slides.Add` est la méthode pour ajouter une nouvelle diapositive.

Les objets d'une collection sont accessibles, quant à eux, comme propriétés particulières de la collection. Par exemple, dans une présentation nouvellement créée et qui ne comporte qu'une seule diapositive, `ActivePresentation.Slides(1)` ou `ActivePresentation.Slides.Item(1)` ou `ActivePresentation.Slides("slide1")` désignent de façon équivalente le document de la première diapositive de la présentation. Dans le cas des collections, les objets éléments sont référencés par un indice ou désignés nommément entre parenthèses.

Variable

Une variable est un élément de programmation désignant et gardant une donnée en mémoire. Une variable possède un nom, une portée et une valeur. Le nom est un identificateur unique. La portée précise dans quelle partie du code ce nom est reconnu et par conséquent la variable utilisable en tant que telle. La valeur dépend du type de données de la variable. On distingue les types nombre (octet, booléen vrai/faux, nombre entier court ou long, nombre décimal...), chaîne de caractères, date, `variant` (type alphanumérique flexible par défaut), objet, ou encore définis par l'utilisateur. Une instruction de déclaration `Dim`, `Private`, `Public` ou `Static` donne naissance à une variable en lui attribuant à la fois un nom, une portée et un type de données.

Exemples :

`Public Texte As String` déclare une variable publique (accessible dans tous les modules) nommée `Texte` et de type chaîne de caractères.

Une variable est vide lors de sa déclaration. On lui donne une valeur avec une instruction d'affectation `=` :

```
Texte = "Ceci est mon texte"
Set Texte = ActivePresentation.Slides(1).Shapes.Title
✂ .TextFrame.TextRange
```

Le mot-clé réservé `Set` est obligatoire si l'on affecte une valeur à une variable objet.

Pour éviter bon nombre d'erreurs, il est recommandé de toujours déclarer ses variables en début de code. Afin de ne pas oublier, vous pouvez forcer cet affichage en entrant en haut du module l'option `Option Explicit`. PowerPoint peut y penser à votre place si vous cochez l'option *Déclaration des variables obligatoire* dans la boîte de dialogue **Options** accessible via le menu **Outils**.

Structures de contrôle

Les structures de contrôle sont les instructions du langage qui contrôlent l'exécution d'un programme. Ce sont par exemple les conditions, les boucles, la gestion des erreurs, etc.

Événement

Un événement est une action ou un message auxquels un objet est susceptible de répondre en déclenchant une procédure. L'appui sur une touche, un clic sur un bouton, la fermeture d'une présentation sont des événements.

Le modèle objet PowerPoint dispose, contrairement à Excel, de peu d'événements pouvant être interceptés en VBA.

Contrôle ActiveX

Les contrôles ActiveX sont des contrôles programmables qui réagissent à des événements.

- Ils peuvent être insérés directement dans une présentation, via l'onglet **Développeur**, groupe *Contrôles*.

  Une fois le contrôle inséré, vous pouvez en modifier les propriétés et lui affecter une macro. Pour en modifier les propriétés, cliquez sur le bouton **Propriétés** ; pour affecter une macro, cliquez sur le bouton **Visualiser le code**, ou bien double-cliquez sur le contrôle afin d'ouvrir l'éditeur Visual Basic, et dans la macro événementielle qui s'est automatiquement créée, saisissez soit le nom de la macro précréée, soit directement le code de la macro. Chaque contrôle possède un événement par défaut. Pour modifier l'événement, cliquez dans la liste déroulante située en haut à droite de la fenêtre et sélectionnez l'événement de votre choix.

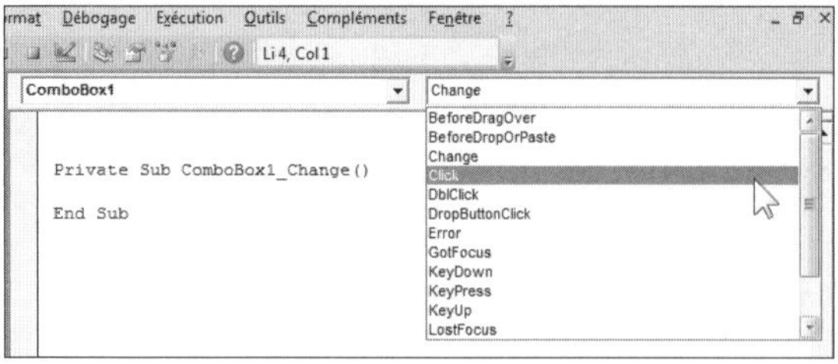

Figure 12.2 : Modifier l'événement du contrôle

- Les contrôles ActiveX peuvent aussi être insérés dans un formulaire VBA (UserForm) afin de créer des boîtes de dialogue personnalisées.

RENVOI

Voyez à ce sujet les exercices pratiques en fin de chapitre.

12.3. Écrire ses macros

Tout se passe dans VBE.

Dans l'Explorateur de projet, sélectionnez le projet dans lequel vous allez créer votre macro. Le projet est le nom de la présentation concernée. Dans ce projet, vous allez insérer un module en cliquant sur le menu **Insertion**, puis sur la commande **Module** : par défaut, le *module1* est créé. Saisissez votre macro dans la fenêtre **Code**.

Une macro contient au moins deux lignes : la première commence par `Sub` (*subroutine* ou "procédure"), suivi du nom de la macro, et la dernière, `End Sub`, marque la fin de l'exécution. Tout le code d'une macro doit être placé entre ces deux lignes.

La macro suivante s'appelle *Hello*. Elle ouvre une boîte de dialogue dans laquelle sera inscrit "Bonjour !" :

```
Sub Hello()
MsgBox "Bonjour !"
End Sub
```

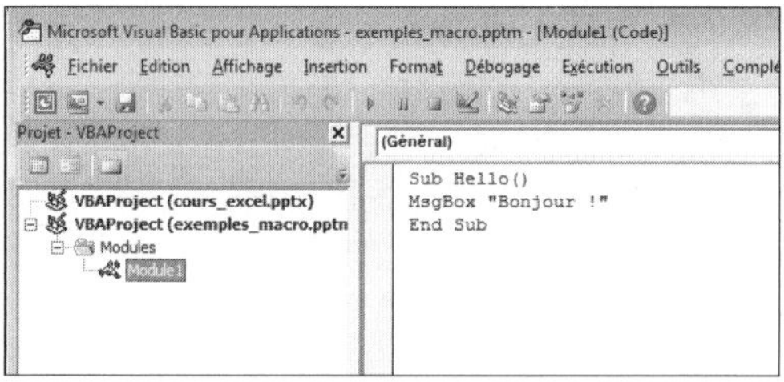

Figure 12.3 : Macro affichée dans VBE

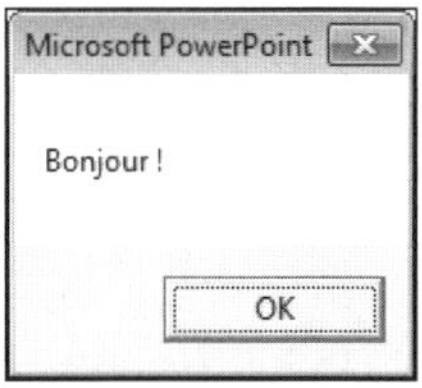

Figure 12.4 : Message affiché par la macro Hello

L'instruction `Sub` peut être précédée de l'instruction `Public` (par défaut) ou `Private`, qui précise la portée de la procédure :

- `Public` la rend accessible dans tout le projet (toute la présentation qui contient la procédure).
- `Private` la rend accessible dans son module seulement.

Dans la fenêtre **Code**, les mots-clés sont repérés par de la couleur. La saisie des méthodes ou des propriétés des objets est facilitée par l'option *Complément automatique des instructions*, et les fautes de syntaxe sont signalées.

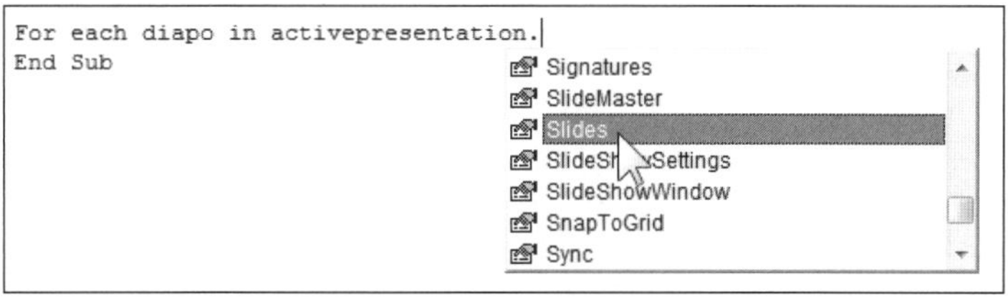

Figure 12.5 : Complément automatique des instructions

Par ailleurs, il est indispensable de commenter son code pour s'y retrouver par la suite. Un commentaire est précédé d'une quote (`'`). Par défaut, les commentaires sont de couleur verte, et sont faciles à repérer.

Utiliser l'aide

L'aide de VBA est un outil extrêmement utile. Servez-vous-en sans modération.

Dans VBE, sélectionnez un mot-clé, une commande, une fonction et appuyez sur la touche F1 pour afficher la rubrique correspondante dans l'aide. Vous y trouverez beaucoup d'exemples, et pour chaque objet, vous pourrez afficher tous les membres correspondants (méthodes, propriétés, événements) en cliquant sur le lien situé dans la rubrique *Voir aussi*.

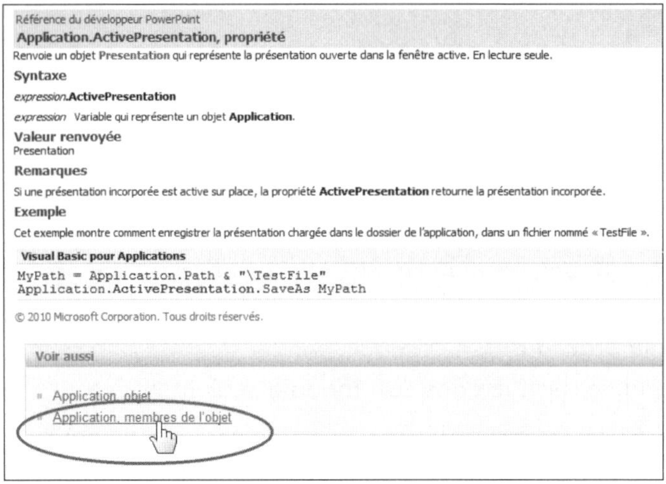

Figure 12.6 : Fenêtre d'aide de l'objet ActivePresentation et accès aux membres de l'objet

Figure 12.7 : Liste des membres de l'objet ActivePresentation

Vous pouvez utiliser l'aide à travers l'Explorateur d'objets : une fois l'objet affiché dans l'Explorateur, cliquez sur le bouton **Aide**.

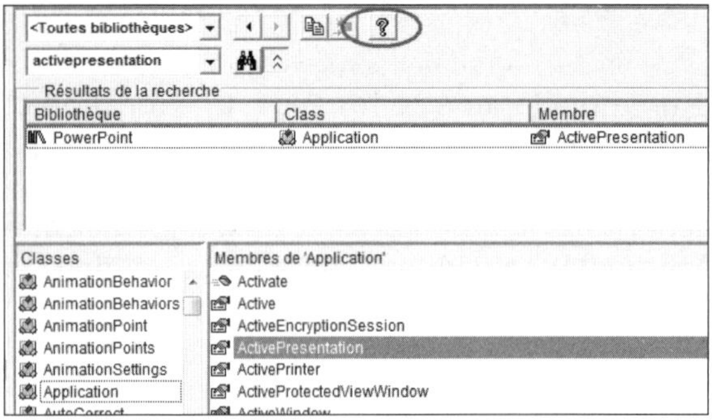

Figure 12.8 : Utiliser l'aide via l'Explorateur d'objets

Enregistrer une présentation comprenant une macro

Un fichier PowerPoint contenant du code VBA doit être enregistré avec une extension se terminant par *m* comme "macro" :

- Extension *.pptm* pour une présentation.
- Extension *.potm* pour un modèle.
- Extension *.ppsm* pour un diaporama.

Si vous tentez d'enregistrer sous un format sans macro, PowerPoint vous rappellera à l'ordre ! Notez néanmoins qu'une présentation avec macro peut être enregistrée normalement dans un format antérieur.

12.4. Exécuter une macro

Il existe plusieurs façons de lancer une macro. Il faut se demander d'abord si la macro sera exécutée en mode de travail (mode Normal ou mode Trieuse de diapositives) ou bien en mode Diaporama.

ATTENTION

Visionneuse et macro

Si votre présentation doit être diffusée à l'aide de la visionneuse, les macros ne seront pas conservées, la visionneuse ne gère pas les macros.

En mode de travail

Sous l'onglet **Développeur**, groupe *Code*, cliquez sur le bouton **Macros**, sélectionnez éventuellement la présentation où se trouve la macro dans la liste déroulante *Macros disponibles dans*, choisissez la macro et cliquez sur le bouton **Exécuter**.

Une macro peut également être ajoutée à la barre d'outils *Accès rapide*, ou dans un nouvel onglet. Dans la liste des commandes, vous sélectionnerez **Macros**.

RENVOI

Voyez à ce sujet la section *Modifier les principales options de PowerPoint et personnaliser l'environnement*, du chapitre *Découvrir PowerPoint 2010*.

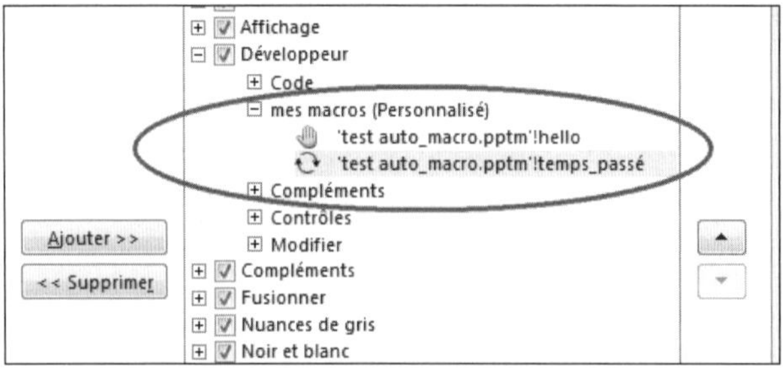

Figure 12.9 : Ajout de macros dans un groupe personnalisé sous l'onglet Développeur

Vous pourrez ensuite lancer la macro en cliquant sur le bouton de la barre d'outils *Accès rapide* ou sur le bouton ajouté sur le Ruban.

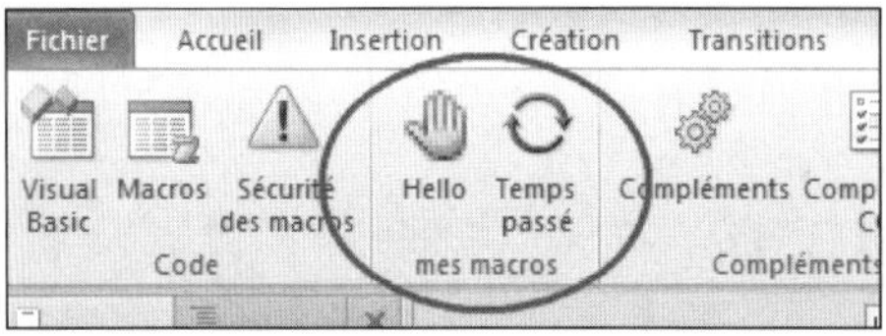

Figure 12.10 : Lancer une macro ajoutée sur le Ruban

En mode Diaporama

Vous pouvez insérer un objet qui servira de déclencheur à la macro : cela peut être une image, un texte ou, plus classiquement, un bouton d'action. Utilisez le bouton **Action** situé sous l'onglet **Insertion**, groupe *Liens*, cochez l'option *Exécuter la macro*, et sélectionnez la macro.

RENVOI

Rendez-vous au chapitre *Préparer, configurer et projeter un diaporama* pour en savoir plus sur les actions.

S'il s'agit d'une macro se déclenchant par un contrôle ActiveX, c'est le code associé au contrôle qui déclenchera la macro automatiquement en mode Diaporama.

Via les événements et macros automatiques

Certaines macros peuvent être déclenchées automatiquement à la suite d'un événement, comme à l'insertion d'une nouvelle diapositive, ou à la fermeture d'une présentation. Quelques exemples sont développés dans ce livre. Il existe néanmoins assez peu d'événements gérés dans PowerPoint.

12.5. La sécurité

Beaucoup de virus informatiques sont des macrovirus qui se propagent très vite par Internet, dans les pièces jointes des e-mails notamment. Il convient donc d'être prudent : tout code VBA dont l'origine n'est pas établie doit être considéré comme suspect.

Les documents pouvant contenir des macros ont des extensions *.pptm* ou *.potm* (*m* comme "macro"). Si vous recevez des documents avec l'extension *.pptx* ou *.potx*, vous ne risquez rien.

Les protections proposées par PowerPoint se trouvent dans le Centre de la gestion de la confidentialité, accessible d'un clic sur le bouton **Sécurité des macros**, sous l'onglet **Développeur**, dans le groupe *Code*.

Les paramètres des macros

Cliquez sur le bouton **Sécurité des macros**. Dans la partie gauche de la boîte de dialogue, la commande **Paramètres des macros** est activée. Dans la partie droite, sous la rubrique *Paramètres des macros*, cochez l'option de votre choix.

- *Désactiver toutes les macros sans notification* : cette option permet de désactiver toutes les macros sans recevoir aucune alerte. Il y a toutefois une réserve : si le document contient une macro stockée dans un emplacement approuvé (voir plus loin), elle sera bien active.
- *Désactiver toutes les macros avec notification* : c'est le choix par défaut. Au lancement du diaporama, PowerPoint affiche une alerte vous prévenant que la présentation contient une macro. Vous pourrez ainsi choisir d'activer ou non la macro.

REMARQUE

Emplacements approuvés

Si la présentation se trouve dans un emplacement approuvé (voir plus bas), il n'y aura pas de notification.

- *Désactiver toutes les macros à l'exception des macros signées numériquement* : cette option permet de désactiver automatiquement les macros non signées numériquement (voir plus loin). Si la macro est signée par un éditeur approuvé, elle sera automatiquement activée ; sinon, vous recevrez une alerte vous proposant soit d'activer la macro, soit d'approuver l'éditeur.
- *Activer toutes les macros (non recommandé ; risque de code potentiellement dangereux)* : cette option autorise automatiquement

l'activation de toutes les macros. Il n'est pas recommandé de l'activer, comme cela est indiqué.

Lorsque vous êtes en possession d'un certificat numérique, vous pouvez signer vos macros :

1 Ouvrez VBE en appuyant sur les touches Alt+F11.
2 Sélectionnez la macro à signer.
3 Dans le menu **Outils**, cliquez sur la commande **Signature électronique**.
4 Cliquez sur le bouton **Choisir**.
5 Sélectionnez le certificat, puis cliquez deux fois sur OK.

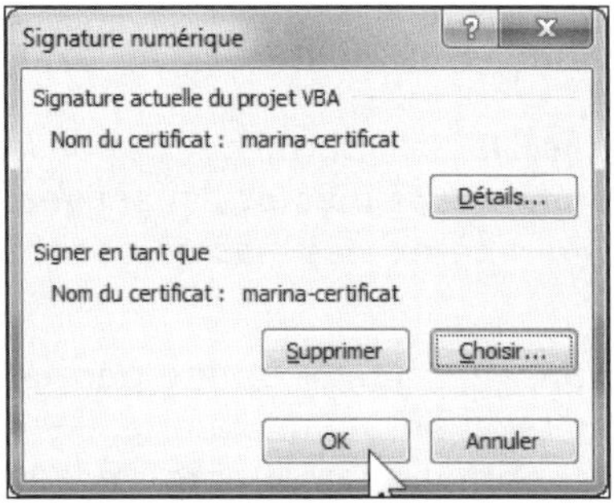

Figure 12.11 : Signer numériquement un projet

Les paramètres ActiveX

Comme nous l'avons évoqué plus haut, les contrôles ActiveX sont des contrôles programmables, ils n'échappent donc pas aux règles de sécurité concernant les macros.

Cliquez sur le bouton **Sécurité des macros**. Dans la partie gauche de la boîte de dialogue, sélectionnez la commande **Paramètres ActiveX**. Dans la partie droite, sous la rubrique *Paramètres ActiveX pour toutes les applications Office*, cochez l'option de votre choix.

Si vous insérez des contrôles ActiveX et qu'ils sont inopérants, c'est probablement qu'ils sont totalement désactivés. Vous devrez donc choisir, comme pour les paramètres des macros, l'option qui convient. La remarque concernant les emplacements approuvés est la même que pour les paramètres des macros.

Les éditeurs approuvés

Un éditeur approuvé possède une signature numérique valide.

Lorsqu'une alerte de sécurité vous avertit que le document contient une macro et que la macro est signée, vous avez la possibilité d'activer tout le code publié par l'éditeur, dont le nom et le certificat sont clairement affichés.

Une fois l'éditeur ajouté à la liste des éditeurs approuvés, vous pouvez le visualiser dans le Centre de la gestion de la confidentialité. Toutes les macros provenant de cet éditeur seront automatiquement activées, sauf si vous avez coché l'option *Désactiver toutes les macros sans notification*.

Les emplacements approuvés

Un emplacement approuvé est situé sur votre disque dur ou sur un serveur, et est déclaré comme étant sécurisé. En conséquence, tout document contenant des macros et situé dans un emplacement approuvé pourra être ouvert, même si vous avez coché l'option *Désactiver toutes les macros sans notification*.

Pour ajouter un nouvel emplacement :

1 Cliquez sur le bouton **Sécurité des macros**, sous l'onglet **Développeur**, dans le groupe *Code*. Dans la partie gauche de l'écran, cliquez sur **Emplacements approuvés**.

   Dans la partie droite de la boîte de dialogue, certains emplacements sont déjà approuvés. Il s'agit des emplacements contenant les modèles.

2 Cliquez sur le bouton **Ajouter un nouvel emplacement**, puis sur le bouton **Parcourir**, et sélectionnez le dossier à approuver.

3 Cochez éventuellement l'option *Les sous-dossiers de cet emplacement sont également approuvés*.

4 Saisissez le cas échéant une description.

5 Cliquez sur OK.

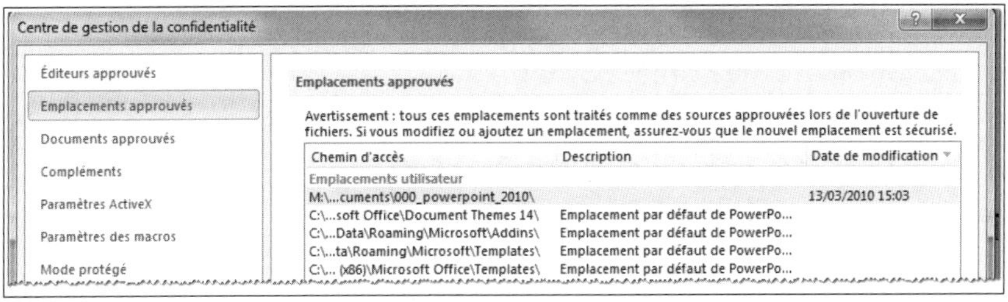

Figure 12.12 : Liste des emplacements approuvés

12.6. Quelques exemples de macro

Macros à utiliser durant le travail sur une présentation

Modifier les formes d'une présentation

Dans l'interface utilisateur, vous pouvez appliquer des formats à plusieurs formes à la fois, en les ayant auparavant sélectionnées. Toutefois, cette multisélection ne peut être effectuée que dans une diapositive à la fois. Cette section vous explique comment, à l'aide de VBA, appliquer une action sur toutes les formes d'une présentation.

La difficulté c'est que tous les objets sont des `Shapes`, que ce soit un espace réservé, une forme dessinée, une image, un tableau, et même un objet OLE.

Il va donc falloir déterminer sur quel type d'objets portera la modification. La solution consiste à utiliser l'objet `Shapes` associé à une condition portant sur le type d'objets, permettant ainsi de modifier tous les objets de ce type contenus dans la présentation, et dont voici les plus courants :

- `msoAutoShape` : les formes automatiques insérées via l'onglet **Insertion**, groupe *Illustrations*, bouton **Formes**. Attention, `msoAutoShape` n'inclut ni les légendes (`msoCallout`), ni les formes libres (`msoFreeForm`), ni les traits (`msoLine`), ni les zones de texte (`msoTextBox`). Par ailleurs, une forme automatique transformée en zone de texte par l'ajout de texte reste néanmoins de type `msoAutoShape`.
- `msoGroup` : tous les objets groupés quels qu'ils soient. Attention, les objets groupés ne sont plus de type `msoAutoShape`.
- `msoPlaceholder` : les espaces réservés.
- `msoChart` : les graphiques.
- `msoIgxGraphic` : les objets SmartArt.
- `msoEmbeddedOLEObject` : les objets OLE incorporés.
- `msoLinkedOLEObject` : les objets OLE liés.
- `msoPicture` : les images.
- `msoTable` : les tableaux.

Voici donc un exemple de macro qui va modifier la couleur de remplissage de toutes les formes automatiques créées dans la présentation en cours, et qui, par la même occasion, va les encadrer d'une bordure de couleur jaune et d'une épaisseur de 6 points :

```
Sub remplissage_bleu()
Dim mapresentation As Object
Dim diapo As Object, forme As Object
Set mapresentation = ActivePresentation.Slides
For Each diapo In mapresentation
For Each forme In diapo.Shapes
If forme.Type = msoAutoShape Then
With forme
.Fill.ForeColor.RGB = RGB(0, 0, 255)
With .Line
.Weight = 6
.ForeColor.RGB = RGB(255, 255, 0)
End With
End With
End If
Next forme
Next diapo
 End Sub
```

Si on avait voulu appliquer cette couleur aux formes de certaines diapositives uniquement, il aurait fallu préciser quelles étaient ces diapos, en créant une matrice à l'aide de la fonction `Array` :

```
Set mapresentation = ActivePresentation.Slides
✂ .Range(Array(2, 4, 5, 6))
```

Ce code impose des couleurs RGB qui sont indépendantes du thème utilisé. Pour appliquer des couleurs conformes au thème, de façon qu'elles puissent être automatiquement modifiées avec un changement de thème ou de jeu de couleurs, vous utiliserez la propriété `ObjectThemeColor` avec des constantes de type `msoThemeColorAccent1`, `msoThemeColorText1`, etc., qui correspondent à la première ligne de couleurs du camaïeu des jeux de couleurs. À l'aide de la propriété `TintAndShade`, vous pourrez éclaircir ou foncer la couleur :

```
With forme
.Fill.ForeColor.ObjectThemeColor = msoThemeColorAccent3
.Fill.ForeColor.TintAndShade = 0.5
With .Line
.Weight = 6
.ForeColor.ObjectThemeColor = msoThemeColorAccent5
.ForeColor.TintAndShade = - 0.25
End With
End With
```

Enfin, puisque nous avons abordé la propriété `AutoShapeType`, nous pouvons utiliser la même méthode pour remplacer toutes les formes automatiques d'un certain type par un autre type. La macro suivante remplace tous les soleils par des lunes :

```
Sub soleil_lune()
Dim mapresentation As Object
Dim diapo As Object, forme As Object
Set mapresentation = ActivePresentation.Slides
For Each diapo In mapresentation
For Each forme In diapo.Shapes
If forme.AutoShapeType = msoShapeSun Then
forme.AutoShapeType = msoShapeMoon
End If
Next
Next
End Sub
```

Toutes les propriétés de l'objet `ShapeStyle` que nous avons évoquées jusqu'ici sont compatibles avec les versions antérieures de PowerPoint. Mais avec la version 2010 (et 2007), vous pourrez utiliser les propriétés spécifiques à cette version, en particulier les propriétés relatives aux styles de formes qui se trouvent sous l'onglet **Outils de dessin/Format**. Voici par exemple le code permettant de formater tous les rectangles avec le style de forme 32 :

```
Sub forme_style()
Dim mapresentation As Object
Dim diapo As Object, forme As Object
Set mapresentation = ActivePresentation.Slides
For Each diapo In mapresentation
For Each forme In diapo.Shapes
If forme.AutoShapeType = msoShapeRectangle Then
forme.ShapeStyle = msoShapeStylePreset32
End If
Next forme
Next diapo
End Sub
```

Pour connaître la valeur de la propriété `ShapeStyle` à appliquer, une solution : comptez. Le premier style de la galerie correspond à la constante `msoShapeStylePreset1` et le dernier, à la constante `msoShapeStylePreset42`.

Parmi les nouvelles propriétés d'un objet `Shape`, vous pourrez entre autres utiliser les propriétés `Glow` pour la lumière, `Reflection` pour les effets de réflexion, ou `SoftEdge` pour appliquer des bordures adoucies.

Insérer un pied de page personnalisé sur chaque diapo

L'objectif de cette section est d'apprendre à insérer rapidement un pied de page contenant le titre de la présentation, le numéro de la diapositive, ainsi que le nombre total de diapositives dans la présentation.

Le titre qui sera inséré via la macro suivante sera le nom de la présentation. Si la présentation n'est pas encore enregistrée, la macro demandera à l'utilisateur s'il souhaite sauvegarder. Si la réponse est non, il sort de la macro.

```
Sub pdp1()
'insère nom présentation + n° diapo + nb total diapos
Dim numéro, total, nom As String
total = ActivePresentation.Slides.Count
'si la presentation n'est pas encore sauvegardée
If Not ActivePresentation.Saved Then
réponse = MsgBox("Vous devez sauvegarder votre
✂ présentation Souhaitez-vous le faire maintenant ?", 4)
If réponse = vbNo Then Exit Sub
With Application.FileDialog(Type:=msoFileDialogSaveAs)
.Show
.Execute
End With
End If
nom = ActivePresentation.Name
For Each d In ActivePresentation.Slides
d.HeadersFooters.Footer.Visible = msoCTrue
numéro = d.SlideNumber
d.HeadersFooters.Footer.Text = nom & " - " & numéro & "/"
✂ & total
Next d
End Sub
```

Peut-être préférez-vous que la macro vous demande le titre à ajouter, au lieu d'insérer le nom de la présentation ? C'est ce que fait la macro suivante à l'aide de la fonction `InputBox` :

```
Sub pdp2()
'demande titre de la présentation, l'insère & n° diapo &
✂ nb total
Dim numéro, total, nom As String
total = ActivePresentation.Slides.Count
nom = InputBox("Quel est le titre de la présentation ?")
For Each d In ActivePresentation.Slides
d.HeadersFooters.Footer.Visible = msoCTrue
numéro = d.SlideNumber
d.HeadersFooters.Footer.Text = nom & " - " & numéro & "/"
✂ & total
Next d
End Sub
```

On pourrait également prévoir que la macro utilise le titre de la première diapo comme texte du pied de page. Il faut néanmoins prévoir le cas où la première diapo ne comporterait pas de titre :

```
Sub pdp3()
'insère en pdp le titre de la première diapo et
' demande quel est le titre si la première diapo
```

```
'n'en comporte pas
Dim diapo1 As Slide, numéro As Byte, total As Integer
Dim texte_titre As String
Set diapo1 = ActivePresentation.Slides(1)
total = ActivePresentation.Slides.Count
If diapo1.Shapes.HasTitle Then
texte_titre = diapo1.Shapes.Title.TextFrame.TextRange.Text
End If
If texte_titre = "" Then
texte_titre = InputBox("Quel est le titre de la
✂ présentation ?")
End If
For Each d In ActivePresentation.Slides
d.HeadersFooters.Footer.Visible = msoCTrue
numéro = d.SlideNumber
d.HeadersFooters.Footer.Text = texte_titre & " " & _
numéro & "/" & total
Next d
End Sub
```

Si vous avez besoin de numéroter votre présentation à partir d'un autre numéro que 1, vous pouvez ajouter cette ligne de code qui, par exemple, permettra de débuter à 5.

```
ActivePresentation.PageSetup.FirstSlideNumber = 5
```

Bien entendu, le nombre total de diapositives ne correspondra pas. Dans notre exemple, vous pourrez ajouter le nombre 4 au total :

```
total = ActivePresentation.Slides.Count + 4
```

Si, au contraire, vous souhaitez commencer la numérotation à 1 à partir de la page de votre choix, il faudra une macro. En effet, même si on peut décider de numéroter la première page à partir de 0, il n'est pas possible de décider que la 3e ou la 5e page sera le numéro 1 :

```
Sub num()
Dim total, numéro
Dim diapo As Slides
Set diapo = ActivePresentation.Slides
total = diapo.Count
For d = 3 To total
diapo(d).HeadersFooters.Footer.Visible = msoCTrue
numéro = diapo(d).SlideNumber
diapo(d).HeadersFooters.Footer.Text = numéro - 2
Next d
End Sub
```

Nous avons vu comment insérer par macro le numéro de page sur chaque diapositive avec le nombre total de pages. Malheureusement, ces solutions ne sont pas automatiques : en cas d'ajout de pages, vous devrez relancer la macro. Pour remédier à ce problème, vous devez créer une macro événementielle qui s'exécutera à l'insertion d'une nouvelle page.

RENVOI

Voyez à ce sujet les exercices pratiques à la fin de ce chapitre.

Insérer un sommaire

Dans les versions précédentes de PowerPoint, on avait la possibilité d'insérer une diapositive de résumé. Il s'agissait d'une fonction permettant d'ajouter un sommaire. Cette fonction, bien que peu élaborée, était bien utile. Elle a malheureusement disparu avec la version 2007.

Voici une macro qui va pallier ce manque. Cette macro ajoute, en début de présentation, une nouvelle diapositive avec le titre *Sommaire*, boucle sur chaque diapositive de la présentation, vérifie si celle-ci comprend un titre, et si c'est le cas, ajoute le titre à la diapositive de sommaire.

```
Sub sommaire ()
Dim Diapo As Slide
Dim titre As Shape
Dim texte_ajout As TextRange
Dim texte_sommaire As TextRange
Dim ligne_sommaire As TextRange
Dim y As Byte

'Si le titre de la première diapo est "Sommaire", elle
✂ sera supprimée
'cela permet de relancer la macro autant de fois que l'on
✂ souhaite
'sans avoir à supprimer la diapo de sommaire
If ActivePresentation.Slides(1).Shapes(1).TextFrame
✂ .TextRange = "Sommaire" Then
ActivePresentation.Slides(1).Delete
End If

' ajoute une diapo en début de présentation avec _
'la disposition de mise en titre n°2 du masque
ActivePresentation.Slides.Add Index:=1,
✂ Layout:=ppLayoutText
With ActivePresentation.Slides(1)
.Shapes(1).TextFrame.TextRange = "Sommaire"
Set texte_ajout = .Shapes(2).TextFrame.TextRange
End With

'boucle sur toutes les diapos à partir de la 2e
For y = 2 To ActivePresentation.Slides.Count
Set Diapo = ActivePresentation.Slides(y)
```

```
'si la diapo a un titre
If Diapo.Shapes.HasTitle Then
Set titre = Diapo.Shapes.Title
texte_ajout = texte_ajout & titre.TextFrame. _
TextRange.Text & Chr(13)
End If
Next y

'ajout de liens aux items du sommaire
Set texte_sommaire = _
ActivePresentation.Slides(1).Shapes(2).TextFrame.TextRange
End Sub
```

Si vous souhaitez ajouter à chaque ligne du sommaire un lien hypertexte sur chaque titre pointant vers la diapositive concernée, vous pourrez insérer les lignes suivantes avant le `End Sub`. Il s'agit d'une boucle qui reprend chaque titre de la diapo, recherche le texte dans la diapo de sommaire et insère le lien hypertexte :

```
For y = 2 To ActivePresentation.Slides.Count
Set Diapo = ActivePresentation.Slides(y)
If Diapo.Shapes.HasTitle Then
Set titre = Diapo.Shapes.Title
texte = titre.TextFrame.TextRange.Text
Set ligne_sommaire = texte_sommaire.Find(FindWhat:=texte)
With ligne_sommaire
.ActionSettings(ppMouseClick).Hyperlink.SubAddress = _
Diapo.SlideID & "," & Diapo.SlideIndex & "," & texte
End With
End If
Next
```

12.7. Créer un effet loupe

Voici une macro qui va permettre de créer, lors d'un diaporama, un effet loupe sur une partie d'une image. Cela est possible sans macro avec une animation de type *Emphase/Agrandir*, mais elle ne pourra se déclencher qu'avec un clic de souris. Si vous voulez obtenir cet effet loupe au passage de la souris, et le déclencher autant de fois que vous le souhaitez, il faut une macro.

Dans notre exemple, l'image d'un journal sera zoomée au passage de la souris afin de pouvoir en lire l'extrait.

Pour cela, créez une présentation d'une seule diapositive, dans laquelle vous allez insérer une image de journal.

Dupliquez cette image et donnez-lui une forme ovale via l'onglet **Outils Image/Format**, groupe *Taille* : cliquez sur la flèche déroulante du bouton **Rogner**, pointez sur **Rogner à la forme** et choisissez l'ellipse.

Arrangez-vous pour rogner cette image de façon à obtenir uniquement le morceau de journal qui sera zoomé, puis superposez les deux images afin que l'image rognée soit au premier plan et qu'elle recouvre très exactement la même partie de l'image d'origine. Elle doit être totalement invisible si elle n'est pas sélectionnée.

Vérifiez dans la boîte de dialogue **Sélection et visibilité** que la grande image se nomme *Image 1* et que l'image rognée se nomme *Image 2*. Renommez-les si nécessaire.

Pour cet exercice, il nous faut deux macros : la première déclenchera un zoom au survol de la souris sur l'image rognée et la seconde rétablira l'image au survol de la souris sur l'image d'origine, ce qui se fera naturellement puisque la petite image est placée sur la grande.

Voici donc les deux macros. La première, nommée *zoom*, agrandit l'image depuis son centre et lui affecte plus de luminosité :

```
Sub zoom()
Dim image2 As Shape
Dim image1 As Shape
Set image1 = ActivePresentation.Slides(2).Shapes("Image 1")
Set image2 = ActivePresentation.Slides(2).Shapes("Image 2")
With image2
     .ScaleWidth 2, msoTrue, msoScaleFromMiddle
     .ScaleHeight 2, msoTrue, msoScaleFromMiddle
     With .PictureFormat
          .Brightness = 0.3
          .Contrast = 0.8
     End With
End With
End Sub
```

La seconde macro, nommée *dézoom*, rétablit les valeurs d'origine de l'image :

```
Sub dézoom()
Dim image2 As Shape
Dim image1 As Shape
Set image1 = ActivePresentation.Slides(2).Shapes("Image 1")
Set image2 = ActivePresentation.Slides(2).Shapes("Image 2")
With image2
     .ScaleWidth 1, msoTrue, msoScaleFromMiddle
     .ScaleHeight 1, msoTrue, msoScaleFromMiddle
     With .PictureFormat
          .Brightness = 0.5
          .Contrast = 0.5
```

```
        End With
    End With
End Sub
```

Il vous suffit maintenant d'associer la macro *zoom* au passage de la souris sur la petite image, et la macro *dézoom* au passage de la souris sur la grande image.

> REMARQUE
>
> **Déclaration des variables**
>
> Notez que les deux modules utilisent les mêmes variables. On pourrait donc les déclarer au niveau du module avec l'instruction `Private image1 as Range`.

Figure 12.13 : Donner à une image un effet loupe au passage de la souris

12.8. Alterner deux images au passage de la souris

Il s'agit de créer ici une macro qui simulera l'alternance d'affichage de deux images au survol de la souris.

Nous allons donc insérer deux images de même taille, que nous superposerons très exactement de façon à n'en voir qu'une seule.

La macro va simplement modifier l'ordre d'empilage, à chaque passage de la souris sur l'une comme sur l'autre des deux photos.

La propriété `ZOrderPosition` renvoie la position de la forme selon l'ordre z ; cela signifie que la position de l'image la plus éloignée porte le numéro 1.

Par ailleurs, la méthode `Zorder` permet de déplacer l'objet vers l'avant ou vers l'arrière. Ne confondez pas les arguments `msoBringToFront` et `msoBringForward` ; le premier amène l'objet au premier plan, alors que le second le remonte d'un cran. C'est la même chose pour les arguments `msoSendtoBack` et `msoSendBackward` pour les déplacements vers l'arrière.

Cette macro peut être très simple. Il suffira, quelle que soit l'image, de la déplacer d'un cran vers le fond. Une seule ligne de code suffit. Chacune des deux images sera associée à la macro qui se déclenchera au passage de la souris.

```
Sub forme(forme As Shape)
forme.ZOrder msoSendBackward
End Sub
```

Si la diapositive contient d'autres objets, avec d'autres animations de ce type, et que vous voulez vous assurer que l'image viendra bien se placer au premier plan, il sera nécessaire de connaître le nombre de ces objets afin de savoir quelle doit être la position de l'objet que l'on souhaite placer au premier plan.

Assurez-vous que ces images se nomment *Image 1* et *Image 2* et que la macro est associée au passage de la souris sur chacune des deux.

```
Sub images()
Dim pres As Slide
Dim n As Byte
Set pres = ActivePresentation.Slides(1)
'compte le nombre d'objets
n = pres.Shapes.Count
'si l'image 1 n'est pas la première
If pres.Shapes("Image 1").ZOrderPosition <> n Then
'on la ramène au premier plan
pres.Shapes("Image 1").ZOrder msoBringToFront
'sinon c'est l'image 2 qu'on ramène au premier plan
Else: pres.Shapes("Image 2").ZOrder msoBringToFront
End If
End Sub
```

12.9. Créer un bouton permettant de répéter toutes les animations d'une diapo

Lorsque les animations d'une diapositive ont été jouées, elles ne sont pas rejouées, qu'il s'agisse de la diapositive en cours ou d'une diapositive quelconque déjà visualisée.

Cette macro simplissime peut être très utile, quand l'ordre dans lequel les objets s'affichent est déterminant pour la compréhension, par exemple lorsque l'animation a pour objectif d'expliquer un processus.

Sans macro, la seule solution est d'utiliser les diaporamas personnalisés. C'est une solution envisageable lorsqu'il s'agit de pouvoir répéter les animations sur une ou quelques diapositives en particulier. Mais si vous souhaitez avoir la possibilité de répéter ces animations quelle que soit la diapositive affichée, c'est une solution trop lourde.

Commencez par insérer dans le masque un bouton de commande qui sera de ce fait disponible tout au long du diaporama, et qui déclenchera les animations de la diapositive en cours. Si vous revenez en arrière, vous pourrez de la même façon utiliser ce bouton :

1 Sous l'onglet **Développeur**, groupe *Contrôles*, cliquez sur le contrôle **Bouton de commande** et tracez-le dans un coin du masque. Ce bouton doit rester discret.
2 Le contrôle étant sélectionné, cliquez sur le bouton **Propriétés**, toujours dans le groupe *Contrôles*. Ne mettez rien pour la propriété `Caption`, et choisissez une couleur discrète pour la propriété `BackColor`. Fermez la fenêtre **Propriétés**.
3 Double-cliquez sur le bouton afin d'en écrire le code. L'événement par défaut est l'événement `Click`, et c'est ce dont nous avons besoin. Ajoutez les lignes de code suivantes :

```
Private Sub CommandButton1_Click()
Dim numéro
'relancer toutes les animations de la diapo en cours
numéro = SlideShowWindows(1).View.Slide.SlideIndex
With SlideShowWindows(1).View
    .GotoSlide numéro
End With
End Sub
```

Vous pouvez maintenant tester votre macro : il suffit, à n'importe quel moment, durant le diaporama, de cliquer sur le bouton pour que toutes les animations de la diapositive affichée s'exécutent.

12.10. Créer un bouton d'impression actif en cours de diaporama qui imprime la diapositive affichée

Voici une macro très simple mais très pratique qui permettra, d'un clic, d'imprimer la diapositive affichée, en cours de diaporama.

Dans un module standard, insérez ce code :

```
Sub imprim()
    With ActivePresentation.PrintOptions
        .NumberOfCopies = 1
        .RangeType = ppPrintCurrent
```

```
        .OutputType = ppPrintOutputSlides
        .PrintColorType = ppPrintColor
        .ActivePrinter = "mon imprimante"
    End With
    ActivePresentation.PrintOut
End Sub
```

La propriété `RangeType=ppPrintCurrent` appliquée à l'objet `PrintOptions` est la propriété qui permet d'imprimer seulement la page en cours.

Il vous suffira d'ajouter le nom de l'imprimante de votre choix pour la propriété `ActivePrinter`.

Vous devez à présent insérer un bouton dans le masque de votre présentation afin qu'il soit accessible depuis n'importe quelle diapositive, n'importe quand pendant un diaporama, et vous lui affecterez l'exécution de la macro *Imprim* via la boîte de dialogue **Action**, onglet **Cliquer avec la souris**.

12.11. Macro automatique - Démarrer une macro en cours ou à la fin du diaporama

Nous avons vu qu'il était nécessaire de créer une macro événementielle pour mettre à jour par exemple un pied de page à l'ajout de chaque nouvelle diapositive (voir les exercices pratiques).

Nous allons voir maintenant qu'il est possible de démarrer très simplement la macro en cours de diaporama à la diapositive de son choix, ou en fin de diaporama. Pour cela, nous utiliserons les macros automatiques qui ne nécessitent pas de module de classe.

C'est très simple, il suffit de nommer les macros avec les noms corrects, à savoir `OnSlideShowPageChange` et `OnSlideShowTerminate`.

Commençons par créer la macro qui devra être déclenchée à l'affichage de la 25e diapositive. Nous avons choisi ici de faire apparaître une boîte de dialogue affichant le temps écoulé :

```
Sub temps_passé()
'calcul du temps écoulé
Dim secondes As Byte, minutes As VbDateTimeFormat
secondes = SlideShowWindows(1).View.PresentationElapsedTime
minutes = secondes / 60
MsgBox secondes & " secondes, soit _
" & minutes & " minutes se sont écoulées depuis le début", _
64, "Temps écoulé"
```

```
End Sub
```

Et voici les deux macros automatiques à recopier telles quelles dans un module standard. La première contient la condition de l'affichage à la 25e page et appelle la macro *temps_passé*. La seconde ne contient qu'un message.

```
Sub OnSlideShowPageChange(ByVal diaporama As SlideShowWindow)
    If diaporama.View.CurrentShowPosition = 25 Then
    temps_passé
    End If
End Sub

Sub OnSlideShowTerminate()
Msgbox « Au revoir »
End Sub
```

12.12. Exercices pratiques

Créer une liste déroulante dans le masque pour accéder aux diaporamas personnalisés

Vous avez vu dans un chapitre précédent comment insérer un bouton d'action dans le masque permettant de revenir à la page d'accueil. Vous avez vu également comment créer un sommaire contenant des liens vers les diaporamas personnalisés.

Toujours dans le souci de faciliter la navigation dans le diaporama, vous allez cette fois créer une liste déroulante composée d'éléments permettant d'atteindre les diaporamas personnalisés. Cette liste sera à placer dans le masque, afin de pouvoir y accéder depuis n'importe quelle diapositive durant le diaporama.

Ouvrez à nouveau la présentation *grèce.pptx*, dans laquelle vous avez dû créer quatre diaporamas personnalisés (voir le chapitre *Préparer, configurer et projeter un diaporama*), et pour laquelle vous allez, grâce au VBA, concevoir cette liste :

1 Passez en affichage Masque des diapositives et sélectionnez le masque lui-même.

2 Sous l'onglet **Développeur**, groupe *Contrôles*, cliquez sur le contrôle **Zone de liste déroulante** (voir Figure 12.14).

3 Glissez le pointeur de la souris dans une zone disponible du masque, en haut à droite par exemple, afin de dessiner votre liste déroulante.

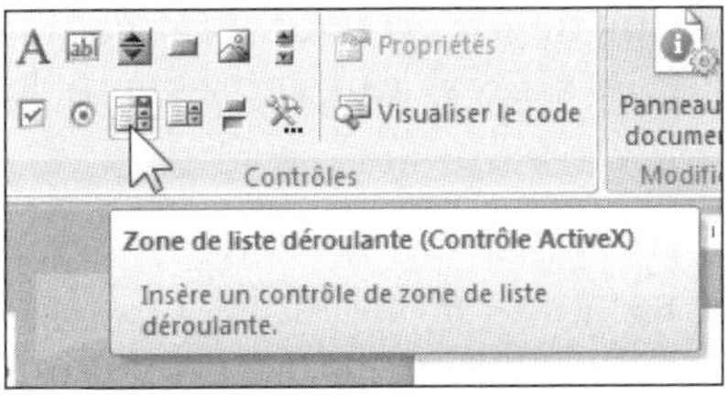

Figure 12.14 : Insérer un contrôle Zone de liste déroulante

4 Cliquez avec le bouton droit sur la liste déroulante et choisissez la commande **Propriétés**, ou bien cliquez sur le bouton **Propriétés** situé dans le groupe *Contrôles*, afin d'afficher la fenêtre des propriétés des contrôles.

Cette fenêtre possède deux onglets permettant de classer les propriétés différemment : par ordre alphabétique et par catégorie. Vous remarquerez la première propriété listée en mode alphabétique, qui est la propriété (`Name`). Par défaut, une zone de liste déroulante se nomme *Combobox* suivi de son numéro, *1* dans cet exemple.

5 Passez en affichage Par catégorie.

6 La catégorie *Apparence* permet de modifier l'aspect du contrôle. Si vous souhaitez une liste déroulante discrète, choisissez par exemple une couleur de fond (`BackColor`) se rapprochant du fond d'écran, un bleu ici. Dans ce cas, il faut choisir une couleur pour le texte (`ForeColor`) blanche.

7 Toujours dans la catégorie *Apparence*, vous allez modifier la propriété `Style` : par défaut, c'est le numéro *0* qui est sélectionné (`fmStyleDropDownCombo`) ; sélectionnez le numéro *2* (`fmStyleDropDownList`). La première propriété est celle d'une liste déroulante modifiable, la seconde empêche l'utilisateur de saisir son texte, et c'est ce dont nous avons besoin dans cet exemple.

8 Modifiez éventuellement dans la dernière catégorie, *Police*, la propriété *Font*, en particulier pour choisir une police de taille pas trop importante, afin de rendre ce contrôle le plus discret possible. Fermez ensuite la fenêtre **Propriétés**, dont les modifications sont prises en compte au fur et à mesure.

Vous allez à présent créer le code afin de faire fonctionner cette liste déroulante.

9 Double-cliquez sur le contrôle, ce qui va permettre d'ouvrir directement Visual Basic Editor. Par défaut, deux fenêtres au minimum sont affichées : l'Explorateur d'objets et la fenêtre contenant le

code. Dans l'Explorateur d'objets, vous devez voir votre présentation *grèce.pptx*, ainsi que l'objet `SlideMaster`, qui représente le masque.

La fenêtre du code, quant à elle, comporte en haut deux listes déroulantes : la première à gauche se réfère à l'objet, ici `Combobx1`, et la seconde, à droite, se réfère à la procédure, ici la procédure événement `Change`.

Dans la fenêtre du code, vous voyez déjà deux lignes : la première ligne de la macro (son nom) et la dernière ligne. Par défaut, une liste déroulante (*Combobox*) appelle un événement `Change`, ce qui permet de signaler l'action à exécuter en cas de changement de la liste déroulante. Avant de pouvoir compléter cette macro, vous allez en créer une autre qui va initialiser la liste déroulante qui est, jusqu'à présent, vide.

10 En haut de la fenêtre à droite, cliquez sur la liste déroulante des procédures et choisissez l'événement `DropButtonClick`. Entre le nom de la macro et l'instruction `End Sub`, tapez les lignes suivantes :

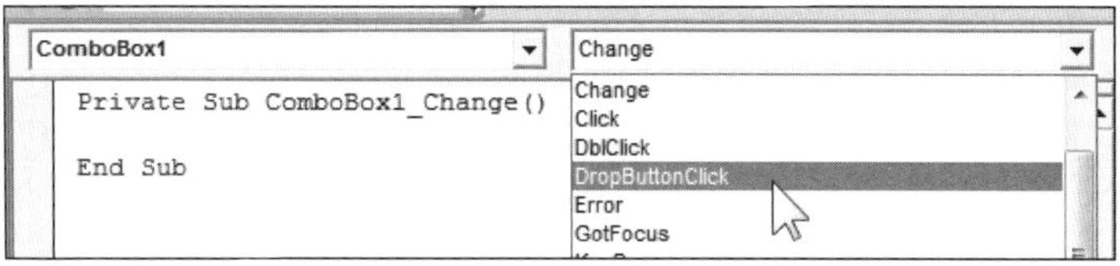

Figure 12.15 : Choisir l'événement DropButtonClick

```
If ComboBox1.ListCount = 0 Then
With ComboBox1
.AddItem "Généralités"
.AddItem "Graphiques"
.AddItem "Images"
.AddItem "Quiz"
End With
End If
```

- La méthode `AddItem` permet d'ajouter un élément dans la liste déroulante nommée *Combobox1*.
- L'instruction `With… End with` permet d'appliquer une série d'instructions à un même objet, sans répéter à chaque fois le nom de l'objet. Vous auriez eu le même résultat avec les lignes suivantes :

```
ComboBox1.AddItem "Généralités"
Combobox1.AddItem "Graphiques"
Combobox1.AddItem "Images"
```

```
Combobox1.AddItem "Quiz"
```

– L'instruction `If… End if` permet de vérifier que la liste n'est pas vide. Si vous aviez omis cette condition, PowerPoint aurait ajouté à chaque fois la liste des diaporamas personnalisés.

```
ComboBox1                                  DropButtonClick

Private Sub ComboBox1_DropButtonClick()
If ComboBox1.ListCount = 0 Then
With ComboBox1
.AddItem "Généralités"
.AddItem "Graphiques"
.AddItem "Images"
.AddItem "Quiz"
End With
End If

End Sub
```

Figure 12.16 : Événement DropButtonClick

Il est vivement conseillé de documenter ses macros. Vos commentaires doivent simplement être précédés du signe `'`. Ils prennent par défaut la couleur verte.

11 Testez votre première macro : revenez dans votre présentation et lancez le diaporama. Cliquez sur la liste déroulante : vous devez y voir listés les noms de vos diaporamas personnalisés. Mais si vous cliquez sur l'un d'eux, rien ne se passe, le code n'est pas encore créé.

12 De retour dans le VBE, vous allez à présent entrer le code pour l'événement `Change`. Entre la première et la dernière ligne, vous allez insérer les lignes suivantes :

```
Set dp = SlideShowWindows(1).View
If ComboBox1.Value = "Généralités" Then dp.GotoNamedShow
✂ "Généralités"
If ComboBox1.Value = "Graphiques" Then dp.GotoNamedShow
✂ "Graphiques"
If ComboBox1.Value = "Images" Then dp.GotoNamedShow
✂ "Images"
If ComboBox1.Value = "Quiz" Then dp.GotoNamedShow "Quiz"
```

Ces lignes permettent de tester la valeur (`Value`) de la liste déroulante en cas de changement. Nous avons donc entré trois fois l'instruction `IF` suivie du critère. Ce code est très simple : si la valeur est `Quiz`, on se déplace au diaporama personnalisé du même nom (`View.GotoNamedShow`).

```
Private Sub ComboBox1_Change()
Set dp = SlideShowWindows(1).View
If ComboBox1.Value = "Généralités" Then dp.GotoNamedShow "Généralités"
If ComboBox1.Value = "Graphiques" Then dp.GotoNamedShow "Graphiques"
If ComboBox1.Value = "Images" Then dp.GotoNamedShow "Images"
If ComboBox1.Value = "Quiz" Then dp.GotoNamedShow "Quiz"

End Sub
```

Figure 12.17 : Événement Change

Vous pouvez à présent fermer l'éditeur Visual Basic et tester vos macros : lancez le diaporama, sélectionnez l'un des trois éléments dans la liste déroulante qui doit vous conduire au diaporama personnalisé du même nom.

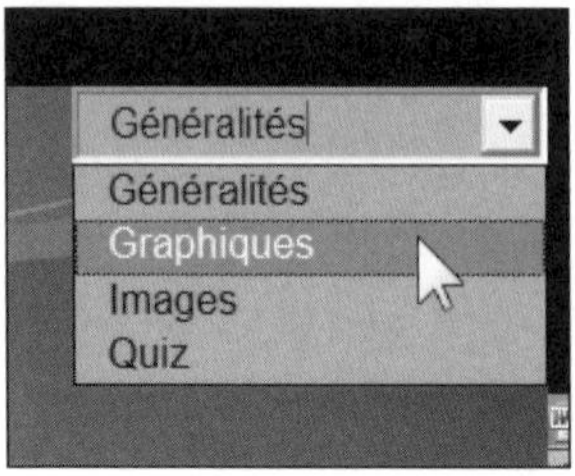

Figure 12.18 : Utilisation d'une liste déroulante en cours de diaporama

Pour terminer, vous devez enregistrer ce fichier avec un nouveau nom et surtout avec l'extension *.pptm*. En effet, un fichier à extension *.pptx* ne peut pas contenir de macro.

Créer une macro événementielle afin de mettre à jour le nombre total de pages dans le pied de page, à l'ajout de chaque nouvelle diapo

Nous avons vu que l'on pouvait ajouter dans le pied de page le numéro de la diapositive en cours, mais qu'il n'était pas prévu d'inclure le nombre total de diapositives.

Ce n'est pas très compliqué de l'ajouter à la main. Vous pouvez utiliser aussi une macro qui le ferait à votre place... Cette macro devra être exécutée chaque fois que vous le souhaitez, afin que le pied de page reflète la réalité. Mais une telle macro ne serait pas plus intéressante que la correction manuelle puisqu'il faudrait l'exécuter à l'insertion de chaque nouvelle diapositive.

Nous proposons donc cette macro qui incrémentera automatiquement, à l'insertion de chaque nouvelle diapositive, le nombre total de diapositives dans le pied de page. Pour cela, nous faisons appel à une macro événementielle :

1 Vous allez créer un module de classe. Dans l'éditeur Visual Basic, sélectionnez la commande **Module de classe** dans le menu **Insertion**. Pour plus de facilité, vous le nommerez par exemple `evenements`. Affichez la fenêtre **Propriétés** si elle ne l'est pas déjà (touche F4). En face de la propriété *Name*, tapez le nom `evenements` à la place du nom par défaut *Class1*.

2 Dans la fenêtre du code du module de classe `événements`, saisissez :

```
Public WithEvents App As Application
```

3 Choisissez la classe `App` dans la liste déroulante des objets du module de classe, à gauche, et sélectionnez l'événement dans la liste des événements, à droite. Dans notre exemple, nous choisirons l'événement `PresentationNewSlide` de façon à obtenir ceci :

```
Private Sub App_PresentationNewSlide(ByVal Sld As Slide)

End Sub
```

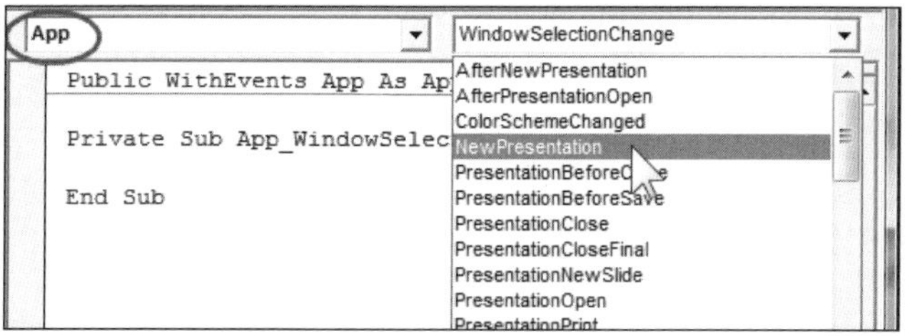

Figure 12.19 : Choisir un événement

4 Il reste à saisir le code de l'événement entre le nom de la macro et le `End Sub`. Vous devrez également insérer une condition afin que le code porte uniquement sur la présentation de votre choix et non sur n'importe quel document que vous pouvez créer dans la même session PowerPoint. À la place de `maprésentation.pptm`, saisissez le nom de votre présentation sans en oublier l'extension.

```
If ActivePresentation.Name = "maprésentation.pptm" Then
Compte_pages
End If
```

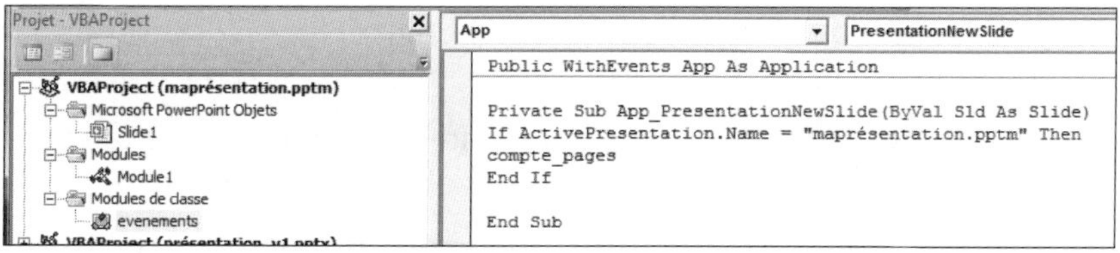

Figure 12.20 : Code du module de classe

5 Dans un module standard, vous allez associer l'objet déclaré dans le module de classe (`evenements` dans notre exemple) à l'objet `Application` avec le code suivant :

```
Dim monobjet As New evenements
Sub initialisation()
Set monobjet.App = Application
End Sub
```

6 Dans le même module, vous devez écrire le code qui devra s'exécuter à l'insertion de chaque nouvelle diapositive et, dans notre exemple, à l'insertion du nombre total de pages dans le pied de page. Ce code est appelé via la macro événementielle. Nous l'avons nommé *compte_pages*. La macro devra donc se nommer ainsi.

```
Sub compte_pages()
Dim nb_diapos, X
nb_diapos = ActivePresentation.Slides.Count
ActivePresentation.SlideMaster.HeadersFooters.Footer.Text _
= "/" & nb_diapos
For X = 1 To ActivePresentation.Slides.Count
With ActivePresentation.Slides(X).HeadersFooters
.Footer.Visible = msoCTrue
.SlideNumber.Visible = msoCTrue
.Footer.Text = "/" & nb_diapos
End With
Next
End Sub
```

7 Il convient également de préparer la présentation du pied de page. Dans le masque, vous devrez aligner le numéro de page à droite et le texte du pied de page à gauche. Vous placerez sur la même ligne, en bas à droite de la diapositive, le numéro de page suivi du pied de page côte à côte.

Figure 12.21 : Préparation du pied de page

Pour que le tout fonctionne, vous devrez commencer par exécuter la macro *Initialisation* ci-dessus, afin que l'objet `evenements` du module de classe pointe vers l'objet `Application`.

Ensuite, à chaque ajout de diapositive, le nombre total de diapositives se mettra automatiquement à jour dans le pied de page.

Il n'existe malheureusement pas d'événement concernant la suppression de diapositives. On pourrait donc prévoir un autre événement comme l'événement `PresentationSave`, afin d'avoir toujours un résultat correct :

```
Private Sub App_PresentationSave(ByVal Pres As
✂ Presentation)
If ActivePresentation.Name = "maprésentation.pptm" Then
compte_pages
End If
End Sub
```

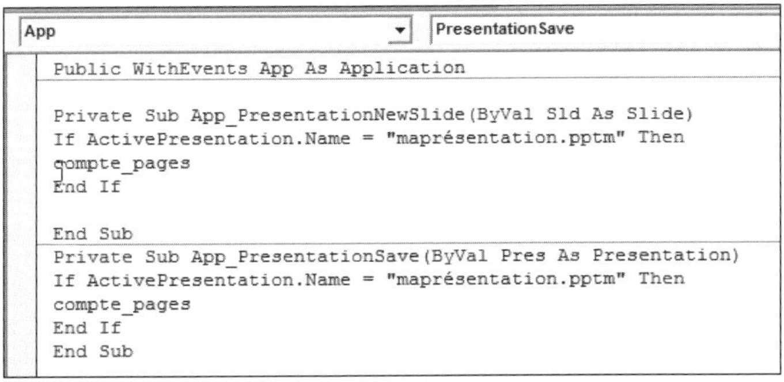

Figure 12.22 : Les deux événements dans le module de classe

Afficher un texte différent dans une zone de texte selon l'endroit où passe la souris

L'objectif de cette section est d'apprendre à afficher dans une zone de texte un texte qui va différer en fonction du passage de la souris.

Imaginons par exemple une présentation constituée d'un certain nombre de diaporamas personnalisés pouvant être affichés sans ordre préétabli, en fonction du souhait de l'utilisateur. Si la présentation en question compte trois ou quatre titres (diaporamas personnalisés), un sommaire classique suffira.

Si au contraire la présentation compte un grand nombre de titres, et si de plus le texte de ces titres est long, le sommaire risque d'être confus.

Voici donc une solution qui associera l'action **Pointer avec la souris** avec l'affichage du titre correspondant.

Pour cet exercice, vous avez besoin d'une présentation comprenant un certain nombre de diaporamas personnalisés. Ajoutez-y une première diapositive dans laquelle vous allez :

- Créer autant de rectangles que de diaporamas personnalisés, dans lesquels vous saisirez simplement les textes `Chapitre 1`, `Chapitre 2`, etc. Ces rectangles seront nommés *Rectangle 1* à *Rectangle n*. Pour une présentation plus design, vous pourriez insérer une image à la place du texte. Disposez par exemple ces zones de texte dans la partie supérieure de la diapositive.
- Créer un rectangle plus grand, nommé *Rectangle_txt*, que vous disposerez dans la partie inférieure de la diapositive et qui affichera le titre du chapitre concerné.

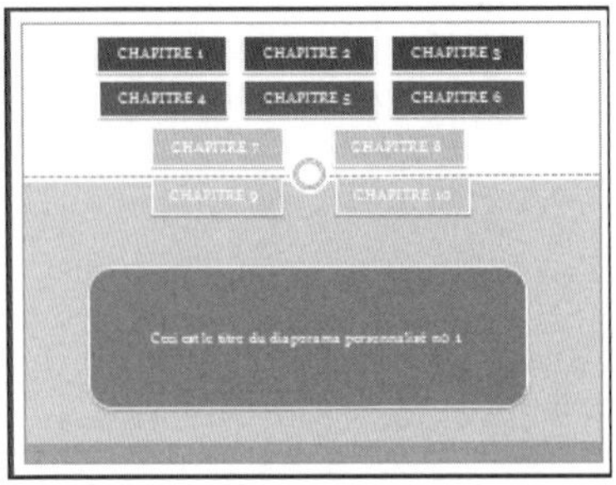

Figure 12.23 : Préparation de la diapositive contenant autant de rectangles que de diaporamas personnalisés

Vous allez maintenant créer le code. Nous utiliserons ici l'instruction `Select Case` qui permet d'exécuter un bloc d'instruction selon la valeur d'une expression, et dans notre exemple selon le nom du rectangle :

```
Sub change_texte(forme As Shape)
With SlideShowWindows(1).View.Slide.Shapes("Rectangle_txt"). _
TextFrame.TextRange
'texte affiché en fonction du nom du rectangle pointé
Select Case forme.Name
Case "Rectangle 1" 'si le Rectangle 1 est pointé
'titre se trouvant sur la diapo 1 du premier diaporama
✂ personnalisé
.Text = ActivePresentation.Slides(2).Shapes.Title
✂ .TextFrame. _
TextRange
Case "Rectangle 2" 'si le Rectangle 2 est pointé
'titre se trouvant sur la diapo 1 du second diaporama
✂ personnalisé
.Text = ActivePresentation.Slides(10).Title.TextFrame. _
TextRange
Case "Rectangle 3"
.Text = ActivePresentation.Slides(20).Shapes.Title
✂ .TextFrame. _
TextRange
Case "Rectangle 4"
.Text = ActivePresentation.Slides(35).Shapes.Title
✂ .TextFrame. _
TextRange
Case "Rectangle 5"
.Text = ActivePresentation.Slides(42).Shapes.Title
✂ .TextFrame. _
TextRange
'etc. On aura autant d'instructions Case que de rectangles
End Select
End With
End Sub
```

Compléter la macro

Pour que la macro fonctionne, il faut qu'elle soit complète. Si vous mettez des instructions impossibles (si un numéro de diapositive n'existe pas encore par exemple), la macro va détecter l'erreur et ne fonctionnera pas.

Il s'agit à présent d'associer dans chaque rectangle le pointage de souris à la macro. Sélectionnez tour à tour chacun des petits rectangles, puis :

1 Sous l'onglet **Insertion**, groupe *Liens*, cliquez sur le bouton **Action**.

2 Dans la boîte de dialogue **Paramètres des actions**, affichez l'onglet **Pointez avec la souris**, cochez l'option *Exécutez la macro* et sélectionnez la macro *change_texte*. S'il s'agit de la seule macro de la présentation, elle sera par défaut sélectionnée. Profitez-en pour cocher également l'option *Animer lorsque pointé* afin d'obtenir un petit effet lors du diaporama.

3 Cliquez sur OK.

Vous pouvez maintenant tester votre macro : affichez le diaporama sur la première diapositive, faites glisser la souris de rectangle en rectangle. Vous devez voir s'afficher dans le grand rectangle nommé *Rectangle_txt* le titre de chaque diaporama personnalisé.

Pour peaufiner votre présentation, et pour que rien ne s'affiche lorsque la souris glisse sur une zone neutre, vous pouvez ajouter sous vos petits rectangles un grand rectangle que vous nommerez *Rectangle_vide*. Parmi les instructions `Select Case` de la macro, vous ajouterez ces lignes :

```
Case "Rectangle_vide"
.Text = ""
```

Si vous souhaitez que ce rectangle soit invisible, choisissez *Aucun* pour le contour, mais laissez-lui un remplissage auquel vous affecterez une propriété de transparence à 100 %.

Afficher des textes différents à des endroits différents selon certains critères

Dans cette section, nous allons faire un peu de géographie. Nous venons de voir comment on pouvait afficher un texte en fonction du passage de la souris sur une forme. Nous allons utiliser cette méthode pour afficher le nom des villes de France lorsqu'on passe la souris sur une carte, mais cette fois le texte ne s'affichera plus au même endroit mais en fonction de l'endroit où passe la souris.

Ensuite, pour rester dans les villes de France, nous ferons l'inverse, c'est-à-dire que nous sélectionnerons le nom d'une ville dans une liste afin de la faire apparaître au bon endroit.

L'objectif de la première macro est donc d'afficher un texte différent dans une zone de texte, qui va se déplacer en fonction du passage de la souris. Nous utiliserons par ailleurs la fonction `Timer` *pour ne garder cet affichage à l'écran qu'un temps réduit, à l'image d'une info-bulle.*

Sur la première diapositive d'une nouvelle présentation, commencez par insérer une carte de France, puis ajoutez des formes, carrées ou rondes, et positionnez-les sur les villes de votre choix.

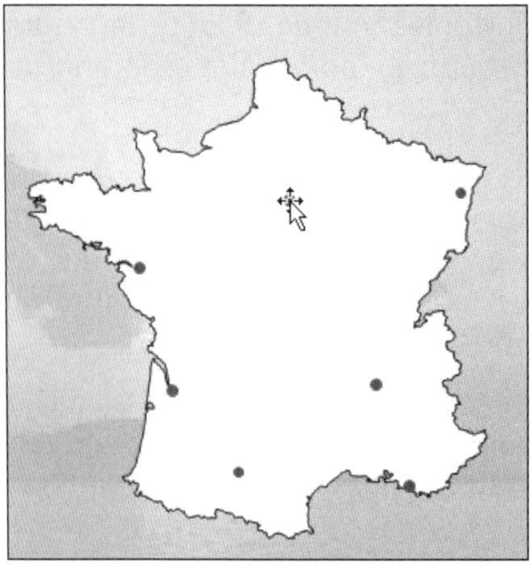

Figure 12.24 : Insérer une carte de France avec des cercles à la place des villes

Renommez chacune de ces formes avec le nom de la ville, via le volet **Sélection et visibilité**.

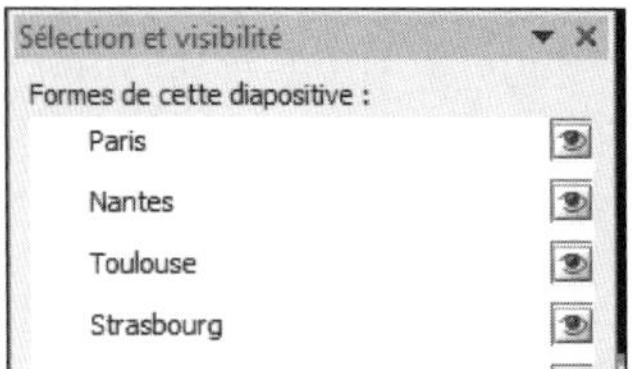

Figure 12.25 : Renommer chaque forme dans le volet Sélection et visibilité

Saisissez à présent la macro dans un nouveau module. Cette macro crée la zone de texte (*nom_ville*) qui contiendra le nom des villes, et la positionne avec un léger décalage par rapport à la sélection, c'est-à-dire par rapport à la forme sur laquelle vous allez passer la souris.

Ensuite, elle formate cette zone de texte et lui affecte le texte en fonction du nom de la forme, ce qui rend l'instruction `Select Case` inutile. Voilà pourquoi il était important de renommer les formes.

```
Public Sub Affichage_nom_ville(selection As Shape)
Dim nom_ville As Shape
Dim maprésentation As Slide
Dim début As Date
Set maprésentation = ActivePresentation.Slides(1)
'crée la zone de texte nom_ville
Set nom_ville = maprésentation.Shapes
✂ .AddShape(msoShapeRectangle, _
 selection.Left + 10, selection.Top, 100, 20)
With nom_ville
    .Name = "ville"
    .ShapeStyle = msoShapeStylePreset41
    .TextFrame.AutoSize = ppAutoSizeShapeToFitText
    .TextFrame.WordWrap = msoCTrue
    .Top = selection.Top + 10
    .Left = selection.Left + 10
    .TextFrame.TextRange.Text = selection.Name
End With

début = Timer + 1
Do Until Timer > début
DoEvents
Loop

maprésentation.Shapes("ville").Delete
End Sub
```

Il vous reste à insérer une action de survol de souris à chaque forme représentant les villes, qui déclenchera la macro.

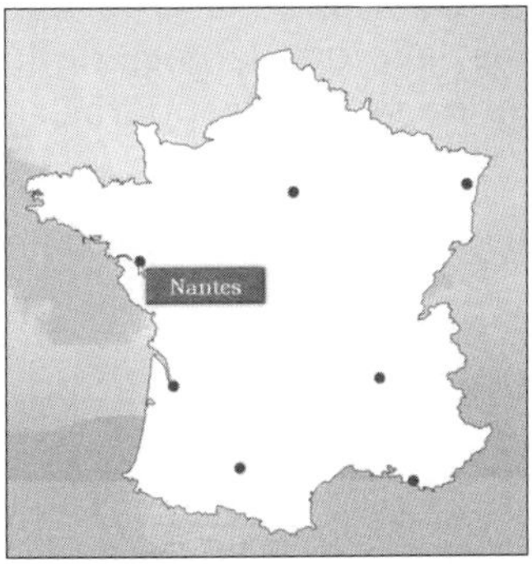

Figure 12.26 : La ville s'affiche au passage de la souris

Dans le second exercice, nous garderons cette carte de France et ses villes, mais le processus sera inverse : il faudra cliquer sur le nom d'une ville pour voir cette dernière s'afficher sur la carte.

Pour commencer, insérez une zone de liste sur la diapositive via l'onglet **Développeur**, groupe *Contrôles*. Nous allons tout de suite et une fois pour toutes l'initialiser. Formatez-la à votre goût via les propriétés, puis double-cliquez dessus pour vous rendre dans le code. L'événement par défaut est l'événement `Click`. Choisissez pour l'initialisation l'événement `DblClick` qui ne servira qu'une fois, et ajoutez le code suivant, en y mettant autant de fois la méthode `AddItem` que vous souhaitez ajouter de ville. Le nom de chaque ville doit correspondre exactement au nom des formes données dans la première partie de cet exercice.

```
Private Sub ListBox1_DblClick(ByVal Cancel As MSForms
✂ .ReturnBoolean)
 If ListBox1.ListCount = 0 Then
       With ListBox1
            .AddItem "Paris"
            .AddItem "Marseille"
            .AddItem "Lyon"
            .AddItem "Toulouse"
            .AddItem "Nantes"
            .AddItem "Strasbourg"
        End With
End If
End Sub
```

Lancez le diaporama et double-cliquez sur la zone de liste. Elle doit maintenant contenir les noms des villes. Quittez le diaporama.

Insérez à présent, via l'onglet **Développeur**, un contrôle Intitulé (`Label`), qui contiendra le nom des villes. Formatez-le à votre goût via les propriétés. Puis complétez le code de la zone de liste par deux événements, l'événement `Change` et l'événement `Click`.

Les deux événements vont permettre de basculer entre la propriété *Visible* et la propriété *Non visible* de l'intitulé, afin que le nom de la ville disparaisse au moment du changement de ville et réapparaisse au bon endroit.

L'endroit où doit apparaître le contrôle `Label` dépend de la position de la forme du nom de ville :

```
Private Sub ListBox1_change()
Dim pres
Set pres = ActivePresentation.Slides(1)
With Label1
.Visible = False
.Height = 20
```

```
.Width = 100
.Top = pres.Shapes(ListBox1.Value).Top + 5
.Left = pres.Shapes(ListBox1.Value).Left + 5
.Caption = ListBox1.Value
End With
End Sub
Private Sub ListBox1_Click()
    With Label1
    .Visible = True
    .AutoSize = True
End With
End Sub
```

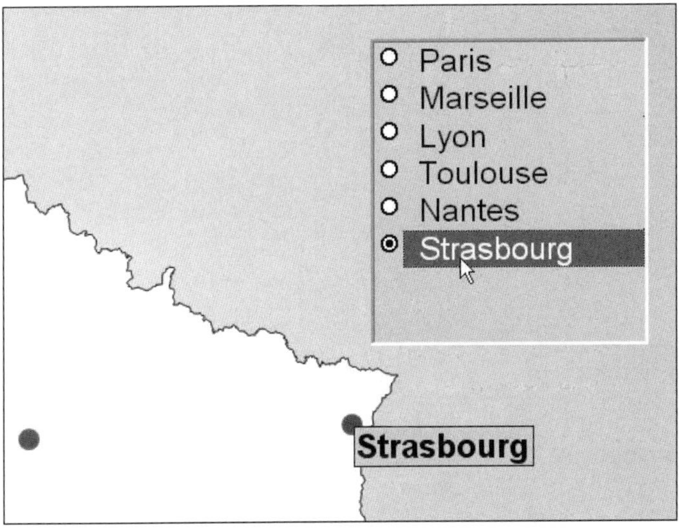

Figure 12.27 : Le nom de la ville s'affiche sur la carte lorsqu'il est sélectionné dans la liste

!

A

B

C

D

E

F

G

H

I

J

L

M

N

O

P

Q

R

S

T

V

W-X-Z

Composé en France par Jouve
11, bd de Sébastopol - 75001 Paris

Achevé d'imprimer en ALLEMAGNE
Par l'imprimerie CPI – Clausen & Bosse
25917 Leck, Mai 2010